Herbert Huber

Musikpflege am Fuggerhof Babenhausen (1554–1836)

Materialien zur Geschichte der Fugger
Band 3

herausgegeben vom Fugger-Archiv

Herbert Huber

Musikpflege am
Fuggerhof Babenhausen (1554–1836)

Umschlagbild vorne: Fuggerschloß Babenhausen 1764, Gemälde im Fuggermuseum
Umschlagbild hinten: Musizierende Engel von Matthias Kager, um 1600. Ausschnitt aus
dem rechten Seitenaltarblatt in der Pfarrkirche Babenhausen

Bibliografische Information Der Deutschen Bibliothek

Die Deutsche Bibliothek verzeichnet diese Publikation in der Deutschen National-
bibliografie; detaillierte bibliografische Daten sind im Internet über http://dnb.ddb.de
abrufbar.

© Wißner-Verlag, Augsburg 2003
www.wissner.com

ISBN 3-89639-393-6

Inhalt

Geleitwort 7

Vorwort 9

I Die Residenz Babenhausen und ihre Musiker 13

II Renaissance und Barock 19

1 Erste Zeugnisse 19

2 Bedeutende Pädagogen und Komponisten 23

3 Die Zeit des Dreißigjährigen Krieges 31

4 Musikblüte unter dem Grafen Johann Franz Fugger 35
4.1 Kirchenmusik 35
4.2 Tafelmusik und Musiktheater 42

5 Musik im Spätbarock 47
5.1 Die Chorregenten 47
5.2 Das Instrumentarium 53
5.3 Die Musikalien 57
5.4 Das Tagebuch des Lehrers Anton Müller 59
5.5 Das Musiktheater 62

III Vom Rokoko zur Frühromantik 67
1 Musikliebende Grafen und Fürsten 67

2 Die Hofmusiker 76
2.1 Die Personallisten der Fuggerschen Jahrtagsgottesdienste 76
2.2 Verzeichnis der namentlich nachweisbaren Musiker 80
2.3 Musikdirektoren und Chorregenten 87
2.3.1 Franz Joseph Martin 87
2.3.1.1 Zur Biographie 87
2.3.1.2 Die Kompositionen 94
2.3.2 Georg Gottlieb Hayde 99
2.3.3 Anton Prem 103
2.3.4 Die Chorregentenfamilie Höß 107

2.4	Der Komponist Franz Xaver Heel	114
2.4.1	Zur Biographie	114
2.4.1.1	Herkunft und Ausbildung	114
2.4.1.2	Der Handelsmann und Musiker	117
2.4.2	Die Kompositionen	124
2.4.2.1	Instrumentalmusik	125
2.4.2.2	Weltliche Vokalmusik	127
2.4.2.3	Kirchenmusik	130
2.5	Weitere Komponisten	140
2.5.1	Johann Anton Hammer	140
2.5.2	Pater Gerard Martin	142
2.5.3	Franz Joseph Stury	146
3	**Das Instrumentarium**	149
3.1	Das Orchester	149
3.2	Die Orgel	152
4	**Die Musikalien**	156
4.1	Die Kirchenmusik	159
4.2	Musik im Schloß	164
5	**Auswärtige Musiker**	170
5.1	Auswärtige Komponisten mit Bezug zum Fuggerhof	170
5.2	Musikanten und Spielleute	173
Epilog: Haydns ›Schöpfung‹		183
Anhang		185
I:	Anordnung Jakob Fuggers vom 1. Dezember 1576 hinsichtlich der Kirchenmusik	185
II:	Ausgaben für Instrumente von 1743 bis 1805 (Auswahl)	186
III:	Zwischen 1761 und 1810 angekaufte und kopierte Musikalien	191
IV:	Die erhaltenen alten Babenhauser Musikalien	203
V:	Kirchenmusikalische Aufführungsdaten zwischen 1763 und 1831	205
VI:	Ausgaben für Musikanten und Spielleute von 1768 bis 1788	208
VII:	Wiederaufgeführte Werke Babenhauser Komponisten	222
Abkürzungsverzeichnis		223
Quellen		224
Literatur		226
Abbildungsnachweise		230
Personenregister		231

Geleitwort

Zu den schmerzlichen Verlusten im Zweiten Weltkrieg zählt die umfangreiche Musiksammlung mit 666 Handschriften und 85 Notendrucken aus dem Besitz der Fürsten Fugger zu Babenhausen. Sie wurde 1944 in Augsburg durch Luftangriff ein Raub der Flammen. Glücklicherweise hatte Theodor Kroyer auf Veranlassung des Münchner Ordinarius für Musikwissenschaft, Adolf Sandberger, im Jahr 1919 ein ausführliches Verzeichnis des Bestands mit einzeiligen Notenincipits erstellt, das als einzige Quelle aus dem Besitz der einstigen Gesellschaft zur Herausgabe von Denkmälern der Tonkunst in Bayern in der Bayerischen Staatsbibliothek erhalten blieb. 1988 konnte es von Gertraut Haberkamp in Band 18 der Kataloge Bayerischer Musiksammlungen mit einer ausführlichen Einleitung durch den Unterzeichneten veröffentlicht werden. Die Handschriften stammten aus dem Zeitraum vom Regierungsantritt des Grafen Anselm Joseph Victorian Fugger (1729-1793) im Jahr 1763 bis zum frühen Tod des Fürsten Anton Anselm (1800-1836). Für den Druck des Katalogs konnten zahlreiche Ergänzungen und Identifizierungen erfolgen. Bei einem großen Teil der Handschriften konnte durch Konkordanzhinweise auf noch erhaltene Exemplare in anderen Sammlungen hingewiesen werden. Auch Exemplare der Musikdrucke sind zum größten Teil an anderen Orten noch nachzuweisen. Wäre so eine partielle Rekonstruktion des Bestands möglich, müssen doch nicht wenige Unica, vor allem Werke von Komponisten, die am oder für den Babenhausener Hof schrieben, als endgültig verloren gelten. In Ergänzung zu Kroyers Verzeichnis gelang es nun Herbert Huber in jahrelangen Nachforschungen weitere, dort nicht genannte Musik aufzufinden, die zum Babenhausener Repertoire gehört hat. Besteht über dessen Gesamtumfang einigermaßen Gewißheit, so war doch über die Organisation der fürstlichen Musikpflege und über deren Träger kaum etwas bekannt. Wie häufig an kleineren Fürstenhöfen, setzte sich die Babenhausener Hofmusik im wesentlichen aus Hofbeamten, Dienern und Lehrern zusammen, die nebenbei auch für die Musik tätig waren.

Dank seiner gezielten Forschungen und intensiven Quellenstudien gelingt es Herbert Huber, in diesem Buch erstmals ein anschauliches Bild des Musikbetriebs am Hofe zu Babenhausen zu zeichnen, in dem auch die beteiligten Personen biographisch gewürdigt werden. Seine verdienstvolle Arbeit darf als wichtiger Beitrag zur Musikgeschichte kleinerer Höfe in Schwaben von der Zeit der Aufklärung bis hinein ins Biedermeier gelten.

Robert Münster

Vorwort

Zu den Residenzen Süddeutschlands, die bisher musikgeschichtlich noch kaum erforscht sind, gehört der Fuggerhof Babenhausen. Die Musikenzyklopädie ›Musik in Geschichte und Gegenwart‹[1] begnügt sich mit der folgenden kurzen Notiz: »Am theaterfrohen Babenhausener Hof Anselm Joseph Victorians, der über ein eigenes Komödienhause verfügte, blühte damals das deutsche Singspiel, so 1774 mit einem Werk des Kammer-Musikdirektors und Stiftungs-Chordirigenten Franz Joseph Martin. Eine Musiksammlung der Linie Fugger-Babenhausen ging mit wertvollen Handschriften des 18. Jahrhunderts 1944 beim Brand des Augsburger Fuggerhauses zugrunde. Noch unter Anselm Joseph Victorians Sohn, Anselm Maria (1766-1821), dem ersten Fürsten der Babenhausener Linie, bestand eine höfische Kammermusik, die von den nach ihrer Musikbegabung ausgewählten Hofbeamten und Dienern bestritten wurde.« Diese Bemerkung sowie ein kleiner Rest alter Musikalien aus Privatbesitz in Babenhausen[2] waren es, die die Neugier des Verfassers weckten, mehr über das frühere Musikleben am Babenhauser Fuggerhof zu erfahren.

Die Quellenlage erwies sich zunächst als wenig erfolgversprechend. Wie im MGG vermerkt, war der gesamte Notenbestand aus Babenhausen im 2. Weltkrieg dem Bombenangriff in Augsburg zum Opfer gefallen. Nach Auskunft des verstorbenen Archivdirektors Dr. Deininger lagen damals die Musikalien im Augsburger Fuggerhaus[3] bereits sachgemäß in Kisten verpackt zur Auslagerung bereit, als sie kurz vor ihrem Abtransport ein Raub der Flammen wurden. Die Sammlung war bis dahin von den bekannten Musikhistorikern Adolf Sandberger, Otto Ursprung und Theodor Kroyer benutzt worden. Letzterer hatte glücklicherweise 1919 einen thematischen Katalog der Musikalien erstellt, der sich in der Musiksammlung der Bayerischen Staatsbibliothek München befindet. Dieses Verzeichnis von 666 Musikmanuskripten mit Incipits sowie 85 Drucken, das nunmehr auch im Druck vorliegt,[4] ist nach dem Verlust der Noten eine der wichtigsten archivalischen Quellen über die Musikpflege am Babenhauser Fuggerhof zwischen den Jahren 1763 und 1831. Mittels dieser Aufzeichnungen war es denn auch dank der verdienstvollen Tätigkeit von RISM[5] möglich, über die Hälfte der im Kroyer-Katalog verzeichneten Manuskripte in anderweitig erhaltenen Abschriften wieder ausfindig zu machen. Leider fehlen dabei besonders die allermeisten Werke derjenigen Komponisten, die am Babenhauser Hof wirkten. Sie lagen ausnahmslos handschriftlich,

---

[1] Ernst Fritz Schmid, Artikel ›Fugger‹ in: MGG, 1. Aufl. Bd. 4, Sp. 1124f. Soweit nichts anderes vermerkt, beziehen sich die folgenden Angaben aus dem MGG auf die 1. Auflage.

[2] Siehe Anhang IV.

[3] Dies beherbergte damals das heute sich in Dillingen befindliche Fürstl. u. Gräfl. Fuggersche Familien- und Stiftungsarchiv.

[4] Gertraut Haberkamp/Barbara Zuber, Die Musikhandschriften Herzog Wilhelms in Bayern, der Grafen zu Toerring-Jettenbach und der Fürsten Fugger von Babenhausen, München 1988, Bd. 13 der Kataloge Bayerischer Musiksammlungen (KBM).

[5] An dieser Stelle sei Frau Dr. Haberkamp von RISM (Repertoire International des Sources Musicales) München für ihre stets bereitwilligen Informationen gedankt.

meist im Autograph vor, wovon nur in den seltensten Fällen Abschriften über Babenhausen hinaus gelangten. Allenfalls haben sich auswärts einige wenige Manuskripte erhalten, die die Babenhauser Komponisten offensichtlich für andere Auftraggeber als die
Fugger geschaffen haben.

Notenmaterial vor 1763 aus dem Besitz der Babenhauser Fugger existiert ebenfalls
nicht mehr, obgleich sich bereits seit Mitte des 16. Jahrhunderts eine reiche Musiktradi-
tion nachweisen läßt. Von herausragender Bedeutung war dabei vor allem die Musikaliensammlung des Grafen Johann Franz Fugger (1619-1668), von deren Existenz wir lediglich durch ein Verzeichnis aus dem Jahre 1669 wissen.[6] Der Verlust alter Musikalien
hängt unter anderem auch damit zusammen, daß das Musikrepertoire früher selten länger als 50 Jahre in Gebrauch war und älteres, nicht mehr benütztes Notenmaterial ausgeschieden und häufig vernichtet wurde. Für Handschriften bedeutete dies sehr oft den
endgültigen Verlust. Drucke, die in der Regel weiter verbreitet waren, überlebten deshalb eher.

Obgleich somit bedauerlicherweise die Werküberlieferung sehr große Lücken auf-
weist, liegen die Verhältnisse bezüglich der Musikgeschichte selbst weitaus günstiger.
So haben Nachforschungen in verschiedenen Archiven und Bibliotheken eine unerwar-
tete Fülle von musikhistorisch interessantem Material zutage gebracht. Genannt seien
hier vornehmlich Rechnungsbücher[7] und andere Akten im Fuggerarchiv Dillingen und
Staatsarchiv Augsburg sowie Textbücher in der Schloßbibliothek Babenhausen. Dadurch war es möglich, zumindest einen Überblick über das Musikleben von nahezu
drei Jahrhunderten am Fuggerhof Babenhausen zu geben. Daß dabei manche Aspekte
einen breiteren Raum einnehmen als andere, liegt an der archivalischen Überlieferung.
Besonderer Wert wurde auf die bis dato fast völlig unbekannten einheimischen Komponisten gelegt, deren Biographien hier erstmals publiziert werden. In diesem Rahmen
wurden nach dem Stand der heutigen Forschung auch Werkverzeichnisse erstellt. Relativ ergiebig erwies sich dabei die Quellenlage bei Franz Xaver Heel, dessen Leben und
Werk einen verhältnismäßig breiten Raum einnehmen. Auf Incipits mußte verzichtet
werden, der interessierte Fachmann sei diesbezüglich auf den Kroyerkatalog und die
angegebenen Bibliotheken verwiesen. Die Arbeit beinhaltet außerdem keine Werk-
analysen.

An dieser Stelle möchte ich allen Damen und Herren, die mich bei der Arbeit unterstützt haben, von ganzem Herzen danken. Mein besonderer Dank gilt Herrn Magister
Franz Karg vom Fuggerarchiv Dillingen, der mir den wesentlichen Impuls zur Entste-
hung der Arbeit gab, unermüdlich Archivalien herbeischleppte und mir mit seinem fun-
dierten Wissen und fachkundigen Rat stets zur Seite stand. Weiter bedanke ich mich bei
seiner Erlaucht Markus Graf Fugger Babenhausen für die Bereitstellung von Material
aus dem Fuggermuseum und der Schloßbibliothek sowie Herrn Dr. Dr. h.c. Robert Münster für das Geleitwort. Mein Dank ergeht ferner an Herrn Oberinspektor Günter Steiner
vom Staatsarchiv Augsburg für das Aufspüren der Daten zur Biographie Franz Xaver
Heels, an Herrn Geistlichen Rat Lothar Lidel, der mir großzügig Zugang zu den Pfarr-
archivalien von Babenhausen gestattete, sowie an Herrn StD Philipp Kaiser Krumbach

---

[6]   FA 1.2.83d.
[7]   Besonders ergiebig erwiesen sich dabei die Rechnungen der Lateinischen Schulstiftung (FA
      67.18.1ff.) und die Generalkassa-Rechnungen (FA 67.4.1ff.).

für die Übersetzung der lateinischen Texte. Dank sagen möchte ich dem Fürstlich und Gräflich Fuggerschen Seniorat für die Aufnahme der Arbeit in die Reihe der ›Materialien zur Geschichte der Fugger‹, ferner dem Wißner-Verlag, Augsburg, für die gewissenhafte Erstellung der Druckvorlage. In meinen Dank einschließen darf ich Kirchenchor und -orchester Babenhausen, die es bereitwillig ermöglichten, einige der angeführten Kirchenmusikwerke wieder zum Erklingen zu bringen. Mein herzlicher Dank gilt nicht zuletzt meiner Frau für ihr Verständnis und ihre Unterstützung.

Babenhausen, im Mai 2003   Herbert Huber

I Die Residenz Babenhausen und ihre Musiker

Babenhausen gehörte bis zum Beginn des 19. Jahrhunderts zu den vielen kleinen Residenzen in dem territorial extrem zersplitterten süddeutschen Raum. Allein im heutigen Regierungsbezirk Bayerisch-Schwaben existierten damals nicht weniger als 164 Einzelgewalten, darunter 13 Fürsten und Grafen.[8] In Babenhausen war es das berühmte Geschlecht der Fugger, das 1539 mit dem Erwerb des Rechbergischen Besitzes durch Anton Fugger (1493-1560) dort die folgenden Jahrhunderte die Herrschaft ausübte. Zu dieser Herrschaft mit Regierungssitz Babenhausen kamen im Laufe der Zeit noch die folgenden Besitzungen hinzu: Burgwalden, Biberbach, Boos, Gablingen, Heimertingen, Kettershausen mit Mohrenhausen, Kirchhaslach, Pleß, Reichau, Rettenbach mit Gottenau, Markt Wald, Waltenhausen, Weilbach und Wellenburg. Auf Anton Fugger folgten als Regenten:[9]

sein Sohn Jakob (1542-1598)
dessen Sohn Maximilian (1587-1629)
dessen Bruder Johann (1583-1633)
dessen Sohn Graf Johann Franz (1613-1668)
dessen Sohn Graf Siegmund Josef Anton (1654-1696)
dessen Neffe Graf Rupert Josef (1683-1724)
dessen Sohn Graf Franz Karl (1712-1758)
dessen Onkel Graf Johann Jakob Alexander (1691-1759)
dessen Sohn Graf Anselm Victorian (1729-1793)
dessen Sohn Fürst Anselm Maria (1766-1821)
dessen Sohn Fürst Anton Anselm (1800-1836).

Anselm Maria war am 1. August 1803 vom Deutschen Kaiser Franz II. in Anerkennung seiner Leistungen für die Habsburger und die Kirche in den erblichen Fürstenstand erhoben worden. In diesem Jahr umfaßte das Reichsfürstentum Babenhausen 52 qkm mit etwa 11.000 Einwohnern, davon etwa 1500 in Babenhausen selbst.[10] Die Souveränität des kleinen Fürstentums war jedoch nur von kurzer Dauer. Bereits am 12. August 1806 kam es im Zuge der Mediatisierung an das Königreich Bayern und verlor damit seine Selbständigkeit.

Mit der Übernahme der Regierungsgewalt durch die Fugger und dem Bau des mächtigen Schlosses ab dem Jahre 1541 begann schon frühzeitig eine Ära kultureller Blüte. In ihr spielte naturgemäß die Musik eine nicht zu unterschätzende Rolle, sowohl im Schloß selbst, als auch in der Kirche, die von Anfang an mit der Residenz schon rein

Abb. 1: Ansicht von Babenhausen
(Kupferstich von Martin Engelbrecht, 1. Hälfte 18. Jh.)

---

[8] Vgl. W. Jahn u.a. (Hg.), Geld und Glaube, Leben in evangelischen Reichsstädten, Memmingen 1998, S. 75.

[9] Nach der Stammtafel des mediatisierten Hauses Fugger 1904 im FA.

[10] Ludwig Zedelmaier, 750 Jahre Babenhausen, Babenhausen 1987, S. 23.

optisch eine Einheit bildete und unter dem Patronat der Fugger stand. Musik diente der Repräsentation, der Unterhaltung und der feierlichen Gestaltung der Gottesdienste. Die Ausübung der Musik lag in den Händen folgender Personenkreise: Lehrer, Stiftsknaben, Hofpersonal, Babenhauser Bürger und auswärtige Musiker.

Das Fundament für die Musikpflege legte dabei zweifelsohne die Lateinschule.[11] Die Familie Fugger hatte sich bekanntlicherweise seit dem 15. Jahrhundert durch großzügige Förderung der Bildung bleibende Verdienste erworben. Ins Jahr 1554, zu einer Zeit, als das Bildungssystem allgemein noch recht unterentwickelt war, fällt im neuen Herrschaftsgebiet Babenhausen die Stiftung einer Lateinischen Schule durch Anton Fugger.[12] In dieser sollten auf seine Kosten fünf intelligente Knaben, sog. Stiftsknaben, aus dem Bereich der Fuggerschen Besitzungen ab dem Alter von acht oder neun Jahren Unterricht erhalten, damit sie später einmal zum Studium an eine Universität geschickt werden konnten. Wenn sie dort, ebenfalls von den Fuggern finanziell unterstützt, den Doktor oder ein anderes Examen erworben hatten, konnten sie in den Dienst der Herrschaft übernommen werden. Damit sicherten sich die Fugger den Nachwuchs an Priestern und Verwaltungspersonal. Neben diesem weltlichen Aspekt lag dem Stifter sein eigenes Seelenheil am Herzen. Er bestimmte nämlich zugleich, daß täglich eine gesungene Messe sowie alljährlich für die Familie Fugger an den vier Quatembertagen[13] Jahrtagsgottesdienste gefeiert werden sollten, woran jeweils die Stiftsknaben teilnehmen mußten. Die Namen der Zöglinge sind uns bis 1650 teilweise überliefert.[14] Zu ihnen gehörten einige bekannte Babenhauser Persönlichkeiten wie Johannes Bisselius und Joachim Entzenmiller. Von 1650-1762 fehlen leider die Namensangaben. Als Schulgebäude ließ Anton Fugger ein Haus errichten, *daran ein Paumgarten hinter dem Pfarrhof gelegen* […]. Mit diesem Haus war, wie damals üblich, ein Ökonomiegebäude für Vieh und Bergung der Naturalien verbunden. In der Schule sollte laut Stiftsbrief […] *ein gelerter frommer geschickhter unserer alten Katholischen Religion Gotsfürchtiger Schuelmaißter mit seinem Eheweib oder im fall er nit verheyrat wäre, mit einer alten betagten frommen fraunn sein Wohnung und die fünff Knaben, bey Imm in seiner Kost, Zucht, Lehr, und underhaltung also haben* […]. Die fünf Knaben wohnten also beim Lehrer, wofür dieser für jeden zur Zeit der Gründung im Jahr 18 fl erhielt. Außerdem bezog der Lehrer ein jährliches Gehalt von 40 fl sowie die damals in Babenhausen üblichen Naturalien,[15] zuzüglich freier Wohnung mit Garten. Neben den Stiftsknaben konnten auch noch externe Schüler gegen ein Entgelt die Lateinschule besuchen, wodurch der Lehrer eine zusätzliche Einnahmequelle hatte. Bis zu ihrer Auflösung 1775 lassen sich an der

---

[11] Vgl. Franz Karg, Die Universität Dillingen und die Lateinschule Babenhausen, in: Jahrbuch des Historischen Vereins Dillingen 1999, S. 347-360.

[12] Stiftsbrief im FA 87.1.

[13] Die vier Fasttage jeweils am Mittwoch nach Aschermittwoch, Pfingsten, Kreuzerhöhung und Lucia.

[14] Joseph Heel, Zur Schulgeschichte von Babenhausen, in: Pädagogische Blätter, 13. Jahrgang, München 1905, S. 149. Diese Schulgeschichte stellt einen Auszug aus der ›Geschichte der Schule meiner Pfarrei‹ von Joseph Heel dar (Handschrift von 1903 im PfAB), ohne Nennung des Autors. Soweit die Schulgeschichte in den Pädagogischen Blättern abgedruckt ist, wird im folgenden daraus zitiert, ansonsten aus der Handschrift.

[15] 2 Malter Roggen, 4 Viertel Korn, 8 Viertel Haber, 2 Tagwerk Stroh, 1 Fuder Heu sowie das nötige Holz.

Abb. 2: Anton Fugger, Erbauer von Schloß Babenhausen und Stifter der Lateinschule
(Kupferstich von Lucas Kilian)

Babenhauser Lateinschule folgende Lehrer in chronologischer Reihenfolge nachweisen:[16] Johannes Albrecht, Erhard Oerler, Johannes Hueber, Georgius Klainer, Jodocus Entzenmiller, Johann Fischer, Martin Herz, Amos Stattmiller, Franziskus Schwarzenberger, Matthäus Kircher, Michael Lotter, Franz Moriz, Dominicus Weyhenmayer, Florian Vötter, Franz Xaver Gruber, Johann Peter Mayer und Franz Joseph Martin. Die Lehrer kamen in der Regel von auswärts, u.a. von München, Augsburg und Memmingen. Genauere biographische Angaben über sie sind bis Anfang des 18. Jahrhunderts, von wenigen Ausnahmen abgesehen, nicht bekannt. Aus den Bestallungsbriefen läßt sich lediglich der Tag der Anstellung ermitteln. Zu ihren Aufgaben gehörte von Anfang an neben dem Unterricht die Leitung der Kirchenmusik, d.h. das Amt des Chorregenten. Der Name Chorregent, Rector Chori oder Chori Regens taucht in der früheren Zeit nur vereinzelt auf und ist erst ab dem 18. Jahrhundert allgemein üblich. In Bezug auf die Schulstiftung wurde der Chorleiter auch als Stiftungschorregent bezeichnet. Dem ›ludi-

---

16 Heel (wie Anm. 14), S. 139f., ergänzt durch FA 67.18.76.

magister‹, wie der Lehrer früher hieß, stand ein Cantor als Gehilfe zur Seite. Über seine Tätigkeit gibt außer dem Stiftsbrief eine Cantorenordnung aus dem Jahre 1649 Auskunft.[17] Danach mußte er u.a. als Sänger und Musiker bei den Gottesdiensten mitwirken und war zusammen mit dem Lehrer für die musikalische Ausbildung der Stiftsknaben verantwortlich. Außerdem hatte er die Schüler beim Lernen zu beaufsichtigen und sie täglich in die Kirche und zurück zu führen.[18] Als Sänger beim Gottesdienst wirkten außer dem Lehrer und Cantor nur die im Hause des Lehrers wohnenden Stiftsknaben, die daher auch als Singknaben bezeichnet wurden. Ihre Zahl schwankte im Laufe der ersten zwei Jahrhunderte zwischen zwei und sieben. Im 18. Jahrhundert waren es meist nur noch zwei, die die Sopran- und Altpartien in der Kirchenmusik zu singen hatten. Zum musikalischen Dienst von Lehrer, Cantor und Stiftsknaben gehörte darüber hinaus noch die Mitwirkung bei Theateraufführungen und anderen musikalischen Darbietungen im Schloß, z.B. bei der Tafelmusik.

Neben der Lateinschule für den Akademikernachwuchs bestand bereits vor deren Stiftung in Babenhausen eine sog. ›Teutsche Schule‹, in der Knaben und Mädchen in den Elementarfächern unterrichtet wurden.[19] Zu Anton Fuggers Zeiten mußte der lateinische Schulmeister diese mitbetreuen, eine nicht ganz glückliche Lösung, die die Söhne von Anton Fugger abschafften. Sie übergaben die deutsche Schule dem Mesner und seiner Hausfrau. Mesner und ›teutscher‹ Schulmeister war an der Wende zum 17. Jahrhundert u.a. Sebastian Bissel, der Vater des berühmten Jesuiten, Historikers und Schriftstellers Johannes Biselius (1601-1682).[20] Der Unterricht durch einen Laien muß sich aber nicht bewährt haben, denn 1645 wurde ein eigener deutscher Lehrer angestellt. Er hatte im Gegensatz zum Lateinschullehrer keine leitende Funktion in der Kirchenmusik, fand aber, wenn er musikalisch war, auf dem Musikchor Verwendung. Dies wird in der deutschen Schulordnung[21] vom 26. November 1751 eigens vermerkt, wo es heißt: […] *Gleichgestalten hat der Teutsche Schuelmaister an Sonn- und Feyertagen unter dem Früh- und Nachmittag Gottesdienst auf der Empor bey den Knaben gegenwärtig zu seyn und daß sie züchtig, ehrbar und fleißig beten, Obacht zu haben. dan, die kleinen fehler sogleich corrigieren, die größeren aber, wo die Vermahnung undt straf nit verhelftet, bei Oberamt anzuzeigen. es wäre denn, daß derselbe in der Music kündig undt auf dem Chor von gnädiger Herrschaft oder Oberamt angewiesen würde* […]. Deutsche Lehrer finden wir vielfach als Sänger, Instrumentalisten und Organisten. Mit der Auflösung der Lateinschule 1775 ging das Amt des Chorregenten auf den deutschen Schulmeister über.

Die vielfältigen musikalischen Auftritte in der Kirche und im Schloß konnten von Lehrern, Cantoren und Stiftsknaben allein kaum bewältigt werden, es bedurfte zusätzlicher Kräfte. Diese entstammten vornehmlich dem Hofpersonal, das sich aus den Regie-

---

[17] FA 87.3.
[18] Im Gegensatz zur protestantischen Kirche hatte hier der Cantor keine leitende Funktion. Diese lag stets beim Chorregenten. Mit dem Ende der Lateinschule verschwand auch das Amt des Cantors als Helfer des Lehrers, doch blieb sein Name als Bezeichnung für den Vorsänger (vgl. Leiprecht und Heel) erhalten.
[19] Zedelmaier (wie Anm. 10), S. 46.
[20] Zedelmaier (wie Anm. 10), S. 50.
[21] FA 7.5.17a.

rungsbeamten sowie den Bediensteten der Hofhaltung zusammensetzte. Als Beispiel für dessen Struktur sei das Rechnungsjahr 1780/81 angeführt, in dem unter der Rubrik ›Besoldungen‹ in den Büchern[22] insgesamt 30 Personen genannt sind. Aus der Amtskasse wurden bezahlt: Oberamtsdirektor, Amtsschreiber, Rentamtsverwalter, Turmwächter, Kanzleibote, zwei Amtsknechte und der Öschey [Gerichtsdiener]. Aus der Generalkasse erhielten ihre Besoldung: Hofmeister, Hofkaplan, zwei Oberamtsräte, Oberamtsactuarius und Musikdirektor, Hausmeister, Hofgärtner, drei Lakaien, Tafeldecker, Büchsenspanner, Reitknecht, Kutscher, Postillion, Torwart, Hausknecht, Gouvernantin, drei Kammerjungfern und Kindsfrau.[23] Ein Teil dieses Personals bildete (teilweise zusammen mit den Ehegattinnen) den zweiten wichtigen Pfeiler der Musikausübung. Da Berufsmusiker für einen kleineren Hof in der Regel zu kostspielig und daher eher die Ausnahme waren, wurde von seiten der Herrschaft bei der Einstellung von neuem Personal stets größter Wert auf deren Musikalität gelegt und Bewerber mit gesanglichen und instrumentalen Kenntnissen bevorzugt in den Dienst genommen. So wundert es nicht, daß etwa ein Lakai zugleich Violinist oder ein Kanzlist Musikdirektor war. Eine derartige Personalpolitik ermöglichte zusammen mit den Lehrern und Stiftsknaben bereits im 17. Jahrhundert ein kleines Ensemble von *Hoffmusicanten*.[24] Diese mußten, wo immer sie gebraucht wurden, in der Kirche und im Schloß präsent sein. Eine Blüte erlebte die Hofmusik in der zweiten Hälfte des 18. Jahrhunderts mit der Bestellung eigener, dem Hofpersonal angehörender Musikdirektoren. In dieser Hinsicht glich der Babenhauser Hof, wenn auch in weit bescheidenerem Maße, den größeren süddeutschen Residenzen wie Öttingen-Wallerstein oder Thurn und Taxis Regensburg mit ihren damals berühmten Kapellen. Noch eine weitere Verwandtschaft mit diesen wird deutlich: die Kunst, nicht nur zu musizieren, sondern auch zu komponieren. Wie an diesen Höfen üblich, finden sich auch unter den Babenhauser Musikern mehrere Komponisten, die speziell für ihre Herrschaft Musikwerke schufen.

Demgegenüber tritt, wenn man von wenigen Ausnahmen (besonders Franz Xaver Heel) absieht, der nicht in Fuggerschen Diensten stehende Bürger als Musiker bis hinein ins 19. Jahrhundert allgemein in den Hintergrund. Lediglich in Schauspielrollen ist er in Textbüchern bezeugt, ebenso im Zusammenhang mit der örtlichen Landwehr als Blasmusiker. Offensichtlich war die Musikausübung in Kirche und Schloß eine Domäne der Fuggerschen Angestellten. In den Genuß der Musik dürften die Bürger hauptsächlich in der Kirche und bei öffentlichen Theateraufführungen gekommen sein. Die musikalischen Darbietungen im Schloß blieben wohl meist der Herrschaft vorbehalten. Der Adel selbst war häufig sehr musikalisch. Von den Fuggern in Babenhausen wissen wir, daß sie vor allem im 18. und 19. Jahrhundert aktiv am Musikleben teilnahmen, vereinzelt sogar komponierten.

Relativ selten finden wir reine Berufsmusiker. Der Grund dafür wurde schon genannt: nur wenige kleinere Adelshöfe konnten sich größere Ausgaben für Musik leisten. Eine, wenn auch nicht unumstrittene Ausnahme macht in Babenhausen lediglich die Regierungszeit des Grafen Johann Franz, in der mehrere hauptamtliche Musiker ge-

---

[22] FA 67.1.202a und 67.4.23.

[23] Im Gegensatz zu den meisten anderen Jahren fällt auf, daß hier bei der Besoldung kein Küchenpersonal aufgeführt wird.

[24] Siehe Textbücher der Theateraufführungen von 1656 und 1661.

nannt werden. Vielfach beherbergte man reisende Musiker, die kurzzeitig ihre Kunst in den Dienst des Hofes stellten. Darüber hinaus ›lieh‹ man sich für größere Aufführungen Musiker aus der Umgebung aus. Umgekehrt halfen Babenhauser Musiker an anderen Orten aus, wie z.B. in Ottobeuren oder im Fuggerschen Boos.

Mit der Mediatisierung des Fürstentums Babenhausen 1806 neigte sich die höfische Musikpflege langsam ihrem Ende zu. Der damit verbundene Personalabbau blieb auf die blühende Musikkultur nicht ohne Einfluß – sie ging deutlich zurück. An ihre Stelle trat fortan die bürgerliche Musikpflege.

II Renaissance und Barock

1   Erste Zeugnisse

Naturgemäß ist unsere Kenntnis über die Musik im 16. und beginnenden 17. Jahrhundert am Babenhauser Fuggerhof noch recht lückenhaft. Das hängt damit zusammen, daß einerseits relativ wenig Archivalien musikhistorischen Inhalts existieren, andererseits der Lebensmittelpunkt der Fugger noch die Stadt Augsburg war. Erst Mitte des 17. Jahrhunderts zogen die Fugger auf das Land und bewohnten ihre Güter.[25] Dies wiederum war die Folge des langen Wandels des Geschlechtes: aus Kaufleuten wurden Adelige, die sich nun ihren Landsitzen zuwandten, die sie aus den überschüssigen Geldern erworben hatten. So wird sich Anton Fugger, noch ganz Kaufmann, nur selten in Babenhausen aufgehalten haben. Ähnliches dürfte auch für Antons Nachfolger, Jakob Fugger, gelten, obgleich er bereits der Generation der Kunstmäzene angehörte. Für beide spielte die Musik auf Schloß Babenhausen, zumindest im profanen Bereich, eine untergeordnete Rolle. Etwas anders lagen die Verhältnisse bei der Kirchenmusik. Als wichtige Repräsentanten des alten katholischen Glaubens und als Patronatsherren legten die Fugger von Anfang an Wert auf eine angemessene musikalische Gestaltung der Gottesdienste, die in der Hand der lateinischen Schulmeister lag. Das erste Zeugnis darüber datiert vom 31. Juli 1552[26] noch vor der eigentlichen Stiftung der Lateinschule. Darin macht Johannes Albrecht, Bürger zu Augsburg eine Verschreibung, in welcher er bekennt, daß er von dem wohlgeborenen Antonius Fugger zum Schulmeister seiner Stiftung zu Babenhausen auf ein Jahr angenommen worden sei. Er verspricht dabei u.a., »mit den Knaben den Kirchengesang fleißig zu versehen.« Dieses Versprechen wird im offiziellen Stiftungsbrief vom 14. Dezember 1554[27] auch den folgenden Schulmeistern zur Auflage gemacht mit dem Satz: […] *Vor allen Dingen soll der schuelmaister die Knaben zur Furcht und Ehre Gottes ziehen, auch daß sie in der Kirche des Morgens und Abends mitsingen helfen* […]. Als Gehilfe wird ihm dabei der Cantor zur Seite gestellt, der […] *die Stiftsknaben täglich in und von der Kürche führt, sowie guet Aufsehen auf sie habe, daß sie ordentlich und züchtig in und von der Kürche gehen, dergleichen in der Kürche mit Singen und anderem, so ihnen die Ordnung auferlegt, emsig und beflissen sein* […]. Daß dabei die Gottesdienste täglich musikalisch umrahmt werden mußten, geht aus einer weiteren zeitgenössischen Dienstverschreibung[28] für die Lateinschullehrer hervor, in der es heißt: […] *ich soll und will auch mit obgedachten Knaben, so mir also in die Kost eingedingt werden, die Kürchen zu Babenhausen mit Gesang nach alter Gewohnheit täglich, Feyertags und Wercktags, wie es sich der Kürchenordnung nach gebürt nach allem Vleis versehen* […]. Faßt man beide Aussagen zusammen, in denen die Worte *des*

---

[25] Vgl. Franz Karg, Die Fugger im 16. und 17. Jahrhundert, in: Renate Eikelmann (Hg.), »lautenschlagen lernen und ieben.« Die Fugger und die Musik, Augsburg 1993, S. 105.

[26] FA 87.3.1.

[27] FA 5.3.1.

[28] FA 5.3.1, nicht datiert, jedoch vor 1560.

Morgens und Abends sowie *täglich* gebraucht werden, so ergibt sich daraus eine immense Anzahl kirchenmusikalischer Dienste. Die musikalische Ausbildung war Bestandteil des Schulunterrichts. Das Schulinventar[29] vom 27. Dezember 1574 verzeichnet diesbezüglich in der Schulstube der Knaben *Item 2 schwarz Gesang taflen*. Aus einem in Latein verfaßten und von Anton Fugger eigenhändig unterschriebenen Lehrplan[30] geht hervor, daß sich bereits zur Gründungszeit der Lateinschule der Gesang der Knaben nicht nur auf den Choral beschränkte, sondern auch mehrstimmig musiziert wurde *(musicam tum plana tum figurata)*. Die Kompositionen, die dabei zur Aufführung kamen, sind leider nicht bekannt, ebenso wenig wissen wir etwas über einen eventuellen Einsatz von Instrumenten. Dafür begegnen wir bereits einen Monat nach der Stiftung, im Januar 1555, einer Kostenaufstellung[31] für die Bezahlung der Mitwirkenden bei den Fuggerschen Jahrtagen: […] *alle Jahrtäg den Priestern jedem 8 x für die Mahlzeit und 12 Pfennig Presenz, dem Schuelmaister und Cantor als vil, ich rechne 12 Priester, den Schuelmaister und Cantor, macht 14 und den Pfleger 8 x, macht also die 4 Jahrtäg 11 fl 12 x.* Die Errichtung der Fuggerschen Jahrtage in Babenhausen ist Bestandteil des Stiftungsbriefes. Die Gottesdienste an diesen Tagen wurden stets von mehreren Priestern zelebriert und musikalisch feierlich gestaltet. Im Gegensatz zu den meisten Auftritten an anderen Tagen handelte es sich dabei um bezahlte Dienste. Die Quittungen dafür sind musikhistorisch insofern von Bedeutung, als sie in manchen Jahren über die Anzahl und Namen der Musiker und ganz selten auch über die verwendeten Instrumente Auskunft geben. Da alsbald auch die mitwirkenden Stiftsknaben ein kleines Honorar dafür erhielten, ist häufig auch ihre Zahl verzeichnet. So gesehen sind diese Aufzeichnungen eine wichtige Quelle für unsere Kenntnis über die Zusammensetzung des Musikpersonals auf dem Kirchenchor, die analog auch auf die anderen musikalisch umrahmten Gottesdienste übertragbar sein dürfte. Allerdings fallen die Angaben in manchen Jahren recht dürftig aus – man darf nie vergessen, daß es sich dabei um Abrechnungen handelt und um keine gezielten musikgeschichtlichen Informationen für die Nachwelt.

Am 5. Mai 1574 machten die Söhne Anton Fuggers, Marx, Hans und Jakob, eine Nebenstiftung zur lateinischen Schulstiftung ihres Vaters.[32] Sie betraf vor allem, bedingt durch eine allgemeine Teuerungsrate, die Aufbesserung der Lehrerbesoldung, beinhaltete aber auch neue Bestimmungen betreffs des Kirchengesanges. Dieser hatte, wie wir bereits sahen, einen solch enormen zeitlichen Umfang angenommen, daß die Herrschaft in berechtigter Sorge war, der Kirchendienst könnte allzuviel Zeit vom Studium wegnehmen. Sie schrieben deshalb: […] *damit auch gedachter Jugent, durch das täglich Kürchengesange von der Lernung nit zua lang abgehalten werde, so ordnen und wollen wir, das die täglichen Ämpter zu einer gewissen bestimbten Zeit und sobald das bettzaichen ausgelitten, summers Zeiten von ostern an bis Winter von Michaelis umb siben uhren, und Im Winter von Michaelis bis uf ostern umb acht uhren vormittag unverzogenlich angefangen werde. Und ob schon uf einen Tage mer gestifte ämbter fielen, so sollen doch Cantor und die Knaben nit mer als ain ambt singen und mit solichem über ein halbe*

---

[29] FA 87.3.
[30] FA 5.3.1.
[31] FA 5.3.1.
[32] FA 87.2. Mit der Teilung vom 6. Januar 1575 fiel die Herrschaft Babenhausen an Jakob Fugger.

Abb. 3: Jakob Fugger (Kupferstich von Lucas Kilian)

stund ungefahrlich nit Zubringen, auch sunst die Vigilien[33] *und anderen Kürchendienst, damit so die Schuel umb soviel bas obliegen kündenn enthebt sein. Es wäre denn zu hochen Festen: Sunn: und gebotten Feyer, auch den vier gestiften Jahrtagen [...].* Damit sie sich mehr um die Schule kümmern konnten, wurde also der Gesang der Knaben täglich auf ein Amt am Morgen reduziert, das nicht länger als ungefähr eine halbe Stunde dauern durfte. Die zeitliche Beschränkung galt auch für andere Kirchendienste. Eine Ausnahme bildeten lediglich die Sonn- und Feiertage und die vier Jahrtage. Trotz dieser Einschränkungen war die Zahl der musikalisch gestalteten Gottesdienste für heutige Verhältnisse immer noch enorm hoch.

Die neue Verordnung trat zur Zeit von Pfarrer Ulrich Müller in Kraft, der von 1560 bis 1576 in Babenhausen wirkte. Seine Grabtafel findet sich heute noch am Eingang der Rechbergkapelle. Dessen Nachfolger Christoph Gail, Pfarrer von 1576 bis 1589, muß mit der Verordnung offensichtlich nicht ganz zufrieden gewesen sein, weswegen er sich persönlich an Jakob Fugger wandte. Dessen Antwort ließ nicht lange auf sich warten und ist sogar mit einer Reihe eigenhändiger Zusätze versehen, ein Zeichen dafür, wie

---

[33] Nächtliche Gottesdienste vor einem Fest.

sehr Jakob die Babenhauser Kirchenmusik am Herzen lag. Da das Dokument[34] vom 1. Dezember 1576 das älteste Schriftstück über die Babenhauser Kirchenmusik darstellt, ist es im Anhang I im gesamten Wortlaut abgedruckt.

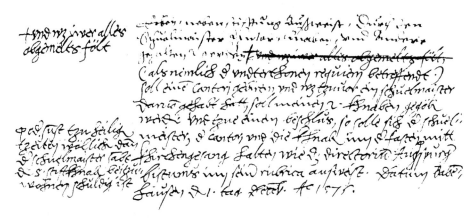

Abb. 4: Schluß der Anordnung Jakob Fuggers vom 1. Dezember 1576 hinsichtlich der Babenhauser Kirchenmusik in seiner eigenen Handschrift

Das Dokument beinhaltet u.a. folgende liturgische Anordnungen:
- den Einsatz zweier zusätzlicher Stiftsknaben, die von Jakob selbst finanziert werden
- den erweiterten Umfang der kirchlichen Dienste von Schulmeister, Cantor und den fünf alten Stiftsknaben. Diese werden verpflichtet, an den von den Fuggern und Rechbergern[35] gestifteten Jahrtagen und an Allerseelen die Vigilien und zwei Ämter zu singen, ebenso an den Frauenbruderschaften sowie die Vespern an den heiligen Abenden und Feiertagen und die 34 Metten[36]
- die Kleiderordnung und das Verhalten beim Gottesdienst. Schulmeister, Cantor und Stiftsknaben sollen einen Chormantel oder Chorrock tragen[37] und in angemessenem Schritte gehen
- den Gottesdienst und die Wallfahrt nach Matzenhofen.[38] Für die Gestaltung der Gottesdienste[39] werden der Cantor und zwei Schulknaben abgeordnet. Wenn aber eine Wallfahrt dorthin stattfindet, müssen Schulmeister, Cantor und alle Schulknaben mitgehen und lateinisch singen. Dazwischen singt ein Helfer dem Volk deutsche Gesänge vor

---

[34]   FA 5.3.1.
[35]   Vorbesitzer der Herrschaft Babenhausen. Ihre Jahrtage sollen demnach weitergeführt werden.
[36]   Das Morgenlob im kirchlichen Stundengebet.
[37]   Diese Kleiderordnung ist bis ins 18. Jahrhundert hinein bezeugt.
[38]   Lange vor Erbauung der heutigen Wallfahrtskirche bestand in Matzenhofen eine Kapelle, die zur Pfarrei Babenhausen gehörte und dementsprechend vom dortigen Pfarrherrn versehen wurde.
[39]   Nach obiger Literatur wurden 1669 feierliche Gottesdienste mit Predigt und Amt am Dienstag nach Ostern, Pfingsten und Kirchweih abgehalten.

– die Requiems für die verstorbenen Untertanen von Babenhausen. Sie werden vom Cantor und den zwei neuen Stiftsknaben gesungen, wofür sie aus der Kasse der Wallfahrtskirche Kirchhaslach eine Entlohnung erhalten. Die in den Stiftungen Anton Fuggers und seiner Erben genannten Trauergottesdienste sollen vom Schulmeister, Cantor und den anderen Knaben gesungen werden.

– Schließlich sollen der Schulmeister und Cantor in den Fasten- und anderen heiligen Zeiten mit den fünf Stiftsknaben nach dem Directorium der Augsburger Diözese Kirchengesang halten.

2   Bedeutende Pädagogen und Komponisten

Zu der Zeit der Abfassung des vorhergehenden Dokumentes hatte **Jodocus Entzenmiller (Enzmilner)** das Amt des lateinischen Schulmeisters inne. Dies ergibt sich aus einem Schreiben[40] Entzenmillers an Jakob Fugger vom 23. September 1620, in dem er um eine jährliche *Provision* bittet, damit er seinen Sohn Joachim studieren lassen könne […] *in ansehung maines […] das 45 Jar lang der alhisigen schual gelaisten dienstes.* Demnach muß Entzenmiller 1575 nach Babenhausen gekommen sein und zwar, nach Angabe von Stettens,[41] aus dem Kloster St. Ulrich und Afra in Augsburg, wo er als Lehrer tätig war. Vier Jahre später, am 1. November 1579, ehrte der Landvogt von Ober- und Unterschwaben Georg Ilsung von Tratzberg in Augsburg Entzenmiller durch eine Wappenverleihung.[42] Neben der Beschreibung des Wappens heißt es darin, daß durch […] *Ehrbarkeit, redlichkeit, guette Sitten, Tugent und vernunfft, der erbar und Wolgelehrt Magister Jodocus Entzenmiller berümbt worden* […] – eine Auszeichnung, die auf einen angesehenen Magister schließen läßt. In Babenhausen heiratete Entzenmiller Magdalena Braumiller, aus deren Ehe sechs Kinder hervorgingen.[43] Ihr berühmtester Sohn war oben genannter Joachim (siehe Abb. 5), der bei seinem Vater die Lateinschule besuchte und als Stiftsknabe zu den Chorsängern zählte. Seine spätere Karriere[44] ist beeindruckend. Als Reformationskommissär von Oberösterreich wurde er in den Adelsstand erhoben und war in dieser Funktion Herr über eines der damals glänzendsten Schlösser, Windhaag bei Perg im Mühlviertel. Das Schloß umfaßte 52 Zimmer, gefüllt mit Gemälden, Plastiken, Waffen und einer kostbaren Bibliothek von 16.000 Bänden.[45] Die ›Bibliotheca Windhagiana‹ enthielt auch Musikbücher von Joachims Vater Jodocus, die er seinem Sohn vermacht hatte.[46] Sie gingen im 19. Jahrhundert größtenteils an die Wiener Universitätsbibliothek über. Leider fehlen heute die noch in einem umfangreichen Katalog von 1733 verzeichneten Musikbände ausnahmslos. Unter den von Jodoc Ent-

---

[40] FA 5.3.1.
[41] Paul von Stetten, Kunst-, Gewerbe- und Handwerks-Geschichte der Reichsstadt Augsburg, Bd. I, Augsburg 1779, S. 537.
[42] Wappenbriefsammlung Nr. 16 im Oberösterreichischen Landesarchiv Linz.
[43] PfMB Bd. I.
[44] Vgl. Zedelmaier (wie Anm. 10), S. 57f.
[45] Adel im Wandel, Katalog zur Niederösterreichischen Landesausstellung, Rosenburg 1990, S. 466.
[46] Entnommen aus Othmar Wesseley, Joachim Entzenmiller, der Lehrer Gumpelzhaimers, in: Die Musikforschung 7/1954, S. 65f.

Abb. 5: Reichsgraf Joachim Entzenmiller, ehemaliger Stiftsknabe in Babenhausen
(nach einem Kupferstich von Melchior Küsell)

zenmiller gesammelten und sicher bei seiner Lehrtätigkeit verwendeten Werken nimmt das theoretische Schrifttum einen breiten Raum ein, wobei die Elementarlehren von Gafori (1497), Heyden (1532), Listenius (1533), Frosch (1535), Venceslaus Philomates (1543), Greiter (1544), Gregor Faber (1545) und Heinrich Faber (1555) im Vordergrund stehen. Daneben findet sich auch anspruchsvollere Musikliteratur von Boethius (1521), Aaron (1545), Glarean (1547), Dentice (1553), Lusitano (1558), Zarlino (1559, 1562, 1588/89), Besson (1582) und Pisa (1611).[47] Von den wenigen Musikalien[48] dürfte Joachim Entzenmiller folgende vom Vater übernommen haben:
– Bernhard Schmid: Tabulatur Buch von allerhand auserlesenen, schönen lieblichen Praeludijs, Toccaten […] Auf Orgeln und Instrumenten zu gebrauchen (Straßburg 1607).
– Georg Leopold Fuhrmann: Testudo Gallo Germanica […] ad Testudinis usum et Tabulaturam accomodatae (Nürnberg 1615).
– Giovanni Gastoldi: Balletti a cinque voci con li suoi versi per cantare, sonare & ballare […]. (Venedig 1591).

---

[47]   Genauere Angaben siehe RISM, Serie B VI, München 1971.
[48]   Genauere Angaben siehe RISM, Serie A I, Kassel 1971-1999.

– Orazzio Vecchi: Motecta […] quaternis, quinis, senis & octonis vocibus (Venedig 1590).
– Orlando di Lasso: Magnum opus musicam […]. (München 1602).[49]

Falls die Musikalien tatsächlich aus Jodocus Entzenmillers Bibliothek stammen, wäre dies der früheste Hinweis auf möglicherweise in Babenhausen aufgeführte Musikwerke, und zwar, wie das Beispiel Gastoldi zeigt, auch unter Verwendung von Instrumenten. Die Benutzung von Instrumenten wird im übrigen erstmals archivalisch belegt anläßlich einer Hochzeit von 1602, zu der man […] *Harfe oder Sackpfeife, den Kapellmeister zu Augsburg mit Bassisten und Diskantisten oder […] behelfsweise die Babenhausische Musica* benötigte.[50] Es handelte sich dabei um die Hochzeit der Gräfin Anna, Tochter Jakob Fuggers, mit Georg Konrad Freiherr von Toerring und Seefeld am 11. Februar 1602, zu der nicht weniger als 212 Personen erschienen, darunter auch der Bischof von Augsburg.[51] Es war eine der vielen Fuggerschen Hochzeiten, die stets mit großem Pomp begangen wurden,[52] wenn möglich unter Hinzuziehung von Musikern aus Augsburg. Dabei muß offen bleiben, wer mit Kapellmeister gemeint ist – in Frage könnte der damalige Augsburger Domkapellmeister Bernhard Klingenstein[53] kommen. Sollten die Augsburger Musiker verhindert sein, mußte man sich laut herrschaftlicher Anweisung (wohl zur Not) mit den einheimischen Musikern begnügen.

Über Jodocus Entzenmillers Leben ist weiter nichts bekannt, nicht einmal sein Geburts- bzw. Sterbedatum.[54] Der bei Wesseley angegebene Todestag, der 26. Februar 1616 ist sicher nicht richtig, da Entzenmiller laut erwähntem eigenhändigen Schreiben von 1620 damals noch am Leben gewesen sein muß. Vielleicht fällt sein Tod in das Jahr 1624, nachdem in diesem der Magister Johann Fischer *für die fünf Knaben extra 122 fl 26 x* erhielt,[55] womöglich ein Indiz dafür, daß dieser nach dem Tode Entzenmillers innerhalb des Jahres den Schuldienst übernommen hatte. Nichtsdestoweniger ist der Name Entzenmiller in die Musikliteratur eingegangen, nämlich als Lehrer seines bedeutendsten Schülers, des Komponisten **Adam Gumpelzhaimer** (1559-1625) (siehe Abb. 6).[56]

Geboren im bayerischen Trostberg, kam Gumpelzhaimer schon in jungen Jahren an die Schule des Benediktinerklosters St. Ulrich und Afra in Augsburg, wo er seine musikalische Ausbildung bei Magister Jodocus Entzenmiller erhielt. Als sich letzterer in Fuggersche Dienste nach Babenhausen begab, soll ihm nach Stetten[57] sein Schüler gefolgt sein. »In Babenhausen scheint es unserem jungen Musiker nicht sehr gut gegangen zu sein, da er nach kurzem Aufenthalt dortselbst wieder nach Augsburg zurückkehrte.«[58] Leider ist die Quelle, aus der Stetten schöpfte, nicht bekannt, so daß wir über diese Zeit

---

[49] Die Titel der drei Vokalwerke verdanke ich freundlicherweise der Universitätsbibliothek Wien.
[50] FA 1.2.57.
[51] Friedrich Dobel, Geschichte des Hauses Fugger, S. 271 (Handschrift im FA).
[52] Vgl. Dana Koutna-Karg, Feste und Feiern der Fugger im 16. Jahrhundert, in: Renate Eikelmann (Hg.), »lautenschlagen lernen und ieben.« Die Fugger und die Musik, Augsburg 1993, S. 89-98.
[53] MGG Bd. 7, Sp. 1230-1234.
[54] Die Sterbematrikel im Pfarrarchiv Babenhausen beginnen erst mit dem Jahre 1660.
[55] FA 66.1.11.
[56] Zu Gumpelzhaimer siehe den Artikel von Adam Adrio in: MGG Bd. 5, Sp. 1112-1119.
[57] Stetten (wie Anm. 41).
[58] Otto Mayr, Adam Gumpelzhaimer, Augsburg 1908, S. 5.

Gumpelzhaimers keine authentischen Aussagen besitzen. Sie setzen erst wieder 1581 mit der Anstellung des damals 22jährigen am Gymnasium bei St. Anna in Augsburg ein, wo er bis zu seinem Tode als Lehrer, Cantor und hochangesehener Komponist wirkte. Seine musikerzieherische Tätigkeit fand alsbald ihren Niederschlag in einer der erfolgreichsten musikalischen Elementarlehren dieser Zeit, dem 1591 erschienenen Druck ›Compendium musicae‹.[59] Die Anregung zu dieser pädagogischen Arbeit verdankte Gumpelzhaimer mit großer Wahrscheinlichkeit Entzenmiller, der mit seiner musiktheoretischen Neigung sicher seinen Schüler geformt hatte. Nach Gumpelzhaimers Werk zu urteilen, muß Entzenmiller ein vorzüglicher Lehrer und Musiker gewesen sein, der gewiß auch die anderen bedeutenden Komponisten, die kurzzeitig am Babenhauser Hof weilten, kannte: Johannes Eccard, Narcissus Zängel und Gregor Aichinger.

Abb. 6: Adam Gumpelzhaimer (Kupferstich von Raphael Custos)

Johannes Eccard (1553-1611),[60] gebürtig aus Mühlhausen in Thüringen, lebte zunächst als Sängerknabe am Weimarer Hof, kam aber bald nach München an die berühmte Hofkapelle, wo er Schüler Orlando di Lassos wurde. Sicher waren es die guten Beziehungen Jakob Fuggers zu Orlando di Lasso, die den Eintritt Eccards in den Fuggerschen Dienst ermöglichten. Es existiert ein Verzeichnis aus Jakobs Archiv,[61] in dem vermerkt

---

[59] RISM (wie Anm. 47) B VI/1, S. 387f.
[60] Zu Eccard siehe den Artikel von Adam Adrio in: MGG Bd. 3, Sp. 1068-1074.
[61] FA 7.4.11, sowie: Adolf Layer, Musik und Musiker der Fuggerzeit, Augsburg 1959, S. 22.

ist: *Johann Eckhardts Musicus Dienstverschreibung uff 3 Jar lang anno 1576.* Danach wurde Eccard dem Pfleger Sixt Wesselin zu Babenhausen[62] übergeben, der ihn *unterhalten* mußte. Leider ist die Dienstverschreibung selbst nicht mehr erhalten und somit eine genauere Angabe über den Aufenthalt Eccards in Babenhausen. Es ist aber anzunehmen, daß Eccard in diesen drei Jahren nicht allein in Babenhausen, sondern auch in Augsburg weilte. Aus dieser Zeit stammt seine fünfstimmige Messe *Mon coeur se recomande a vous* mit der Autorenbezeichnung: *J. Eccard Dom. Jakobi Fuggeri Musico 1598,* die sich in der Bayerischen Staatsbibliothek München im Manuskript erhalten hat.[63] Noch im selben Jahr widmete Eccard den Söhnen Anton Fuggers, Marcus, Hans und Jakob, seine ›Neue deutsche Lieder, mit vieren und fünf Stimmen, gantz lieblich zu singen, und auff allerley musicalischen Instrumenten zu gebrauchen‹.[64] Die Lieder erschienen im Druck in seiner Heimatstadt Mühlhausen, in die der Komponist nach seiner Entlassung aus Fuggerschen Diensten nochmals kurzzeitig zurückkehrte, bevor er im Gefolge des Fürsten Georg Friedrich von Preußen-Ansbach nach Königsberg übersiedelte.

Zur Zeit als Johannes Eccard in München unter Orlando di Lasso sang, findet sich dort als Kantoreiknabe auch der um 1555 in Augsburg geborene Musiker **Narcissus Zängel**.[65] Nach einem kurzen Aufenthalt in Frankreich wurde er zunächst Organist in der Prämonstratenser-Abtei Roggenburg und dann 1585 Mitglied der Kammermusik des Jakob Fugger in Augsburg. In dieser Stellung soll er nach Schmid[66] zusammen mit Gregor Aichinger auch oft im Schloß Babenhausen musiziert haben. 1590 begab sich Zängel in die Dienste der schwäbischen Zollernhöfe Sigmaringen-Hechingen, wo er als Kapellmeister nach 1607 starb. Zängel begegnen wir vielfach als Komponisten geistlicher Musik. Eine frühe, nicht mehr erhaltene Messe widmete er im Zuge eines Anstellungsgesuches Erzherzog Ferdinand in Innsbruck, gezeichnet mit: *Euer fürstlichen Durchlaucht unterthenigster gehorsamster Narcißus Zenngl der zeit organist im Gotthauß Roggenburg.*[67] Es ist gut denkbar, daß Zängel auch in seiner Zeit bei Jakob Fugger kompositorisch tätig war.

Wenn Jakob Fugger auch nicht in dem Maße, wie etwa seine Verwandten Hans Jakob oder Raimund Fugger wertvolle Bücher- und Musikaliensammlungen anlegte, so galt er doch in Augsburg als großer Förderer der Musik, insbesondere des Domkapellmeisters **Gregor Aichinger** (1564-1628).[68] Gebürtig aus Regensburg, war Aichinger an der benachbarten Universität Ingolstadt schon frühzeitig mit dem dort ebenfalls studierenden Jakob Fugger (1567-1626), dem späteren Fürstbischof von Konstanz, zusammengekommen. Durch diese Bekanntschaft ergaben sich wiederum Kontakte zu dessen musi-

---

[62] Von einem Sixt Wesselin existiert in der Friedhofskapelle Babenhausen eine Grabinschrift ›Anno Domini MDLXIIII den XII Julius starb Sixt Wesselin Dem Got Gnad‹. Nach dem Todesdatum zu schließen, muß es sich dabei wohl um den Vater des obigen handeln.

[63] Mss. 57. Die Jahreszahl bezieht sich nicht auf das Jahr der Komposition, sondern der Abschrift. Die Messe liegt heute in einem Neudruck vor, erschienen im Carusverlag Stuttgart.

[64] RISM (wie Anm. 48), S. 516.

[65] Zu Zängel siehe den Artikel von Eberhard Stiefel in: MGG Bd. 14, Sp. 980f.

[66] Ernst Fritz Schmid, Musik an den schwäbischen Zollernhöfen der Renaissance, Kassel 1962, S. 44.

[67] Anstellungsgesuch im Landesregierungsarchiv Innsbruck, Kunstsachen III/34 (zitiert nach Schmid).

[68] Zu Aichinger siehe den Artikel von Ernst Fritz Schmid in: MGG Bd. 1, Sp. 177-183.

kalischem Onkel Jakob (1542-1598), der sich bald des jungen Studenten annahm. Von letzterem wissen wir, daß er selbst Laute spielte. Eine in späterer Zeit zur Theorbe umgebaute Laute von 1577 aus seinem Besitz befindet sich im Fuggermuseum Babenhausen. Aichinger bemerkt selbst in der Vorrede zu seinen ›Geistlichen Konzerten‹ von

Abb. 7: Laute, später zur Theorbe umgebaut, aus dem Besitz Jakob Fuggers 1577

1617, daß er ›in perillustri domo Jakobina‹ in früher Jugend unter den Bediensteten aufgezogen worden sei, d.h., daß er wohl seine Ferienzeit im Augsburger Fuggerhaus bei Jakob verbringen durfte.[69] 1584 bestimmte denn auch Jakob Fugger den jungen Gregor zum Organisten an der von ihm gestifteten Ammerbach-Orgel der Fuggerkapelle bei St. Ulrich und Afra. Aufgrund alter Handelsbeziehungen zu Venedig, schickte ihn Jakob darüber hinaus auf musikalische Studienreise in die Lagunenstadt, wo er bei Andreas und Giovanni Gabrieli Unterricht nahm. Als Dank widmete Aichinger seinem Gönner Jakob Fugger 1590 die ›Sacrae cantiones‹, eine Sammlung lateinischer Motetten und italienischer Madrigale, die in Venedig im Druck erschienen. Derartige Widmungen an einen Mäzen waren damals weit verbreitet. Mit ihnen wollten die Musiker ihren Förderern gegenüber Dankbarkeit erweisen. Es existieren zwischen 1545 und 1623 nicht we-

---

[69] Ernst Fritz Schmid, Gregor Aichinger, in: Lebensbilder aus dem Bayerischen Schwaben, München 1952, Bd. 1, S. 251.

niger als 46 Widmungskompositionen an verschiedene Mitglieder des Hauses Fugger, davon neun an Jakob (1542-1598), u.a. von den berühmten Komponisten Orlando di Lasso, Giovanni Gabrieli und Orazio Vecchi.[70] Für die Hochzeit von Jakobs Tochter Veronika mit ihrem Vetter Albrecht Fugger 1597 schrieb Aichinger zwei Madrigale. Jakobs Witwe Anna ließ ihre vier Söhne, darunter Maximilian und Johannes Fugger, die späteren Herren auf Schloß Babenhausen, von Aichinger musikalisch unterrichten.[71] Es versteht sich von selbst, daß Aichinger auch in der Babenhauser Residenz zu Gast war. Nach Schmid ist sein dortiger Aufenthalt zweimal bezeugt,[72] und zwar zunächst bei der Beisetzung seines Dienstherrn Jakob Fugger, der am 7. Februar 1598 starb. Jakob hatte schon Jahre vorher[73] testamentarisch verfügt, daß […] *sein cörper gehen Babenhausen gefiert und in die begräbnuß weilnt meines lieben herrn vattern seligen, so ich mir aldar erwölt, gelögt, begraben und mitt vigilien, besinknussen, sibenden und dreissigsten, alles christlicher catholischer ordnung nach, wie es siech gepirt, gehalten werde. Zu sollicher dreyer gotstiensten verordne ich einem yeden erscheinenden priester tzu Babenhausen tzur vigil 30 kr, item einem schuelmaister und cantori daselbsten, auch yedlichem 30, dem mösner 20 kr, einem yeden stifftknaben, die tzur vigil und bei den dreyen gotsdiensten alwögen erscheinen, soll ihnen jedesmahl 15 kr einem yeden und dann den andern schuelern tzu Babenhausen auch einen yeden 4 kr tzur presentz gereicht werden […].* An dieser wohl recht aufwendigen Funeralzeremonie[74] war Aichinger sicher auch als ausübender Musiker beteiligt. Ein späterer Aufenthalt fällt in das Jahr 1608. In diesem komponierte er in Babenhausen für die geistliche Hausmusik der Zollerngräfin Maria Eleonore,[75] der Frau von Johann Fugger ›Teutsche Gesenglein aus dem Psalter des Propheten David sambt andern noch mehr geistlichen Liedern zu drey Stimmen‹ (siehe Abb. 8). Das Werk erschien 1609 in Dillingen im Druck und ist heute leider nur noch in einem einzigen unvollständigen Exemplar in The British Library London nachweisbar.[76] Aichinger war seinen Fuggerschen Gönnern zeitlebens in Dankbarkeit verbunden. Maximilian Fugger seinerseits sorgte sich um den schwer erkrankten Meister, der an einem ›Steinleiden‹ litt. Davon zeugt ein Brief Maximilians aus Babenhausen,[77] datiert vom 30. Dezember 1627. In ihm empfahl er Aichinger den Fuggerschen Schnittarzt Dr. Mariano, nicht ohne die Hilfe Gottes, wie aus folgendem Satz hervorgeht: […] *zu welch enden will ich dessen herrn* [gemeint ist der Arzt] *in meinem gebett nit allein threulich gedenckhen, sondern auch die verordnung thun, daß durch mein priesterschaft und undertonen ein gemeines gebett für ine verrichtet werde, so der allmechtige hoffentlich genedig ansehen und ime dardurch sein vorhabende cur erspriesslich ringern würdet […].*

---

[70] Franz Krautwurst, Die Fugger und die Musik, in: Renate Eikelmann (Hg.), »lautenschlagen lernen und ieben.« Die Fugger und die Musik, Augsburg 1993, S. 47f.

[71] Schmid (wie Anm. 1), Sp. 1124.

[72] Schmid (wie Anm. 66), S. 260 und 272.

[73] Eigenhändiger Nachtrag zu seinem Testament vom 31. Dezember 1591 im FA 20.1, abgedruckt in: Maria Gräfin von Preysing, Die Fuggertestamente des 16. Jahrhunderts II, Weißenhorn 1992, S. 231f.

[74] Zu Funeralzeremonien vgl. Koutna-Karg (wie Anm. 52), S. 91f.

[75] Bei Schmid (wie Anm. 66) fälschlicherweise als Witwe bezeichnet.

[76] Es existiert unter B 59.c. nur die Baßstimme. Abb. mit Erlaubnis der British Library.

[77] FA 1.2.55, abgedruckt in: Schmid (wie Anm. 66), S. 471.

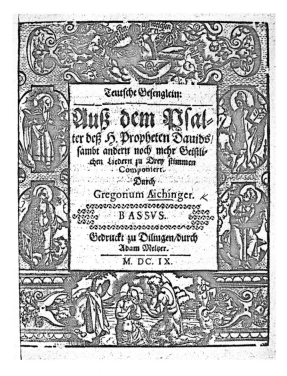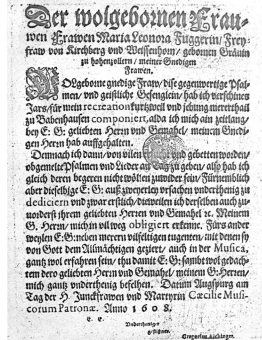

Abb. 8: Titel- und Widmungsblatt der ›Teutschen Gesenglein‹ von Gregor Aichinger 1608

Die Operation hatte nicht den gewünschten Erfolg. In der Nacht auf den 21. Januar 1628 verstarb Gregor Aichinger.

Der Brief Maximilians ist nicht im Original, sondern nur in einem Kopierbuch seines Kämmerlings und Musikers **Elias Fabricius**[78] erhalten. Letzterer war der Sohn des Hechinger Kapellmeisters Johannes Fabricius. Nachdem er dort das Orgelspiel erlernt und als Discantist aufgetreten war, heiratete er 1619 in Augsburg und kam in Fuggersche Dienste. Schon bald darauf trat er in der Öffentlichkeit als Komponist hervor. 1622/23 veröffentliche Johannes Donfried, der Herausgeber des Musiksammelwerkes ›Promptuarium Musicae […] e diversis, iisque illustrissimis et musica laude praestantissimis hujus aetatis authoribus‹, drei Motetten des Elias Fabricius für drei Singstimmen und Basso continuo.[79] Als Kämmerling Maximilians weilte Fabricius oft im Schloß Babenhausen und führte besagte Kopierbücher, die sich aus den Jahren 1627/28 erhalten haben.[80] Sie enthalten nicht nur die Briefe seines Herrn, sondern geben auch einen interessanten Einblick in die vielschichtigen musikalischen Interessen ihres Schreibers. Als Randnotizen finden wir Mensuralnoten, Orgeltabulaturen sowie die Bemerkung *Canto a doi di Elia Fabr.*, was auf seine Kompositionstätigkeit hindeutet. Daneben notierte er auch Vokabu-

---

78   Schmid (wie Anm. 66), S. 468-472.
79   RISM (wie Anm. 47), S. 478 und 482.
80   FA 1.2.55.

Abb. 9: Tabulaturen des Elias Fabricius als Randnotizen in seinen Kopierbüchern

lare und Stilübungen in lateinischer Sprache, Gebete oder drollige Sprichwörter wie: *Lieb haben und nit geniessen, mecht den teufel und sein muetter verdriessen.* Aufgrund der Empfehlung seines Herrn erhielt Fabricius nach dem Tode Aichingers dessen Amt als Organist in der Fuggerkapelle bei St. Ulrich und Afra Augsburg. 1631 wurde er auf zehn Jahre als Stadtpfeifer in Augsburg angenommen und starb vermutlich 1653.

3   Die Zeit des Dreißigjährigen Krieges

Nur wenig später als ein Jahr nach Gregor Aichingers Tod verstarb auch dessen Gönner, Maximilian Fugger, am 2. März 1629 in Augsburg. Seinem Wunsche entsprechend wurde der Leichnam nach einer fünftägigen öffentlichen Aufbahrung und der Leichenfeier nach Babenhausen überführt. Der Leichenkondukt bestand aus zwölf Kutschen, die 7. Kutsche beherbergte die Musikanten *Herr Agricola, Christoph Stadtpfeifer, Messenhauser Stadtpfeifer, Ludwig Furger Bassist, zween Altisten, Ein Tenorist und noch ein Musicus.*[81] Dazu kamen, auf die letzten drei Kutschen verteilt, *weitere Musicanten sambt ihren Knaben und Instrumenten.* Dobel[82] schreibt: […] *am Abend des 2. Tages* [nach der Abfahrt aus Augsburg] *gelangte man in Babenhausen an, dessen Geistlichkeit,*

---

[81]   FA 1.2.55.
[82]   Dobel (wie Anm. 51), S. 148ff. unter Benützung der Originalquelle FA 1.2.55.

Schüler und Bürgerschaft der Leiche entgegengekommen waren und sie unter dem Geläute aller Glocken zur Kirche geleiteten, wo auch eine Vesper gesungen wurde. Am 3. Tage morgens 6 Uhr hielt der Prälat von Ursberg im weißen Ornat das erste Amt, der Prälat von Roggenburg das andere Amt figuraliter mit Instrumenten musiciert, sodann nach einer dreiviertel stündigen Leichenpredigt des Pfarrers von St. Moritz hielt der Prälat von Ochsenhausen in schwarzsammtenen Ornat das Seelenamt derbey man figuraliter mit Violen und Instrumenten musicierte, worauf die Leiche in das grabgewölbe versenkt und daselbst verschlossen wurde. Die Zahl der Gäste, welche sich dabei einfanden und in Babenhausen verpflegt wurden, belief sich auf 204 Personen und 177 Pferden [...]. Dies dürfte wohl eine der letzten großen Fuggerschen Feierlichkeiten gewesen sein, denn der Dreißigjährige Krieg machte auch vor Babenhausen nicht halt.[83] Am 25. Mai 1632 kam König Gustav Adolf nach Memmingen und von dort aus gelangten die Schweden nach Babenhausen. Schwedische Reiter lagerten ein halbes Jahr im Schloß, in dem sie großen Schaden anrichteten. Noch bevor sie dort einzogen, war Maximilians Nachfolger Johannes Fugger nach Tirol geflüchtet, wo er ein Jahr später in Telfs starb. Derweilen zogen die Schweden plündernd durch das Günztal, Hungersnot und Pest breiteten sich aus. Im Markt wurden 800 Pesttote gezählt, von 394 Häusern standen 218 leer. Der neue Herr, Johann Franz Fugger, schrieb am 16. April 1644 an den Generalvikar Zeiler nach Augsburg, »daß die Kirche fast ganz darnieder gefallen und nicht allein an Gebäuden, sondern auch an Einkünften großer Schaden entstand, so daß der Gottesdienst nicht mehr stiftungsgemäß gehalten werden könne«.[84] Und in der Tat finden wir bereits 1634/35 keine Ausgaben mehr für die Fuggerschen Jahrtage. Die Lateinschule war zeitweise geschlossen.[85] Soweit überhaupt der Gottesdienst musikalisch gestaltet werden konnte, geschah dies nur noch durch den Cantor und einen weiteren Sänger, der in den Büchern als Student bezeichnet wird.[86]

Als Cantor fungierte seit 1632 Martin Herz (1611-1675).[87] Er war auch der erste Schulmeister nach der Wiedereröffnung der Lateinschule sowie der Schreiber des folgenden Berichtes[88] aus dem Jahre 1652: *Als sich daß erste Schwedische Kriegswesen, und landsverderbliche Zeiten etwas verloffen und man wieder Zuhausen angefangen, haben Ihr Hochgräfliche Gnaden mein gnedige Herrschaft Zur wiederaufpflanzung und beförderung deß Gottesdienstes mit der Löbl. Schulstiftung alhier eines anfang Zumachen sich gnädig resoliert und den 4. Septembris 1640 mich entsbemelten sambt 3 Knaben dergestalten gnädigst aufgenommen, daß ich erwelte Knaben stehts bey mir im hauß, in gebührender Zucht, Essendt und schlafendt unterhalten, In der Music und anderem instruieren, auch alle Sonn: und festabendt und täg sowohl figuraliter als Choraliter daß Ambt der Hlg. Meß, die Matutinas, Vesperas oder andere horas canonicas mit Süngen und orgelschlagen vleissig verrichten solle* [...]. Vermutlich war Herz kein hauptamtlicher Lehrer, sondern versah den Schuldienst und die Leitung der Kirchenmusik nur vorübergehend, denn wenig später fährt er fort: [...] *Item da hernachher ein ei-*

---

[83] Zedelmaier (wie Anm. 10), S. 19.
[84] Nach Zedelmaier (wie Anm. 10), S. 19.
[85] Wie Anm. 14, S. 139.
[86] FA 67.18.8.
[87] PfMB Bd. I.
[88] FA 5.3.1.

*gener lateinischer Schuelmaister aufgenommen und ihm wie von alters her die Schuel-
behaußung und die Knaben eingehändiget und übergeben worden, bin ich den 18. Septembris 1645 volgendtermaßen In dienst und glübt kommen; daß ich ihme schuelmaister
in allerhand Gottesdienstverrichtung sonderlichem schlagen der orgel, in der Zeit
verhülflich sei und dagegen für mein Jährlich besoldung haben solle, wie vor diesem
und anderem ein Cantor gehabt* […]. Herz mußte also einem neuen, ausgebildeten Lehrer Platz machen und war fortan dessen Gehilfe, vor allem als Organist.

Der neue Lateinschullehrer hieß Amos Stattmiller und stammte aus Augsburg. Im
Bestallungsbrief[89] vom 10. September 1645 werden ihm seine Aufgaben als Lehrer und
Chorregent aufgezeigt. Er verspricht u.a. […] *die Stiftsknaben und Alumnos Zu aller
Gottsforcht undt Andacht* [zu] *Ziehen undt weisen, daß morgens und Abends undt so oft
es die notdurft erfordert undt die Gottsdienst, es seye mit dem Ambt der heyligen Meß,
Vesper, Processionen, Viglien, Matutinis gesungen oder gehalten werden, inwailen mit
ihren darzu gehörigen schwarz undt weissen Korrökhen in und auß der Kirchen zubelai-
ten undt waß Zu singen, es sey choraliter oder figuraliter fleißig helfen singen, die Messen, muteten, Antiphonen, psalmen und lytaneien, Zuvor eher man in die Kirchen Kom-
met, aufmachen, daheim in der Schuel mit den Knaben probieren undt alsdann Zu seiner
Zeit in der Kirchen singen helfen, Insonderhait aber sein die Knaben in den Studiis und
Musica also* [zu] *lehren Und instruieren, daß sie guete latini und Musici seyen* […].
Hier wird wieder die Fülle der damaligen kirchenmusikalischen Dienste deutlich, die
natürlich eine umfangreiche Probenarbeit erforderte. Diese gehörte zum festen Bestandteil des Schulalltags, in dem die Musik denselben Stellenwert einnahm wie Latein. Die
Musikausbildung muß nicht nur Gesangs- sondern auch Instrumentalunterricht umfaßt
haben, denn am 11. Oktober 1655 bekennen die Stiftsknaben Franziskus Gaudi und Stephan Barthel,[90] daß *sie vor sieben Jahren in die lateinische Schuel aufgenommen, solcher
Zeit mit Essen, Trinken, Kleidern und aller Notdurft versehen, auch sowohl in studiis als
in musica und Ergreifung unterschiedlicher Instrumente also sich instruieren haben lassen, daß sie solches die Zeit ihres Lebens in unterthänigster Schuldigkeit nie vergessen
werden* […]. Chorregent, Cantor und die Stiftsknaben waren beim Gesang in der Kirche
mit schwarzen und weißen Chorröcken einheitlich bekleidet. In einer Rechnung[91] von
1653 ist darüber hinaus die Rede von *Kragen wösch und Halß lainwadt* [Leinwand], was
den Gedanken nahelegt, daß sie eine Halskrause trugen. Für seinen Schul- und Kirchendienst erhielt Stattmiller von der Schulstiftung jährlich 90 fl, Naturalien,[92] freie Wohnung, Holz für Schule und Haushalt zuzüglich 40 fl Kostgeld für jeden Stiftsknaben. Dazu kamen von der St. Andreaspflege jährlich 10 fl sowie Naturalien.[93] Schließlich standen ihm noch die Chor-Akzidentien zu, d.h. Einnahmen aus Beerdigungen, Hochzeiten
und Jahrtagen, ebenso wie das Schulgeld der externen Schüler. Damit hatte sich die Be-

---

[89] FA 87.3.
[90] Zitiert nach Joseph Heel, Geschichte der Schule meiner Pfarrei, 1903 (Handschrift im PfAB),
      S. 26.
[91] FA 67.18.30.
[92] *Aus der Herrschaft Stadell Zwey Tagwerkh Roggen undt so wie haber stroh sambt einem fue-
      der Heu.*
[93] *Kernens 4 Malter, Roggens 8 Malter, Haberns 2 Malter dazu in iedes Veldt Uhngefuhr mün-
      der oder mehr ein Jauchet ackers Veldts zusambt* […] *Maadt Zehnt undt Güldfrey Zunuzen.*

soldung des Lehrers seit Gründung der Schule mehr als verdoppelt. Diese Beträge blieben in der folgenden Zeit mehr oder weniger konstant. Ebenso änderte sich der Inhalt der Bestallungsbriefe hinsichtlich der musikalischen Aufgaben des Lehrers kaum.

Zur Zeit der Ernennung von Stattmiller hatten sich die musikalischen Verhältnisse auf dem Chor gebessert. Die Fuggerschen Jahrtage wurden bereits 1645 wieder mit sechs *Cantoribus*[94] gehalten. 1647 traten zu drei Chorsängern drei Instrumentalisten hinzu[95] und 1649 wird erstmals ein *Zingenist* erwähnt.[96] Der ehemalige Lateinschullehrer, Cantor und Organist Martin Herz war derweilen, wie aus den Jahrtagsrechnungen[97] von 1648 hervorgeht, zum Gerichtsvogt befördert worden. Diesen Titel nennen im selben Jahr auch die Pfarrmatrikel[98] anläßlich der Geburt dessen Sohnes Johann Georg. Letzterer sollte seinerseits wiederum zum Vater einer berühmten Babenhauser Persönlichkeit werden: Franz Josef Herz von Herzfeld (1681-1739), Geheimer Rath und Professor für deutsches Staatsrecht an der Universität Salzburg.[99] Ein anderer Sohn von Martin Herz, Johann Martin,[100] war Hochgräflich-Fuggerscher Administrations-Rath und Oberamtmann zu Babenhausen, sein Grabmal befindet sich in der hiesigen Friedhofskapelle.

Vom 31. Januar 1648 datiert ein Memorial,[101] den künftigen Organisten betreffend, dem (unter Wahrung der Diskretion) das stattliche Gehalt von jährlich 150 fl geboten wurde. Darin heißt es außerdem: [...] *Sein Tisch hat er mit dem haußmeister, Cammerdiener, Gerichts Vogt, Keller[meister], Capelldiener, der Schneider, beede Reitkhnecht und beede Leib Kutscher [...]. Waß seine Verrichtung sein solle, begehren Ihro Gräfliche Gnaden, sich zu accomodieren, gleichsamb wie ers begehrt, darf sich deß aufwartens nichts hindern lassen [...].* Der Organist hatte also die Wünsche des Grafen zu erfüllen und mußte stets zur Stelle sein, wenn er gebraucht wurde. Ob diesen Posten Martin Herz einnahm, ist nicht bekannt, wohl aber eher unwahrscheinlich, denn 1650 wird in den Jahrtagsrechnungen[102] neben dem Gerichtsvogt zusätzlich ein Organist genannt. Möglicherweise gab es einen haupt- und einen nebenamtlichen Organisten. Was die Orgel selbst betrifft, stammte diese wahrscheinlich von Johann Ehemann in Ulm.[103] Das geht aus einem Akt[104] über den Neubau der Orgel 1743 hervor, in dem sich ein kleines Holzstück vom Balg der Vorgängerorgel befindet mit der Notiz: *anno 1643 den 18. April ist disser balg zugemacht worden von mir Johann Ehemann Orgelmacher derzeit in Ulm.*[105] Es ist die erste Erwähnung einer Orgel in Babenhausen.

---

94 FA 67.18.20.
95 FA 67.18.23.
96 FA 67.18.26.
97 FA 67.18.24.
98 PfMB Bd. I.
99 Zedelmaier (wie Anm. 10), S. 51.
100 PfMB Bd. I.
101 FA 5.3.1.
102 FA 67.18.28.
103 Zum Orgelbauer vgl. Hermann Fischer/Theodor Wohnhaas, Lexikon süddeutscher Orgelbauer, Wilhelmshaven 1994, S. 79.
104 FA 67.18.105½. Danach errichtete Ehemann 1663 auch die Orgel im benachbarten Kirchhaslach.
105 Ob es sich dabei um einen Neubau oder lediglich um eine Reparatur durch Ehemann handelte, läßt sich aus dieser Notiz nicht entnehmen.

4   Musikblüte unter dem Grafen Johann Franz Fugger

Als Johann Franz Fugger am 15. Dezember 1668 starb, hinterließ er ein schweres Erbe. Eine ungeheuer strenge Regierung – die Erhöhung der Frondienste, des Ungeldes [Getränkesteuer] und der Zölle – hatte die Bürger Babenhausens sehr erbittert, zumal sie ohnehin unter den Entbehrungen des Dreißigjährigen Krieges litten. Die Folge davon waren immer wieder Aufstände, die jedoch gewaltsam unterdrückt wurden. Vor allem die aufwendige Hofhaltung des Grafen mit ausgedehnten Treibjagden, zu denen er die Untertanen ohne Rücksicht auf Sonn- und Feiertage beorderte, forderte den Unwillen des Volkes heraus. Nach dem Tod von Johann Franz kam es schließlich zur sog. ›Babenhauser Rebellion‹ (siehe Abb. 11).[106] Ungeachtet dieser negativen Umstände, war der Graf aber ein großer Förderer der Musik, sowohl der Kirchenmusik, als auch der musikalischen Unterhaltung im Schloß, speziell des Theaters.

Abb. 10: Johann Franz Fugger (Kupfertiefdruck aus ›Imagines Fuggerorum‹ 1938)

4.1   Kirchenmusik

Mit der Ernennung von Franziskus Schwarzenberger aus München[107] zum lateinischen Schulmeister und Chorregenten am 29. Januar 1649 verstärkten sich in den folgenden zwanzig Jahren zusehends die kirchenmusikalischen Aktivitäten. Dies zeigt sich einerseits an den aufgeführten Kompositionen, andererseits an der Zahl der Sänger, zu denen sich nun vermehrt Instrumentalisten gesellten.

---

[106] Zedelmaier (wie Anm. 10), S. 19f.
[107] FA 87.3.

Beim Tod des Regenten war es früher üblich, dessen ganzen Besitz in teilweise umfangreichen Inventaren festzuhalten. Während die meisten derartigen Listen sich auf Einrichtungsgegenstände, persönlichen Besitz etc. beschränken, verzeichnet das im Februar 1669 aufgenommene Inventar des Grafen Johann Franz auch die zum Hof gehörenden und in der Kirche vorhandenen Instrumente und Musikalien. Dieses Verzeichnis, das sich im Fuggerarchiv erhalten hat,[108] wurde 1995 von Prof. Franz Krautwurst veröffentlicht.[109]

Danach befanden sich damals auf dem Musikchor der Kirche folgende Instrumente:

– *Ein kleines Positiv, so auf dem großen Saal stehet auf dem Tisch.*
– *Eine grosse Violon an einem schwarzen Fueter.*
– *Zwey Neue, und Ein alte Baßgeigen.*
– *Ein Viola da Gamba.*
– *4 Bratschen.*
– *4 Violin.*
– *3 Cornet, Einer hat ein mundtstückhl.*
– *3 Fagött, 2 Bäß und 1 Tenor.*
– *5 Pusonen, 2 Neue, und 3 alte mit Ihren Mundstückhen und 2 aufsätzen.*
– *Ein Regal in Einer Truchen zum Raisen.*
– *Ein kleines Regälen grün angestrichen.*
– *Ein grosses langes Flügel Instrument [Cembalo].*
– *Ein Paar Heerpauggen sambt schlägln.*

Zwar verzeichnet das Inventar selbst keine Trompeten, doch sind solche in dieser Zeit durch den folgenden Rechnungseintrag[110] bezeugt: *anno 1667 ist zu festo Corporis Christi für Trombeter abgegolten worden 4 Maß Wein a 16 x = 1 fl 4 x.* Die Aufstellung macht deutlich, daß hinsichtlich der Klangmittel die nötigen Voraussetzungen für eine zeitgemäße Kirchenmusik in größerem Umfang gegeben waren. Dieses Instrumentarium ermöglichte zweifelsohne das damals häufige Konzertieren zwischen Singstimmen, Streichern und Bläsern. Der relativ hohe Anteil an Fundamentinstrumenten verweist darüber hinaus bereits auf die moderne Generalbaßpraxis in der Babenhauser Kirche. Der für den Ort verhältnismäßig große Musikalienbestand umfaßte 38 Drucke und 32 Handschriften, darunter einige Sammelhandschriften, zuzüglich Choral- und Meßbücher (siehe Abb. 12). Sie lagen ausnahmslos in Stimmen vor. Ihre Entstehungszeit läßt sich, soweit wir dies aus den Drucken bestimmen können, zwischen 1576 (Orlando di Lasso) und 1668 (Baudrexel) datieren. Neben wenigen älteren Drucken[111] dominieren naturgemäß die zeitgenössischen Werke aus der Mitte des 17. Jahrhunderts. Dem damaligen Stilwandel entsprechend, kann man drei Gruppen unterscheiden: Werke der Spätrenaissance, des Frühbarocks und des Generalbaßzeitalters. Bezüglich der Musikgattun-

Abb. 11: Ansicht von Babenhausen zur Zeit der Rebellion 1670

---

[108]   FA 1.2.83d.
[109]   Neues Musikwissenschaftliches Jahrbuch 4/1995, Augsburg 1995, S. 9-23.
[110]   PfAB, Rechnungsbücher 1667 (Ausgaben).
[111]   Vor dem Dreißigjährigen Krieg datieren die Drucke von Aichinger, Asola, Agazzari, Dorfschmid, Hassler, Lasso, Reiner und Stadlmayer.

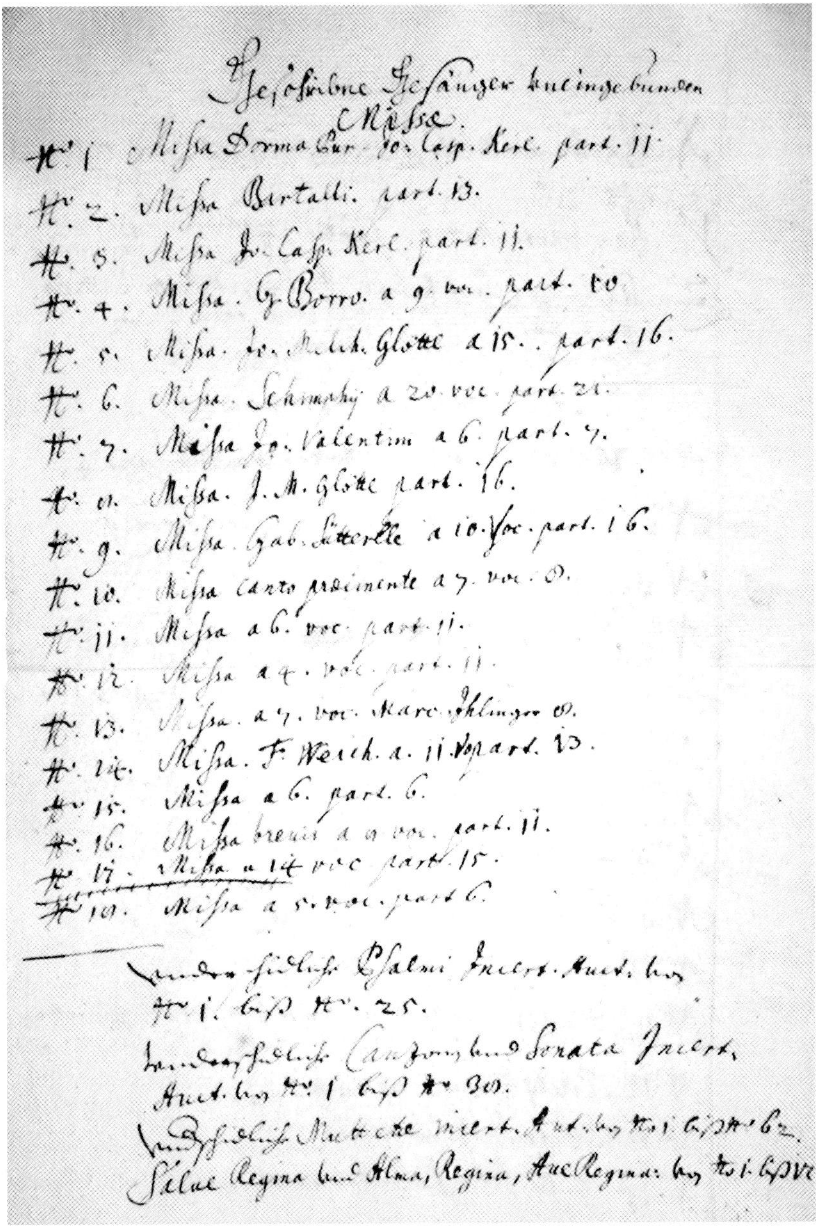

Abb. 12: Ausschnitt aus dem Inventar der Babenhauser Kirchenmusikalien 1669

gen ist die ganze liturgische Gebrauchsmusik präsent: Messen, Proprien, Psalmen, Hymnen, Motetten, Passionen etc. Einzig aus diesem Rahmen fallen eine Sammelhandschrift mit 38 *Unterschidliche Canzonen und Sonata Incert.* [unbestimmte], sowie *Underschidliche alte gesänger, so nit beysamen, darunter Teutsche zu Tafel Musicen.* Was die Autoren betrifft, so finden sich darunter zahlreiche italienische Meister: Agostino Agazzari, Matteo Asola, Steffano Bernardi, Antonio Bertali, Maurizio Cazzati, Giovanni Martino Cesare, Alessandro Fachinetti, Alessandro Grandi, Carlo Milanuzzi, Giovanni Giacomo Porro, Giovanni Antonio Rigatti, Giovanni Felice Sances, Aurelio Signoretti und Giovanni Valentini. Aus dem Norden stammt einzig der Protestant Hieronymus Praetorius. Am häufigsten sind die süddeutschen Meister (im weiteren Sinne) vertreten: Gregor Aichinger, Georg Arnold, Jakob Banwart, Philipp Jakob Baudrexel, Hieronymus Bildstein, Johannes Donfried, Georg Dorfschmid, Sebastian Erthel, Johann Melchior Gletle, Hans Leo Hassler, Andreas Hofer, Johann Marzellus Islinger, Johann Caspar Kerll, Michael Kraf, Orlando di Lasso, Ambrosius Reiner, Gabriel Sätterle, Christoph Sätzl, Scheffer, Christoph Schimpf, Felician Schwab, Johann Stadlmayr, Konstantin Steingaden und Stephan Weich. Viele von diesen waren entweder mit Mitgliedern des Hauses Fugger näher bekannt, oder wirkten zumindest an Orten, zu denen die Fugger Beziehungen hatten. Dazu kommen bei den Manuskripten eine Reihe von Anonyma, darunter sieben Messen. Manche der aufgeführten Komponisten sind weitgehendst unbekannt. Heimatgeschichtlich interessant ist dabei der Name Scheffer, der mit einem handschriftlich überlieferten neunstimmigen *Miserere* vertreten ist. Möglicherweise handelt es sich dabei um Johann Wilhelm Scheffer (gestorben 1694), der um 1672 Obervogt in Illertissen war.[112] Das heute nicht mehr nachweisbare *Miserere* gehörte zu den Handschriften, die mit dem Verlust der Musiksammlung wohl für immer verloren sind. Dazu zählten u.a. wahrscheinlich auch die beiden *Miserere* von Hieronymus Bildstein, dem Organisten am Hofe des Konstanzer Fürstbischofs Jakob Fugger. Letztere stammten womöglich direkt vom Autor, da Mitte des 17. Jahrhunderts in Babenhausen Wolfgang Henricus Bildstein, ein Verwandter des Hieronymus, als Bassist und Violist wirkte. Von den Komponisten, die kurzzeitig in Babenhausen weilten, finden sich im Druck lediglich Motetten von Gregor Aichinger (1607) und Elias Fabricius (1622 in Donfrieds Sammelwerk). Hingegen fehlen die Namen Adam Gumpelzhaimer und Johannes Eccard ganz.

Einigermaßen rätselhaft erscheint auf den ersten Blick die Aufführungspraxis. Die Besetzung der Vokalstimmen ging nämlich häufig weit über die Vierstimmigkeit hinaus, nicht selten existierten acht- bis achtzehnstimmige Chorsätze. Den Extremfall stellt eine unbekannte zwanzigstimmige (!) Messe des Eichstätter Domkapellmeisters Christoph Schimpf dar. Dazu kam bei Werken bis zu acht Singstimmen häufig noch eine Instrumentalbegleitung. Es drängt sich natürlich die Frage auf, wie konnte ein verhältnismäßig kleiner Ort wie Babenhausen derartige anspruchsvolle Musikwerke überhaupt bewältigen?

Die Antwort ergibt sich aus den bereits zitierten Ausgaben für die Fuggerschen Jahrtage, die stellvertretend für die ganze Kirchenmusik stehen. Danach beobachten wir vom Ende des Dreißigjährigen Krieges bis zum Tode des Grafen Johann Franz fast durchgehend eine stetige Zunahme der Zahl der Musikanten. Sie ist im folgenden Diagramm[113] wiedergegeben:

---

[112] Siehe dazu Otto Mittelbach, Johann Wilhelm Scheffer, in: Illertisser Zeitung vom 31. Oktober 1994. Krautwurst vermutet hinter dem *Miserere* ein Werk aus den ›Cantiones sacrae‹ (1621) von Paul Scheffer.

[113] Erstellt nach den Angaben im FA 67.18.24-50 mit Einschluß der zwei bis drei Stiftsknaben, wobei pro Jahr der Durchschnitt aus der jeweiligen Anzahl der Musiker der vier Quartale genommen wurde.

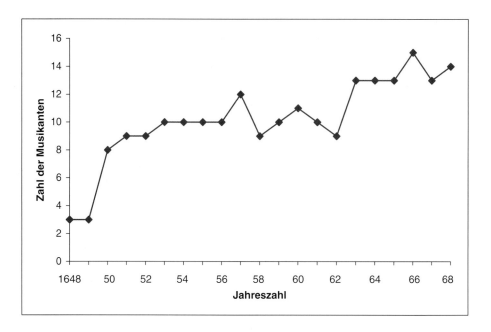

Der Höhepunkt wurde mit insgesamt 15 Ausführenden im Jahre 1666 erreicht. Damit konnte auf jeden Fall der größte Teil der erwähnten Werke wiedergegeben werden, natürlich häufig jede Stimme nur in einfacher Besetzung. Bei mehrchörigen Werken mag auch ein Teil der Stimmen von Tasteninstrumenten übernommen worden sein – ihr hoher Anteil am Instrumentarium auf dem Chor der Kirche stützt diese Annahme. Schließlich darf nicht vergessen werden, daß kaum alles, was an Noten angeschafft wurde, auch zur Aufführung kam. Manches dürfte, unter Verstärkung durch auswärtige Musiker, nur einmal zu einer besonderen Festivität erklungen sein. Als Beweis für solche Aushilfskräfte mag der folgende Eintrag in den Amtsrechnungen[114] dienen: *den 14. Dezember 1669 ist eine Fuhre mit den Caleschen und des Stadtmillers und Georg Negeleuß 4 Rossen gen Mindelhaimb geschikt worden, 4 Musicos zu dem Jahrtag* [des ein Jahr vorher verstorbenen Grafen Johann Franz] *herunter zu fürren, den ich* [der Pfleger] *auf Zährung bezahlt 40 x.* Eine besondere Rarität bei solchen Jahrtagsgottesdiensten stellen zwei Listen mit den Namen der Musiker und der von ihnen gespielten Instrumente dar. Die erste[115] datiert vom 1. Quartal des Jahres 1651 und verzeichnet: *Schulmeister Franz Schwarzenberg, Cantor Jörg Schwartzenberg, Organist Martin Herz, Zingist Hans Simmerle, Bassist Lorenz Danner, Pusaunist Johann Khörner und Capelldiener Andre Schwegler, 2 Stüftsknaben.* Vom Cantor Jörg Schwarzenberg aus Memmingen wissen wir aus einer Perioche von 1656 (vgl. S. 43), daß er Organist und Bassist war – er verstarb am 8. März 1662 in Babenhausen.[116] Der Zinkist Hans Sim-

[114] FA 67.1.68.
[115] FA 67.18.28.
[116] PfMB Bd. I: *Memmingae pie obiit Ornatissimi D. Georgius Schwarzenberg Sacramento Eucharistie prov. sic Babenhusii in Coemeterio requiscit.*

merle bestätigte 1651[117] den Erhalt von 1 fl für einen nicht namentlich genannten Dienst mit der Unterschrift: *Hanß Simmerle, gräfl. fuggerscher Instrumentist und teitscher Schuelmaister allhier.* Die zweite Liste[118] aus dem 3. Quartal des Jahres 1666 ist noch umfangreicher und nennt: *Schulmeister, Cantor, Gerichtsvogt, Kanzelist, Mayr Basist, Pfersich Basist, Martin Giggenbach Falsetist, Ehrlaucher Altist, Brändtl Basist, Camermayer Businist* [Posaunist], *Keller Violist, Schreibmayer Violist, drey Stüftsknaben.* Jeder Musiker erhielt für den Jahrtag 11 kr 2 hl, jeder Stiftsknabe 4 kr 2 hl. Schulmeister war Franz Schwarzenberger, Cantor Simon Kopmayr, der nach der Perioche von 1556 Tenor und Falsett sang und zeitweise auch das Amt des lateinischen Schulmeisters innehatte. Der überwiegende Teil der Fuggerschen Angestellten stammte nicht aus Babenhausen, heiratete aber häufig nach Eintritt in den Fuggerschen Dienst am Ort. Laut Pfarrmatrikel[119] schlossen innerhalb eines Jahres folgende Musiker die Ehe:

– der Violist Andreas Keller aus Eichstädt, der am 11. August 1666 Katharina Schlamm ehelichte. Als Trauzeuge wird der Hofmusiker Simon Kopmayer genannt
– der Bassist Pfersich aus Mindelheim, der am 26. Oktober 1666 Maria Magdalena Dreyer heiratete
– der Bassist Johann Josef Mayr aus Ingolstadt, der am 24. Mai 1667 Maria Elisabeth, die Tochter des Gerichtsvogts Martin Herz zur Frau nahm. Trauzeuge war wiederum Simon Kopmayer
– der Falsettist Johann Martin Giggenbach aus Kirchheim, der am 7. Juni 1667 Anna Dreyer heiratete. Anna und Magdalena Dreyer waren Töchter des hiesigen Amtsschreibers und Gerichtsvogts Johannes Dreyer.

Mit Giggenbach begegnen wir einem früher weit verbreiteten Sängertyp, dem Falsettisten.[120] Da Frauenstimmen früher in der Kirche und auf der Bühne eher die Ausnahme waren, wurde vielfach der Discant von Chorknaben, der Altpart jedoch von Falsettisten gesungen. Die Übernahme des Alts durch eine Männerstimme erklärt ihre relativ tiefe Lage in den damaligen Kompositionen. Im 18. Jahrhundert übertrug man dann die Altpartien ebenso den Singknaben.

Bei den Heiratsmatrikeln obiger Musiker fällt auf, daß alle die Berufsbezeichnung eines Musikers und nicht die eines anderweitigen Fuggerschen Bediensteten trugen, was vermuten läßt, daß es sich entweder um Berufsmusiker handelte oder die Musikausübung den Hauptteil ihres Dienstes ausmachte. Diese Vermutung wird bestätigt durch vereinzelte Posten in den Amtsrechnungen,[121] wie 1660: *Hanß Michael Huebern Musicanten zuem Hof laut scheins 48 fl,* oder: *den 17. Nov. 1664 Adam Juz Hoff Trompetern zahlt lt. Quittung 18 fl.* Da in den Pfarrbüchern kaum Kinder der Genannten verzeichnet sind und meist Sterbeeinträge der Musiker fehlen, ist anzunehmen, daß die meisten Babenhausen alsbald wieder verlassen haben. Diese Vermutung wird auch durch die Theaterprogramme auf S. 43/44 belegt.

---

117   FA 67.18.36½.
118   FA 67.18.36½.
119   PfMB Bd. I.
120   Männliche, mit Brustresonanz verstärkte Kopfstimme.
121   FA 67.1.57 und 61.

4.2   Tafelmusik und Musiktheater

Naturgemäß beschränkte sich die Musikpflege zur Zeit von Graf Johann Franz nicht allein auf die Kirche. Das gesteigerte Bedürfnis nach Repräsentation und Unterhaltung läßt auch auf eine reiche Pflege der Profanmusik schließen. Darauf hat bereits Nebinger[122] verwiesen. Leider kam sein Vorhaben, darüber zu berichten, nicht mehr zur Ausführung, möglicherweise mangels Quellen, die relativ spärlich fließen. Eine davon ist die bereits genannte Cantorenordnung von 1649, in der sich der folgende aufschlußreiche Satz findet: *Wen ein extra ordinari Music, es sey in der Kürch oder bey der taffel, oder anders wo gehalten würt, solle er* [der Cantor] *da Just die Gräfl. Herrschaft befehlet, oder durch den schulmaister, als Chorregenten angesagt würte, umpf bestimte Zeit den Musicanten anzeigen, auff die Instrumente und Gesangbücher seine aufsicht haben, damit nichts Verlohren wörte.* Damit ist dokumentiert, daß es, wie an anderen Höfen üblich, auch in Babenhausen bereits im 17. Jahrhundert Tafelmusiken gab.[123] Aufgabe des Cantors war dabei, die Musikanten über entsprechende Auftritte außerhalb der üblichen Ordnung zu informieren.

Eine zweite, weit ergiebigere Quelle bieten Aufzeichnungen über das Theater. Als 1864 der heutige Babenhauser Theaterverein gegründet wurde, konnte das heimische Theaterspiel bereits auf eine lange Tradition zurückblicken. Zunächst waren es hauptsächlich fahrende Spielleute, die allenfalls Akteure für Nebenrollen und Statisten aus der Bevölkerung engagierten. 1603 sollen sich mehrfach englische Musiker und Schauspieler in Babenhausen aufgehalten haben.[124] Alsbald kam auch die einheimische Bevölkerung auf den Geschmack des ›comedierens‹, wie man das Theaterspiel früher nannte. Soweit bekannt, wurden die ersten ›Comedy-Spiele‹ im Fuggerschen Zehentstadel aufgeführt, bis zu dem Tag, da es durch das grausame Ritterstück ›Die Tragödie von der Zerstörung Jerusalems‹ zu einem derartigen Eklat kam, daß diese fortan verboten wurden.[125] In der Chronik des Marktes[126] existiert dazu vom Oktober 1614 ein Vermerk des Gräfl. Hofrates Primus, in dem es heißt: […] *auch hat der Herr Graf dem Sekretarius ein Verbot diktiert und zu Michaeli erlassen, daß jegliches Theater, so gewohnt stattgefunden, im oberen Stadel der Zehentgebäude nicht mehr gestattet und nach dem letzten Spektakulum, durch welches ein adlig Fräulein in Ohnmacht gefallen, verboten werden soll.* Das Verbot bedeutete jedoch nicht das Ende des Theaters, sondern dieses geriet vielmehr unter den Einfluß des Hofes. Die Darsteller setzten sich fortan fast ausschließlich aus Fuggerschen Bediensteten zusammen. Das erste Zeugnis[127] dafür datiert aus dem Jahre 1649, in dem am 7. und 9. Dezember *Franz Schwarzenberger, latein. Schuelmaister und Georg Schwarzenberger, Cantorem wegen gehaltener Comoedi 2 Malter Kern* verrechnet wurden. Aus den folgenden Jahren haben sich zwei gedruckte Perio-

---

[122]   Gerhart Nebinger, Die Unruhen in Babenhausen zur Zeit des Grafen Johann Franz Fugger, in: Das Obere Schwaben 2 (1956), S. 111.

[123]   Siehe dazu auch das Musikinventar von 1669, S. 38.

[124]   Dona Koutna, »Mit ainer sollichen kostlichkeit und allerley kurzweil …«. Feste und Feiern der Fugger im 16. Jahrhundert, in: Johannes Burkhard (Hg.), Anton Fugger, Weißenhorn 1994, S. 110.

[125]   Vgl. Festschrift, 125 Jahre Theater in Babenhausen, Babenhausen 1989, S. 7.

[126]   Handschrift im GAB.

[127]   FA 67.1.50, Beilage Fruchtrechnungen (Veeßen).

chen (siehe Abb. 13 und 14) erhalten, die einen aufschlußreichen Einblick in das höfische Musiktheater und seine Darsteller vermitteln.

Das erste Stück[128] ist betitelt ›Conradinus ultimus Sueviae Dux‹ und wurde am
28. Februar 1656 im Gräflichen Schloß Babenhausen durch die Hofmusikanten öffent-
lich vorgestellt. Es handelte sich dabei um die tragische Geschichte des schwäbischen
Herzogs Konrad, der sich in den Kleidern eines Eseltreibers aus einer verlorenen
Schlacht retten kann. Als er aber, von Hunger geplagt, seinen kostbaren Ring versetzt,
wird er erkannt, ins Gefängnis gesteckt und schließlich öffentlich hingerichtet. Das
Spiel besteht aus drei Akten, die jeweils mit einem Chor schließen. Eine differenziertere
Aufteilung in Gesangspartien ist aus dem Text nicht ersichtlich. Es ist anzunehmen, daß
es sich dabei um ein Bühnenstück mit Musikeinlagen handelte, vergleichbar etwa den
damals in Süddeutschland beliebten Jesuitendramen. Als Musiker werden genannt:

– Lorenz Danner, Gräff. Fuggerischer Bassista.
– Simon Kopmayr, Gräff. Fuggerischer Stiftungscantor und Tenorist.
– Franz Schwarzenberger, Gräff. Fuggerischer Schulmaister und Chor Regent.
– Petrus Engelschalck, Gräff. Fuggerischer Tenorist.
– Georg Schwarzenberger, Gräff. Fuggerischer Organist und Bassist.
– Andreas Locher, Gräff. Fuggerischer Canzlist und Tenorist.

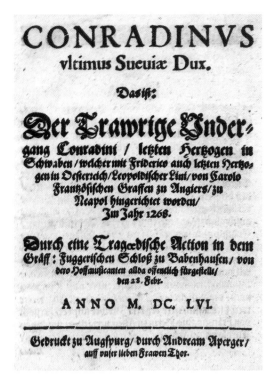

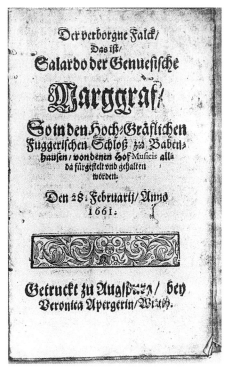

Abb. 13: Titelblatt der Perioche zum
Musiktheater ›Conradinus‹ 1656

Abb. 14: Titelblatt der Perioche zum
Musiktheater ›Der verborgne Falck‹ 1661

---

[128] SuStbA, 4° Bild. 1-164.

Die Zahl der weiteren Mitwirkenden, darunter auch drei Stiftsknaben, war relativ groß. Insgesamt werden über zwei Dutzend Namen angeführt, wobei viele in Mehrfachrollen agierten, wie z.B. der bereits bekannte Gerichtsvogt Martin Herz. Frauen traten nicht auf, ihre Rollen wurden von Knaben gespielt. Instrumentalisten werden, abgesehen vom Organisten, nicht genannt. Auch die Namen des Autors und des Komponisten fehlen.[129] Wie aus der Mitwirkung von Chorregent, Cantor und Organist zu ersehen ist, bestand eine enge Beziehung zur Kirchenmusik. Im übrigen änderte sich teilweise das Hofpersonal innerhalb weniger Jahre.

Dieser Wechsel läßt sich aus dem zweiten Theaterstück[130] ersehen, mit dem Titel: ›Der verborgne Falck / Das ist Salardo der Genuesische Marggraf, in dem Hoch-Gräflichen Fuggerischen Schloß zu Babenhausen von denen Hof Musicis allda fürgestellt und gehalten worden. Den 28. Februarii Anno 1661‹. Die Zahl der Mitwirkenden war in etwa dieselbe wie 1656, wobei bei den Musikanten neue Namen auftauchen. Neben den bereits bekannten Georg Schwarzenberger, Lorenz Danner und Simon Kopmayer (hier als lateinischer Stiftungsschulmeister und Falsettist bezeichnet) traten nunmehr auf:

– Rudolpsus Dantzer, Gräfl. Fuggerischer Altist und Violist.
– Johann Michael Hueber, Gräfl. Fuggerischer Tenorist und Violist.
– Wolfgang Henricus Bildstein, Gräfl. Fuggerischer Bassist und Violist.
– Georgius Andreas Magg, Gräfl. Fuggerischer Bassist.
– Martinus Muggenbach, Gräfl. Fuggerischer Falsettist.
– Maximilian Gerle, Gräfl. Fuggerischer Tenorist und Violist.

Neu ist auch, daß Sänger zugleich als Instrumentalisten vertreten sind und zwar als Violinisten. Das Instrumentarium beschränkte sich dabei auf Streicher und ein Tasteninstrument (Organist Schwarzenberger). Wie die Instrumente im einzelnen eingesetzt wurden, geht aus der Perioche nicht hervor. Ebenso bleiben die Namen des Autors und des Komponisten wiederum ungenannt.

Die Aufführungsdaten beider Theaterstücke deuten darauf hin, daß es sich um Fastnachtsspiele handelte, was auch durch die Aussagen der beiden bereits genannten Stiftsknaben Gaudi und Barthel[131] bestätigt wird, die, obgleich der Besuch der Lateinschule beendet war, […] *sich dennoch verobligieren über nächste Fastnacht* [1656] *hier zu bleiben, da der Herr Graf zu einer Comödie hier zu erscheinen versichert hat.* Das Wort Komödie wurde damals noch neutral als szenische Darstellung und nicht als Lustspiel verstanden. Auch hatten, wie aus den Inhaltsangaben hervorgeht, Fastnachtsspiele nicht unbedingt komischen Charakter, Fastnacht war vielmehr im Laufe des Kirchenjahres eine geeignete Zeit für profane Theaterstücke. Derartige Spiele gehörten zur Gruppe der

---

[129] Die Aufführung des Conradin-Dramas war seit dem 17. Jahrhundert im deutschsprachigen Raum sehr beliebt (vgl. dazu Adolf Layer, Herzog Konradin von Schwaben auf der Barockbühne, in: Jahrbuch des Historischen Vereins Dillingen Bd. 79, 1977, S. 30-32). Es ist denkbar, daß eines dieser Dramen der Babenhauser Aufführung als Vorlage diente. Möglicherweise können Autor und Komponist aber auch, wie damals häufig üblich, unter den Mitwirkenden selbst zu suchen sein.

[130] FBB. Von demselben Theaterstück existiert dort unter F 00205a ein handschriftliches Textbuch mit dem gesamten Text.

[131] Heel (wie Anm. 90), S. 26. Beide Knaben werden in der Perioche nicht unter den Mitwirkenden genannt.

seit dem Mittelalter so beliebten Volksschauspiele, die von Laien mit oft großem personellem und ausstattungsmäßigem Aufwand aufgeführt und häufig auch verfaßt wurden. Abgesehen vom Fastnachtsspiel orientierte sich der Inhalt des Theaters ansonsten meist am Kirchenjahr. Advent, Weihnachten, Fastenzeit, Passion, Ostern waren bevorzugte Zeiten, das christliche Heilsgeschehen in Spielszenen dem Volk auch außerhalb der Kirche bildlich vor Augen zu führen.

Wo die Aufführungen in Babenhausen stattfanden, kann nicht mit Sicherheit gesagt werden. Wie aus Textbüchern des 18. Jahrhunderts hervorgeht, besaß das Schloß ein Theater. Es soll sich nach alter mündlicher Überlieferung[132] im heute nicht mehr vorhandenen Südflügel über den Pferdeställen befunden haben, einem Gebäude, das vermutlich aus der Erbauungszeit stammte. Damit ist es denkbar, daß das Theater von der ursprünglichen Spielstätte im Zehentstadel schon sehr bald dorthin übersiedelte. Leider gibt es aus dem 16. Jahrhundert keine exakte Darstellung dieses Schloßtraktes,[133] das früheste authentische Bild[134] trägt die Jahreszahl 1764. Der Bildausschnitt der Abbildung zeigt einen stattlichen Bau mit dem mutmaßlichen Theatersaal im 1. Stock. Wie dieser innen aussah, wissen wir nicht. Es ist lediglich bekannt, daß er zu Beginn der Regierungszeit von Graf Anselm Victorian einer gründlichen Renovierung unterzogen wurde, über die 1758/59 in den Rechnungen vermerkt ist: *als daß allhiesiges Comedi*

Abb. 15: Schloßansicht von 1764, Mitte rechts das mutmaßliche Fuggersche Theater

---

[132]   Frdl. Mitteilung von seiner Erlaucht Markus Graf Fugger.
[133]   Die Darstellung von 1671 im Zusammenhang mit der Babenhauser Revolution dürfte nicht immer die tatsächlichen Verhältnisse wiedergeben.
[134]   FMB.

Haus zugerichtet worden, seynd 103 fl 56 x in Anstand gelassen worden [...].[135] Vereinzelt erfahren wir später von einheimischen Kaufleuten und Handwerkern, die an der
Ausstattung und dem Auf- und Abbau der Bühne beteiligt waren, so etwa: *den 24. Okt.
1769 dem Stuckhändler* [Stoffhändler?] *Jehle für 26 Ellen Stucklaz ad 8 x zur Opera
und Theater 3 fl 32 x bezahlt,*[136] oder 1778/79: *dem Hofzimmer Zobl für das Theatrum
zuzurichten, abzubrechen und bei der Kommedie zu halten 57 x bezahlt.*[137] Genauere
Details sind daraus freilich nicht zu entnehmen. Da die Aufführungen 1656 und auch
später vielfach öffentlich waren, drängt sich die Frage auf, ob das Fassungsvermögen
des Raumes für die Zahl der Zuschauer überhaupt ausreichte. Da dies wohl nicht immer
der Fall gewesen sein dürfte, ist die Existenz einer Freilichtbühne im Schloßhof denkbar. Für diese Annahme könnte eine Lohnabrechnung[138] von 1660 sprechen, in der es
heißt: *Ihn dem Rorate Theatro haben 4 tagwerkher Simon Nast, Mathes schmidt, Castor
lauterach und Ulrich steirdner verdient ieder in 2½ tägen a 12 x lt. Zetel 2 fl.* Wahrscheinlich handelt es sich um die Entlohnung für den Aufbau einer größeren Bühne zu
einem Adventsspiel. Darüber hinaus findet sich Mitte des 18. Jahrhunderts öfters in den
Textbüchern der Begriff ›öffentliche Schaubühne‹, was ebenfalls auf eine Freilichtbühne
hindeutet. Es spricht also einiges dafür, daß je nach Bedarf eine Freilichtbühne errichtet
wurde, auf der zumindest die für die breite Öffentlichkeit bestimmten geistlichen Spiele
ihre Wiedergabe erlebten, während Singspiele und Opern im Theater selbst wohl meist
einem kleineren Kreis von Zuschauern vorbehalten blieben. Das Fuggersche Theater
existiert heute nicht mehr, der betreffende Südtrakt des Schlosses wurde in der Mitte des
19. Jahrhunderts abgebrochen.

Zu den geistlichen Spielen gehörten auch Passionsspiele und im weiteren Sinne die
Karfreitagsumzüge. Während sich für ein Passionsspiel in Babenhausen bislang kein
Nachweis erbringen ließ, haben sich im Fuggerarchiv[139] sämtliche Prozessionsordnungen
für die Karfreitage der Jahre 1641 bis 1668 erhalten. Sie ermöglichen uns eine genaue
Vorstellung von den Umzügen.[140] Vervollständigt wird dieses Bild durch das bereits erwähnte Inventar des Grafen Johann Franz,[141] in dem auch *Comedi Kleider und Zur Procession am Charfreytag gehörige Sachen* aufgelistet werden. Nach diesen Aufzeichnungen zu schließen, muß es sich um äußerst aufwendige Umzüge gehandelt haben, die sich
nicht nur auf die Darstellung der Passion beschränkten, sondern auch ausgedehnte Szenen des Heilsgeschehens aus dem Alten und Neuen Testament miteinbezogen. Dazu gesellten sich u.a. Büßer, Kreuzschlepper, Geißler, Reiter und allegorische Figuren, wie Tod
und Teufel. Die Prozessionsordnungen umfaßten häufig über hundert Szenen. Dementsprechend hoch war die Zahl der Mitwirkenden. Sie betrug 1648 nicht weniger als 524
Personen, wobei zu berücksichtigen ist, daß daran die Bevölkerung der ganzen Umgebung beteiligt war. Darunter befand sich natürlich auch immer eine Anzahl von Musi-

---

[135]   FA 67.4. 2 1/9.
[136]   FA 67.4. 9.
[137]   FA 67.4. 19.
[138]   FA 67.1.57.
[139]   FA 7.3.14a.
[140]   Über Karfreitagsprozessionen vgl. Michael Henker u.a. (Hg.), Hört, sehet, weint und liebt,
        Passionsspiele im alpenländischen Raum, München 1990, S. 87-93.
[141]   FA 23.7.

kern. Eine Aufstellung von 1644 nennt zwölf Musikanten: *Cantor, Schulmeister, 3 Knaben, P. Hainrich, P. Franciscus, Herr dechant* [Dekan], *Herr von Eckh* [Egg], *Voges von haßlen* [Vogt von Kirchhaslach], *herr von booß, herr von beiren* [Klosterbeuren]. 1649 traten auf: *7 Trommelschläger, Cornet, 4 Trompetter.* Über die Kleidung der Trompeter gibt das Inventar Aufschluß, in dem es heißt: *5 Roth Cadissene* [herabfallende] *Trompeter Röckh mit silbernen borten sambt 5 dergleichen Trompeterfahnen mit weißen Creuzen.*

5   Musik im Spätbarock

Nach dem Tode von Graf Johann Franz kam die überaus reiche Musikpflege vorübergehend fast zum Erliegen. Dies zeigt sich deutlich am Rückgang der Zahl der Kirchenmusiker. Die Fuggerschen Jahrtage wurden zwischen 1670 und 1682 meist nur noch mit drei bis fünf Musikern zuzüglich der Stiftsknaben gestaltet.[142] Für Musik hatte man zur Zeit der ›Babenhauser Rebellion‹ und den darauffolgenden Jahren kaum Geld übrig. Dies benötigte der nunmehr regierende Graf Siegmund Josef Fugger zur Tilgung der Schulden seines Vorgängers und zur Behebung der Kriegslasten. Lateinische Schulmeister und Chorregenten waren damals Matthäus Kircher, Michael Lotter und Franz Moriz. Erst allmählich besserten sich die kulturellen Verhältnisse wieder ein wenig und kurz vor der Jahrhundertwende stieg die Zahl der Musikanten auf durchschnittlich sechs bis acht an.[143] Gleichzeitig treten die Lehrer und Chorregenten aus dem Dunkel der Anonymität.

5.1   Die Chorregenten

Der erste Chorregent, über den wir besser unterrichtet sind, war **Johann Florian Vötter (Vetter),** der 1703 den bisherigen Schulmeister Dominicus Weyhenmayr in seinem Amt ablöste. Johann Florian Vötter wurde am 4. Mai 1671 in Pfaffenhausen als Sohn des Handelsmannes Nicolaus Vötter und dessen Ehefrau Barbara geboren.[144] Johann Florian heiratete am 23. Oktober 1694 in Kirchheim Maria Barbara Tumeltshauser[145] und wurde Lehrer an der dortigen Schule.[146] Unter seinen Kindern, die in Kirchheim das Licht der Welt erblickten, ragt besonders der am 18. Februar 1697 geborene Sohn Anton Nikolaus hervor, der spätere Abt des Klosters Rot an der Rot.[147] Wenige Jahre später verließ die

---

[142] FA 67.18.54-69. Zwischen 1682 und 1694 existieren keine Schulamtsrechnungen.

[143] FA 67.18.71-75.

[144] ABA, PfM Pfaffenhausen, Filmrolle 1. Die ›Geburtsdaten‹ sind hier wie im folgenden aus den Taufmatrikeln entnommen und müßten eigentlich korrekt Taufdaten heißen. Da die Kinder früher meist noch am Tage der Geburt getauft wurden, dürften beide häufig übereinstimmen. Fand die Taufe später statt, kann das Geburtsdatum auch ein oder zwei Tage früher liegen.

[145] ABA, PfM Kirchheim Bd. 8.

[146] Zur Schule in Kirchheim vgl. Ernst und Helmut Striebel, Geschichte des Marktes Kirchheim, Kirchheim 1990, S. 135. Danach besaß Kirchheim kurzzeitig eine Lateinschule, die aber zur Zeit Vötters kaum mehr existiert haben dürfte.

[147] Angaben über Sohn Anton Nikolaus entnommen aus: Gertrud Beck, Ignatius Vetter, Abt und Bauherr, in: Ulm und Oberschwaben, Zeitschrift für Geschichte und Kunst, Bd. 47/48, 1991, S. 415-443.

Familie Kirchheim und zog nach Babenhausen. In seinem Babenhauser Bestallungs-brief[148] ist zusätzlich zu den bekannten Aufgaben vermerkt, daß er in der Kirche [...] *die Stimmen austheilen und die ganze Music und Chor regieren solle* [...]. Seit dieser Zeit dürfte sich der früher eher seltener gebrauchte Name Chorregent durchgesetzt ha-ben. Über die 14jährige Tätigkeit des Vaters als Lehrer und Chorregent in Babenhausen wissen wir kaum etwas. Lediglich einige eigenhändige Schriftstücke,[149] die Auslagen für die Stiftsknaben betreffen, haben sich erhalten, darunter folgendes:

Specification, was mit Reparierung der Stiftsknaben bötter [Betten] *verwendet worden diß 1716. Jahr.*

Erstlich seindt gekhauft Worden federn, die bötter damit zuergenzen Vor	*3 fl 37 kr 4 hl*
Wiederumb seindt Zue 5 Ziehen Würckhes Tuach Verwendet worden	
31 Ellen a 10 kr, thuen	*5 fl 10 kr*
Von 1¼ lb [Pfund] *Wax die bötter damit Zubestreichen*	*50 kr*
denen Nadern [Schneidern] *Von speiß, lohn, hafften* [Stecknadeln] *in allem*	*21 kr*

	Summa 9 fl 58 kr 4 hl

Man sieht, daß der Alltag eines Lehrers damals nicht nur aus Schule und Musik bestand, sondern auch in der Sorge um alltägliche Dinge für seine Schüler.

1712 war Vötters Sohn Anton Nikolaus in das benachbarte Prämonstratenserstift Rot/Rot eingetreten, wo er den Klosternamen Ignatius annahm. Seine Primiz 1721 konnte der Vater nicht mehr erleben. Er starb bereits mit 45 Jahren am 7. März 1717 – der Eintrag in den Pfarrmatrikeln Babenhausen lautet: *Spectabilis Dominus Florianus Vötter Rector Chori & Ludimagister Latin. qui ss.*[sanctissimis] *Sacramentis debite refectus anima Deo reddidit.*[150] Ignatius wurde am 19. März 1739 zum Abt seines Klosters gewählt, dem er bis zu seinem Tode am 13. Januar 1755 vorstand. In seine Regierungs-zeit fallen zwei bedeutende Kirchenbauten: St. Johann Baptist im Haslachtal (heute Friedhofskapelle von Rot), und die prächtige, zu Rot gehörende Wallfahrtskirche Maria Steinbach. Abt Ignatius galt darüber hinaus als ein großer Musikliebhaber. Die Wurzeln dazu hatte sicher sein Elternhaus in Babenhausen gelegt. Dorthin reiste er selbst als Abt immer wieder, um seine Mutter zu besuchen und sie finanziell zu unterstützen, aber auch um die traditionell guten Kontakte zu den Fuggern zu pflegen. So war es etwa Tra-dition, daß Rot seine besten Organisten und Prediger zu hohen Kirchenfesten nach Ba-benhausen sandte. Auch konnte die Schulstiftung aufgrund dieser Beziehung relativ neue Notendrucke günstig aus Rot erwerben (siehe S. 58). Der Gepflogenheit seiner Zeit entsprechend vergab der Abt sogar Kompositionsaufträge, so z.B. an Pater Isfried Kayser (1712-1771)[151], den bekannten Klosterkomponisten von Obermarchtal *vor zwei große Exemplaria Music auth. Padre Marchtalli – Comödi Musical. Composition 26. Okt. 1743.* Umgekehrt wurden dem Abt auch Kompositionen gewidmet, für die er sich finanziell revanchierte, wie: *1748 Maji dem Kapellmeister von Kempten wegen ver-*

---

[148]   FA 87.3.
[149]   FA 67.18.80½.
[150]   PfMB Bd. III: *Der ehrenwerte Herr Florian Vötter Chorregent und lateinischer Schulmeister gab, versehen mit den heiligsten Sakramenten, seine Seele Gott zurück.*
[151]   Zu Kayser siehe den Artikel von Ulrich Siegele in MGG Bd. 7, Sp. 766-770.

ehrter Musicalien und gemachter Music verehrt 9 fl 50 x.[152] Hier könnte es sich um den bekannten Komponisten Franz Xaver Richter handeln, der zwischen 1740 und 1748 Hofkapellmeister beim Fürstbischof in Kempten war, bevor er in Mannheim zum Mitbegründer der bekannten Mannheimer Schule wurde.

Aus der Zeit Vötters stammt ein Votivbild, das die Babenhauser Pfarrkirche 1714 vor der Barockisierung zeigt (siehe Abb. 16). Es entstand anläßlich eines Unglücksfalles, als der kleine Graf Franz Carl von dem Fuggerschen Oratorium der Kirche fiel, aber *durch Mariae Fürbitt bei Gott* gerettet wurde. Das Bild ermöglicht uns eine Vorstellung von dem Raum, in dem in dieser Zeit die Kirchenmusik erklang.

Nachfolger Vötters wurde der 1673[153] geborene **Franz Xaver Gruber (Grueber).** Das genaue Geburtsdatum und der Geburtsort sind unbekannt. Seine 24jährige Tätigkeit als Chorregent scheint nicht immer unter einem glücklichen Stern gestanden zu haben. Diesen Eindruck erhält man zumindest aus seinem Schriftverkehr[154] mit der Fuggerschen Herrschaft. Deren Regent war zwischen 1724 und 1758 Graf Franz Carl Fugger,[155] jenes Kind, das auf oben genanntem Votivbild dargestellt ist. Die darin immer wiederkehrende Kontroverse betraf die vakante Bassistenstelle auf dem Musikchor. Während die Stelle des Tenors zu dieser Zeit Augustin Hasenöhrl[156] innehatte, war der Baß vermutlich Sparmaßnahmen zum Opfer gefallen und mußte vorübergehend vom Chorleiter selbst unentgeltlich übernommen werden. Gegen diese zusätzliche Belastung wehrte sich Gruber 1727 in einem Schreiben an den Grafen, nachdem ihm von dessen Vorgänger, Graf Rupert Josef Fugger, versprochen worden war, *er hät den Baß nit continuierlich zu singen.* Gruber begründete seinen Einwand mit den folgenden etwas umständlichen Worten: [...] *Wann Nun ein Chorregent oder Lateinischer Schuelmeister bey sölchen Gottsdiensten mit dem Tact, deren ohnerfahrenen Stiftsknaben aufzumörkhen mit deren registern nach genügend occupiert, ich aber [...] Von hinweggkonft an des Bassisten matthias Riedingers, so 60 fl wie mir bewußt, Zur Besoldung gehabt, schon über 9 Jahr nebst Vermeldt meine Verrichtungen auf die Baß Stimm, Und Stöll mit Männigliches wissen Versehen und mithin durch Zuziehung meiner Kinder fast beständig sambt dritt auf dem chor erscheinen [...], also bitte ganz Unterthänig, gehorsamst und demütigst Hochgräfl. Exzellenz gnädigst mir und den Meinigen solch gemeldt rückständiges Salarium in Hochweiser Confideration den auch destwegen bestandsgehabten bemühungen, indoch ohnmaßgeblichst in gnaden angedeyhen zulassen [...].* Die Bitte um die gewünschte finanzielle Entschädigung für die zusätzliche Arbeit des Chorregenten wurde von dem damaligen Ortspfarrer Georg Balthasar Thanner in einem eigenen Schreiben unterstützt, das in dem Satz gipfelt: *Qui sentit commodum, sentiat & onus, et qui sentit onus, sentiat et commodum.*[157]

---

[152] Zitate nach Beck (wie Anm. 147), S. 436.

[153] PfMB Bd. III, Geburtsjahr nach dem Sterbeeintrag ermittelt.

[154] FA 5.3.1.

[155] Da der Graf beim Tode seines Vaters erst 12 Jahre alt war, wurde er hinsichtlich der Regierungsgeschäfte bis zur Volljährigkeit durch die Vormundschaftsherrschaft vertreten.

[156] Laut FA 67.1.147 bekam Hasenöhrl dafür jährlich 20 fl.

[157] *Welcher den Vorteil spürt, soll auch die Last fühlen und wer die Last fühlt, soll auch den Vorteil spüren.*

Das Gesuch stieß bei der Herrschaft auf Mißfallen. Die Antwort, unterzeichnet vom Kanzleiverwalter Johannes Seitz, war negativ – die erbetene Entlohnung wurde nicht gewährt. Zur Begründung führte Seitz an, daß Gruber auch nicht mehr tun müsse als seine Vorgänger und daß es der Herrschaft frei stehe, Bassisten oder andere Vocalisten einzustellen. Im übrigen wird er angehalten, er müsse […] *all diejenige Kinder die weder lateinisch noch music de facto Zu erlernen angefangen, oder künftig […] lehrnen werden, Von seiner schuel ohne einzige tergiversation* [Verzögerung] *ab an den teutschen schuelmaister anweißen* […]. Diese Anordnung, auf den ersten Blick als Erleichterung der Arbeitsbelastung gedacht, war freilich mit einem finanziellen Nachteil verbunden, denn durch Abgabe von Schülern an die deutsche Schule gingen dem Lateinschullehrer wichtige Einkünfte verloren. Man kommt nicht umhin, in der gräflichen Anordnung eine Strafe für denjenigen Untertan zu sehen, der es wagte, der Herrschaft Vorschriften zu machen, zu einer Zeit, in der zwischen beiden eine heute kaum mehr nachvollziehbare Kluft bestand. Gruber traf dies besonders hart, da kurz zuvor auch das Kostgeld für die Stiftsknaben gekürzt worden war, was den ohnehin nicht gerade üppigen Lehrerhaushalt zusätzlich belastete.

Franz Xaver Gruber verstarb am 23. September 1754 als *Chori Regens Senior,* nachdem er bereits 13 Jahre vorher aufgrund seines hohen Alters auf das Chorregentenamt verzichtet hatte.

In dem Verzichtsdekret vom 13. Juli 1741 wurde der nunmehrige Lehrer an der lateinischen Schule, **Johann Peter Mayer (Mayr)** als sein Nachfolger bestimmt, der zugleich Grubers *lödige Tochter Maria Anna* zur Frau nahm.[158] Der Bräutigam entstammte einer Webersfamilie aus Muttershofen bei Ziemetshausen, wo er am 18. Juni 1710 das Licht der Welt erblickte.[159] Wie aus obigem Dekret weiter hervorgeht, absolvierte er an der Universität Salzburg umfassende humanistische Studien. Die Immatrikulation dort erfolgte am 14. November 1736, der Eintrag lautet: ›Johann Petrus Mayr Phis. stud. Ziemetthusanus suevus‹.[160] Nach seiner Salzburger Zeit, in der er sicher auch seine Musikkenntnisse vertiefte, wirkte Mayer kurze Zeit als Chorregent an der Deutschen Ordenskommende in Ulm.[161] Mayer muß einen hohen Bildungsgrad und großes Ansehen als Chorregent besessen haben. Dies geht aus dem Titelblatt einer ihm gewidmeten Gesangsschule von 1756 ›Neue und erleichterte Art zu Solmisiren‹ seines Verwandten, des Klosterkomponisten Pater Josef Lederer[162] hervor (siehe Abb. 17). Darüber hinaus bezeichnet Lederer in dem darin enthaltenen überschwenglichen Vorwort Mayer als einen ›großen Musikmeister‹. Der ebenfalls als Sohn eines Webers 1733 in Ziemetshausen geborene Lederer war Konventuale im Augustinerchorherrenstift Wengen in Ulm, wo er bis zu seinem Tode 1796 als Musikdirektor und Professor für Theologie wirkte. Sein kompositorisches Schaffen umfaßt zahlreiche Singspiele für das Klostertheater, sowie

Abb. 16: Innenansicht der Pfarrkirche Babenhausen, Votivbild 1714

---

158 FA 5.3.1. Die Hochzeit fand nach PfMB Bd. III am 31. Juli 1741 statt.
159 ABA, PfM Ziemetshausen, Filmrolle 2.
160 Zitiert nach P. Virgil Redlich, Die Matrikel der Universität Salzburg, Bd. I, Salzburg 1933.
161 FA 5.3.1.
162 Zu Lederer siehe den Artikel von Eberhard Stiefel in MGG Bd. 8, Sp. 451-454.

Neue und erleichterte

Art zu Solmisiren,

nebst

andern Vortheilen,

die Singkunst

in kurzer Zeit zu erlernen.

Denen Herren Lehrmeistern zu grosser Bequemlichkeit, der Musikliebenden
Jugend aber zum sonderbaren Nutzen ans Licht gestellet
von
P. J. L. C. R. & B. W. U.

Ulm, 1765
gebunden oder ungebunden zu finden
bey Johann Gottfried Groschopff, Buchbindern.

Dem
Wohledlen, Hochgelehrten, und Kunsterfahrnsten
HERRN

Johann Peter Mayer,

Philosophiæ, wie auch Theol. Moral. und SS. Can. Candidato &c. an der Hoch-Reichs-
Gräflich-Fuggerischen Stifts-Kirchen zu Babenhausen
bestverdienten Chor-Regenten 2c. 2c.

Meinem liebwerthesten Freund und Vetter.

Abb. 17: Titel- und Widmungsblatt der Gesangsschule von Pater Joseph Lederer
(2. Auflage 1763)

geistliche Musik und musikpädagogische Werke, die teilweise, wie die Gesangsschule, im Druck erschienen. Wie aus der Widmung ersichtlich, bestanden zwischen beiden Musikern ebenso verwandtschaftliche, wie freundschaftliche Beziehungen. Selbst wenn keine schriftlichen Zeugnisse existieren, ist es sehr wahrscheinlich, daß Mayer in Babenhausen auch die Kirchenmusik seines Verwandten zu Gehör brachte. Außer mit dem Komponisten Lederer stand Mayer noch mit einem anderen Musikgeschlecht in Kontakt. Sein Name findet sich als Trauzeuge bei der Heirat des Lehrers Franz Anton Bachmann und der Franziska Schmöger am 26. Oktober 1752 in Kettershausen.[163] Dieser Ehe entstammte Josef Sigismund, der spätere Pater Sixtus Bachmann (1754-1824), der sowohl als Klosterkomponist als auch durch seinen legendären Orgelwettstreit mit W. A. Mozart in die Musikgeschichte eingegangen ist.[164] Die Ehe Mayers mit der Tochter seines Vorgängers Gruber war nur von kurzer Dauer, bereits am 2. Februar 1744 verstarb Maria Anna. Aus der bald darauf eingegangenen zweiten Ehe mit Theresia Bader entstammten 13 Kinder, von denen die wenigsten das frühe Kindesalter überlebten.[165] Mayer selbst starb am 20. September 1770, sein Sterbematrikel bezeichnet ihn als *nobilis et spectabilis Dominus per 28 anno Chori Regens et Magister.*[166]

Ob Mayer komponiert hat, wissen wir heute nicht mehr, darf aber eher als wahrscheinlich gelten. Dafür könnte ein Vermerk des Buchbinders Eysele in einer Rechnung[167] von 1763 sprechen, in dem es heißt: *Vor dem Herrn seinem author 4 Salve regina eingebunden 16 x.* Vielleicht stammte von Mayer auch die Musik zu einigen in Babenhausen aufgeführten Komödien (vgl. S. 66). Bislang wurde davon nichts gefunden. Hingegen haben sich von seiner Hand ein Instrumentenverzeichnis, Quittungen über Kauf von Instrumenten und Zubehör, Reparaturen, Musikalien sowie eine Prozessionsordnung zum Karfreitag 1749 erhalten. Auf diese Aufzeichnungen wird im folgenden näher eingegangen, da sie einen aufschlußreichen Einblick in die Pflege der Kirchenmusik im ausgehenden Barockzeitalter geben.

5.2   Das Instrumentarium

Wie bereits aus dem Musikinventar von 1669 ersichtlich, gehörte zum Musikchor der Kirche ein fester Bestand an Instrumenten. Über diesen hatte, laut Rechnungsrevision,[168] *H. Chori Regens ein inventarium zu errichten, und solches dem Löbl. Oberamt zu behändigen, damit seiner Zeit hinvon nichts distrahiert* [entfernt] *werden möge.* Das Inventar vom 14. Juni 1742[169] hat sich erhalten und listet folgende Instrumente auf:
1 Alter Teutscher Baß.
2 Alto Viola, aber ziemlich schlecht.

---

[163]   ABA, PfM Kettershausen, Filmrolle 1.
[164]   Zu Bachmann siehe den Artikel von Ulrich Siegele in MGG Bd. 15, Sp. 385f. Zum Orgelwettstreit vgl. Ernst Fritz Schmid, Ein Schwäbisches Mozart Buch, Lorch 1948, S. 150-153.
[165]   PfMB Bd. III.
[166]   PfMB Bd. III.
[167]   FA 67.18.124½.
[168]   FA 67.18.115.
[169]   FA 5.3.1.

*7 Violin, worund 4 ebenfalls nicht Vihl wärth, die 2 bäste sünd Von seiner Hochgräfl.
Excellenz a 12 fl in anno 1742 den 5. Juni gnädigst erkauft worden.*
1 kleines Violin oder bicolo.
1 Buxbäumerne Hautbois.
2 Fagot.
1 Posaune.

Der Bestand umfaßte darüber hinaus noch weitere entliehene Instrumente, wie aus der folgenden Bemerkung hervorgeht: *Hochgräfl. Excellenz Von Boos oben haben Vor Ett-welchen Jahren Von allhiesigem Chor Einen großen – oder halben Violon mit Hoch-gräfl. Fugger. Wäpel auf berlmutter gestochen Entlehnen lassen. wie dann auf ao: 1740 auf Corporis Christi Fest eine Posaune oder Baß Trombon, Einwelche Ebenfalls noch nicht hier. Nitweniger Vor Ettlichen Jahren Ein alt und nunmehro vileicht gänzlich Zer-gangene Viola.*
Zu den erwähnten Geigen, von denen vier *nicht Vihl wärth* waren, gehörten wahr-scheinlich auch die zwei in den Amtsrechnungen[170] verzeichneten sog. Stainer-Geigen: *Martin Probst Geigenmacher in Mittenwald für 2 neue Stainer- Geigen und bögen auf den Chor dann man ihm 2 alte gegeben den 25. Oktober 1738 noch weiteres gegeben 4 fl 50 x.*
Im Vergleich mit dem Inventar von 1669 fällt auf, daß sich der Instrumentenbestand in etwa auf die Hälfte reduziert hatte, besonders schwach sind die Blasinstrumente ver-treten. Dies dürfte einmal mit der geringeren Anzahl von Musikanten zusammenhängen, andererseits darf nicht übersehen werden, daß sich derweilen ein Stilwandel vollzogen hatte und im Orchester nunmehr die Streicher dominierten. In der Amtszeit des Chorre-genten Mayer verbesserten sich dann die Personalverhältnisse zusehends und erreichten 1761 einen Höhepunkt mit 18 Musikanten zuzüglich der zwei Stiftsknaben.[171] Dieser Aufschwung macht sich naturgemäß in vermehrten Ausgaben für das Instrumentarium bemerkbar. Ein kurzer Überblick darüber findet sich im Anhang II. Deutlich zeigt sich dabei, daß ab Mitte des 18. Jahrhunderts auf dem Babenhauser Chor die meisten Blasin-strumente präsent waren. Ihr Einsatz beschränkte sich sicher nicht auf die liturgischen Kompositionen des damaligen Repertoires. Wahrscheinlich kamen sie in größerer An-zahl bei feierlichen Ein- und Auszügen der Priester, bei Prozessionen und nicht zuletzt bei Repräsentationen der Herrschaft zum Einsatz. Aufwendige Bläserbesetzungen waren seinerzeit weit verbreitet und sind auch für das benachbarte Fuggerschloß Kirchheim nachgewiesen, wo bei Hochämtern zwölf Trompeter, darunter die Patres Tuchendorf, Pold, Zels und Dopfer, sowie Streicher, Bläser und Paukenspieler zur Verfügung stan-den.[172] Musikhistorisch bemerkenswert ist die relativ frühe Erwähnung einer Klarinette im Jahre 1756, einer Zeit, in der dieses Instrument erst langsam im Orchester Fuß faßte und in der Kirchenmusik noch kaum Verwendung fand (im Salzburger Dom zu Mozarts Zeiten überhaupt nicht). Instrumente und Zubehör besorgte man sich aus den Städten wie Augsburg, Memmingen, München oder Nürnberg. Aus Nürnberg ist 1746 der Kauf

---

170   FA 67.1.145.
171   FA 67.18.126, Angabe nach dem Quartal Michaeli.
172   Vgl. Josef Mančal, Artikel ›Musik‹, in: Der Landkreis Mindelheim, Memmingen 1987, S. 336.

einer neuen Trompete für 6 fl 30 x bezeugt. Die vielen Reparaturen, besonders der Streichinstrumente, überließ man hingegen häufig heimischen Handwerkern. In den Quittungen werden genannt: der *allhiesige Büldhauer,* der *Hofsattler* sowie namentlich *Jakob Ayrstockh* (geb.1731), *Johann Merkhle,* der *Pfeufenmacher Bernhard lees,* der *schlosser bürkh, der allhiesige Glaser Weeber,* die Schreiner *Matthias Engel* (1712-1781), *Johannes Zobel* (1687-1772) und dessen Sohn *Joseph Zobel* (geb.1742).[173]

Die zweifelsohne bedeutendste musikalische Anschaffung dieser Zeit war der Bau einer neuen Orgel, die das alte, wohl unbrauchbare Instrument von 1643 ersetzen sollte. Ihre Baugeschichte ist im Fuggerarchiv[174] genau dokumentiert. Danach standen zwei Angebote zur Debatte, eingereicht von den Orgelmachern Josephus Zettler aus Ottobeuren und Jakobus Schmid aus Boos.[175] Beide zeigten keine gravierenden Unterschiede, weder in der Disposition, noch im Preis. Daß Schmid den Zuschlag erhielt, verdankte er wohl dem Grafen Johann Jakob Fugger von Boos, der den einheimischen Orgelbauer seinem Bruder, Graf Franz Carl Fugger in Babenhausen empfohlen hatte. Letzterer vermerkte auf einem an ihn gerichtetes Schreiben Schmids vom 2. Januar 1743: *Die Orgel kann dem orgelmacher von boos überlassen werden.* Der darauffolgende Kontrakt vom 4. Februar 1743 enthält 16 Abschnitte, von denen die ersten sechs die Disposition der Orgel wie folgt betreffen:

Erstens verbündet sich H. Jakob Schmid in Ein löbl. Pfarr Gottshaus St. Andreo Zu Babenhausen um auf dem alldasigen oberen Chor ein guatt, dauerhafte und Saubere Orgel nach dem verförtigten sub No.1 beyligendten Riss herzustöllen vermög. welchen das Principal mit 7 Thüren in das Gesicht fallet, das Werkh selbst aber

2 tens in 12 Registeren bestehen solle von materi undt Höche wie volget, als das

1.	*Ein Principal von Engl. Zinn*	*a 8 fuß*
2.	*Octav von halb zinn u. bley*	*a 4 fuß*
3.	*quint von halb zinn u. bley*	*a 3 f.*
4.	*Octav von halb zinn u. bley*	*a 2 f.*
5.	*Mixtur von halb zinn u. bley*	*a 1 f.*
6.	*Copel von guattem Holz*	*a 8 f.*
7.	*Spizflete von halb zinn u. bley*	*a 2 f.*
8.	*Viola di gamba halb zinn u. bley Pedal*	*a 8 f.*
9.	*Subpaß von holz gedökht*	*a 16 f.*
10.	*Octav Baß von holz offen*	*a 8 f.*
11.	*Octav Baß von halb zinn u. bley*	*a 4 f.*
12.	*Mixtur 5 fach von halb zinn u. bley*	*a 2 f.*

zu disem werkh versprüchet derselbe

3 tens 3, 4 oder 5 blasbälg zum Tretten oder Ziehen wie ein oder das andere der Orgel ... Platz zulassen oder füegliches vorkommen wirdt, wie nit weniger

---

[173] Biographische Daten entnommen: PfMB Bd. III. Von Johannes Zobel stammen die meisten Möbel bei der Neueinrichtung des Schlosses Mitte des 18. Jahrhunderts (Vgl. Heinrich Habel, Der Landkreis Illertissen, München 1967, S. 39).

[174] FA 67.18.105½.

[175] Zu den Orgelbauern siehe Fischer/Wohnhaas (wie Anm. 103), S. 363 und 483. Danach hat sich von beiden kein Werk erhalten, jedoch stammt das imposante Prospekt in Steinhausen von Schmid.

4 tens ein Clavier von gueth u. hartem Holz, leicht zu schlagen unten mit kurzer Oktav als C. F.D G.E A.B H.C oben aber
5 tens bis in das Hohe C und zwar in Rein, und frischen – jedoch nit scharf, sondern etwas niederen Cornetthon[176] damit alle blasendte Instrumente ohne aufsätz können gebraucht werden, betreff: hingegen
6 tens das Pedal, soll dasselbe 18 Claven in sich halten als C. F.D G.E A.B H. C.Cs D.Ds E. F.Fs G.Gs A. und dem Register gleich dem übrigen Orgelwerkh in einem Kasten bejgesezet werden.

In den weiteren Abschnitten wurden Umfang der Arbeiten, Beschaffung des Holzes, Lieferfrist, Garantie, Stimmung, Zahlungsmodalitäten sowie Unterkunft und Verköstigung des Orgelbauers und der Gesellen geregelt. Das Werk kostete ohne die Bildhauerarbeiten 600 fl, zahlbar in drei Raten zu je 200 fl. Die Orgel sollte im Laufe eines Jahres erstellt, aber bereits bis Monat Oktober desselben Jahres so weit im Bau fortgeschritten sein, daß sie *zur Music gebraucht werden kann.* Die Kosten des Orgelbaues teilten sich die Pfarrstiftung St. Andreas und die Bruderschaft St. Joseph zur Hälfte mit der Fuggerschen Schulstiftung.

Da sich der im Vertrag erwähnte Riss leider nicht erhalten hat, können wir uns vom äußeren Aussehen der Orgel kein Bild machen. Lediglich der Vermerk über das *Principal mit 7 Thüren* weist darauf hin, daß der Prospekt in sieben Felder unterteilt war. Vielleicht hatte er ein ähnliches Aussehen wie das siebenteilige Orgelgehäuse in Boos (um 1725),[177] zumal heute vermutet wird, daß Schmid auch für den Bau der dortigen Orgel in Frage kommt. Der Standort der Orgel und damit des Musikchores befand sich damals auf der zweiten Empore. Die dritte Empore wurde in der Pfarrkirche erst 1846 eingezogen.[178] Was das Werk betrifft, entsprach es in etwa den Orgeln vergleichbarer Kirchen Süddeutschlands. Diese waren in der Regel einmanualig, lediglich Klosterkirchen und größere Stadtkirchen hatten zwei, ganz selten drei Manuale. Zungenregister fehlten häufig, die untere Oktav des Manuals war verkürzt. Das Pedal mit nur 18 Tasten, ein sog. ›Stutzpedal‹, erlaubte kaum die Wiedergabe von Orgelliteratur mittel- und norddeutscher Meister. Der katholische Süden kannte ohnehin vorwiegend Orgelmusik manualiter mit liegenden Baßnoten. Die Luft für die Pfeifen lieferten Blasbälge, die der Calcant (Blasbalgtreter) zu treten oder zu ziehen hatte. Der Calcant war damit ein wichtiges Mitglied des Musikchores.

---

[176] Damit lag die Stimmung etwas tiefer als der damals häufig höhere Chorton für Orgeln, wodurch nicht nur die Bläser ohne Aufsatz spielen konnten, sondern auch der Discant des Chores geschont wurde.

[177] Abbildung in Hermann Fischer/Theodor Wohnhaas, Historische Orgeln in Schwaben, München 1982, S. 69.

[178] Vgl. Heinrich Habel, Der Landkreis Illertissen (Bayerische Kunstdenkmale), München 1967, S. 25.

5.3   Die Musikalien

Während aus der Zeit der Chorregenten Vötter und Gruber keinerlei Ausgaben für Notenmaterial vorliegen, haben sich von der Hand Mayers Quittungen über den Kauf von Musikalien sowie über Kopistentätigkeit und Buchbinderarbeiten erhalten.[179]

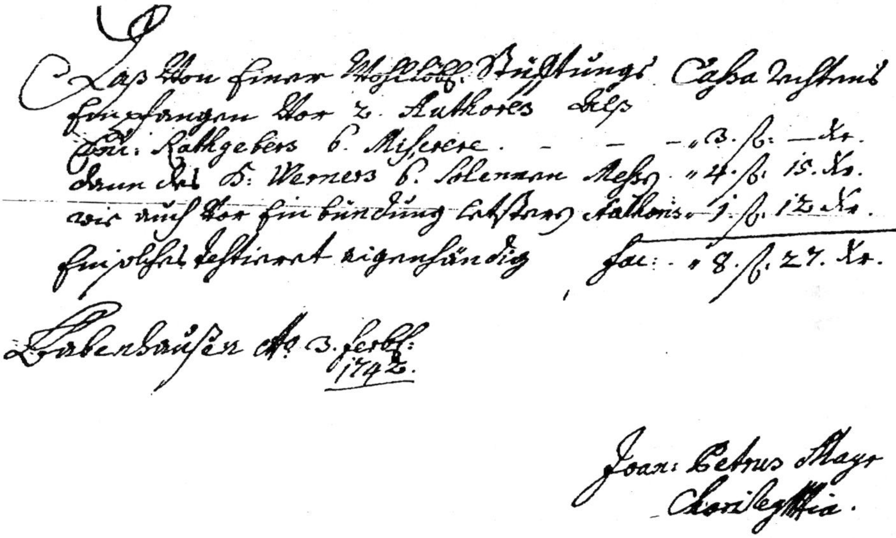

Abb. 18: Ausgaben für Musikalien aus dem Jahre 1742
in der Handschrift von Johann Peter Mayer

Demnach wurde für Musikalien ausgegeben:

1742: – *Vor Rathgebers 6 Miserere   3 fl*
– *dann des P. Werners[180] 6 solemne Messen   4 fl 15 x*

1743: – *Vor des H. Isfried Kaysers ao: 1742 herausgekommene Neue Cantaten u. porto 1 fl 40 x*
– *wie dann des H. Rathgebers Vespern und Lytaneien   3 fl 12 x*
– *auch Vor des H. Königspergers anno 1743 herausgegebene 6 Miserere et 2 Stabat mater   2 fl 27 x*
– *Vor des H. Biechtelers 24 Ave. Salve. pp   30 x*
– *Vor des H. Königspergers in hoc anno herausgekommene neue Vespern   2 fl 30 x*

1746: – *Vor die Musikal. Opera benanntlich Hirschbergers 6 Missae mit sovihl Offertories und Concert in fol.   5 fl 30 x*
– *dann Vor die Michels[181] 6 Messen in fol.   3 fl 15 x*

1749: – *Erstlich Neue Anno 47 zig herauskommne solenne Opus Von H. Königsperger in 6 Messen bestehent una cum Te Deum in 12 Stimmen mit Rückh u. Eckh*

---

[179]   FA 67.18.105½ und 124½.
[180]   Es handelt sich wohl um P. F. Heinrich Werner.
[181]   Joseph Ildephons Michl.

> *guet eingebunden Von löbl. Reichsgotteshaus Roth Umb die helfte gekauft   3 fl 30 x*

1751: – *Vor 4 grosse und solemne Neue geschrübene Messen dem H. lugganno Musikanten in lansperg   2 fl 40 x*

1754: – *der verwüttibten Buechbünderin Eyselen allhier Vor Einbünden der 100 Teutschen Arien[182] Auth. Hahns a 7 stümmen   54 x*

– *den 24. Septembris Vor Communication einer extra solemnen Meß und abschreiben   40 x*

1755: – *den 25. Febr. Vor abschreibung 2 Messen nachher Kürchheimb bezahlt   55 x*

– *den 17. May Vor reparierung und umbündung des großen Psalmen buachs dem Eysele bezahlt   50 x*

1756: – *dem buechbünder Eysele wegen früsch Einbündung der Vocal Stimmen Aut. Münsters[183] dann Umb ybersetzung 2 er Stimmen Auth. Cobrich bezahlt   22 x*

– *Vor die Feitellis Offertoria noch Vor bünden und tragen u. geben müssen   45 x*

– *Vor Schreibung Einer Solemnen Mess auf den hohen Nahmenstag Sr. Hochgräflichen Excellenz   54 x*

1758: – *dem botten Von Kettershausen wegen deren 2 überbrachten Auth. Mayr et Schreyer Item 2 Singbüchl auf den Chor Und Vor 4 Offertoria   1 fl 31 x*

– *Vor Ein Neu figuriertes Stabat Mater   34 x*

1759: – *dem H. buechbünder Arzet Von boos Vor Einbündung der Königsperger 2 Requiem, Benzgers[184] 6 Messen, und Mayrs[185] benedictionen bezahlt   1 fl 26 x*

Wie aus der Aufstellung ersichtlich, handelte es sich dabei hauptsächlich um Drucke[186] aus dem Verlagshaus Lotter Augsburg von zeitgenössischen, vorwiegend süddeutschen Kirchenkomponisten: Benedikt Biechteler, Vigilio Blasius Faitello, Georg Joachim Hahn, Albericus Hirschberger, Isfried Kayser, Johann Anton Kobrich, Marianus Königsperger, Bartholomäus Mayer, Joseph Ildephons Michl, Joseph Joachim Benedict Münster, Romanus Pinzger, Valentin Rathgeber, Gregor Schreyer und Heinrich Werner. Die Drucke umfaßten neben lateinischen Messen, Litaneien, Vespern etc. auch deutsche Arien und Konzerte. Derartige Noten waren damals auf den Chören Süddeutschlands weit verbreitet und existieren noch heute, wenn auch manchmal unvollständig, in verschiedenen Kirchen und Bibliotheken. Das Bedürfnis nach immer neuer Musik führte dazu, daß die Kompositionen meist sogleich nach dem Erscheinen angeschafft wurden, wie etwa die Miserere von Königsperger oder die Kantaten von Kayser. Der Schwierigkeitsgrad hielt sich in der Regel in Grenzen, ebenso die Besetzung mit vierstimmigem Chor, Soli, Streichern (meist ohne Viola) und Orgel, teilweise mit zwei Hörnern bzw. Trompeten und Pauken.

Musikdrucke hatten im Vergleich zu manchen Musikinstrumenten einen verhältnismäßig hohen Preis. Kein Wunder, daß man froh war, wenn man aus dem benachbarten Rot an der Rot gebrauchte Musikalien günstig erwerben konnte, zweifelsohne eine Folge der traditionell guten Beziehungen aus der Zeit der Familie Vötter zu diesem Kloster.

---

[182]   Wahrscheinlich Hahns op. 5, 7 und 8, zusammen 99 Arien.
[183]   Es handelt sich vermutlich dabei um seine ›LX anmuthig-deutsche Arien‹.
[184]   Muß richtig Pinzger heißen.
[185]   Komponist vermutlich Bartholomäus Mayer.
[186]   Vgl. dazu RISM (wie Anm. 48).

Im Verhältnis preisgünstiger waren allgemein Handschriften, die man sich entweder von auswärts (hier Landsberg und Kirchheim) besorgte, oder selbst kopierte. Die Kopistentätigkeit gehörte damals zum Alltag eines Chorregenten bzw. Musikers und wurde eigens honoriert. Seltsamerweise treten die Handschriften im Verhältnis zum Kauf von Drucken in den Schulrechnungen dieser Zeit stark in den Hintergrund. Es wäre jedoch verkehrt, daraus zu schließen, daß in Babenhausen im Spätbarock vorwiegend aus Drucken musiziert wurde. Sicher wird auch Mayer viel kopiert haben. Eine Rechnung[187] des Babenhauser Papiermachers Christian Würbel für den Chorregenten aus dem Jahre 1744 vermerkt außer den Beträgen für Konzept- und Kanzleipapier zusätzlich *7½ buach Notten Pappier a 10 x dafür 1 fl 15 x*. Belege für die Schreibarbeit Mayers gibt es nur wenige. Als einziges erhaltenes Dokument existiert in seiner Handschrift im Gemeindearchiv Babenhausen eine 15-seitige Ordnung für die hiesige Karfreitagsprozession aus dem Jahre 1749.[188] Die Prozessionsordnung steht in der Tradition des 17. Jahrhunderts und trägt den Titel: *Ordentliche Beschreibung Aller Personen, Wägen, Mit Figuren der heyl Charfreytags Procession Ein welche iedesendem an dem Hl. Charfreytag in dem Hochgräfl. Fuggh. Markth Babenhausen angestelt, und abgehalten würdet*. Wie die folgenden Bemerkungen zeigen, wurde die Prozession traditionell musikalisch umrahmt:
- *Christus am Ölberg sambt Engel süngend*
- *ein Reuther mit Klag Posaunen*
- *Petrus in der Wüste ein Bußlied süngend*
- *ein Tromelschläger oder Tambour sambt einer Soldadesca*
- *die Herrn Musicanten das Stabat Mater süngend*.

Die genaue musikalische Gestaltung ist unbekannt, es darf aber angenommen werden, daß dem Brauch der Zeit entsprechend, der Gesang instrumental begleitet wurde.[189] Karfreitagsprozessionen können in Babenhausen bis Anfang des 19. Jahrhunderts nachgewiesen werden. Die kirchenfeindliche Säkularisation, aber auch geschmacklose Entgleisungen führten schließlich zu einem allgemeinen Verbot der Umzüge.

5.4   Das Tagebuch des Lehrers Anton Müller

Von den Musikern, die im Spätbarock auf dem Chor mitwirkten, fehlen uns weitgehendst die Namen, geschweige denn Berichte über ihr Leben. Eine Ausnahme macht der deutsche Schulmeister und Musikus Anton Müller. Er wurde am 15. Mai 1694 als Sohn des Jakob Müller und dessen Frau Katharina Heckel in Babenhausen geboren und verheiratete sich am 18. Februar 1721 mit Maria Mez,[190] wobei er in den Hochzeitsmatrikeln bereits als *Ludimagister German.* bezeichnet wird. Von seiner Hand stammt ein Tagebuch[191] vorwiegend aus dem Jahre 1730, das einen kleinen Einblick in den Alltag ei-

---

[187]   FA 67.18.105½.
[188]   Vgl. Herbert Huber, Karfreitagsprozession in Babenhausen anno 1749, in: Pfarrzeitung von Babenhausen 1986/1 S. 21f.
[189]   Vgl. Robert Münster/Hans Schmid, Musik in Bayern, Tutzing 1972, S. 251.
[190]   PfMB Bd. II/III.
[191]   Der Verbleib des Tagebuches ist heute unbekannt, es lag noch dem Lehrer Hans Magel vor, der es 1926 in der Nr. 38 der Zeitschrift ›Heimatglocken‹ veröffentlichte. Die Einträge rei-

nes Lehrers und Musikers der damaligen Zeit im Fuggermarkt gestattet. Es enthält verschiedene Aufzeichnungen über seine Kinder, über Geburten, Hochzeiten, Todesfälle, Bürgermeister sowie Gottesdienste und kirchliches Brauchtum in Babenhausen. Dieses Tagebuch soll im folgenden auszugsweise wiedergegeben werden, insbesondere die Teile, in denen von Musik, aber auch einigen anderen originellen Begebenheiten die Rede ist.

Nicht ohne Stolz beginnt Müller die Eintragungen mit der Geburt seiner Tochter Maria Anna am 9. Februar 1725. »Es stunden Pate Ihro hochgräfliche gnaden Graf Frantz Carl Fugger, graf zu Kirchberg und Weissenhorn, Herr zu Babenhausen, Kettershausen, mein allzeit gnädiglicher Graf und Herr, dann die Hoch und Wohlgeborene Herrin Frau Maria Anna Thereßia Franziska geborne Gräfin Fuggerin von Glött, verwittibte Gräfin von Kirchberg und Weissenhorn, Frau zu Babenhausen und Kettershausen, mein allzeit gnädiglich Gräfin und Frau.« Die Pfarrmatrikel[192] bestätigen zwar nicht die Patenschaft, aber immerhin die Anwesenheit der hohen Herrschaften, was für einen Untertan damals eine hohe Ehre war und die persönliche Hochschätzung des Lehrers durch die gräfliche Familie bezeugt. Wenig später fährt Müller fort:

»Im Namen Jesus und Maria fangen wir an das 1730. Jahr. Gelobt sey Jesus Christus.

Den 1. Januar haben im Pfarrhof die Nestel (?) abgeholt nach alter Gewohnheit der Mesner, Oberjäger, Holzwart, die Heiligenpfleger von Babenhausen und Kirchhaslach, der Stattmüller, der Torwart und ich, Antonius Müller, teutscher Schulmeister und Musikus. Um 4 Uhr ist man in die Vesper. Gott lob!

Den 17. Januar War Hochzeit von Candidus [richtig Placidus] Denzel, Mahler und Rosalia Sinzin [richtig Seizin]. Es kommen zum Mahle in der ›Güldenen Sonn‹ Hochwürdiger Herr Dechant und ich Antony Müller teutscher Schulmeister und ist aufgewartet worden mit Suppen, Würst, Rindfleisch, Kraut, Pasteten, schwarzes Wildpret, Henne mit Nudeln, Kalbsbraten, Salat, Torten sambt einem guten Glas Wein.

Durch den Willen Ihrer Päpstlichen Heiligkeit Benedikt XIII. Ist der sel. Johannes von Nepomuk anno 1720 den 19. März in die Zahl der Heiligen einverleibt worden, ist zu Boos der Ablaß gehalten und ich Antony Müller, teutscher Schulmeister mit meinem Geiglein auch bin berufen worden. Die Feierlichkeit dauerte 3 Tage [vom 20.-22. Januar]. Jeden Tag war vormittags Predigt und Hochamt. Nachmittags 4 Uhr Vesper.

In der Zeit vom 26. bis 29. Januar war auch in Babenhausen eine dreitägige Feierlichkeit zu Ehren des hl. Johannes von Nepomuk. Prediger war Pater Anaklet, Kapuziner von Weißenhorn. Den 29. Januar abends nach der Vesper ist die Prozession in den Schloßhof als wie am Charfreitag hat man den Weg genommen und aufgestellt hat man ein Bildnis des hl. Johannes auf einem Wagen geführt; es ist auch eine gar schöne Reuterei von Husaren, wie auch ein bürgerliche Kompagnie zu Pferd mit Drombeten und Pauken, sodann eine Kompagnie zu Fuß mit fliegenden Fahnen und klingendem Spiel [aufmarschiert]. Ein Viertel nach 4 Uhr hat man das Bildnis des hl. Nepomuk auf das Postament gesetzt, wobei man scharf geschossen; sodann ist man wieder in die Kirche und ist mit Te Deum Laudamus beschlossen worden. Ich habe für das Trompetenblasen bekommen 15 kr.

---

chen in der Veröffentlichung bis zum 28. Mai 1730, eine angekündigte Fortsetzung kam leider nicht zustande. Die obigen Zitate folgen dem Artikel.
[192]   Als Paten werden genannt Johann David Duffner, Archigramaticus und Anna Maria Mauch.

Am 17. März starb in Augsburg die Hoch- und Wohlgeborne Frau Maria Theresia, verwitwete Gräfin Fugger von Babenhausen. Weil sie beim allerhiesigen Gotteshaus eine sonderbare Guttäterin [war] und den hl. Kreuzpartikel neben anderen Kostbarkeiten verehrt, wurden auf Befehl der hochgräflichen Herrschaft an drei aufeinanderfolgenden Tagen für die Seelnruhe der Verstorbenen feierliche Gottesdienste in Babenhausen abgehalten. – Für das Geigen in den drei Aemtern habe ich bekommen 36 kr. Gott Lob!

Den 19. März als am großen Umgang und Titularfest des hl. Joseph haben ihro Hochwürden Herr Dechant die Predigt gehalten. Nach der Predigt ist Prozession in der Kirchen herum aufgestellt worden, willen [weil] es geregnet hat. Das Hochamt haben Hchw. Herr Dechant gehalten. Die beiden andern Hchw. Herrn assistierten dabei. Die Vesper und das Miserere haben ihro Ehrwürden Pfarrherr Bonenberger von Kettershausen gehalten. Um dreiviertel 2 Uhr[193] ist man zum Essen gegangen. Gäste waren: die Pfarrherrn von Klosterbeuren, Winterrieden, Kettershausen, ein Augustiner von Memmingen, zwei Kapuziner von Weißenhorn, der Kaplan von Illereichen, der ›Lateinische‹ und ›Teutsche‹ Schulmeister, der Bruder von Matzenhofen und noch einige andere. Am ›Katzentischle‹ aber sind gewesen der Tenorist und der Bruderschaftssekretär. Es sind 12 Speisen aufgetragen worden. Gott Lob!

Den 7. April als am Hochheiligen Karfreitag ist die Prozession und der Umgang ziemlich gelungen, hat doch einmal ein Vaterunser lang anfangen regnen. Hat aber gleich mehr aufgehört, daß ein jedes sein gutes Vorhaben hat können fortsetzen. Gott Lob!

Den 12. Mai morgens um 6 Uhr von Herrn Joseph Frügel, Barbier, ein Pulver eingenommen. Hat mich und sich 15 mal purgiert. Gott gebe, daß es zu langwieriger Gesundheit möge anschlagen.

Den 14. Mai hat mir Herr Joseph Frügel auf dem linken Arm Ader gelassen, 6 Unzen. Gott gebe, daß es mir zu langmütiger Gesundheit sowohl des Leibes als der Seelen möchte anschlagen.

Den 14. Mai ist Joh. Christoph Dreyer, Weiß-Rößle-Wirt von Lindau aus dem See mit Wein heimkommen und hat die Maß für 4 kr. ausgeschenkt, welches hier zu Babenhausen etwas rares und neues; auch bei Manns-Gedenken niemals geschehen ist. Gott Lob!

Den 19. Mai als am Kreuzfreitag ist das blaue Bier (?) aufgetan worden und hat der Bärenwirt Johannes Göppel das erste Viertel gehabt, die Maß a 3 kr. ausgeschenkt. Sind viel Mäßlein getrunken worden und haben manche müssen heimwärtsschaukeln.

Den 21. Mai morgens 6 Uhr ist der gestrenge Herr Kanzleiverwalter Joh. Seitz, dann der Herr lateinische und ich Antony Müller, teutscher Schulmeister nebst Theres Gruberin und zwei Stiftsknaben nach Boos zur Musik, weil man das Hochfest des hl. Johannes Nepomuk allda gehalten, berufen worden. Die Musikanten sind bei Leopold Mayer, Wirt allda, ehrlich gespeist worden für unsere Bemühung.«

Anton Müller starb am 3. September 1772.[194] Er wirkte 50 Jahre lang an der deutschen Schule in Babenhausen und galt allgemein als ein sehr frommer Mann. Von dieser Frömmigkeit legt sein Testament,[195] das er vier Jahre vor seinem Tode erstellt hatte,

---

[193] Die Zeitangabe ermöglicht eine Vorstellung von der Dauer früherer Gottesdienste.
[194] PfMB Bd. III.
[195] Testament vom 9. Februar 1768 im FA 7.5.13.

Zeugnis ab. Bevor er darin die Verteilung seines Besitzes regelte, eröffnete er seinen letzten Willen mit den Worten:

Im Namen der allerheiligsten dreyfaltigkeit, Gott Vatter, Sohn, Und Heiligen geistes Amen. Ich Antoni Müller Teutscher schuellmeister in babenhausen verwittibten standes […] mache hiemit in […] der ungewissen stundt des Todts bey Vollkommenen Kräften des leibs, guten verstandts und gedächtnuß Nachstehenden letzten willen, oder Testament und zwar

1mo Vermache ich mein arme Seel meinem Erschaffer, Erlöser und Seeligmacher. Die allerheiligste dreyfaltigkeit seyn solcher durch daß blut Jesu Christi, die von bitt der allerseligsten Jungfraun, und allen lieben Heiligen gnädig Und barmherzig.

2to Meinen leib giebe ich der Erden wiederum auß etwelcher derselbe hervor kommen ist. Solle mithin auch nach Christlichem gebrauch ohne sonderbarem gesärg derselben Eingesenckhet und

3to die gewohnliche Vier Heilige Gottesdienst, alß besängnüß, sibend, dreißigst, und nach allbereits Verflossenem Jahr der Jahrtag, Nebst jederzeit Vier Heiligen Messen in der St. Andreas Pfarr – und Mutter Kirchen allhier abgehalten werden […].

Diese Sätze spiegeln die Gefühlswelt eines religiösen Menschen des 18. Jahrhunderts wider, dem das Heil der Seele vor dem Schicksal der irdischen Güter ging. Kein Wunder, daß Müller im Testament anschließend auch die Kirche mit fast der Hälfte seines Besitzes von insgesamt 395 fl bedachte, allein mit 100 fl die *Mutter gottes in Kirchhaslach unseres Herr gotts Ruhe in herretshoffen der heiligsten dreyfaltigkeit in olgißhoffen dem heiligen Petruß ob dem herlens* [Hörlis] *und dem heiligen Schutz Engel in greimeltshoffen zusammen.*

Trotz alldem vergaß er schließlich nicht, seine Musikalien in das Testament aufzunehmen. Er vermachte sie ohne Wertangabe seinem Vetter Anton Sirch in Weinried.

5.5   Das Musiktheater

Fast ein Jahrhundert lang fehlen jegliche Nachweise über das Theaterspiel, was freilich nicht unbedingt auf einen Rückgang der Theaterkultur schließen läßt. Möglicherweise existierten entweder keine Textbücher oder sie sind verloren gegangen, zumal ihre Auflage damals meist gering war. Auch gibt es aus dieser Zeit keine Generalkassa-Rechnungen, eine der wichtigsten Quellen über das Leben am Hof. Dies ändert sich erst Mitte des 18. Jahrhunderts, in der als erste Aufführung bezeugt ist:

Der erwürgte Bürg, daß ist Andreas Beuerds Bürgermeister zu Lüböck, durch eine tragoedische Action von denen Hoff-Musicanten in dem Hoch- Gräffl. Fugger. Schloß zu Babenhausen vorgestellt ... 1746[196].

Zehn Jahre später erschien in Ottobeuren im Druck:[197]

›Der wahre Zu Dem Himmel führende Buß-Weeg In Dem büssenden König David‹.

Es handelt sich dabei um ein Fastenspiel, das im Fuggermarkt im März/April 1756[198] auf einer öffentlichen Schaubühne zur Aufführung kam, also für eine breitere Bevölke-

---

[196] FBB, F 00196a.
[197] AO, Kopie in SuStbA, 4° Bild 1-913.
[198] Die genauen Aufführungsdaten waren bei der Drucklegung wahrscheinlich noch nicht bekannt und wurden erst später handschriftlich ergänzt.

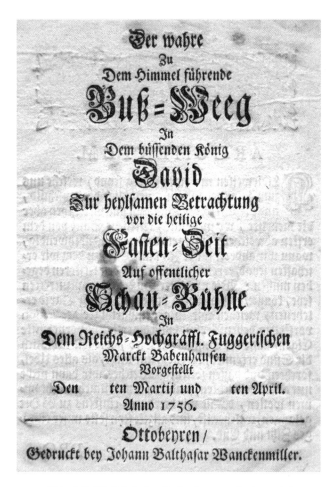

Der wahre
Zu
Dem Himmel führende
Buß = Weeg
In
Dem büssenden König
David
Zur heylsamen Betrachtung
vor die heilige
Fasten = Zeit
Auf offentlicher
Schau = Bühne
In
Dem Reichs = Hochgräffl. Fuggerischen
Marckt Babenhausen
Vorgestellt
Den   ten Martij und   ten April.
Anno 1756.

Ottobeyren /
Gedruckt bey Johann Balthasar Wanckenmiller.

Abb. 19: Titelblatt der Perioche zum Fastenspiel
›Der wahre Zu Dem Himmel führende Buß-Weeg‹ von Johann Georg Dosch 1756

rungsschicht bestimmt war. Der Inhalt des Stückes ist ernster Natur, es sollte nicht wie bei den Fastnachtsspielen unterhalten, sondern vielmehr den Sünder nach dem Vorbild Davids auf den rechten Weg zurückführen. Die in der jesuitischen Tradition stehende moralisierende Aufgabe des Theaterspiels wird im folgenden Vorwort deutlich: ›Alldieweilen nur zwey Weeg seynd, welche uns zum Himmel führen, nemhlich der Unschuld, und der Weeg der Buß, auß uns Menschen aber die mehriste, wo nicht alle, durch die Sünd von dem ersten abweichen, so folget, daß wir uns nothwendig, wann wir anderst unser Zihl und End, zu dem wir erschaffen seynd, erreichen wollen, auf den letsteren begeben müssen: Wie nun diser Buß-Weeg anzutretten seye, können wir von dem büssenden König David erlehrnen, welchen wir in gegenwärtiger Meditation vorstellen, dessen Beyspihl uns die erste und vornehmste Eigenschafft der Buß zaigen wird, wie wir nehmlich die Sünd erkennen, bereuen, und mehr, als alles Übel, förchten und hassen sollen. Welches wir dann nicht nur allein betrachten, sonderen deme vilmehr nachkommen wollen, damit wir hierdurch einstens zu GOtt gelangen, welcher ist, und allzeit seyn solle unser eintziges Zihl und End.‹

Das Fastenspiel bestand aus szenischen Darstellungen mit gesprochenem Text, die musikalisch durch eine Reihe von Rezitativen, neun Arien und zwei Chören umrahmt wurden. Dementsprechend werden die Mitwirkenden in ›Personae Agentes‹, also Schauspieler und ›[Personae] In Musica‹, d.h. Sänger und Sängerinnen aufgeteilt. Die Schauspieler – und das ist gegenüber dem vorigen Jahrhundert neu – kommen mit einer Ausnahme alle aus dem Bürgertum:

- David Rex: Johann Georg Geiger, Eisen-Kramer.
- Nathan Propheta: Joh. Michael Wöhrle, Porten-Würcker.
- Banajas Bellidux: Joseph Weeber, Hof-Glaser.
- Famulus Banajae: Johann Stromayer,[199] Schneider.
- Parvulus, Nathanis Comes: Praenob. Franc. Jos. de Zwerger.

Ihnen standen der Chor und die Gesangssolisten gegenüber, die die damals so beliebten allegorischen Figuren wie Voluptas, Poenitentia, Timor und Amor verkörperten. Die Solisten waren ausnahmslos Bedienstete des Hofes:

- Legatus voluptatis: Nob[ilis] ac Doct[issimus] D[ominus] Georg. Ant. Dosch, hujatus Illustrissimi & Excellentissimi D[omini] D[omini] S[acri] R[omani] I[mperii] Comitis de Fugger Registrator & Geometra, qui & Modulos Musicos composuit.[200]
- Homo poenitens: Herr Candidus Streible, Aerarij Scriba.
- Spes: Praenob. Franc. Xav. de Zwerger.
- Timor & Poenitentia: Franc. Joseph Martin.[201]
- Amor: Victoria Ebnerin.

Die wichtigste Persönlichkeit stellt dabei zweifelsohne **Johann Georg Anton Dosch** dar, der nicht nur als Sänger auftrat, sondern auch die Musik zu dem Fastenspiel schrieb. Sein Name findet sich sowohl im Textbuch als auch in den Rechnungsbüchern dieser Zeit:[202]

1756/57: – *dem Registratori Johann Georg Dosch für all vorgehende Comedii   30 fl.*
      – *demselben für letztere Fasten Comedi   10 fl.*
1757/58: – *dem Registratori für Fasten Comedi   10 fl.*

Es darf angenommen werden, daß eine der Fastenkomödien des Rechnungsjahres 1756/57 mit derjenigen des Textbuches identisch ist. Darüber hinaus machen die Einträge deutlich, daß das erwähnte Fastenspiel nur eine von mehreren Theateraufführungen innerhalb des Jahres darstellte. Ob Dosch dabei das Honorar für seine Mitwirkung als Sänger, die Komposition oder beides erhielt, geht aus dem Eintrag nicht hervor.

---

199 Vermutlich war dieser der Vater des späteren Ortspfarrers Johann Nepomuk Strohmayer.
200 ›Der edle und gelehrte Herr Georg Anton Dosch, derzeit des sehr berühmten und vortrefflichen Herrn Herrn des römischen Reiches Graf von Fugger Registrator und Geometer, der auch die Melodien der Musik komponierte.‹
201 Es handelt sich höchstwahrscheinlich um den späteren Kammermusikdirektor Franz Josef Martin, der hier wohl bereits als Singknabe mitwirkte. Ein anderer Träger gleichen Namens konnte in den Rechnungsbüchern des FA nicht gefunden werden.
202 FA 67.4.2 1/5 und 2 1/7.

Johann Georg Dosch wurde am 20. Juni 1717 als Sohn des Joseph Dosch und seiner Frau Gertrud in Raisting geboren.[203] Seine musikalische Ausbildung dürfte er in einem der benachbarten Klöster Wessobrunn oder Dießen erhalten haben. Im Jahre 1749 finden wir seinen Namen unter den Mitwirkenden des Singspiels ›Mutua Perseum inter et Andromedam pietas‹, das im Klostertheater Ottobeuren anläßlich des Namenstages von Abt Anselm am 21. April gegeben wurde.[204] Als Beruf ist bei Dosch vermerkt: ›Kämmerer des Abtes von Ottobeuren‹. Acht Tage nach der Aufführung heiratete er in Babenhausen die um 14 Jahre ältere Maria Franziska Weber, Lieutenantine,[205] und trat damit in Fuggersche Dienste. Johann Georg Dosch hatte in den kommenden 55 Jahren in Babenhausen die verschiedensten Ämter inne. Im Textbuch von 1756 wird er als ›Registrator und Geometer‹, in den Rechnungsbüchern von 1769[206] als *Verwalter der Tributh. Cassa* und schließlich nach seiner Pensionierung als *Oberamtsrath*[207] bezeichnet. Die Zahl der Funktionen vergrößert sich noch, wenn man beide Sterbeeinträge in den Babenhauser Pfarrmatrikeln[208] miteinbezieht. Der erste, unter dem Datum des 21. Mai 1804 lautet: *Praenobilis et Clarissimus Dominus Joannes Georgius Dosch Art[es] L[inguae] L[atinae] et Philo[sophiae] Magister, Serenissimi S.R.J. Principis De Fugger Babenhausen Conciliarius Aulicus hoc et olim aerarij Profectus natus in Bavaria prope Wessenbrunn 1718, 20. Juni in novo Coemeterio ad Sacristiam Capellae Sepultus est.*[209] Danach war Dosch auch noch Latein- und Philosophielehrer. Der zweite deutsche Eintrag gibt außer dem Beruf (Hofkemnath) die Ursache des Todes (Wassersucht), die genaue Sterbezeit (mittags 11 Uhr), den Empfang der Sakramente, den Tag der Beerdigung (23. Mai) sowie den beerdigenden Priester (Frühmesser zuletzt Pfarrer) an. Dosch muß demnach ein vielseitig gebildeter Mann gewesen sein, der über seine beruflichen Tätigkeiten hinaus noch als Sänger und Komponist agierte. Als Sänger begegnen wir ihm, außer im Fastenspiel, auch beim Fuggerschen Jahrtag am 13. Dezember 1772 (vgl. S. 78) auf dem Musikchor der Kirche. Als Komponist trat er mit dem genannten Fastenspiel an die Öffentlichkeit. Darüber hinaus verzeichnet der Kroyerkatalog von ihm eine sechsstimmige ›Missa Contrapunctus‹ mit Begleitung der Orgel, eine der ganz wenigen polyphonen Kompositionen, die die Musiksammlung auflistet. Sicher hat dieser vielseitige Mann noch mehr komponiert – bislang konnte davon leider nichts gefunden werden.

Wie wir aus einer gedruckten Perioche[210] erfahren, ging am 5., 12. und 19. März 1758 ein weiteres Fastenspiel über die Babenhauser Schaubühne mit dem Titel ›Hel-

---

[203] ABA, PfM Raisting, Filmrolle 1.

[204] Textbuch in AO. Es gibt weder den Namen des Verfassers noch des Komponisten an.

[205] PfMB Bd. III. Diese war lt. Hochzeitseintrag vom 17. Februar 1738 in erster Ehe mit dem Leutnant Josephus Weber verheiratet.

[206] GAB.

[207] FA 67.4.22.

[208] PfMB Bd. III. Die Existenz von zwei Einträgen rührt offensichtlich daher, daß in dieser Zeit von der lateinischen auf die deutsche Sprache umgestellt wurde. Der erste, lateinische Eintrag wurde später durchgestrichen.

[209] *Der sehr edle und sehr berühmte Herr Johann Georg Dosch Latein- und Philosophielehrer, jetzt des Hochwohlgeborenen. S.R.J. Herrn von. Fugger Babenhausen Hofrath und einst Leiter der Amtskasse in Bayern neben Wessobrunn am 20. Juni 1718 geboren, wurde im neuen Friedhof an der Sakristei der Kapelle begraben.*

[210] AO, Kopie in SuStbA, 4° Bild 1-915.

denmüthiger Todt In der Liebe Gottes Aus Liebe des Nächsten In Caelio Einem Edlen Sicilianer‹. Auch hier handelt es sich wieder um ein moralisierendes Stück, in dem der Sizilianer Caelio als Vorbild der Nächstenliebe dargestellt wird. Die kurzgefaßte Perioche gibt keinerlei Hinweis auf den musikalischen Ablauf, vermerkt aber die Namen der Sängerinnen und Sänger:

- Herr Candidus Streible, Christus.
- Maria Anna Dentzlin, Göttliche Gerechtigkeit.
- Carolus Martin, Göttliche Barmherzigkeit.
- Franz Josef Martin, Menschliche Seel.
- Maria Wöhrlin, Göttliche Liebe.
- Bernard Burger, Lucifer.

Unter den elf Schauspielern findet sich der Hauptdarsteller Caelius, der vielleicht auch als Textautor in Betracht gezogen werden könnte: ›Adm[irabilis] Rev[erendissimus] Nob[ilis] ac Clarissimus D[ominus] Jo[hannes] Michael Grameck, S[anctis]S[ime] Theolog[ia] Licent[iatus] & S[anctis]S[ime] Can[onici] Cand[idatus] Cooperator Babenhusij‹. Demnach war Grameck damals Hilfspriester in Babenhausen. Er stammte aus Augsburg, wurde nach seiner Babenhauser Zeit für vier Jahre Frühmesser in Boos und dann 1764-68 Pfarrer in Aletshausen bei Krumbach.[211]

Ein Komponist wird nicht genannt, in Frage könnte außer Dosch Chorregent Mayer kommen, der in dieser Zeit für folgende Komödien Honorare erhielt:[212]

1756/57: – *dem allhiesigen Chor regenti Peter Mayr nach Gnäd. Herrschaftl. Anschaffung discretia für bisherige Comedi   15 fl.*
  – *demselben für die umb Maria Geburth   10 fl.*
  – *demselben für die Fastnacht Comedi   10 fl.*
1757/58: – *dem Chorregenten Mayr für die Comedi auf Maria Geburth   10 fl.*
1758/59: – *dem Chorregenti für die Endscomedi   10 fl.*
1759/60: – *dem Chor Regenti Peter Mayr für die im September gespihlte Comedi des gewöhnlich von Gnäd. Herrschaften   10 fl.*

Wofür er genau die Honorare bekam, ist aus den Rechnungen nicht ersichtlich. Es wird aber deutlich, daß mehrmals im Jahr Komödien gespielt wurden, namentlich in der Fastnacht, der Fastenzeit, am Ende des Schuljahres und zu Mariae Geburt.

---

[211] Joseph Behr, Ortschronik von Aletshausen, Typoskript nach der Handschrift von 1860 (Privatbesitz), S. 86.
[212] FA 67.4.2 1/5 und 2 1/7-2 1/9.

III Vom Rokoko zur Frühromantik

1   Musikliebende Grafen und Fürsten

Nachdem Graf Franz Karl 1758 kinderlos gestorben war, übernahm sein Onkel Graf Johann Jakob Alexander Sigismund (1691-1759) von Boos die Herrschaft Babenhausen. Bereits ein halbes Jahr später ging sie auf dessen Sohn, Graf **Anselm Victorian** (1729-1793) über. Der Regierungsantritt von Graf Anselm Victorian im Jahre 1759 bescherte dem Babenhauser Hof seine wohl glänzendste Musikepoche, in der Vergangenheit höchstens vergleichbar mit der des Grafen Johann Franz im 17. Jahrhundert. Man kann wohl

Abb. 20: Graf Anselm Victorian Fugger (Gemälde von Tiberius Wocher 1791)

sagen, daß die hohe Musikalität der Fugger in der Person Graf Anselm Victorians und dessen Nachfolgern, Fürst Anselm Maria und Fürst Anton Anselm, ein Wesensmerkmal der Booser Linie darstellt. In dem vergleichsweise kleinen Schloß Boos hatte die Musik bereits seit Generationen einen relativ hohen Stellenwert. Alle drei genannten Regenten förderten nicht nur die Musikpflege in der Babenhauser Residenz, sondern waren auch selbst treffliche Musiker, die zum Teil sogar komponierten. Ähnliches gilt für die übrigen Familienmitglieder dieser Zeit. Das entsprach durchwegs dem musischen Ideal der Epoche, wie wir es auch von anderen Adelshäusern her kennen.

Graf Anselm Victorians Bildungsweg ist unbekannt, im Gegensatz zu dem seiner älteren Brüder, Graf Maximilian und Graf Willibald. Beide studierten an der Universität Salzburg Logistik und Rhetorik, und zwar zur selben Zeit wie ihr berühmter schwäbischer Landsmann Leopold Mozart.[213] Sicher kamen sie dort auch mit der Musik in engere Berührung, was für ihr späteres Leben nicht ohne Auswirkung bleiben sollte. **Graf Maximilian** (1721-1781) wurde unter dem Namen Anselmus Kapitular am Fürststift Kempten und zugleich Musikintendant der ›Hochfürstlichen Hof- und Kammermusik‹. Als solcher unterstand ihm die Überwachung des gesamten Musiklebens am Hofe.[214] Musikdirektor war damals Joseph Ignaz Bieling (1734-1814), ein Schüler Leopold Mozarts. Mit diesem Bezug zu Kempten mag es zusammenhängen, daß Bieling die Musik zu einer Kantate für die Hochzeitsfeier Anselm Victorians mit der Gräfin Maria Walburga von Waldburg-Wolfegg am 25. Januar 1762 in Wolfegg verfaßte.[215] Der Einzug des Brautpaares wenige Tage später in Babenhausen gestaltete sich sehr prunkvoll. Die Brüder Anton Victorians, Willibald und Maximilian, führten zu diesem Anlaß, wie der folgende Eintrag[216] zeigt, sogar eigens eine Oper auf: *den 30. Januar haben seiner Hochw. Hochgräfl. Gnaden dero Herr Bruder ad Commende zu Hemmendorf* [und] *Graf Max eine Opera produzieret, wozu die Kleyder, Schneider, Schreiner laut Reg. erfordert 53 fl 4 hl.* Denkbar ist, daß dabei die Musik von **Graf Willibald** (1724-1799),

Abb. 21: Graf Willibald Fugger (Kupfertiefdruck aus ›Imagines Fuggerorum‹ 1938)

---

[213] Adolf Layer, Leopold und Wolfgang Amadeus Mozarts schwäbischer Bekannten- und Freundeskreis in Salzburg, in: Neues Augsburger Mozartbuch, Augsburg 1962, S. 298.
[214] Adolf Layer, Musikgeschichte der Fürstabtei Kempten, Kempten 1975, S. 50.
[215] Gedrucktes Textbuch im FA 1.2.165c, die Musik hat sich nicht erhalten.
[216] FA 67.4.3.

Commandeur des Johanniterordens zu Hemmendorf und Rexingen, stammte. Dieser war nämlich bereits zwei Jahre vorher anläßlich des Huldigungsaktes[217] der Untertanen an ihren neuen Herrn, Graf Anselm Victorian, am 6. Oktober 1760 in Babenhausen als Komponist aufgetreten. Da die Huldigung am selben Tage stattfand wie die Trauung des Erbprinzen Joseph mit Prinzessin Isabella in Wien, versäumte man nicht, zugleich auch dieser Feierlichkeit am Kaiserhof zu gedenken. Im Protokoll lesen wir dazu: […] *noch Pro Memori soll angehängt werden, daß an diesem Tag […] bei der in dem prächtigen Tafel-Zimmer unter vortrefflichem von des Herrn Commandeur Hochwürden Excellenz componierten Musicalischen Gratulation abgehaltenen Mittags-Tafel gleichwie der Kayserlich-Königlichen Majestät als auch des Durchlauchtigsten Brautpaares höchstes Wohlseyn unter mehrmaliger Aufführung deren Stücks und Böllern getruncken worden seyn.* Aus der Aufzählung der Ehrengäste geht hervor, daß es sich bei dem Commandeur, der die Musik geschrieben hatte, um Graf Willibald handelte.[218]

Wie sein Bruder Willibald, so komponierte auch Graf Anselm Victorian. Von ihm verzeichnet der Kroyerkatalog[219] ein *Tantum ergo cum instrumentis. Organo, Canto, Alto, Tenore, Basso, 2 Violini, 2 Corni (F) … compositum ab Excellenissimo nostro …* Ob noch weitere Werke aus seiner Feder existierten, ist unbekannt, aber durchaus möglich.

Mit seiner Frau Walburga hatte Anselm Victorian sieben Kinder, die alle von frühester Kindheit an Gesangs- und Instrumentalunterricht erhielten, besonders von dem damaligen Musikdirektor Georg Gottlieb Hayde, *junger gnädiger Herrschaften Musikmeister.*[220] Wir erfahren davon im Zusammenhang mit einer Gratulationskantate,[221] die Hayde *Auf den feyerl. Und glücklichen Kindbettaustritt unserer gnädgst. Regierenden gräfin* anläßlich der Geburt des jüngsten Kindes, Karl Anton Siegmund, am 11. März 1779 komponierte. In dieser traten die sechs Geschwister auf, die gemäß ihren musikalischen Fähigkeiten mitsangen und -spielten:
- *Erster Discant: gnädig. Gräfin Josepha.*
- *Zweyter Discant: Herr Graf Anselm.*
- *Dritter Discant: Gräfin Waldburg.*
- *Klavierst.: gnädig. Gräfin Euphemia.*
- *Gnäd. Herr Graf Franz Joseph mit der Trommel.*
- *gnäd. Herr Graf Nepomuk mit der Geige.*

Natürlich müssen, wie die Besetzung der Kantate (Soli und Chor, Str, 2 Fl, 2 Hr, Cemb) zeigt, die jungen Gräfinnen und Grafen von weiteren Musikern unterstützt worden sein. Angesichts des Alters der Kinder kann dieser Auftritt als signifikantes Zeugnis für die hohe Musikalität der Familie, nicht zuletzt aber auch für die pädagogischen Fähigkeiten ihres Lehrers gewertet werden. Großes Interesse zeigten die jungen Herrschaften am Komödienspiel – und das nicht nur in Babenhausen. So wurde am 20. Mai 1777 aus der Generalkasse *Entree geld in die Comoedie zu Kettershausen Vor junge Gnädige*

---

[217] FA 112.2.
[218] Zitat aus der Liste der Ehrengäste: *des Tit. Herrn Graffens Willibald Fugger von Boos eines hohen Johanniter-Ordens Commandeur zu Hemmendorf und Rexingen Hochwürden Excellenz.*
[219] KBM Bd. 13, S. 82.
[220] KBM Bd. 13, S. 87.
[221] KBM Bd. 13, S. 88.

Herrschaften 1 fl bezahlt. Zwischen dem 10. und 26. Juni desselben Jahres besuchten sie dann nicht weniger als sechsmal das Theater (wohl in Babenhausen), wofür insgesamt Ausgaben in Höhe von *6 fl 24 x* anfielen.[222] Der Besuch in Kettershausen und die Entrichtung von Eintrittsgeld lassen vermuten, daß es sich um Aufführungen auswärtiger Bühnen handelte. Der Besuch geschah nicht ohne die für die Zeit typische reich gepuderte Perücke. Am 16. Juni, also inmitten der Ausgaben für die Theaterbesuche, ist vermerkt: *Vor 12 Pfund Haarbuder nachher Ulm bezahlt 2 fl 24 x.* Von den oben genannten Kindern muß **Gräfin Josepha** (1770-1848) eine vorzügliche Sängerin gewesen sein. Als sie sich 1791 mit Graf Joseph Anton Truchseß von Waldburg-Wolfegg vermählte, schrieb der Hofmusiker Franz Xaver Heel zu ihrem Abschied die Kantate *Ach weinet Musensöhne, es scheidet Euer Ruhm und Ehr.*[223] Dabei trat Apoll, der Gott der Musen, auf und zitierte die Worte: *Erlauchte, darf ich es wagen im Namen eines Musik Chors Dir warmen Dank zu sagen* – eine Anspielung auf die Verdienste der Gräfin um die Musik.

Musikgeschichtlich die größte Bedeutung unter den Kindern Anselm Victorians kommt sicher **Graf Johann Nepomuk** (1774-1810) zu, der ebenso wie sein Vater und Onkel als Komponist in Erscheinung trat. Musisch hoch talentiert, spielte Johann Nepomuk, noch nicht einmal fünfjährig, in oben genannter Gratulationskantate die Geige.

Abb. 22: Graf Johann Nepomuk Fugger (Gemälde von Tiberius Wocher Ende 18. Jahrh.)

---

[222]   FA 67.4.17.
[223]   KBM Bd. 13, S. 94 u. 100.

Er besuchte die Universität Dillingen, die er am 23. Juli 1796 mit dem Baccalaureat abschloß.[224] In seinen Briefen bezeichnet er sich später als Oberjäger, in der Todesanzeige wird er Domgraf von Köln genannt.[225] Von seinen Kompositionen lassen sich nachweisen:

– Sinfonie in D (Str, 2 Ob, 2 Hr, 2 Tr, Pk).
– Sinfonie in D (Str, Fl, 2 Ob, Fag, 2 Hr, 2 Tr, Pk).

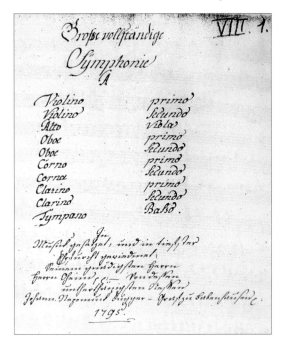

Abb. 23: Sinfonie in D von Johann Nepomuk Fugger 1795.
Titelblatt und erste Seite der Violine I

Beide Sinfonien stammen aus dem Jahre 1795 und sind seinem Oheim Graf Truchseß von Waldburg-Wolfegg, dem Bruder seiner Mutter, gewidmet. Sie haben sich in den Kunstsammlungen der Fürsten zu Waldburg-Wolfegg in Wolfegg[226] erhalten. Von weiteren Kompositionen sind wir lediglich durch Rechnungsbelege unterrichtet, nämlich:

– eine Sinfonie, über die ihr Kopist, der Lehrer Bernhard Burger, vermerkt: *25. Okt. 1794 ein Symphonie von Hochgräflichen Gnaden Herr Graf Nepomuk* [abgeschrieben] *14 1/2 Bogen 58 x.*[227]

---

224 FA 28.2.
225 FA 1.2.229.
226 Sign. D WWW K 3 Nr. 13/14. Den Hinweis darauf verdanke ich freundlicherweise Herrn Berthold Büchele, Ratzenried. Für die Überlassung von Kopien sei dem Fürstlichen Haus und seinem Archivar, Herrn Dr. Bernd Mayer, vielmals gedankt.
227 FA 67.4.54 Nr. 535.

– zwei Sinfonien vom September 1795, über die der Kopist Franz Xaver Heel schreibt: *Was Unterzeichneter Vor Sinfonien von Seiner Hochw. Gnaden Graf Nepomuk an Schreibgebühr zurück steht auf den September 1795: 2 Synfonien 1. a 28 Bögen mit Papier, rastrieren und schreiben a 6 x 2 fl 48 x, 2. Zu 30 Bögen 3 fl.*[228]
– zwei Sinfonien vom September 1796 (Kopist Heel)[229]
– eine Phantasie Anfang des Jahres 1799 (Kopist Heel)[230]
– 18 Deutsche Tänze vom 28. Februar 1799 (Kopist Heel).[231]

Ob eine weitere Sinfonie, die in einer Quittung Heels vom 10. Dezember[232] vermerkt ist, auch von Graf Nepomuk stammt, läßt sich aus dem Text nicht eindeutig entnehmen.

Die beiden erhaltenen Sinfonien zeugen von einer beachtlichen künstlerischen Begabung, die aber leider im Laufe der Jahre immer mehr Opfer menschlicher Tragik wurde. Ein offensichtlich allzu leichtsinniger Lebenswandel führte dazu, daß sich Johann Nepomuk immer mehr verschuldete.[233] Geld lieh er sich von allen möglichen Personen, u.a. von Franz Xaver Heel, mit dem er als Musiker näher bekannt war. Die Schulden blieben selbst den Angestellten des Hofes nicht verborgen, wie folgende kleine Episode aus dem Jahre 1808 zeigt, die uns Franz Xaver Heel[234] überliefert hat: Einst, saß er (Heel) mit anderen Musikanten unter der Linde beim vorderen Schloßtor zusammen. Da gesellte sich zu ihnen Graf Nepomuk. Als dieser erschien, zog der Musiker Rau seinen Hut nicht vor dem Grafen – damals ein eklatanter Verstoß eines Untertans gegenüber der Herrschaft. Es kam zur Auseinandersetzung, in deren Verlauf sie sich gegenseitig die Hüte vom Kopf stießen. Herr Rau, vom Grafen diesbezüglich zur Rechenschaft gezogen, entgegnete: *er frage nichts nach einem Grafen von solcher Art – denn Er habe nichts als Schulden.* Der Schuldenberg führte schließlich im Mai 1809 zu einer kurzzeitigen Arrestierung des Grafen auf der Festung Rothenberg bei Nürnberg.[235] Aus dem Schriftverkehr der Anstaltsleitung mit dem Babenhauser Hof erfahren wir überdies, daß sich Johann Nepomuk derweilen der Trunksucht ergeben hatte. Knapp ein Jahr nach seiner Entlassung starb Johann Nepomuk am 3. September 1810 in Babenhausen an Leberverhärtung.

Anselm Maria (1766-1821), der erste Fürst, widmete sich gleichwohl wie sein Vater der intensiven Förderung der Musik. »Auf eine würdige Kirchenmusik, Beschaffung eines Schatzes von Musikalien der besten Meister, auf Bildung der Jugend zur Musik verwendete er viel Geld. Er selbst sang mit hell durchdringender natürlicher Stimme den reinsten Tenor bis in das hohe A.«[236] Was die »Beischaffung eines Schatzes von Musikalien der besten Meister« betrifft, davon zeugen die Ausgaben der Generalkassa-

---

[228] FA 67.4.58 Nr. 424.
[229] Heel vermerkt sie auf derselben Rechnung wie Anm. 232.
[230] FA 67.4.62 Nr. 471.
[231] FA 67.4.62 Nr. 476.
[232] FA 67.4.58 Nr. 434. *Seiner Hoch und Gnaden Johann Nepomuk eine Sinfonie abgeschrieben, den Bogen 6 x, 33 Bögen 3 fl 18 x.*
[233] Die jährliche Apanage für Graf Nepomuk betrug im Rechnungsjahr 1805/06 laut FA 67.4.80 die stattliche Summe von 2000 fl.
[234] FA 1.2.229a.
[235] FA 1.2.229c.
[236] Aus dem Leben des ersten Fürsten Anselm Maria Fugger-Babenhausen, in: Schwäbischer Erzähler, Heimatbeilage der Memminger Zeitung, 46. Jg. Nr. 34 (1934).

Abb. 24: Graf Anselm Maria Fugger, der spätere erste Fürst
(Gemälde von Anton Zeller 1788)

Rechnungen für Musikalien im Zeitraum von ca. 1796 bis 1808, die sich gegenüber früheren Jahren um ein Vielfaches gesteigert hatten (vgl. Anhang III). Als Sänger ließ sich
Anselm Maria nicht nur in Babenhausen, sondern auch auswärts hören, so am 25. Oktober 1818 in Ottobeuren, wo er mit Pater Barnabas Huber[237] am Amt teilnahm und den
Tenor sang.[238]

Aus seiner Ehe mit Gräfin Antonia von Waldburg-Zeil entstammten fünf Kinder, auf
deren musikalische Erziehung die Eltern wiederum größten Wert legten. Wichtigster
Musiklehrer am Hof war zu dieser Zeit Franz Xaver Heel, von dem sich einige Quittungen über den Musikunterricht erhalten haben (vgl. S. 119). Danach erhielten z.B. 1806
die Gräfinnen Walburga und Josepha sowie Prinz Anton werktags täglich zusammen
zwei Stunden Gesangs- und Geigenunterricht und zwar bereits im frühesten Kindesalter
– Prinz Anton war damals gerade sechs Jahre alt. Heel war nicht der einzige Musiklehrer im Schloß. Von Prinz Anton wissen wir, daß er außer in Gesang und Geige später
Unterricht in Violoncello und Kontrabaß erhielt, wozu eigens der renommierte Cellist

---

[237] P. Barnabas Huber (1778-1851), Erzieher der Söhne des Fürsten Anselm Maria, Hofbibliothekar und Berater des Fürsten Anton Anselm, seit 1834 erster Abt von St. Stephan in Augsburg (nach Pirmin Lindner, Die Patres der Benediktinerabtei Ottobeuren, in: Zeitschrift des
Historischen Vereins für Schwaben und Neuburg, Augsburg 1904, S. 64-66.

[238] Basilius Miller, Ottobeurer Tagesschriften, Tagebücher über die Zeit nach der Säkularisation,
Manuskript in AO.

des Münchener Hoforchesters, Karl Schönche,[239] zeitweilig am Babenhauser Hof weilte: *den 20 August 1813 Dem Kammervirtuosen Schönche von München Zur lehre meines Sohnes Anton auf 3 Monath monatlich 44 fl. freye Kost und Reis.*[240] Im Januar 1814 wurden dem *Basettlmeister* [Schönche?] *des Anton* 54 fl. bezahlt, namentlich nicht bekannte *Singmeister* und *Klaviermeister* erhielten jeweils 5 fl 24 x.[241]

Dieser gründlichen Ausbildung nach ist es nicht verwunderlich, daß auch **Fürst Anton Anselm** (1800-1836) selbst als begeisterter Musiker in die Annalen eingegangen ist.

Abb. 25: Fürst Anton Anselm Fugger (Gemälde von Franz Xaver Müller 1826)

In der Pfarrchronik von Babenhausen lesen wir dazu: [...] *Dieser große Musikfreund* [Anton Anselm] *half selbst als Violoncellospieler auf dem Musikchore der Kirche. Oft wurden im fürstlichen Schloß Konzerte veranstaltet. Alle bedeutenden Musikkräfte von fern und der ganzen Nachbarschaft auf mehrere Stunden Umkreis wurden herangezogen zu Proben und musikalischen Aufführungen. Unter des Fürsten persönlicher Leitung wurden die großen Tonwerke, unter anderem ›Die Schöpfung‹ und ›Die vier Jahreszeiten‹ von Joseph Haydn, zu Gehör gebracht.*[242] (Zur Aufführung der ›Schöpfung‹ siehe auch S. 183). Diese Aussage wird durch eine Familienchronik Hermann von Braun-

---

239   Felix Joseph Lipowsky, Baierisches Musik-Lexikon, München 1811, Neudruck Hildesheim 1982, S. 315.
240   FA 1.2.223½.
241   Wie Anm. 240.
242   Joseph Heel, Chronik der Pfarrei Babenhausen, Bd. I (Handschrift um 1900 im PfAB), ohne Seitenangaben.

mühls[243] bestätigt, in der der Verfasser auch auf die anderen künstlerischen Tätigkeiten Anton Anselms eingeht, wenn er schreibt: »Der Fürst war ein guter Musiker, dirigierte Haydns ›Schöpfung‹ persönlich und komponierte u.a. ein selbstgedichtetes Lied in Erinnerung einer Tour nach Hohenschwangau, die er in Begleitung meiner Eltern machte. Auch für Malereien besaß er viel Talent, was verschiedene in meinem Besitz befindliche Zeichnungen beweisen.«

Abb. 26: Fürst Anton Anselm Fugger beim Tanz mit seiner Frau Maria Franziska. Eigenhändige Zeichnung Anton Anselms

Von seinen Kompositionen lassen sich nachweisen:
– Der genannte *Alpsee von Hohenschwangau* für vierstimmigen Männerchor,[244] komponiert im alpenländischen Stil (siehe Abb. 27)
– *Mi lugnero tacendo, Kommt ich ziehe meine Laute* und *Durch die Lüfte schwer beklommen*, drei Lieder mit Klavierbegleitung bez. *Vom Grafen Fugger*.[245]

Von seinen Zeichnungen ist die auf S. 113 abgebildete Darstellung zweier Musiker auf dem Babenhauser Kirchenchor ortsgeschichtlich von besonderem Interesse. Nach Braunmühl starb Anton Anselm »an einem Lungenleiden als letzter von 5 Geschwister, die dieser bösen Krankheit innerhalb 5 Jahren erlagen«.

Aus dem Besitz der Geschwister Anton Anselms, **Gräfin Walburga** (1796-1833) und **Gräfin Josepha** (1798-1831) verzeichnet der Kroyerkatalog Arien, Lieder und Menuette verschiedener Komponisten. Auch im Archiv von Schloß Zeil haben sich aus

---

[243] Hermann von Braunmühl, Tempi Passati, Familiennotizen und Jugenderinnerungen 1896, Rottenburg im Selbstverlag 1987. Der Verfasser schildert darin u.a. das Leben seines Vaters, Dr. Philipp von Braunmühl (geb. 1796), Domänenkanzleirat in Babenhausen und guter Freund des Fürsten Anton Anselm.

[244] Überliefert in der Handschrift seines Sohnes, Fürst Leopold (Privatbesitz).

[245] Vermutlich von Anton Anselm. Nach der Bezeichnung *Graf Fugger* vor 1821 (Privatbesitz).

Abb. 27: ›Der Alpsee von Hohenschwangau‹, von Fürst Anton Anselm Fugger
Beginn des Chores in der Handschrift seines Sohnes Fürst Leopold Fugger

ihrem Besitz Lieder und Klavierstücke erhalten. Gräfin Josepha trat 1819/20 sogar als Sängerin in dem hochfürstlich Babenhausenschen Saal auf dem Zeugplatz in Augsburg mit Arien von Paer und Morlacchi auf.[246]

2   Die Hofmusiker

Im Gegensatz zu den größeren Residenzen gibt es für Babenhausen keine gedruckten Hofkalender, in denen das Personal verzeichnet wäre. Auch existieren keine handschriftlichen Listen über die Musiker wie etwa in Öttingen-Wallerstein.[247] Das hängt sicher damit zusammen, daß in Babenhausen praktisch kaum Berufsmusiker beschäftigt waren, sondern die Musikausübung mit anderweitigen Diensten am Hof verbunden war. Die Namen der Babenhauser Musiker müssen dementsprechend aus verschiedensten Quellen ermittelt werden: Besoldungslisten, Quittungen, Kroyerkatalog, Textbüchern, Musikalien sowie den Personallisten der Fuggerschen Jahrtage. Darunter nehmen zweifelsohne letztere eine bevorzugte Stellung ein. Sie stellen nicht nur eine wichtige Fundgrube für die Namen der Musiker dar, sondern ermöglichen auch zugleich einen Einblick in die Musizierpraxis der damaligen Zeit. Das mag dazu berechtigen, diese Quelle zunächst gesondert zu betrachten.

2.1   Die Personallisten der Fuggerschen Jahrtagsgottesdienste

Das Fuggerarchiv verwahrt aus der Zeit zwischen 1771 und 1782 eine Reihe von Abrechnungen über die Fuggerschen Jahrtage. Sie stammen von den Chorregenten Franz

---

[246] Programme dieser Konzerte befinden sich im Münchner Stadtmuseum. Sie bleiben hier unberücksichtigt, da der Schwerpunkt der vorliegenden Arbeit auf der Musikpflege in Babenhausen liegt. Eine Publikation über die Augsburger Konzerte ist beabsichtigt.

[247] Vgl. Rosettis Personalverzeichnis in: Günther Grünsteudel, Wallerstein – das schwäbische Mannheim, Nördlingen 2000, S. 26f.

Josef Martin[248] und Franz Anton Höß.[249] Während früher die Chorregenten meist nur die Anzahl der Ausführenden und die Ausgaben auflisteten, zählen diese die Musiker namentlich auf. Danach erhielt jeder Musikant pro Jahrtagsgottesdienst 11½ x, die beiden Stiftsknaben zusammen 3 x und der Balgtreter 4 x. Die Auszahlung erfolgte entweder nach jedem der vier Quartale oder häufig auch zusammen nach drei oder vier Quartalen.

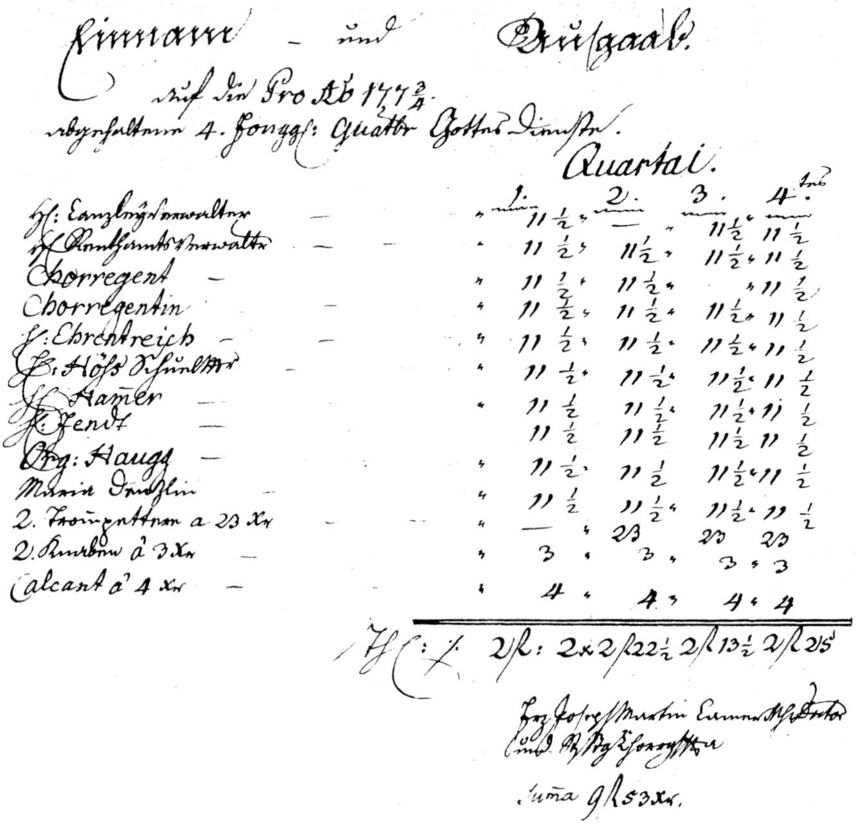

Abb. 28: Abrechnung über die Fuggerschen Jahrtagsgottesdienste 1773/74
in der Handschrift von Franz Joseph Martin

Folgende Namen sind verzeichnet:

19. Februar 1771 (Quartal Fasten): *Tit. Herr Frühmesser, Tit. Herr Canzleyverwalter, Herr Rentverwalter, Chorregent, Chorregentin, Herr Hammer, Herr Feyrabend, Schualmeister, 2 Mädlen, 2 Knaben, Organist, Hans von Weinried, Balgtretter.*

23. Mai 1771 (Quartal Pfingsten): *Tit. Herr Canzleyverwalter, Herr Rentamtverwalter, Chorregent, Chorregentin, Herr Hammer junior, Herr Feuerabend, Teutsch Schullehrer, Altistin Mayerin, 2 Knaben, Balgtreter.*

---

[248] FA 67.18.124½.
[249] FA 67.18.154, 157, 165 und 168.

19. Oktober 1771 (Quartal Michaelis): *Tit. Herr Frühmesser, Tit. Herr Caplan, Tit. Herr Kanzleyverwalter, Tit. Herr Rentverwalter, 2 Herr Hammers, Herr Feuerabend, Herr Schulmeister, Chorregent, Chorregentin, Organist, 2 Knab, 1 Altistin, Balgzieher.*

Weihnachten 1771: *Tit. Herr Primiß* [1.Kaplan], *Tit. Herr Kanzleyverwalter, Herr Rentverwalter, Herr Oberamtsverwalter, Chorregent, Chorregntin, Herr Teutsch Schullehrer, Herr Hammer jung, Herr Feuerabend, Organist, Jungfer Mayrin, 2 Trompetter, Balgtretter, 2 Knaben.*

13. Dezember 1772 (vier Quartale zusammen): *Herr Canzleyverwalter Georg Anton Dosch, Herr Rentverwalter, Herr Hammer & Straub, Chorregent, Chorregentin, Herr Schualmeister Höß, Herr Cammer Laquai, Herr Feuerabend & Fendt, Jungfer Cäcill, Mahlers Tochter, Organist, 2 Trompetter, 2 Knaben, Calcant.*

1773/1774 (vier Quartale zusammen): *Herr Canzleyverwalter, Herr Rentamtsverwalter, Chorregent, Chorregentin, Herr Ehrentreich, Herr Höß Schualmeister, Herr Hammer, Herr Fendt, Organist Haugg, Maria Denzlin, 2 Trompetter, 2 Knaben, Calcant* (siehe Abb. 28).

21. November 1777 (vier Quartale zusammen): *Tit. Herr Oberamts Rath, Tit. Herr Kanzleyverwalter, Tit. Frau Kanzleyverwalterin, Herr Hayde, Chorregend, Herr Bannhard, Organist, Kammerlaquai Schmid, Tafeldecker Weiß, Jungfer Cäcilia Mayerin, Jungfer Maria Anna Denzlin, 2 Trombeter, 2 Stiftsknaben, Balgzieher.*

19. November 1778 (drei Quartale zusammen): *Tit. Herr Oberamts Rath, Tit. Herr Kanzleyverwalter, Tit. Frau Kanzleyverwalterin, Herr Haid, Chorigens, Kammer Laquai, Tafeldecker, Jungfer Caecill, Jungfer Maria Anna Denzlin, Organist, Hans Martin, 2 Trompeter, 2 Stiftsknaben, Violongeiger Leiprecht, Balgzieher.*

21. Dezember 1780 (Quartal Weihnacht): *Tit. Herr Oberamts Rath, Tit. Frau Kanzleyverwalterin, Tit. Rentamtsverwalter, Herr Oberamts Actuarius Hayd, Chorregend, Organist Rösle, Herr Kammer Laquai Schmid, Tafeldecker Eisenschmid, Tenorist Leonhard, Martin Schlichting Laquai, Johann Leiprecht, 2 Trompetter, 2 Stiftsknaben, Calcant.*

22. September 1781 (drei Quartale zusammen): *Tit. Herr Oberamts Rath, Tit. Frau Kanzleyverwalterin, Tit. Herr Rentamtsverwalter, Herr Oberamts Actuarius, Chorigens, Organist Rösle, Herr Kammerlaquai, Tafeldecker Eisenschmid, Martin Schlichting, Tenorist Leonhard, Herr Meit Violone, Altistin Maria Anna, 2 Trompetter, 2 Stiftsknaben, Calcant.*

21. November 1782 (vier Quartale zusammen): *Tit. Herr Oberamts Rath, Tit. Frau Kanzleyverwalterin, Tit. Herr Rentamtsverwalter, Tit. Oberamts Actuarius, Organist, Tafeldecker, Tenorist, Herr Meith, Altistin, 2 Trompeter, Stiftsknaben, Calcant, Chorregent.*

24. Dezember 1782 (Quartal Weihnachten): *Tit. Frau Kanzleyverwalterin, Tit. Herr Oberamts Rath, Tit. Herr Rentamtsverwalter, Tit. Herr Oberamts Actuarius Hajd, Chorregent, Herr Kanzlist Meit, Organist, Herr Aloisi, Herr Leonhard, Herr Schmid, Altist, Fagotist, 2 Trompeter, 2 Stiftsknaben, Balgzieher.*

Die Namen setzen sich wiederum im wesentlichen aus Fuggerschen Bediensteten zusammen: Lehrern mit ihren Familienangehörigen und die bei ihnen wohnenden Singknaben, Mitgliedern des Hofpersonals und vereinzelt Personen, die durch ihren Beruf dem Hofe nahestanden. Wie bereits gesagt, sind die Personallisten nicht nur wegen der Namen von Interesse, sondern geben auch einen Einblick in die Aufführungspraxis der damaligen Zeit. Danach hatte sich die Zahl der Mitwirkenden gegenüber früheren Jahren kaum erhöht, sie schwankte, je nach Besetzung der Komposition, zwischen 10 und

16 Personen zuzüglich dem Balgtreter. Da damals fast ausschließlich Messen mit Orchesterbegleitung musiziert wurden, beinhalten die Zahlen Chor- und Orchestermitglieder. Auffallend ist dabei zunächst die im Verhältnis zu heute geringe Anzahl von Sängerinnen und Sängern. Der Chor dürfte in der Regel sechs Personen umfaßt haben: die beiden Stiftsknaben (Sopran und Alt), zwei weitere Frauenstimmen sowie jeweils einen Tenor und Baß. Geht man vom ›2. Quartal Pfingsten 1771‹ mit nur zehn Mitwirkenden aus, verblieben dann gerade noch vier Mann im Orchester (Streichtrio zuzüglich Organist). Waren Bläser besetzt, erhöhte sich naturgemäß die Zahl der Musiker. Ein Bläsersatz mit 2 Flöten, 2 Oboen, 2 Hörnern und 2 Trompeten bedeutete dabei meist keine Steigerung auf acht Personen, da die Bläser damals vielfach die Instrumente wechseln konnten: Oboisten spielten die Flöte ebenso wie Hornisten die Trompete. Solch ein Wechsel war durch die Komponisten selbst vorgeschrieben, die bis ins 19. Jahrhundert hinein vielfach nicht alle Bläser zugleich einsetzten, sondern z.B. in vielen Messen die Hörner im Kyrie, Trompeten im Gloria etc. Dazu kam, daß der Chorregent selbst aktiv mitwirkte, entweder als Sänger mit der Notenrolle den Takt schlagend (vgl. Abb. 39), oder als Instrumentalist. Eine Partitur stand in der katholischen Kirchenmusik weder ihm noch dem Organisten zur Verfügung, letzterer spielte aus der Organostimme den bezifferten Baß. Natürlich konnte sich bei besonders festlichen Anlässen durch Hinzuziehung auswärtiger Musiker die Zahl der Ausführenden kurzzeitig vergrößern, die Standardbesetzung blieb allenfalls im Vergleich zu heute bescheiden. Gestützt werden diese Aussagen durch zeitgenössisches handschriftliches Stimmenmaterial aus Babenhausen, das sowohl hinsichtlich der Chor- als auch der Streicherstimmen nur in einfacher Ausfertigung vorliegt. Mit diesen kleinen Besetzungsverhältnissen steht Babenhausen nicht allein, sie waren typisch für die damalige Zeit. Wie Biba[250] nachweisen konnte, lag selbst in Wien die Zahl der Ausführenden in nur von Streichern begleiteten Messen bei 10-14. Traten Bläser hinzu, erhöhte sie sich auf 15-20 Personen.

Entgegen der landläufigen Meinung musizierten, wie Quittungen beweisen, sehr wohl auch Frauen auf dem Kirchenchor. Offiziell war ihre Mitwirkung kirchlicherseits verboten laut der Anweisung: ›Um zu verhindern, daß die Musikanten in den Kirchen mehr zur Zerstreuung und Unterhaltung, als der Förderung der Andacht dienen, ist auf höchsten Befehl der sämmtlichen Geistlichkeit zur Pflicht zu machen, darauf zu sehen, daß zu Kirchen-Musiken nirgends Frauenzimmer genommen oder zugelassen werden, mit alleiniger Ausnahme derjenigen, die vermöge ihres Standes dazu verbunden sind: als Frauen, Töchter und Schwestern der Chor-Regenten, Schulmeister etc.‹ Im süddeutschen Raum wurde auf diese Vorschrift freilich niemals buchstabengetreu geachtet, zumal sie sich in erster Linie gegen die Mitwirkung von Theatersängerinnen richtete.[251]

Ab 1783 existieren keine Namenslisten mehr, es wird lediglich noch die Anzahl der jeweiligen Musiker pro Quartal genannt. Wie folgende Beispiele zeigen, erhöhte sich ihre Zahl[252] teilweise lediglich geringfügig: <u>1790</u>: 18, 19, 19, 16. <u>1795</u>: 17, 15, 17, 18. <u>1805</u>: 16, 14, 17, 10. <u>1810</u>: 11, 16, 14, 11. In späteren Jahren erfolgte nur mehr eine pau-

---

[250] Otto Biba, Die Wiener Kirchenmusik um 1783, in: Jahrbuch für Österreichische Kulturgeschichte I/2, Eisenstadt 1971, S. 75f.

[251] Biba (wie Anm. 250), S. 75.

[252] FA 67.18.181½. Die Zahlen beziehen sich auf die jeweiligen vier Quartale im Jahr und geben die Musiker einschließlich der Singknaben wieder.

schale Abrechnung der Kosten für die Musiker über das ganze Jahr hinweg, aus der sich aber auch keine wesentliche Vergrößerung von Chor und Orchester ableiten läßt.

Leider existiert über die Musikausübung im Schloß kein den Fuggerschen Jahrtagen vergleichbares Material. Nichtsdestoweniger darf angenommen werden, daß das dortige Musikpersonal mit dem der Kirche weitgehendst identisch war. Es ist äußerst unwahrscheinlich, daß sich ein Hof wie Babenhausen den Luxus von zwei Gesangsensembles und Orchestern hätte leisten können. Als Beleg dafür seien die Namen Johann Georg Dosch und Maria Anna Denzel angeführt, die sowohl bei den Fastenspielen 1756 und 1758 im Schloß als auch bei den Fuggerschen Jahrtagen in der Kirche nachweisbar sind. Auch war es Tradition, daß Stiftsknaben als Sänger im Theater auftraten (vgl. S. 44). Darüber hinaus ist Anfang des 19. Jahrhunderts sogar ihr Einsatz bei der Kammermusik bezeugt.[253] Letztlich dürfte sich die Größe des Orchesters im Schloß auch nicht wesentlich von dem in der Kirche unterschieden haben. Dafür sprechen zum einen die Bezeichnung *Kammermusikdirektor* für den Leiter des Orchesters, zum andern die Manuskripte der wenigen erhaltenen Sinfonien.[254] Diese enthalten nur einen einfachen Stimmensatz, was auf eine Besetzung mit etwa 10-15 Personen hinweist. Natürlich wird auch dieses Kammerorchester, ähnlich wie in der Kirche, bei besonderen Anlässen durch auswärtige Musiker eine Erweiterung erfahren haben.

2.2   Verzeichnis der namentlich nachweisbaren Musiker

Das folgende Verzeichnis erhebt keinen Anspruch auf Vollständigkeit. Berücksichtigt wurden Musiker ab der Mitte des 18. Jahrhunderts bis einschließlich des ersten Drittels des 19. Jahrhunderts, wobei entsprechend der reichen Quellenlage durch die Fuggerschen Jahrtage der Schwerpunkt auf den Jahren zwischen 1771 und 1782 liegt.[255] Die Namen sind alphabetisch geordnet und soweit möglich mit kurzen biographischen Daten versehen. Wo mehr bekannt ist, etwa bei Chorregenten, Musikdirektoren und Komponisten, wird auf die entsprechenden Seiten der Abhandlung verwiesen. Die Singknaben sind am Ende gesondert aufgeführt. Folgende Namen von Musikern lassen sich archivalisch nachweisen:

Aloisi Herr (1782). Für die Überführung des kranken Bedienten Aloisi nach Landsberg wurde dem Rößlewirt am 30. September 1783 10 fl bezahlt.[256]

Anzenhofer Lambert, Organist um 1800.[257]

Bader Georg, Hutmacher und Trompeter, genannt 1793 (vgl. S. 101).

Banhard Johann Baptist (1777), Amtsschreiber und Cantor. Er stammte aus Deggingen/Württemberg und war nach den Matrikeln der Universität Dillingen[258] dort 1774

---

253 Ersichtlich aus einem Schreiben vom 13. November 1808 der Babenhauser Justizkanzlei in: StAA, Stiftsadministration Babenhausen 15.

254 Sinfonien von J. Haydn, Heel und Vanhal.

255 Soweit die Fuggerschen Jahrtage als Quelle dienen, wird diese nicht gesondert genannt, sondern der Name nur mit der Jahreszahl versehen.

256 FA 67.4.32.

257 Nachgewiesen als Kopist der ›Missa in d‹ von Pausch unter den BaM.

258 Anton Stegmeyr, Studenten an der ehemaligen Universität Dillingen, Bd. III, 1772 /51. Typoskript in StBD.

als Student der Rechte eingeschrieben. Aus seiner Dillinger Zeit läßt sich eine eigenhändige Abschrift eines anonymen ›Tantum ergo‹ nachweisen, auf dem vermerkt ist: *Johann Baptist Bannhard descripsit Dilingae 1775.*[259] Am Fuggerhof wurde der Amtsschreiber Baptist Banhard am 28. April 1776 als Cantor aufgenommen und erhielt dafür jährlich 22 fl.[260] Die im Kroyerkatalog unter dem Namen Banhard verzeichnete Messe[261] stammt wahrscheinlich nicht von Johann Baptist, sondern von seinem Bruder, dem Pater Meinrad Banhard, Konventuale im Kloster Roggenburg. Dort ist P. Meinrad 1774 als Komponist des Trauerspiels ›Der getreue Schutzgeist‹ nachgewiesen.[262]

Berler Josef Martin, Trompeter, erhielt 1766/67 von der Amtskasse 22 fl 30 x.[263]

Burger Bernhard wurde am 19. April 1738 in Kettershausen geboren.[264] Am Fuggerhof begegnen wir ihm erstmals 1758 als Sänger (vgl. S. 66). Am 28. November 1759 fand er im Schloß als Tafeldecker mit 30 fl Jahresgehalt Aufnahme. Burger wechselte am 28. Januar 1763 in den Schuldienst nach Kettershausen über.[265] Ab 1773 ist er in Kirchhaslach als Lehrer und Mesner nachweisbar, wo er am 12. Februar 1797 starb.[266] In den Generalkassa-Rechnungen erscheint Burger vielfach als Kopist, einmal auch als Komponist:[267] *den 28. April 1795* [für] *2 Singstimmen zu meiner Teutschen Meß 14 x* [erhalten]. Stury[268] hielt offensichtlich nicht viel von seinen Kompositionen, denn in seiner ›Chronik von Kirchhaslach‹ schreibt er: *Dieser* [Burger] *componierte auch, aber seine Stücke waren sehr schwerfällig und monoton.*

Denzel Maria Anna (1772/78), geb. am 11. Januar 1740. Sie war die Tochter des aus Muri in der Schweiz stammenden Hofmalers Placidus Denzel (Tenzel) und seiner Frau Rosalia Seiz. Als Sängerin trat sie erstmals 1758 am Fuggerhof auf (vgl. S. 66).

Dosch Johann Georg, siehe S. 63-66.

Ebner Maria Victoria, 1756 als Sängerin nachgewiesen (vgl. S. 64).

Ehrentreich Leonhard, siehe S. 91f.

Eisenschmid Franz Xaver (1780/81), Tafeldecker und Violinist von Illertissen. Er wurde am 22. März 1780 *für den abgekommenen Tafeldecker Weiß* mit 40 fl Jahreslohn eingestellt.[269] Eisenschmid muß ein ausgezeichneter Musiker gewesen sein, der nach seinem Aufenthalt in Babenhausen eine glänzende Karriere verzeichnet. Lipowsky[270]

---

[259] Fürstl. Fürstenbergische Hofbibliothek Donaueschingen Mus Ms 2315, heute Staatsbibliothek Karlsruhe (nur drei Stimmen erhalten).

[260] FA 67.1.199.

[261] KMB Bd. 13, S. 69.

[262] Perioche in der FBB Sign. 6350.

[263] FA 67. 1.198.

[264] ABA, PfM Kettershausen, Filmrolle 1.

[265] FA 67.4.3.

[266] ABA, PfM Kirchhaslach, Filmrolle 1.

[267] FA 67.4.54 Nr. 535.

[268] Franz Joseph Stury, Annalen von Kirchhaslach (Handschrift 1835 im ABA), im Typoskript von Karl Grünbauer, S. 20 (Privatbesitz).

[269] FA 67.4.22.

[270] Lipowsky (wie Anm. 239), S. 76.

schreibt über ihn: ›Franz Xaver Eisenschmid, geboren 1748 zu Illerdiessen,[271] wo sein Vater Schullehrer gewesen, widmete sich den Wissenschaften und der Tonkunst, worin er den Grund bei seinem Vater legte, einen bessern Unterricht aber in verschiedenen ehemaligen Reichs Abteien von Schwaben erhielt. Er ist ein sehr guter Violinspieler, und in der Tonkunst wohl erfahren. Auch spielt er mehrere Instrumente sehr artig. Er privatisirt, und machte immer Reisen nach der Schweiz, Frankreich, Italien etc. gab in den größten Städten daselbst Konzerte, erwarb sich sehr großen Beifall, und vieles Geld. In Bern trug ihm ein einziges Konzert, vor ungefähr 20 Jahren, gegen 4000 Gulden ein.‹ Auch Eitner erwähnt seinen Namen.[272] Danach widmete ihm ein nicht näher bekannter Komponist, Josef Kuen, sogar Variationen.

<u>Faigle</u> Nepomuk, Stricker und Trompeter, 1793 genannt (vgl. S. 101).

<u>Fendt</u> Petrus (1772/74) aus Wattenweiler wurde am 13. April 1772 mit 30 fl Jahreslohn als Tafeldecker eingestellt.[273]

<u>Fent</u> Joseph, vermutlich Tenorist um 1800.[274]

<u>Feyerabend</u> Magnus (1771/72), Tafeldecker, wurde am 5. September 1749 in Schwabmünchen geboren.[275] Er war ein älterer Bruder von Pater Maurus Feyerabend, dem letzten Prior von Ottobeuren vor der Säkularisation. Seine Einstellung in Babenhausen erfolgte am 7. Juli 1770 mit 30 fl Jahreslohn. Ab 1776 ist Feyerabend als Pfarrorganist in Tölz/Obb. nachweisbar, wo er unter dem Namen Sabbatini auch als Komponist auftrat. In den Musikalienbeständen von Tölz und Weyarn haben sich von ihm ein Deutsches Stabat mater und vier Litaneien erhalten. Feyerabend starb am 30. April 1795, das Matrikelbuch der Pfarrei Tölz bezeichnet ihn als »artificosus organista«.[276]

<u>Filser</u> Johann Ulrich (1771) aus Schwabsoien war erster Kaplan und Frühmesser in Babenhausen. 1780 kam er als Primar nach Kirchhaslach und von dort nach Markt Rettenbach, wo er starb. Stury[277] bezeichnet ihn als einen guten Musiker.

<u>Gschwind</u> Johann Georg, Buchbinder und Cantor (Tenorist). Er wurde am 1. April 1741 in Babenhausen geboren, heiratete 1763 Therese Breins und starb dort in jungen Jahren am 2. April 1767.[278] Für seinen Dienst als Cantor erhielt er von der Amtskasse im Rechnungsjahr 1765/66 eine jährliche Besoldung von 20 fl.[279] Gschwind ist auch als Lieferant von Saiten nachgewiesen (vgl. S. 188).

<u>Hammer</u> Johann Anton, siehe S. 140-143.

<u>Hammer</u> Johann Martin, siehe S. 140f.

<u>Hans</u> von Weinried (1771), Familienname unbekannt.

---

[271] Hier irrt Lipowsky. Franz Xaver Eisenschmid wurde nach den PfM Illertissen am 14. September 1758 geboren.

[272] Robert Eitner, Biographisches Quellenlexikon, Graz 1959, Bd. 3, S. 327.

[273] FA 67.4.11.

[274] Nachgewiesen durch einen Namensvermerk auf der Tenorstimme der ›Missa solemnis in C‹ von Graetz unter den BaM.

[275] ABA, PfM Schwabmünchen, Filmrolle 1 und FA 67.4.17.

[276] Vgl. KBM Bd. 1, S. 23 u. S. 38/39 sowie KBM Bd. 2, S. XXI u. S. 147.

[277] Stury (wie Anm. 268), S. 23.

[278] PfMB Bd. III.

[279] FA 67.1.195.

Hasenörhl Augustin, Tenorist, erhielt von der Amtskasse 1757/58 eine jährliche Besoldung von 20 fl.[280] Er stammte aus Glött und starb in Babenhausen am 11. Januar 1759.[281]

Haug Jakob (1773/74), Oberamtsschreiber und Organist. Er heiratete am 10. Oktober 1747 in der Pfarrkirche Babenhausen die Jungfrau Maria Eberlin aus Jettingen,[282] möglicherweise eine Verwandte des schwäbischen Komponisten Johann Ernst Eberlin. Für seinen Organistendienst erhielt er laut Dekret[283] vom 4. September 1762 eine jährliche Besoldung in Höhe von 50 fl. Haug verstarb in Winterrieden. Der dortige Sterbeeintrag[284] lautet: *Anno 1775. 19. Juni subito Expiravit in via D. Jakobus Haug organicus et scriba de babenhausen requiescat* [in pacem]. Der Pfarrer von Winterrieden, Johann Evangelist Hohlsteiner, erhielt für *Leich- und Kösten für Jakob haug Ehemaligem Organisten zu Babenhausen* aus der Kasse der Babenhauser Armenhausstiftung 7 fl 58 x.[285]

Hayde Georg Gottlieb, siehe S. 99-102.

Heel Franz Xaver, siehe S. 113-139.

Höß Franz Anton (Vater), siehe S. 107-110.

Höß Franz Anton (Sohn), siehe S. 110-113.

Hueber Johann Thomas, geboren in Egg am 20. Dezember 1781[286], vermutlich Instrumentalist.[287]

Knoll Johann Baptist (1771/74), Rentamtsverwalter. Er wurde 1728 geboren, heiratete 1772 und starb am 5. Oktober 1775 in Babenhausen. Der Sterbeeintrag nennt ihn *vir vere Christiany, et amator cleri.*[288]

Kolb Lorenz Adam, Hofpfeifer und Türmer aus Ingolstadt, heiratete am 28. Juli 1800 in Babenhausen Maria Afra Forster aus Immelstetten.[289] Im Funeralakt anläßlich der Beerdigung von Graf Anselm Victorian 1793 wird er als Waldhornist bezeichnet.[290] Später hatte er offensichtlich eine leitende Funktion bei der ›Türkischen Musik‹ inne. Dies läßt sich aus einer Quittung[291] vom 8. Juni 1798 entnehmen, in der Kolb bestätigt, daß er *vom Amtsbürgermeister Georg Loblau 5 fl 30 x an Doucuer für die Türkische Music bar empfange habe, für welches sämmtliche Musiciens höflige danksagung machen.* Bereits zwei Jahre vorher wird sein Name im Zusammenhang mit dem Kauf von *zwey deckl zur dirkischen Musik* erwähnt (vgl. S. 190).

---

[280] FA 67.1.179.

[281] PfMB Bd. III.

[282] PfMB Bd. III

[283] StAA, OA Babenhausen A 70.

[284] ABA, PfM Winterrieden, Filmrolle 1. *Am 19. Juni des Jahres 1775 verschied auf dem Weg der Herr Jakobus Haug Organist und Schreiber von Babenhausen. Er ruhe* [in Frieden].

[285] StAA, Gemeindedepot Babenhausen 206 (heute GAB).

[286] PfM Egg, ABA Filmrolle 2.

[287] Nachgewiesen durch Namensvermerk auf mehreren Instrumentalstimmen der ›Missa solemnis in C‹ von Graetz unter den BaM.

[288] PfMB Bd. III.

[289] PFMB Bd. V.

[290] FA 1.2.166a.

[291] StAA, Gemeindedepot Babenhausen 446 (heute GAB).

Leiprecht Johannes (1778/80), Maler, Violongeiger und Cantor.[292] Er wurde 1752 in Betlinshausen geboren, heiratete am 28. Oktober 1776 in Babenhausen die Witwe Regina Eberle und starb am 22. September 1826 am *Schlagfluß*. Leiprecht war seit 1812 Gemeindevorstand.[293]

Leonhard (1780/82), Tenorist.

Martin Franz Josef, siehe S. 87-99.

Martin Pater Gerard, siehe S. 142-146.

Martin Hans (1778).

Martin Maria Anna (spätere Ehrentreich), siehe S. 89 und 91f.

Mayer Cäcilia (1771/78), Sängerin, Tochter des Chorregenten Johann Peter Mayer.

Mayer Johann Peter, siehe S. 51-54 und 57ff.

Meith Alois (1781/82), Kanzlist und Violongeiger. Er wurde am 6. Juli 1750 in Wolfegg geboren und heiratete am 6. Mai 1800 in Babenhausen Maria Victoria Ebner.[294]

Miller Franz Christoph, wahrscheinlich identisch mit dem bei den Fuggerschen Jahrtagen 1772 genannten Kammerlakai. Dieser war laut Grünbauer[295] hoher Kammerlakai und herrschaftlicher Musikus in Babenhausen. Anschließend wirkte er von 1776 bis 1781 als Lehrer in Unterroth – ein Mann, mit dem seine Vorgesetzten dort offensichtlich nicht zufrieden waren. ›Da er eine trockene Kehle besaß, so hatte er schon nach zwei Jahren bei den Wirten 144 fl 50 x Schulden. Er wurde wegen Trinkens, Spielens und Schuldenmachens zwei Tage eingetürmt. Wegen Unbotmäßigkeit wurden ihm weitere 24 Stunden bei Wasser und Brot diktiert, damit er wisse, daß er unter den Pflegern und dem Pfarrherr stehe.‹[296]

Müller Anton, siehe S. 59-62.

Müller Michael von Loppenhausen, bis 1796 Organist in Babenhausen, dann Lehrer in Kirchhaslach, Heimertingen, Kettershausen und Rettenbach. Er starb als Mesner in Matzenhofen.[297]

Niedermayer Franz Xaver, Hoftürmer, wurde am 8. August 1781 in Babenhausen geboren, heiratete 1807 und starb dort am 22. November 1814.[298] *Für Trompetenblasen in dem Amte am Festtage* erhielt er am 1. Dezember 1809 1 fl 20 x.[299]

Prem Anton, siehe S. 103-107.

Rauch (Rau) Seraphin, Hoflakai, wird bei seiner Ernennung zum Tabellisten am 10. Mai 1808 als Musiker bezeichnet.[300] Bekannt wurde er besonders durch seine Auseinandersetzung mit Graf Johann Nepomuk Fugger (vgl. S. 72).

Reiner Joseph, nachgewiesen in den Generalkassa-Rechnungen 1790/91: *dem Neu aufgenommenen Hofmusikanten und Bedienten Joseph Reiner Reißgeld 10 fl 27 x.*[301]

---

[292]   FA 1.2.166a.

[293]   PfMB Bd. III und V.

[294]   PfMB Bd. V.

[295]   Karl Grünbauer, Schulgeschichtliches aus dem Bezirke Illertissen, in: Heimatglocken 1925/26.

[296]   Zitat Grünbauers nach nicht näher erwähnten Visitationsprotokollen.

[297]   Grünbauer (wie Anm. 295).

[298]   PfMB Bd. IV/V.

[299]   FA 67.19.1 Nr. 260.

[300]   FA 7a.9. 23.

[301]   FA 67.4.215.

Rösle (1780/81), Organist. Dieser ist vielleicht identisch mit dem Lehrer Johann Michael Rösle, der im Rechnungsjahr 1807/08 für Chorbücher 7 fl 58 x erhielt.[302]

Schlichting Martin (1780/81), Kammerlakai und *Bedienter der jungen Herrschaften* erhielt im Rechnungsjahr 1779/80 20 fl Jahresgehalt.[303]

Schmid Joseph David (1777/82), Kammerlakai von Wiesensteig, wurde am 19. Juli 1776 mit 40 fl Jahreslohn bei Hofe eingestellt.[304] Nach den Rechnungen auf S. 190 zu schließen, war er möglicherweise Oboist und Fagottist.

Schneider Blasius, siehe S. 108f.

Schwarzenberger Michael, nachgewiesen in den Generalkassa-Rechnungen 1793/94 als Organist und Kopist (vgl. S. 194).

Seeler Martin, Trompeter. Für dessen Livree wurden 1765/66 für ein halbes Jahr 15 fl ausgegeben.[305]

Straub Joseph (1772), Oberamtsschreiber und Violinist. Er ist am Fuggerhof durch eine Quittung[306] aus dem Jahre 1773 nachgewiesen. Nach den Protokollen des ›Collegium Musicum Memmingen‹[307] trat dort am 21. Februar 1776 *ein am Thurn und Taxischen Hof befindlicher Virtuose Herr Straub auf.* Das bedeutet wohl, daß Straub derweilen Babenhausen verlassen hatte und in den Dienst des Fürsten Thurn und Taxis von Regensburg getreten war. Er muß ein guter Geiger gewesen sein, denn der Protokollant vermerkt im Zusammenhang mit einer Arie von Gluck, daß *die Violin als concertierend dazu gesetzt sich große Ehre machte: denn obgleich Herr Straub das Stück niemals gesehen und gehört zu haben glaublich versicherte, so spielte er es doch mit solcher Empfindung, Geschmack und Nachdruck und Anmuth ab und jener* [Abraham Rheineck] *sang es so schön, daß das Auditorium mit einer dreyfachen Wiederholung desselben sich kaum zufrieden geben wollte.*

Streible Candidus, Amtsschreiber, als Sänger 1756/58 genannt (vgl. S. 64 und 66).

Studer Franz Joseph, nachgewiesen 1766 als Notenkopist.[308] Er heiratete 1770 in Kirchhaslach die Witwe des ehemaligen Lehrers Franz Anton Bachmann (Vater des Komponisten Sixt Bachmann) und trat dessen Nachfolge als Lehrer an. Er mußte aber wegen eines Vergehens 1773 Kirchhaslach verlassen und kam nach Kettershausen, »wo er auch nicht gut abschnitt«.[309]

Stury Franz Joseph, siehe S. 146-149.

Thoma Franz Joseph von Hohenraunau, Kammerlakai und Organist, wurde am 21. Juli 1775 mit 50 fl Jahreslohn am Hof aufgenommen.[310]

Weiß Dominicus (1777) aus Füssen erhielt seine Anstellung als Tafeldecker am 27. Juni 1776 mit 40 fl Jahreslohn.[311]

---

[302] FA 67.18.181 1/3.
[303] FA 64.4.22.
[304] FA 67.4.17.
[305] FA A 41, Nr. 73.
[306] FA 67.1.168½.
[307] Protokollbände des ›Collegium Musicum‹ im Stadtarchiv Memmingen Bd. III, Sign. 396/5, S. 133ff.
[308] KBM Bd. 13, S. 113.
[309] Grünbauer (wie Anm. 297).
[310] FA 67.4.14.
[311] FA 67.4.22.

Wöhrle Maria, als Sängerin 1758 genannt (vgl. S. 66), wurde in Babenhausen am 10. Januar 1743 geboren.[312]

Zahrer, Tenorist, erhielt 1768/69 aus der Amtskasse 20 fl Jahreslohn.[313]

Die Namen der Singknaben sind meist nicht überliefert, nur einige wenige erscheinen in den Schulrechnungen im Zusammenhang mit der Zahlung des Kostgeldes an den Chorregenten. Diese sind:[314]

1759/60:   Martin Karl Albert, Altist und ehemaliger Discantist. Er wurde am 27. Oktober 1744 in Nassenbeuren[315] geboren, besuchte 1760/61 als Grammatist das Klostergymnasium Ottobeuren und war später Mitglied des Heiliggeistordens in Memmingen.[316] Ein Eintrag von 1775 in den Rechnungen[317] der Lateinischen Schulstiftung vermerkt: *Einer Extra böttin umb den Diskantisten nach Nassenbeyren geschickht 20 x.* Bei dem Discantisten kann es sich nur um Karl Martin gehandelt haben.

Seyfried Johann Michael, neu aufgenommen.

1762/63:   Mändle Hilarius, Discantist. Er wurde am 28. April 1750 in Attenhausen bei Krumbach geboren und starb 1794.[318] Mändle trat nach der Schulausbildung in das benachbarte Prämonstratenserstift Ursberg ein, wo er den Klosternamen Otmar annahm und 1775 die Priesterweihe empfing. 1782 wird er dort als Prior genannt.[319]

Albrecht Johann Georg aus Türkheim, Altist.

1764/65:   Kaspar Leopold von Wurzach, Discantist
Mayer Otmar von Eutenhausen, Altist.

1778:   Lang, Discantist, wahrscheinlich identisch mit Ludwig Alois Lang, geb. am 25. Dezember 1765 in Babenhausen. Dieser war bis zur Säkularisation Konventuale in Obermarchtal, dann Pfarrer in Heimertingen und Boos, wo er am 14. Mai 1845 starb.[320]

Strohmaier, Altist. Es handelt sich dabei um Franz Joseph Strohmayer, geb. am 14. Januar 1767 in Babenhausen.[321] Nach der Schulausbildung studierte er Theologie. Als in dieser Zeit 1789 am Augsburger Dom die Stelle eines ›Marianers‹[322] frei wurde, findet sich der Name Strohmayer unter den fünf Bewerbern, die sich einer strengen Prüfung unterziehen mußten. Das Proto-

---

[312]   PfMB Bd. III.

[313]   FA 67.1.198.

[314]   FA 67.18. 115,127,129,156 und 161.

[315]   ABA, PfM Nassenbeuren, Filmrolle 1.

[316]   StAA, Kloster Ottobeuren/MüB 118, Bl. 26 v.

[317]   FA 67.18.105½.

[318]   ABA, PfM Attenhausen, Filmrolle 1.

[319]   Alfred Lohmüller, Das Reichsstift Ursberg, Weißenhorn 1987, S. 167 und 178.

[320]   Heel (wie Anm. 90), S. 29.

[321]   Wohl ein Verwandter des Johann Nepomuk Strohmayer, 1789-1815 Pfarrer von Babenhausen.

[322]   Es handelte sich dabei um festangestellte Sänger, deren Name vom Patrozinium der Augsburger Domkirche (Mariae Heimsuchung) herrührt. Die Marianer, vier bis fünf an der Zahl, waren bestens ausgebildete Erwachsene, meist Theologen, die nicht mit den Domsingknaben verwechselt werden dürfen.

koll vermerkt dazu: *Franz Joseph Strohmayer hat eine gute Stimme und geigt den Violon recht gut.* Trotz dieses positiven Urteils wurde ihm ein anderer Mitbewerber vorgezogen.[323] Nach seinem Studium ist Strohmayer als Pfarrer in Immelstetten, Rettenbach und Heimertingen nachweisbar. Er starb am 1. Dezember 1826 in Heimertingen.[324]

1780:   <u>Rheinisch</u> Anton, Discantist. Rheinisch wurde am 13. Januar 1769 in Babenhausen geboren.[325] Schon in jungen Jahren betätigte er sich als Kopist von Musikalien. Aus seinem Besitz befinden sich im Kloster Engelberg/Schweiz zwei Musikhandschriften: eine ›Sinfonie in C‹ von Rosetti und eine ›Sinfonie in G‹ von Sterkel. Beide tragen den Vermerk *ad Antonium Rheinisch babenhusanum 1786.* Wie sie dorthin gelangten, ist unbekannt, als Mönch läßt sich Rheinisch in Engelberg nicht nachweisen.[326]

   <u>Haigle</u> Johann Nepomuk von Babenhausen, Altist.

2.3   Musikdirektoren und Chorregenten

Als Graf Anselm Victorian seine Herrschaft antrat, existierte schon über 200 Jahre eine kleine Hofkapelle. Während diese in der Kirche stets unter der Leitung eines Chorregenten musizierte, gibt es bis dato keinerlei Hinweis auf einen vergleichbaren Posten im Schloß. Dies änderte sich erst mit dem Chorregenten Franz Joseph Martin, der zugleich das Amt eines Kammermusikdirektors bekleidete. Ein Musikdirektor von damals kann nicht mit einem heutigen Dirigenten verglichen werden, sondern eher mit einem Konzertmeister, der von der ersten Geige aus ein kleines Orchester leitet. Darüber hinaus oblag ihm die Organisation der gesamten Musikpflege im Schloß. Dabei war er nicht nur verantwortlich für die Einstudierung und Aufführung der Musikwerke, sondern auch für die Beschaffung neuer Musikalien, für die damit häufig verbundene Kopistentätigkeit sowie für Kauf und Pflege der Instrumente. Nicht selten erwartete die Herrschaft von ihm für besondere Anlässe auch eigene Kompositionen. Ein früherer Musikdirektor war somit ein vielbeschäftigter Mann, nicht zuletzt dadurch, daß er immer noch zugleich den Beruf eines Lehrers, Schreibers oder Lakaien innehatte.

2.3.1   Franz Joseph Martin

2.3.1.1   Zur Biographie

Franz Joseph Martin wurde im Jahre 1743 geboren.[327] Über seine genaue Herkunft ist nichts bekannt.[328] Die italienisierte Schreibweise des Vornamens Francesco Giuseppe

---

[323]   Hermann Ulrich, Johann Chrysostomus Drexel, Augsburg 1991, S. 104-110.
[324]   Heel (wie Anm. 90), S. 29.
[325]   PfMB Bd. IV.
[326]   Frdl. Mitteilung von P. Roman Höfer, Kloster Engelberg.
[327]   Jahreszahl aus PfMB Bd. III ermittelt, wo in den Sterbematrikeln ein Alter von 32 Jahren genannt wird.
[328]   Verwandtschaftliche Beziehungen zu den Brüdern Karl Albert und Johann Sebastian Martin von Nassenbeuren sind nicht bekannt.

auf seinen Kompositionen könnte auf eine italienische Abstammung hindeuten. Doch ist dies kein Beweis, da italienische Schreibweisen selbst bei Familiennamen damals in Mode standen, man denke nur an den Komponisten Antonio Rosetti. Erstmals erscheint der Name Martin 1756 in Babenhausen unter den Sängern des erwähnten Fastenspiels ›Der wahre zu dem Himmel führende Buß-Weg‹ und dann, zwei Jahre später, in dem Fastenspiel ›Heldenmütger Todt in der Liebe Gottes‹, hier zusammen mit Carolus Martin. Ob Franz Joseph zu dieser Zeit als Singknabe die Babenhauser Lateinschule besuchte, läßt sich zwar nicht nachweisen, darf aber als wahrscheinlich gelten. Danach hätte er zusammen mit Carolus Martin beim Chorregenten Johann Peter Mayer seine musikalische Ausbildung erhalten. Ein Stundenplan für die Babenhauser Lateinschule[329] vermerkt im Jahre 1755 für jeden Dienstag Nachmittag: *die in dem Haus sind, Musikübung.* Mit diesen Schülern können aber nur die beim Chorregenten wohnenden Singknaben gemeint sein. Die Tatsache, daß Franz Joseph bei der Aufführung des Fastenspieles im Jahre 1758 bereits 15 Jahre alt war, ist nichts Außergewöhnliches, da wegen des späteren Stimmbruchs früher Knaben bis zu einem Alter von 17 oder 18 Jahren noch Sopran und Alt sangen.[330]

Nach seinen Auftritten als Sänger in den beiden Fastenspielen begegnen wir Franz Joseph alsbald 1760 als Komponist einer Pastoralmesse[331] und dann 1763 als Komponist und Rentamtsschreiber am Fuggerhof in einer Quittung des Chorregenten Mayer[332]: *dem Rentambt Schreiber Franz Joseph Martin Vor Componier- und Dedizierung Eines Neuen Stabat Mater 1 fl.* Dies ist einer der ganz seltenen Zeugnisse über die Honorierung einer Komposition durch die Herrschaft, die wohl aufgrund der Widmung erfolgte. Zwei Jahre später ist Martin als *Primier Violinist* nachgewiesen und verdiente dafür jährlich 25 fl.[333] Am 26. August desselben Jahres erhielt er für Musikalien (eigene Kompositionen?) 16 fl, als Beruf ist dabei *lehrer* vermerkt.[334] 1766 wurde er schließlich als Oberamtsschreiber mit 50 fl im Jahr besoldet.[335] In dieses Jahr fällt auch sein Auftritt als Sänger auf der Bühne des Klostertheaters Ottobeuren. Dort war 1766 die mächtige Basilika vollendet worden, zu deren Einweihungsfeierlichkeiten der Musikdirektor Benedikt Kraus eigens eine Oper komponiert hatte mit dem Titel ›Alceste Phoebi et Amoris Beneficio rediviva‹. Diese wurde im September/Oktober im dortigen Theatersaal dreimal ›vor höchsten Herrschaften aufgeführt, darunter die Fürstbischöfe Joseph von Augsburg und Clemens Wenzeslaus von Freising. Sie fand mit Beyhilfe sowohl der hiesigen als auch der zur stärkeren Besetzung von außen her beschriebenen Musikern statt. Einige Geistliche wurden von Irsee und Füssen, andere Weltliche von Augsburg, Babenhausen und Tettnang und einige Singknaben von St. Ulrich in Augsburg und aus dem Kloster Rothenbuch in Bayern begehrt.‹[336] Die Rolle des Phoebus sang dabei

---

[329] FA 5.3.1.
[330] Vgl. Christoph Wolf/Ton Koopmann, Die Welt der Bach Kantaten, Stuttgart 1996, S. 220.
[331] KMB Bd. 13, S. 117.
[332] FA 67.18.124½ Nr. 24.
[333] FA 67.1.194.
[334] FA 67.4.4.
[335] FA 67.1.196a.
[336] Perioche in AO. Vgl. auch P. Maurus Feyerabend, Des ehemaligen Reichsstiftes Ottobeuren Benediktinerordens in Schwaben sämtliche Jahrbücher, 4 Bände, Ottobeuren 1813-1816, Bd. IV, S. 107.

›Spectatissimus D. Franciscus Josephus Martin Scriba Excell[mi] & Illustrissimi DD. Comitis in Babenhausen.‹ Die Mitwirkung in der Oper läßt nicht nur den Schluß zu, daß Martin ein guter Sänger gewesen sein muß, sondern vielleicht auch in einer nicht näher bekannten Verbindung zu Ottobeuren stand, eventuell sogar zum Komponisten Benedikt Kraus selbst.

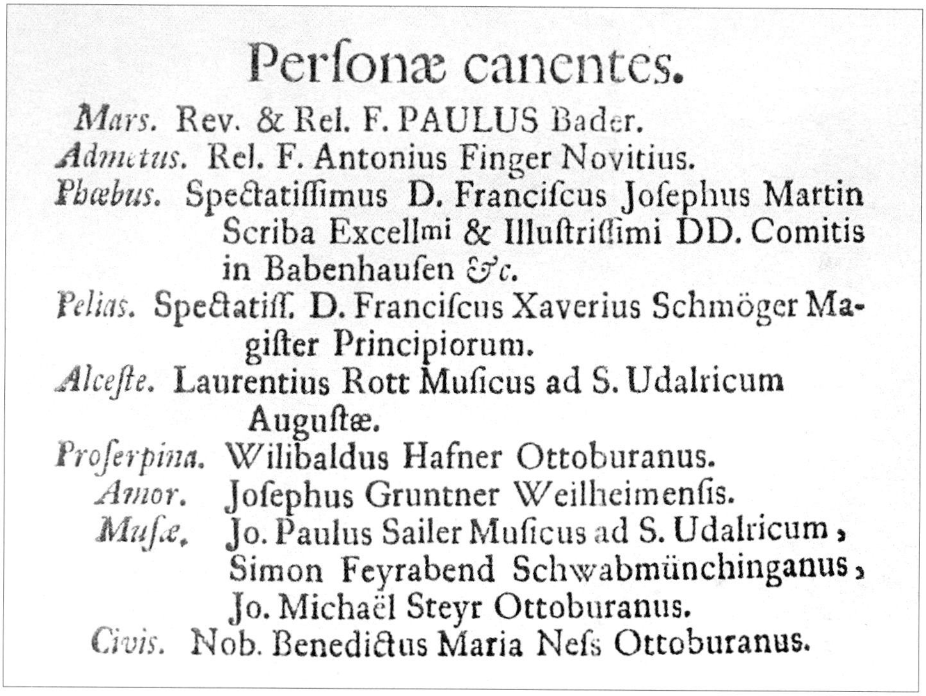

Personæ canentes.

Mars. Rev. & Rel. F. PAULUS Bader.

Admetus. Rel. F. Antonius Finger Novitius.

Phœbus. Spectatissimus D. Francifcus Jofephus Martin Scriba Excell[mi] & Illuftriffimi DD. Comitis in Babenhaufen &c.

Pelias. Spectatiff. D. Francifcus Xaverius Schmöger Magifter Principiorum.

Alcefte. Laurentius Rott Muficus ad S. Udalricum Auguftæ.

Proferpina. Wilibaldus Hafner Ottoburanus.

Amor. Jofephus Gruntner Weilheimenfis.

Mufæ. Jo. Paulus Sailer Muficus ad S. Udalricum, Simon Feyrabend Schwabmünchinganus, Jo. Michaël Steyr Ottoburanus.

Civis. Nob. Benedictus Maria Nefs Ottoburanus.

Abb. 29: Verzeichnis der Sänger in der Perioche zur Oper
›Alceste Phoebi et Amoris Beneficio rediviva«, aufgeführt 1766 in Ottobeuren

Einige Zeit später heiratete er Maria Anna Sauerwein aus Illereichen, die am 15. Januar 1766 als *Kinds Mensch* an den Babenhauser Hof gekommen war.[337] Ort und Datum der Trauung sind unbekannt. 1769/70 finden wir Martin als Schreiber in den Amtsprotokollen der Gemeinde Babenhausen.[338] Derweilen war ihm vom Grafen Anselm Victorian der Titel eines Kammermusikdirektors verliehen worden. So jedenfalls bezeichnete er sich erstmals in seinem Singspiel *Seltenes Geheimnüß entwickelnde Treu* aus dem Jahre 1769. Mit diesem Titel versah er dann in den folgenden Jahren sowohl seine Quittungen als auch seine Kompositionen. Mit dem Tode von Johann Peter Mayer ging schließlich der Posten des lateinischen Schulmeisters und Chorregenten im Herbst 1770 auf Martin

---

[337] FA A 41. Da kein Geburtseintrag in den Pfarrmatrikeln Illereichen existiert, ist anzunehmen, daß ihre Familie dort zugezogen war.

[338] GAB.

über. Betreffs seiner nunmehrigen Besoldung existiert im Fuggerarchiv ein *Ohnmaaß-geblicher Entwurf,*[339] datiert vom 27. Oktober 1770, der einen interessanten Einblick in die Einkommensverhältnisse eines damaligen Schulmeisters gestattet. Diese setzten sich jährlich wie folgt zusammen:

Rokhen bey St. Andreas Pfleg 8 Malter	*56 fl*
Korn bey Antoni Höß ein Malter	*11 fl*
Von eigenem Bau ungefähr 4 Malter	*44 fl*
Haber vom hlg. Andreas 34 Viertel a 24 x	*13 fl 36 x*
Von aigenem Bau 45 Viertel	*18 fl*
Von drey-4 Malter Leinsaat	*20 fl*
Zu Unterhalt 3-4 Stück Vieh Heu und zumath 6 Fueder a 6 fl tut	*36 fl*
Futter und Stroh, Stroh wenigst 6 Schöben	*12 fl*
Nutzen von Kraut obbst und Wurzgarten	*20 fl*
Baargelt von der Stiftung	*90 fl*
Von Sanct Andreas	*10 fl*
Accidentien mit Einschluß der von dem Musikchor bishero erhaltenen 25 fl	*55 fl*

Summa des wirklichen Ertrags	*385 fl 36 x*
Zu Vorstehendem wirklichen Ertrag kommen noch bey Zusätzen von 2 zu halten habenden Stiftsknaben Kostgeld wöchentlich 1 fl	*104 fl*
ferner uneracht Herr defunctus suae memoria letzteres Jahr besagt hinterlassenen eigenen Handschrift Schuehl und Instruktion Gelter[340] *bezogen 208 fl 37 x so mag dessens unangesehen ein Ertrag angesetzt werden wenigst*	*100 fl*
	589 fl 36 x

Zieht man das Kostgeld für die zwei Stiftsknaben ab, so blieb der Familie Martin ein Betrag von 485 fl 36 x, der sich etwa zur einen Hälfte aus Naturalien und zur anderen aus Bargeld zusammensetzte. Was die zusätzlichen Einnahmen, die sog. Accidentien betraf, so stammten sie aus unterschiedlichen Tätigkeiten, die über den normalen Dienst hinausgingen, wie den Fuggerschen Jahrtagsmessen oder Bittgängen. So heißt es z.B. 1773: *Herrn Chorregenten von wegen diesem Jahr verrichteten Kreuzgängen nach Kirchhaslach an St. Johannis et Pauli und nach der Ernde, dann nach Mohrenhausen an St. Leonhardi, weiteres wegen St. Magni Amt zu entrichten 4 fl 5 x.* Ein andermal lesen wir: *Den 12. und 21. Juli wurde jedesmal ein Kreuzgang in die Gottesacker Kapell zur Erhaltung eines fruchtbaren Wetters angestellt und ein Choral Amt allda abgehalten,* wofür der Chorregent 5 fl 54 x erhielt.[341] Derartige Bittgänge waren zu jener Zeit ein großes Anliegen der Bevölkerung, denn schlechte Witterung bedeutete Hungersnot. Eine solche hatte bekanntlicherweise Babenhausen im Jahre 1771 heimgesucht, als man aufgrund des harten Winters vom Winterroggen kaum ein Drittel erntete, was zu einem

---

[339] FA 7a.9.1.
[340] Gelder, die die externen Schüler zu zahlen hatten.
[341] StAA, Gemeindedepot Babenhausen 446 (heute GAB).

empfindlichen Brotmangel führte.[342] Außer der Bitte um das tägliche Brot lag den Wallfahrern natürlich die Gesundheit besonders am Herzen. So verwundert es nicht, daß selbst der Chorregent und seine Musiker für dieses Gut auf ihr Honorar verzichteten, wie aus folgender Bemerkung Martins auf einer Quittung[343] hervorgeht: *Vor den nacher Kirchhaslach Verrichteten Creutzgang, und alda abgehaltenem Hochamt will* [ich] *nichts ansetzen, weilen es inden Musicanten selbst daran geleg seyn wird, durch Vorbitt Mariae im Gesundheitsstand erhalten zu werden.* Für den Schulmeister seinerseits waren Bittgänge eine willkommene zusätzliche Einnahmequelle, zumal er meist eine größere Familie zu versorgen hatte.

Mit seiner Frau Maria Anna hatte Franz Joseph vier Kinder, von denen drei am Leben blieben: Franz Joseph, geboren am 1. März 1770, Maria Crescentia Victoria, geboren am 23. Dezember 1772 und Maria Caecilia Katharina, geboren am 29. Oktober 1774.[344] Als Taufpaten werden bei den Mädchen genannt: *Genoveva Kirchmayer und Anton Fahrenschon, Bürgermeister und Rößlewirt.* Am 19. Mai 1774 trat Martin in einem Konzert des ›Collegium Musicum‹ in Memmingen als Pianist auf, ohne daß dabei sein Name genannt wurde. Der Protokollant[345] verzeichnet keine besonderen Vorkommnisse [...] *außer denen, daß sich in diesem Collegio der gräflich Babenhausische Herr Chorregent N. N. gleich Anfangs auf dem Flügel hören ließ, sich gleich nachmals aber wiederum wegbegab* [...]. Ein halbes Jahr später muß Martin dann ernsthaft erkrankt sein, denn am 28. November 1774 ist unter den Ausgaben[346] vermerkt: *Herrn Medico Ehrhard, der zuer Gnäd. Jungen Herrschaft und Chorregent berufen worden Douceur 7 fl 20 x.* Bald darauf starb Franz Joseph Martin am 13. Januar 1775 im Alter von erst 32 Jahren.[347] Fast zwei Jahre später noch, am 20. Dezember 1776, wurden von der Hofkasse dem *Apotheker Seiler im Memmingen* [als] *Abschlag des wegen Herrn Chorregenten Martin seel. übernommenem Medicinkonto 30 fl* bezahlt.[348]

Derweilen hatte seine Witwe am 5. Februar 1776[349] den aus Donauwörth stammenden Oberamtsschreiber Leonhard Ehrentreich geheiratet. Diesem war am 20. Dezember 1775, wohl im Hinblick auf die Heirat, die kurz zuvor durch Pensionierung von Johann Georg Dosch freigewordene Stelle des Kanzleidirektors laut folgendem Beschluss[350] übertragen worden: *Also haben Wir unsern Oberamtsschreiber Leonhard Ehrentreich J*[urisprudentiae] *U*[triusque] *Candidaten wegen seines bishero erzeigtem besonderen christlichen und mannlichen betragens und Devotion gegen seine regierende Herrschaft auch hinlänglich besitzender Wissenschaft zu unsrem Kanzleyverwalter und Handwerks Obmann hiermit in Gnaden ernennet, daß er unsere verwittibte Music Directorin und Lateinische Schulstiftungs-Chorregentin Maria Martin nach christ-chatolischem brauch*

---

342   Zedelmaier (wie Anm. 10) S. 20f.
343   StAA, Gemeindedepot Babenhausen 322 (heute GAB). Quittung vom 16. Mai 1772 über das Honorar anläßlich eines Kreuzganges nach Matzenhofen.
344   PfMB Bd. III, wobei Franz Joseph nicht in den Babenhauser Matrikeln zu finden ist. Sein Geburtsdatum ist aber in den dortigen Trauungsmatrikeln Bd. V vermerkt.
345   Wie Anm. 312, S. 115.
346   FA 67.4.14.
347   PfMB Bd. III.
348   FA 67.4.15.
349   PfMB Bd. III.
350   FA 7a.9.23.

eheliche, sie samt ihren Kindern standsmäßig ernähre, christlich erziehe und seiner Zeit zu versorgen trachte. Dazu mußte Ehrentreich als Kanzleidirektor auch *lateinisch und Musik Instruktion*, sowie *teutsche Schuel Instruktion* geben, mit anderen Worten, er wurde dazu noch im Lehrberuf eingesetzt. Auch diese Ehe war nur von kurzer Dauer, denn Ehrentreich verstarb bereits am 19. Januar 1781 im gleichen Alter wie Franz Joseph Martin. Pfarrer Sattich vermerkte dazu in den Sterbematrikeln:[351] *Mortuit omnibus erat acceptus magis tamen placida erat Deo anima illius ideo rapuit eum de medis iniquitatis optimo statis floro numeravit enim solemodio annos 32.* Am 8. Juli 1782 ging seine Witwe schließlich eine dritte Ehe mit Franz Anton Buz ein, wobei als Trauzeuge der neue Amtsdirektor Franz von Schuyer[352] fungierte. Maria Anna sang seit ihrer Heirat mit Franz Joseph Martin auf dem Kirchenchor (Chorregentin), 1781 wurde sie dort als Altistin bezeichnet.

Über das Leben des gleichnamigen und ebenfalls musikalischen Sohnes von Franz Joseph Martin sind wir durch einen umfangreichen Akt im Fuggerarchiv unterrichtet.[353] Zunächst besuchte er das Gymnasium des Klosters Rot an der Rot, wo er 1781 bereits mit zehn Jahren als Sänger in dem Lustspiel ›Die bescheidene Verbesserung der schönen Künste‹ auftrat. Die Musik dazu stammte vom späteren Abt des Klosters, P. Niko-

Abb. 30: Hofrat Franz Joseph Martin, Sohn des Komponisten Franz Joseph Martin
(Gemälde um 1830)

---

[351] PfMB Bd. III: *Er starb von allen geliebt, dennoch war seine Seele mehr Gott gefällig, deshalb holte er ihn mitten aus dem elenden Leben in der Blüte seiner Jahre – denn er zählte nur 32 Jahre.*

[352] PfMB Bd. III.

[353] Vgl. Personalakten. Zur Wappenverleihung 1806 siehe FA 58.2.

laus Betscher.[354] Nach der Gymnasialzeit studierte der junge Martin an den Universitäten Brüssel und Löwen Jura und absolvierte eine praktische Ausbildung an der Babenhauser Kanzlei, worauf ihm die Stelle des Pflegverwalters zunächst in Kettershausen, später dann in Markt Rettenbach übertragen wurde. Knapp ein Jahr nach seiner Heirat mit Maria Magdalena von Böck, verstarb seine Frau am 17. Juli 1802[355] mit 21 Jahren ›an den Folgen einer unglücklichen Entbündung‹. Ihre Grabplatte findet sich an der Außenmauer der Babenhauser Friedhofskapelle. Der Witwer ging eine zweite Ehe mit Anna von Burk aus Augsburg ein. Ins Jahr 1806 fällt die Erhebung Martins in den Adelsstand nebst dem Recht zur Führung eines von seinen Vorfahren ererbten Wappens, ausgestellt vom Fürsten Anselm Maria Fugger *wegen seiner [...] guten Sitten, Tugenden, Gelehrsamkeit und Geschicklichkeit, auch der Unserem fürstlichen Haus mehrjährigen, getreuen, nützlichen und unverdrossenen Diensten.*[356] Bald darauf erfolgte die Ernennung zum Oberamtsrat, bis er schließlich mit dem Titel eines Hofrates 1825 als Rechnungsrevisor nach Augsburg übersiedelte. Dort verstarb Martin am Weihnachtsabend des Jahres 1840. Nachkommen von Franz Joseph Martin aus dessen erster Ehe lassen sich bis zum heutigen Tag nachweisen.[357]

Eine ganz andere, nicht weniger bedeutende Laufbahn, war der Schwester des Hofrates, Maria Crescentia Martin beschieden. Über ihren Lebensweg unterrichtet uns das Bayerische Musiklexikon von Lipowsky wie folgt: ›Martin Crescentia geboren 1770 zu Babenhausen, wo ihr Vater Fürstlicher Kanzlei-Direktor gewesen, wurde im Nonnenkloster zu Landsberg erzogen, wo sie auch Musikunterricht erhielt; hierauf erhielt sie ihre höhere Bildung in der Singkunst bei dem großen Sänger Raff in München, und sang dann in Konzerten in der Schweiz, Ungarn, Schwaben, Oesterreich und selbst der Kaiserstadt Wien mit großem Beifalle. Im Jahre 1800 widmete sie sich endlich der Schauspielkunst, und spielte unter dem Namen Dorse bei verschiedenen Gesellschaften. Sie debütierte 1810 in Mutter-Rollen auf dem Königlichen Hoftheater in München, und gefiel. Zärtliche Mütter entsprechen ihr am beßten, und zeigen von einer geübten Schauspielerinn.‹[358] Leider konnten über die künstlerische Laufbahn von Maria Crescentia Martin keine weiteren Informationen gefunden werden. Die Tatsache aber, daß sie der Sänger Raff[359] noch im hohen Alter als Schülerin aufnahm sowie ihre künstlerische Karriere lassen auf ein hohes sängerisches Talent schließen, das sie zweifelsohne von ihren Eltern mitbekommen hatte: der Mutter, die im Kirchenchor als Sängerin mitwirkte und dem Vater, der nicht nur Chorregent und Kammermusikdirektor, sondern auch ein begabter und fruchtbarer Komponist war.

[354] Textbuch in FBB, Sign. 6369.
[355] PfMB Bd. III.
[356] FA 58.2.
[357] Frdl. Mitteilung von Frau Margret Hansen, Westerland/Sylt.
[358] Lipowsky (wie Anm. 239), S. 200f. Der Abschnitt enthält einige Fehler, nämlich das Geburtsjahr, das richtig 1772 heißen muß, sowie die Bezeichnung Kanzlei-Direktor für den Vater. Martin war nie Kanzleidirektor, außerdem hatten die Fugger 1770 noch nicht den Fürstentitel inne.
[359] Anton Raff (1714-1797) war einer der berühmtesten Sänger seiner Zeit und mit vielen großen Komponisten befreundet, u.a. mit Christian Bach und W. A. Mozart, die speziell für ihn Arien komponierten.

2.3.1.2   Die Kompositionen

Von der für das kurze Leben reichen Kompositionstätigkeit Martins muß der allergrößte Teil heute leider als verloren gelten, die Werktitel sind fast einzig durch den Kroyerkatalog und einige Textbücher dokumentiert. Allein drei Sinfonien konnten erfreulicherweise in jüngster Zeit in den Kunstsammlungen der Fürsten zu Waldburg-Wolfegg in Wolfegg wiedergefunden werden.[360] Es handelt sich dabei um:

– Sinfonia in F (Str, 2 Fl, 2 Hr)[361]
– Sinfonia in F (Str, 2 Fl, 2 Hr)[362]
– Sinfonia in G (Str, 2 Fl, 2 Hr).[363]

Die Manuskripte stammen von verschiedenen Schreibern. Alle Sinfonien sind viersätzig, die zweite und dritte enthält als zweiten Satz ein Menuett mit jeweils zwei Trios. Die Bemerkung *favorit* von anderer Hand auf der zweiten Sinfonia deutet auf eine gewisse Wertschätzung in Wolfegg hin (siehe Abb. 31).

Was den Kroyerkatalog betrifft, so verzeichnet er von Franz Joseph Martin 23 Titel. Dazu kommen noch sieben weitere aus Textbüchern in verschiedenen Bibliotheken. Diese Werke lassen sich folgendermaßen einteilen:

Instrumentalmusik:

– Sechs Sinfonias[364] in G, F, D, B, Es, C (Str, 2 Fl bzw. 2 Ob, 2 Hr) betitelt: *Sei Sinfonie a Instrum. Diversi: de Ao 1768 da ... in Partitura* und am Schluß der 6. Sinfonie: *O.A.M.D.G. fine comp D. 27. 8br. 1768.* Die Partituren umfaßten zusammen 200 Seiten. Die Sinfonia in D ist identisch mit der Introduktion zu Martins Oper *Seltenes Geheimnüß entwickelnde Treu* von 1769.

– Fünf Sinfonias[365] in D, E, F, G, Es (Str, 2 Fl, 2 Hr) sowie eine Cassation in D (Str, 2 Hr, 2 Tr, Pk) aus den Jahren 1770/71. Bei diesen Sinfonien finden sich außer der Bezeichnung *Opera II* teilweise die Daten (wohl der Fertigstellung) der Kompositionen, sowie die Tage der Erstaufführung, was sonst bei Instrumentalwerken in Babenhausen nicht vorkommt. Demnach erklangen die Sinfonien in kurzen zeitlichen Abständen zwischen dem 21. Juli 1770 und dem 30. Januar 1771 im Schloß. Zwischen Komposition und Aufführung verblieb meist nur wenig Zeit, so z.B. neun Tage bei der vierten Sinfonie, auf der vermerkt ist: *compos. 21 Xbr 1770 – exped d: 30. Xbr 1770.* Die dritte und vierte Sinfonie dieser Serie haben sich in Wolfegg in Stimmen erhalten. Seltsamerweise verzeichnet der Kroyerkatalog keine Stimmen, sondern nur die Partituren, obgleich Aufführungen vermerkt sind.

Bühnenmusik:

Schon früh hatte Martin begonnen, zu teils umfangreichen Bühnenwerken die Musik zu verfassen, von denen der Kroyerkatalog zwei kennt:

---

[360] Vgl. Anm. 226.
[361] Nicht im Kroyerkatalog.
[362] Die Sinfonia ist identisch mit der Sinfonia in F im KBM Bd. 13, S. 118 (fol 33), *compos: 1mo 9bris 1770.*
[363] Die Sinfonia ist identisch mit der Sinfonia in G im KBM Bd. 13, S. 118 (fol 55), *compos: d: 21. Xbr. 1770.*
[364] KMB Bd. 13, S. 118.
[365] KMB Bd. 13, S. 118.

Abb. 31: Sinfonia in F von Franz Joseph Martin. Titelblatt und erste Seite der Violine I

– ein Singspiel ohne Titel,[366] (begleitet von Str) mit dem Rezitativ beginnend: *Was fremder Gast seh ich vor mir?* Am Ende gez.: *O.A.M.D. compos. MF* [vermutlich Martin Franz] *Ao 1766 20. Februarij Descripsit: Studer.*

– *Judith, eine heldenmütige keusche Siegerin gegen Holofernes und Erretterin Betuliens, ein Trauerspihl von 4 Teil zu Boos auf dem Theater Exhibirt Im Jahr 1766*[367] (begleitet von Str, 2 Hr). Die Partitur umfaßte 286 Seiten, auf S. 176 war vermerkt: *Babenhausen, Compos. die 10. Aprilis 1766.*

Von besonderem Interesse ist bei letztem Spiel der Aufführungsort Boos. Das Fuggerschloß Boos verfügte ebenso wie Babenhausen über ein kleines Theater und eine eigene Musikantentruppe. Zwischen beiden Schlössern bestand in kultureller Hinsicht reger Kontakt, wobei sich Stiftsknaben als Kuriere ein kleines Taschengeld verdienten, wie folgende Notiz vom September 1755 zeigt: *einem Stiftsknaben zu Babenhausen so ein Exemplar von der comedi gebracht auf gnädigsten Befehl der Hochgräflichen Excellenz der Frau Gräfin 15 x.*[368] Dementsprechend ist es nicht verwunderlich, daß ein von einem Babenhauser Musiker komponiertes Bühnenstück

Abb. 32: Schloß Boos
(Ausschnitt aus einem Gemälde von Johann Michael Frey um 1800)

[366] KMB Bd. 13, S. 113.
[367] KBM Bd. 13, S. 116.
[368] FA 70.1.46.

im benachbarten Boos unter Mitwirkung der Booser Musikanten zur Wiedergabe kam. Der letzte Teil der Musik ist identisch mit Martins Kantate *Unterthänigst Treu Geburtstags Glückwunsch zu Höchsten Ehren Sr. Hochgräfl. Eccelenz dem Reg. K Grafen und Herrn von Babenhausen und Wöllenburg [...]*.[369]

Die folgenden von Martin komponierten Bühnenwerke sind durch gedruckte bzw. handschriftliche Textbücher und Periochen überliefert, die Noten befanden sich zur Zeit Kroyers nicht im Fuggerarchiv.

– ›Euchstachius durch den herrlichen Martyr-Tod siegende Christen-Helde. Ein Trauerspiel in reinen Teutschen Versen ... Die Music ... ist verfertigt ... von Herrn Franciscus Josephus Martin, Reichs-Gräfl. Fugger-Babenhausischer Ober-Amtsschreiber und Cammer-Musicus ... auf öffentlicher Schaubühne vorgestellt von einem Reichs-Gräflichen Fugger-Babenhausischen Stiftungs-Musick-Chor ... 1767.‹ Textbuch gedruckt bei Mayer Memmingen.[370]

– *Seltenes Geheimnüß entwickelnder Treu, oder: Leangus, großmüthiger Helde in China. Ein Singspiel nach dem Singspiel des Herrn Abt Pietro Metastasio ausgearbeitet von Franz Josef Martin Fugger-Babenhausischer Oberamtsschreiber und Musik Director Auf dem Herrschaftlichen Theatro ... in Babenhausen vorgestellt ... 1769.*[371]

– ›Religio tranquillitatis Conciliatrix [...] Religion und Zufriedenheit auf dem marianischen Theater vorgestellt von der größeren akademischen Congregation unter dem Titel der Verkündigung Mariae zu Dillingen den 2. und 3. May 1773. Die Tonverfassung ist von dem hochgeachteten und virtuosen Herrn Franz Josef Martin Seiner Excellenz des H. R. Reichs Grafen Fugger von Babenhausen, Chor- und Musik Directorn.‹ Textbuch gedruckt bei Brönner Dillingen.[372]

Das Stück verdient deswegen besondere Aufmerksamkeit, weil es zeigt, daß Martins Werke nicht nur auf Babenhausen und Boos beschränkt blieben, sondern auch außerhalb der näheren Umgebung zur Aufführung kamen. Die Musik zu diesem Werk übernahm Martin offensichtlich für das folgende für Babenhausen bestimmte Fastenspiel. Es trägt zwar einen anderen Titel, ist aber hinsichtlich des Textes mit dem in Dillingen aufgeführten Theater identisch.

– ›Unterschiedene Folgen Christlicher Liebe und des Hasses, mit Hochherrschaftlicher Begnehmigung, in einem Fastenspiel auf dem Hochgräflich Fuggerischen Theater zu Babenhausen von dasigen Liebhabern der Musen vorgestellet. den 13. 20. 22. 27. Martij und 5ten April im Jahr 1774. Die Tonverfassung ist von Herrn Franz Joseph Martin, Hochgräfl. Fugger Babenhausischer Cammer-Musik Directorn, und Stiftungs Chorregenten.‹ Perioche gedruckt bei Mayer Memmingen (siehe Abb. 33).[373]

Die fünfmalige Wiedergabe des Fastenspiels macht deutlich, daß das Fuggersche Theater auch der Bevölkerung zugänglich war. Eine Bestätigung dieser Ansicht legt die Schlußbemerkung der Perioche nahe, in der es heißt: ›Der Musik-Text ist besonders gedruckter bey dem hiesigen Buchbinder (welcher solchen auch bey dem Eingang in das Herrschaftliche Comödienhaus feil haben wird) gebundner zu haben.‹

[369] KBM Bd. 13, S. 119.
[370] FBB, F 00147. Dieser und der folgende Text zitiert nach dem Bibliothekskatalog.
[371] FBB, Handschrift.
[372] FBB, F 00149 sowie SuStbA, 4° Bild 1-707.
[373] FBB, F 00197 sowie StBD, XVII 552 u.

Abb. 33: Titelblatt der Perioche zum Fastenspiel
›Unterschiedene Folgen Christlicher Liebe und des Hasses‹ von Franz Joseph Martin 1774

Dieser Druck des Textbuches hat sich ebenfalls erhalten[374] und trägt den etwas abge-
änderten Titel: ›Glückseelige Folgen Christlicher Liebe, denen betrübten Folgen der
Feindschaft und Hasses entgegen gestellet. Da letzteres in einem Traur und Fastenspiel auf dem Herrschaftlichen Theater zu Babenhausen von dortigen Liebhabern
der Musen vorgestellet worden. Ao. 1774.‹
– ›Das von dem Laster verfolgte und Durch die Tugend gerettete Schauspiel, Ein Musikalisches Vor- und Zwischenspiel von 2 Aufzügen, welches bey Gelegenheit des
Hohen Nahmen-Fests Sr. Hochgräffl. Excellenz des Hochgebohrnen des Heil. Röm.
Reichs Grafen und Herrns Herrns Anselm Victorian Grafen Fuggern von […] von da-
selbstigen Liebhabern der Freyen Künste zur Bezeugung Ihrer tiefesten Ehrforcht,
und wahre Freude über Hochdero andauernd Hohes Wohlwesen unterthänig devotest
aufgeführt worden den 31ten April 1774.‹ Textbuch gedruckt bei Mayer Memmingen.[375] Da dieses Bühnenstück nur gut zwei Wochen nach obigem Fastenspiel zur
Aufführung kam, blieb dem Musikdirektor und den Mitwirkenden wohl nur wenig

---

374   StBD, XVII 563 c.
375   StBD, XVII 552 w und handschriftlich in FBB.

Zeit zur Vorbereitung. Dies kommt denn auch im Vorwort des Textbuches zum Ausdruck, wo es heißt: ›[…] Wenn also nicht alles nach unseren Wünschen vollführet wird, so werden unsere treu devoteste Wünsche (welche zu Beschluß das Schauspiel und gesammter Musik-Chor in unterhänigster Verbeugung ablegen werden) alles zu ersetzen sich höchlichst beeyfern. Die Thon-Kunst ist in aller Eil mehrmal von allhiesigem Hoch-Herrschaftlichen Cammer-Musik-Director, und Stüfftungs-Chor-Regenten Herrn Franz Joseph Martin verfertiget worden.‹

Kirchenmusik:

Da Martin zugleich das Amt des Chorregenten innehatte, nehmen die Vertonungen des Meßtextes einen relativ breiten Raum ein. Acht Messen sind bekannt, sie lagen alle in Stimmen, einige auch in autographen Partituren vor. Leider finden sich darauf, von einer Ausnahme abgesehen, keine zeitgenössischen Aufführungsvermerke. Wir wissen also nicht mit letzter Sicherheit, ob alle zu Lebzeiten des Komponisten erklangen, spätere Aufführungsvermerke legen dies aber nahe. Die Messen[376] gliedern sich in:

- Missa solemnis in C (SATB, Str, 2 Fl, 2 Hr, 2 Tr, Pk, Org), aufgeführt am 26. Juli 1772. Kopist Franz Anton Höß.
- Missa pastoritia in C (SATB, im Gloria 8-stg., Str, 2 Fl, 3 Tr, Pk, Org) *Novamente composta e Dedicato Al Suo Excelenza Le Comte Fouggre de Babenhausen et Wöllenbourg … .* Aufführungsvermerk 1779 und 1785.
- Missa in G (SATB, Str, 2 Tr, Pk, Org).
- Missa in D (SATB, Str, 2 Fl, 2 Ob, 2 Hr, 2 Tr, Pk, Org) *Da Giuseppe Martin Direttore Della Musica di S. Ex. Msgr. Le Comte Anselme Fuggere de Babenhausen et Wellenbourg.* Aufführungsvermerk 21. April 1779.
- Missa solemnis in F (SATB, Str, 2 Fl, 2 Hr, 2 Tr, Pk, Org) *Nouvamente Composta e Dedicato all Sua Excellenza Le Comte Fougger de Babenhausen et Wöllenbourg. Dal Franc. Gius. Martin.* Aufführungsvermerk 3. Dezember 1784.
- Missa Pastorella in F (SATB, Str, 2 Hr, 2 Tr, Pk, Org), komponiert 1760, demnach das früheste nachweisliche Werk des damals erst 17jährigen Martin.
- Missa Pastorella in F (SATB, Str, 2 Tr, Tr solo in der Pastorella, Org solo).
- Missa solemnis in d (SATB, Str, 2 Fl, 2 Hr, 2 Tr, Pk, Org), aufgeführt am 14. August 1783 sowie in den Jahren 1784 und 1788.

Außer den Messen läßt sich als gesicherte Kirchenkomposition aus den Rechnungen der Lateinischen Schulstiftung noch das auf S. 88 genannte

- Stabat Mater aus dem Jahre 1763 nachweisen.

Weitere im Kroyerkatalog aufgeführte, fast ausschließlich geistliche Werke von einem Martin ohne Vornamen sind für Franz Joseph nicht gesichert und werden bei Pater Gerard Martin kurz behandelt.

2.3.2 Georg Gottlieb Hayde

Nach dem frühen Tod von Franz Joseph Martin erfolgte eine Trennung zwischen dem Amt des Chorregenten und dem des Musikdirektors. Während die Chorregentenstelle die kommenden fast neun Jahrzehnte in den Händen der Lehrersfamilie Höß lag, be-

---

[376] KBM Bd. 13, S. 116-118.

kleidete den Posten des Kammermusikdirektors zunächst Georg Gottlieb Hayde. Der Name, der leicht mit dem des großen Komponisten Haydn verwechselt werden kann, findet sich in verschiedenen Schreibweisen als Haid, Hayd, Hajd, Haide oder Haiden. Über sein Leben ist kaum etwas bekannt. In den Sterbematrikeln der Babenhauser Pfarrei ist unter dem Datum des 26. Mai 1795 verzeichnet: *Nobilis Doctissimus Dominus Georgius Amadeus Haiden huius Dinastico Actuarius et Musico Aulico Director de Nürnberg aetatis 49. S[acramento] viatico provisus in oppinato extinctus est.*[377] Danach wurde Hayde 1746 geboren und stammte aus Nürnberg. Obgleich dort im 17. Jahrhundert über einen längeren Zeitraum hinweg eine Musikerfamilie Haiden wirkte,[378] blieben Nachforschungen über Georg Gottlieb erfolglos. Wie alle Musiker am Fuggerhof war auch er Beamter, die Bezeichnung Actuarius verweist auf seine Tätigkeit als Schreiber. Nach der *Ausgab Geld auf Besoldungen* erhielt *Herr Music Instructor Hayde* im Rechnungsjahr 1777/78 100 fl, 1794/95 waren es 150 fl.[379] Die Bezeichnung Musikdirektor finden wir auf zwei seiner Kompositionen sowie auf der folgenden Quittung vom 14. März 1788: *für reparation des Chor Violons und 2 neu gekaufte Geigenbögen dem Musik Direktor Haide ersetzt und bezahlt 7 fl 20 x.*[380] Zwischen 1777 und 1782 erscheint sein Name viermal unter den Mitwirkenden auf dem Kirchenchor. Hayde starb als angesehener Mann *(Nobilis Doctissimus Dominus)* völlig überraschend mit 49 Jahren. Von seinem Tod berichtete Maria Walburga, die Gattin des Grafen Anselm Victorian, am 25. Mai 1795 ihrem Sohn Franz Joseph nach Dillingen: *Lieber Sohn, ich höre mit fräuden, daß sich meine lieben söhne in bestem Wohl befinden, nichts anderes kann* [ich] *Gottlob von mir auch nicht sagen, als daß* [ich] *die babenhauser Kranckheit welches das laxieren*[381] *ist habe. Häut Nachmittag 4 uhr ist der Musiquedirector an einer zwar schon längeren Wassersucht, jedoch ganz schnell und unerwartet an einem Schlagfluß gestorben, Ich empfehl ihn in deine Andacht, und mich in deine kindliche liebe.*[382]

Der Kroyerkatalog verzeichnet von Hayde zwölf Kompositionen, wovon die Hälfte der sog. Gelegenheitsmusik zuzurechnen ist. Dazu gehörten:

– *Der Opferer, und glückliche Unterhan, ein Singspiel abgesungen bey der Namensfeyer des Hrn. Grafen Anselm Victorian Fugger … in die Tonkunst verfaßt … von … damaligen Music Director und junger gnädiger Herrschaften Instructor im 1778 ten Jahre* (Soli u. Chor, Str, 2 Fl, 2 Tr, Pk).
Der Text war von Herrn Städele in Memmingen.

– *Warum ist sie mir heute so heiter meine Seele?* Gratulationskantate (Soli u. Chor, Str, 2 Fl, 2 Hr, Cemb), komponiert im März 1779 (vgl. S. 69).

– *Denkmal wahrer Freude an der Hohen Geburts-Feyer des Hrn. Grafen Anselm Victorian Fugger … verfaßt und überreicht von … dermaligen Hochgräfl. Musik Direk-*

---

[377]   PfMB Bd. III. *Der angesehene und gelehrte Herr Georg Gottlieb Haiden, Kanzlist dieser Herrschaft und Kammermusikdirektor aus Nürnberg, Alter 49 Jahre. Mit den Sterbesakramenten versehen starb er unerwartet schnell.*

[378]   Eitner (wie Anm. 272) Bd. IV, S. 478.

[379]   FA 67.4.16. und 54.

[380]   StAA, Gemeindedepot Babenhausen 282 (heute GAB).

[381]   Vermutlich ist damit die Diarrhoe gemeint.

[382]   FA 1.2.165e.

torn und junger gnädig. Herrschaften Musikmeister den 14 ten August im 1779 Jahre (Soli u. Chor, Str, 2 Fl, 2 Hr).

– Ehren Musik Zur Hohen Geburts Feyer Sr. Hochgräfl. Excellenz unsres gdgst. Regierenden Grafen und Herrn ... 1786 (S-Solo u. Chor, Str, 2 Ob, 2 Hr, 2 Tr, Pk).

– Cantate auf das Geburtsfest des Grafen Anselm Maria Fugger 1791 (S-Solo u. Chor, Str, Fl, 2 Ob, 2 Hr, 2 Tr, Pk).

– Cantate auf die Vermählungsfeier des Grafen Anselm Maria Fugger mit Maria Antonia Gräfin zu Zeil Wurzach. 15. Sept. 1793.[383] Dazu existierte auch ein gedrucktes Textbuch.

Über den Ablauf der Vermählungsfeier, für die die letztere Kantate bestimmt war, sind wir dank einer Babenhauser Chronik von der Hand Franz Josef Sturys unterrichtet.[384] Danach hatte die kirchliche Trauung des Brautpaares am 15. Oktober 1793 in Mooshausen stattgefunden. Anschließend waren die Herrschaften nach Babenhausen gefahren, wo sie am Ortseingang feierlich empfangen wurden. Stury schreibt dazu: An der Brücke war ein ungefähr 60 Schuhe hoher Triumphbogen errichtet, auf dessen ganz oben angebrachter Altane 4 Trompeter und 1 Paukenschläger sich befanden. Die 4 Trompeter waren Georg Bader Hutmacher und Nepomuk Faigle Stricker zu Babenhausen, dann Thürmer Stiegelbauer von Weißenhorn und der Thürmer von Mindelheim; Paukenschläger Franz Josef Stury, Seilers Sohn von Babenhausen 16 Jahre alt, welche bey der Ankunft der Herrschaft Aufzüge spielten. Nachdem die gnädige Herrschaft unter dem Triumphbogen angekommen war, deklamierte Fr. Magdalena von Böck,[385] wohnhaft bey Herrn Oberamtmann Schuyer und gebürtig aus Deisenhausen, dann Fr. Nanette Ehrentreich Kanzleyverwalters Tochter, ein Gedicht und überreichten solches auch schriftlich den hohen Herrschaften [...]. Darauf ging der Zug unter Abfeuerung der Kanonen, dem Geläute aller Glocken, der Musik auf dem Triumphbogen und der Militair türkischen Musik unter freudigen Vivatrufen der versammelten Volksmenge dem Schloß zu [...]. Den Tag darauf war feyerlicher Gottesdienst und Te Deum laudamus, wobei alles in Galla erschien und auch das Militär in ihrer Uniform, doch die Cavallerie zu Fuß beiwohnte. Mittags war große Tafel, wo alle Unterthanen auf dem prächtig geschmückten Saal vor dem Tafelzimmer freien Zutritt hatten. Auf dem Abend war großes Concert wobei in dem 60zig Musikanten zugegen waren, da zu dieser Feierlichkeit auch noch fremde Musiker von Weißenhorn und Mindelheim beschieden worden waren. Bei der Abendtafel war der Saal schon beleuchtet, darauf wurde im Hofgarten ein Feuerwerk abgebrannt und sodann die Feyerlichkeit beendiget. Es war auch in den Wirtshäusern eine Freinacht, wo auf die Gesundheit der Herrschaften vakar zugetrunken wurde.

Aus einem Aufführungsvermerk auf den ehemaligen Musikalien geht hervor, daß bei oben erwähntem Gottesdienst die Musik ebenfalls von Hayde stammte. Es erklangen von ihm:

– Te Deum in D (SATB, Str, 2 Ob, 2 Hr, 2 Tr, Pk, Org)

– Tantum ergo in D (SATB, Str, 2 Ob, 2 Hr, 2 Tr, Pk, Org).

Außer diesen lassen sich von Hayde noch zwei weitere Kirchenmusikwerke nachweisen:

---

383 Muß wohl richtig 15. Oktober 1793 heißen.
384 Franz Joseph Stury, Chronik von Babenhausen, Handschrift (Fragment) im GAB, S. 71f.
385 Die spätere Frau von Franz Joseph Martin (Sohn).

– eine *Missa Solennissima* in D *Dedicata Illustrissimo ... Dom. Anselmo, Victoriano S:
R: J. Comiti ... Composita, et prima vice producta Festo onomastico, Anno 1782 a
Servo obsequentissimo Hayde.*[386] Diese Messe muß sehr beliebt gewesen sein, da
noch vier weitere Wiedergaben verzeichnet sind und zwar am 21. April 1783, 4. Oktober 1785, 2. Dezember 1787 und 6. Januar 1790.

– ein Requiem in Es (SATB, Str, 2 Fl, 2 Hr, Org) aus dem Jahre 1784.[387]

Da Hayde nicht Chorregent war, verlagerte sich sein Schaffen mehr auf den profanen
Bereich. Für das Schloßtheater schrieb er neben dem bereits erwähnten Singspiel *Der
Opferer und glückliche Unterthan* noch zwei Opern, von denen sich die gedruckten
Textbücher[388] erhalten haben:

– ›Philint und Kleone, oder Der Geburtstag. Eine komische Oper in zwei Aufzügen‹
(Soli u. Chor, Str, 2 Ob, 2 Hr, Pk). Textbuch gedruckt bei Rehm Memmingen.
Sie wurde erstmals 1780 aufgeführt und dann noch dreimal im September 1814 am
Ende des Schuljahres anläßlich der Austeilung der Prämien für begabte Schüler. Das
Werk umfaßte insgesamt 24 Nummern.

– ›Der Faßbinder, eine Komische Oper. In Tiefster Verehrung aufgeführt zu Babenhausen den [*20. Juni*] im 1784sten Jahre.‹ Textbuch gedruckt bei Mayer Memmingen
(siehe Abb. 34). Die Oper enthielt 13 umfangreiche Gesangsnummern. Bei der Wiedergabe der Texte beschränkte man sich im ›Faßbinder‹ auf die Arien, mit der Begründung: ›Da ohnehin diese Oper schon im Drucke[389] und bekannt ist, so hat man
keine weitläufige Erklärung machen, sondern nur folgende Arietten, um das mühsam
horchende Ohr zu schonen, neuerdings der Presse untergeben wollen.‹ Keines der
beiden Texthefte nennt übrigens den Namen Hayde, dieser kann nur aus dem Kroyerkatalog erschlossen werden.

Die Musik zu den beiden Opern ist leider verschollen, erhalten hat sich hingegen im
ehemaligen Zisterzienserinnenkloster Gutenzell[390] eine nur mit Hayde bezeichnete Arie
Noch schaff ich Götter Werke. Da sie nicht unter den Arien von Joseph und Michael
Haydn nachweisbar ist, könnte sie von Georg Gottlieb Hayde stammen, jedoch nicht,
wie aus Textvergleichen ersichtlich, aus den genannten Opern.

Sinfonien von Hayde sind nicht überliefert. Wie wir wissen, gab es bereits ein reich-
haltiges Repertoire an Sinfonien im Schloß. Komponiert wurde im wesentlichen nach
Bedarf und dieser bestand hauptsächlich in heimischen Gelegenheitsmusiken. So ist es
auch verständlich, daß sich unter den Fuggermusikalien von Hayde nur ein Kammermu-
sikwerk befand, nämlich ein Quartett (!) in G für Violine, Violoncello und Cembalo.
Außerdem existierte ein Trio in C für Violine, Violoncello und Cembalo eines nicht
näher bekannten Komponisten namens Franz Fidel Hayde, wahrscheinlich ein Verwand-

---

[386] *Feierliche Messe in D, für seinen höchst angesehenen ... Herrn, den Grafen Anselm Victorian ... von seinem gehorsamsten Diener Hayde komponiert und an dessen Namenstag im
Jahre 1782 erstmals aufgeführt.*

[387] Von dem im Kroyerkatalog nicht verzeichneten Werk ist unter den BaM nur der Umschlag
erhalten. Die inneliegenden Stimmen gehören nicht dazu, sie konnten als Requiem von
Drexel identifiziert werden (Nachweis Pfarrkirche Aichach Ms 27).

[388] Privatbesitz Babenhausen.

[389] Gemeint sind wohl die Opern anderer Komponisten auf denselben Text.

[390] Heute LMA.

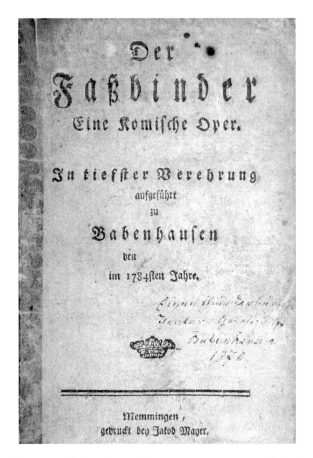

Abb. 34: Titelblatt des Textbuches zur Oper ›Der Faßbinder‹
von Georg Gottlieb Hayde 1784

ter des Georg Gottlieb Hayde. Beide Stücke haben sich im Fürstlich Waldburg-Zeil'-schen Gesamtarchiv Schloß Zeil in zeitgenössischen Handschriften erhalten.[391] Drei weitere Kammermusikwerke von Georg Gottlieb Hayde lassen sich dort nur noch anhand eines alten Kataloges nachweisen, die Noten selbst sind nicht mehr vorhanden. Es handelt sich dabei um zwei Quartette (!) in C bzw. D für Clavecin, Gamba, Violine, Viola und Baß sowie ein Trio in G für Clavecin, Violine und Baß.

2.3.3 Anton Prem

Die Nachfolge Haydes im Amt des Musikdirektors trat Anton Prem aus Greding in Mittelfranken an. Seine Eltern waren Georg Premm, Maler und dessen Ehefrau Anna

---

[391] Sign. ZA Wn 4710. Für die Überlassung von Kopien sei dem Fürstlichen Haus und seinem Archivar, Herrn Rudolf Beck, vielmals gedankt.

Maria.[392] Anton wurde 1751 geboren.[393] Der Taufeintrag läßt sich in den Gredinger Pfarrbüchern nicht ausfindig machen, wahrscheinlich sind seine Eltern erst später dorthin zugezogen. Zwischen 1764 und 1768 besuchte der junge Anton das Jesuitengymnasium in Eichstätt. 1768 ist dort sein Eintrag in der Schülerliste mit folgendem Zusatz versehen: *intra annum Gymnasio exesse iussus, et sub anni finem ex decreto Principis denuo in perpetuum exclusus.*[394] Demnach mußte Prem für immer das Gymnasium verlassen, der Grund dafür ist nicht vermerkt. Nichtsdestoweniger dürften die vier Jahre dort seine Musikalität wesentlich geprägt haben, zumal Eichstätt damals zu den wichtigen Musikzentren Süddeutschlands gehörte. 1771 immatrikulierte sich Prem an der Universität Ingolstadt.[395] Als Musikant wurde er in Babenhausen am 16. April 1783 mit 40 fl Jahresgehalt aufgenommen.[396] Die Stelle des Musikdirektors muß ihm bereits wenige Wochen nach Haydes Tod übertragen worden sein, was aus folgender gräflichen Anweisung[397] an die Generalkasse vom 25. Juni 1797 zu entnehmen ist: *Da wir allschon am 11. Juli 1795 die Verzeichnung der Musikalien und Musikintrumenten unserm bisherigen Kammerlaquai Anton Prem gegen zusätzliche Besoldungs Zulage von 36 fl. übertragen und ab diesem zu unserm Herrschaftlichen Musik Director ernannt und aufgestellet, selbem auch statt der bisher jährlich erhaltenen Livraj eine weitere Besoldungszulage mit Zustand 1. May retro anfangend beigeleget haben, also hat Unsere General-Kasse gesagt Unserem Musik Direktor Anton Prem sowohl die einmal beigelegte als wie die schon genehmigte Besoldung im Quartal ratio* [in Raten] *abzutragen.* Ähnlich wie die meisten Musiker gehörte auch Prem zum Hofpersonal und war als Lakai bereits unter Hayde, wahrscheinlich als Violinist, Mitglied des Hoforchesters. Der eigenhändige Besitzvermerk auf dem Violakonzert in Es, op. 3 von Allesandro Rolla[398] legt nahe, daß er auch dieses Instrument beherrschte. Später erfolgte, im Zusammenhang mit seiner Tätigkeit als Musikdirektor, die Beförderung zum Kabinettskanzlisten. Das neue Amt muß zunächst ohne finanzielle Auswirkungen geblieben sein, denn Prem[399] schreibt am 28. Oktober 1800: *Bereits im April laufenden Jahres wurde ich von Eurer Erlaucht zum Kabinettskanzlisten gnädigst befördert, erhielt aber bisher weder ein Anstellungs Dekret noch wurde ich verpflichtet. Es geht also mein untertänigstes Gesuch dahier, Euer Erlaucht wollen gnädigst geruhen, mir obiges zukommen zu lassen, wozu* [ich] *noch die ehrerbietigste Bitte beifüge, mir wegen Abnahm der Garderobe die gnädigst Verheißene Zulaage zu schöpfen* [...]. Das Gesuch wurde befürwortet und der neue Kabinettskanzlist mußte drei Tage später die Eidesformel[400] sprechen, dabei u.a.

---

[392]   Frdl. Mitteilung von Dr. Bruno Lengenfelder vom Diözesanarchiv Eichstätt, dem ich auch den folgenden Werdegang Prems vor seiner Ankunft in Babenhausen verdanke.
[393]   Aus dem Sterbeeintrag der PfMB Bd. III ermittelt.
[394]   *Während des Jahres wurde ihm der Austritt aus dem Gymnasium befohlen und gleich vor dem Ende des Jahres wurde er mit einem Dekret des Fürstbischofs neuerlich für alle Zukunft ausgeschlossen.*
[395]   Rainer Albert Müller (Bearb.), Die Matrikel der Ludwig-Maximilians-Universität Ingolstadt-Landshut-München, Teil I, Band III Nr. 3344, München 1979.
[396]   FA 67.4.26.
[397]   FA 7a.9.27.
[398]   Erhalten unter den BaM.
[399]   FA 7a.9.1.
[400]   FA 7a.9.1.

Abb. 35: Violakonzert in Es von Alessandro Rolla.
Titelblatt in der Handschrift von Anton Prem

[…] *dem Regierenden Grafen und Herrn gehorsam, huld und getreu zu sein, höchstdero allen Ehre und Nutzen in allen eingehenden Fällen und Gelegenheiten nach seinem Vermögen zu schüzen und befördern, Schaden und Nachteil hingegen zu wenden […].*
1809 erhielt Prem ein Gehalt von jährlich 200 fl.[401]

Ob Prem in seiner Stellung als Musikdirektor, wie seine beiden Vorgänger, auch komponiert hat, läßt sich nicht mit Sicherheit sagen, der Kroyerkatalog verzeichnet keine Kompositionen von ihm. Lediglich ein Streichquartett in C[402] ist mit Anton Prem gezeichnet, was sowohl als Hinweis auf den Autor als auch auf den Besitzer gedeutet werden kann. Letzteres ist aber wahrscheinlicher, da auf sechs weiteren Musikalien des Katalogs der Vermerk steht *ad me Prem*, d.h., daß sie zu seinem Privatbesitz gehörten. Hingegen haben sich in der Fürstlich Oettingen-Wallerstein'schen Bibliothek[403] zwei geistliche Werke von einem Antonio Prem erhalten, und zwar:
– Missa in D, bez. *Missa Bethlehemitica* (SATB, Str, 2 Tr, Org)
– Missa in F (SATB, Str, 2 Tr, Pk, Org).

Beide stammen aus dem Besitz der säkularisierten Abtei Kirchheim/Ries. Ob der Komponist dieser Messen mit dem Babenhauser Prem identisch ist, läßt sich zwar nicht mit Sicherheit sagen, ist aber aufgrund der Namensgleichheit denkbar. Vielleicht sind sie bereits vor seiner Übernahme in den Fuggerschen Dienst entstanden. Ob hingegen der Autor einer relativ weit verbreiteten Sinfonie in F *del Sig. Brim*[404] mit Anton Prem identisch ist, muß bezweifelt werden.

---

[401] FA 67.14.7.
[402] KBM Bd. 13, S. 156.
[403] Heute UBA. Vgl. KBM Bd. 3, S. 156.
[404] Kommt in Ottobeuren, Harburg (anonym), Donaueschingen und im Diözesanarchiv Würzburg vor.

Zu den Aufgaben eines Kapellmeisters gehörte früher immer wieder die Beschaffung von neuem Notenmaterial, entweder durch Kauf oder durch Entleihen von benachbarten Schlössern, Klöstern und Kirchen und der damit verbundenen Kopiertätigkeit. So verwundert es auch nicht, daß der Name Prem recht häufig bei Ausgaben für Musikalien (vgl. Anhang III) als Käufer oder Kopist erscheint. Zwischen 1788 und 1810 existieren von ihm über 130 Quittungen[405] für das Kopieren von Noten, wobei häufig mehrere Werke zugleich auf einer Rechnung zusammengefaßt sind. Darunter befanden sich nicht

Abb. 36: Sinfonia in Es von Franz Xaver Heel.
Erste Seite des Schlußsatzes (Violine I) in der Handschrift von Anton Prem

weniger als 30 Sinfonien und 40 Messen bzw. Requiems, ganz abgesehen von den vielen anderen Musikgattungen, schlichtweg oft nur als Musikalien bezeichnet. Die Anfertigung von Kopien wurde eigens honoriert, was zweifelsohne eine willkommene zusätzliche Einkommensquelle darstellte. Die Bezahlung richtete sich dabei gewöhnlich nach der Zahl der beschriebenen Bögen. Der Kopist erhielt in Babenhausen zur Zeit Prems im Regelfall pro Bogen (zwei Blätter in folio) 6 x, wozu noch ein minimaler Betrag für das Rastrieren (Ziehen von Notenlinien) kam. Um sich eine Vorstellung von der immensen Arbeit machen zu können, sei als Beispiel die Abschrift einer nicht näher

---

[405]   FA 67.4.3-95.

identifizierbaren *solennen Meß von Giuseppe Haydn* aus dem Jahre 1803 angeführt,[406] deren Stimmenmaterial aus nicht weniger als 88 Bögen, also 176 Blatt bestand. Prem bekam dafür insgesamt 9 fl 32 x, die sich aus 8 fl 48 x für das Schreiben und 44 x für das Rastrieren zusammensetzten.

Mit 22 Dienstjahren war Prem der am längsten wirkende Musikdirektor am Fuggerhof. Er starb am 28. Mai 1817 um 4 Uhr früh im Alter von 66 Jahren an Entkräftung.[407] Prem war ledig und wohnte im Haus Nummer 0, d.h. in einer Dienstwohnung im Schloß. Mit seinem Tode verschwand am Fuggerhof der Titel des Musikdirektors, im Gegensatz zum Amt des Chorregenten.

2.3.4 Die Chorregentenfamilie Höß

Das Jahr 1775 brachte für Babenhausen die Auflösung der Lateinschule als eigenständige Institution. Die finanziellen Verhältnisse der Schulstiftung hatten sich offensichtlich im Laufe der Zeit so verschlechtert, daß man sich keinen eigenen Lateinschullehrer mehr leisten konnte. Bereits 1764 heißt es dazu in einem Bericht der Rechnungsrevision: *Da in vier Jahren die wirklichen Ausgaben auf Präsente, Besoldung des Chorregenten, Kost, Kleidung der Stiftsknaben, dann Bauwesen auf 1140 fl sich belaufen, somit ein Passivrest von 219 fl sich ergibt, so folgt, daß in jeglicher Rechnung ein Nachrest hängen bleibt und daß die sämtlichen Einnahmen die gegenwärtigen Ausgaben zu tragen nicht mehr vermögen […].*[408] Mit dem Tode des letzten Lateinschullehrers Franz Joseph Martin ging damit der Chorregentendienst und die aus der Auflösung der Lateinschule sich ergebende Mehrarbeit auf den deutschen Schullehrer über.

Deutscher Schullehrer war in diesem Jahr Franz Anton Höß (Höss). Dieser wurde am 5. Februar 1745 als Kind des Andreas Höß und seiner Frau Maria Victoria Schlichting in Babenhausen geboren.[409] Das Geschlecht der Höß kann dort über mehrere Generationen zurückverfolgt werden. Zeitweise hatten Familienmitglieder das Amt eines Richters und Bürgermeisters inne. Über die Ausbildung von Franz Anton ist nichts Näheres bekannt. Einige Hinweise deuten möglicherweise auf ein Studium bei St. Salvator in Augsburg hin.[410] Als der deutsche Lehrer Anton Müller 1772 starb, übernahm Höß dessen Stelle, nachdem er bereits ein Jahr vorher als Schulgehilfe in Babenhausen tätig gewesen war.[411] Seine Besoldung betrug 1773 als Schulmeister 22 fl, als Cantor 20 fl und als Schreiber in der Fuggerkanzlei 30 fl.[412] Die Aufschlüsselung zeigt, daß er, ebenso wie schon vorher Martin und Ehrentreich, mehrere Funktionen gleichzeitig innehatte. Auf dem Kirchenchor begegnen wir Höß in dieser Zeit namentlich als Schreiber einer Messe von Martin und als Mitwirkender bei den Fuggerschen Jahrtagen (vgl. S. 78). 1774 versah er an bestimmten Festen den Chordienst in der zur Pfarrei Babenhausen

---

[406] FA 67.4.74a Nr. 295.
[407] PfMB Bd. V.
[408] Zitiert nach Heel (wie Anm. 90), S. 31.
[409] PfMB Bd. III.
[410] Da für diese Zeit in St. Salvator keine Schülerlisten existieren, gibt es dafür aber keinen Beweis.
[411] Heel (wie Anm. 14), S. 140 und 177.
[412] FA 67.1.168½.

gehörenden Wallfahrtskirche Kirchhaslach. Der Chronist[413] vermerkt dazu: *Der Schullehrer Franz Höß zu Babenhausen bezog von der Kirchenstiftung zu Kirchhaslach eine Besoldung von 24 fl dann 4 Malter Roggen und Malter Haber. Dafür hatte ein jeder Chorregent und Schullehrer zu Babenhausen die Obliegenheiten zu Kirchhaslach an folgenden Festtagen auf dem Chor der Kirche daselbst den Gottesdienst ohne Beihilfe des dortigen Schullehrers zu besorgen welcher an diesen Tagen nur den Sakristeidienst zu versehen hatte aus dem Grunde weil an diesen Tagen mehrere geistliche Herren anzukommen pflegten, also: 1. am Fest Maria Heimsuchung, 2. am Fest Maria Geburt, 3. am Fest des hl. Rosenkranzes, 4. wie an Tagen, an welchen die Bewohner von Babenhausen nach Kirchhaslach mit dem Kreuze kommen.*

Die Übernahme des Chorregentendienstes und die Mehrarbeit, die sich aus der Auflösung der Lateinschule ergab, bedeuteten für Franz Anton Höß eine hohe Belastung. Dies hing zunächst damit zusammen, daß der deutsche Schulmeister weit mehr Schüler zu unterrichten hatte als der Lateinschullehrer.[414] Dazu kam, daß in Babenhausen nunmehr zwar kein eigener Lateinschullehrer mehr existierte, sehr wohl jedoch die Einrichtung der Lateinischen Schulstiftung selbst. Diese läßt sich bis 1842 nachweisen und wurde danach durch den Begriff Schul- und Wohltätigkeitsstiftung ersetzt.[415] Wie früher sollten danach einige wenige begabte Schüler die notwendigen Voraussetzungen für eine höhere Schulbildung erhalten. Zu diesen gehörten insbesondere die Singknaben, die jetzt beim deutschen Schullehrer wohnten. Diesen Schülern mußte zusätzlich unentgeltlich Latein- und Musikunterricht erteilt werden. Die Institution der Singknaben endete in Babenhausen erst 1862 mit dem Tode des gleichnamigen Sohnes von Franz Anton Höß.

Eine gewisse Entlastung bei der Bewältigung des Unterrichts bot allein ein Schulgehilfe (Unterlehrer), der ebenfalls beim deutschen Schulmeister wohnte und dessen geringes Salär es kaum zuließ, einen eigenen Hausstand zu gründen. Der Wunsch nach einem solchen liegt auch dem folgenden Gesuch[416] zugrunde, das der damalige Organist und Unterlehrer Blasius Schneider an den Grafen Fugger richtete. Er schreibt: [...] *Da ich nun als angestellter Organist zugleich das Officium eines Unterlehrers in hiesiger deutscher Schule, unter der Direction des Herrn Chorregenten Höß versehen habe und von demselben auch in etwas salariert werde, die Ausübung dieser zwey Officiorum und die davon resultierenden Einkünfte aber wirklich so wenig abwerfen, daß solche nur zu meiner Bekleidung und andern erforderlichen kleinen Bedürfnissen hinreichend sind [...]. Also wage ich es Euer Reichshochgräflichen Erlaucht hiemit unterthänigst anzuflehen, obbesagtes gnädigster und höchstweiser Erwägung zu würdigen, sowie auch nachstehendes. Ob nicht das beynahe das ganze Jahr hindurch leerstehende dahiesige Schießhauß zum Hauß für hiesige deutsche Schule bestimmt und mir als Unterlehrer und Organist auf eine Bewohnung darin gnädigst angewiesen werden möchte. Sehr glücklich würde ich mich auch schätzen, wenn mir die Anwartschaft oder Expectanz auf die künftige Vacatur der von Herrn Höß als jetzigem Oberaufseher der deutschen Schu-*

---

[413] GAB.

[414] Dies galt besonders seit Einführung der allgemeinen Schulpflicht Anfang des 19. Jahrhunderts.

[415] FA 67.18.193.

[416] FA 7a.9.23, ohne Datum, wohl 1801.

le, gnädigst erteilt würde [...]. Der Wunsch nach der einmal vakanten Stelle des deutschen Schullehrers ging für ihn nicht in Erfüllung, hingegen der nach einem eigenen Hausstand. Schneider wurde am Hof als Lakai aufgenommen, heiratete 1806 und erhielt 1808 den Posten eines Rentamtsschreibers, den er bis zu seinem Tode am 13. Februar 1857 bekleidete.[417]

Franz Anton Höß war zweimal verheiratet. Aus der ersten Ehe mit Eleonore Maria Böck[418] gingen zwischen 1771 und 1786 vierzehn Kinder hervor, von denen acht im Kindesalter starben. Nach dem Tod der ersten Frau heiratete er am 18. Oktober 1787 in Kirchhaslach Isabella Fleck.[419] Aus dieser Verbindung entstammten nochmals neun Kinder, von denen vier am Leben blieben. Höß selbst starb am 2. April 1810, die Pfarrmatrikel[420] verzeichnen folgenden Eintrag: *Der Hochsehlige und Wohlgelehrte Josephus Antonius Höß Stifts Chori Regent durch 35 Jahr und Schullehrer durch 38 Jahr gestorben an Abzehrung nachts 12 Uhr.*

Aus dem Besitz von Franz Anton Höß haben sich in Babenhausen und Weißenhorn mehrere meist anonyme Musikhandschriften erhalten, von denen ein Teil identifiziert werden konnte. Ob Höß selbst komponiert hat, ist nicht bekannt. Es finden sich weder Werke im Kroyerkatalog, noch lassen sich die nicht identifizierten Anonyma ihm ein-

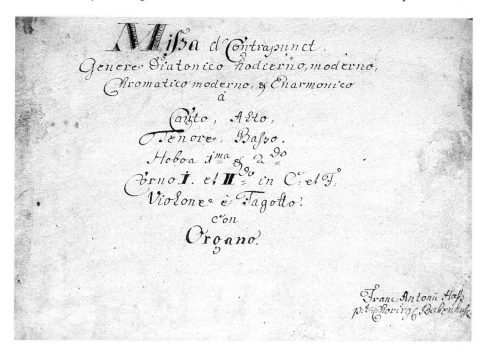

Abb. 37: Titelblatt der ›Missa d' Contrapunct.‹
(vermutlich von Franz Xaver Heel) in der Handschrift von Franz Anton Höß (Vater)

---

[417] FA 9a.9.23.
[418] Kein Eintrag in den PfMB, vermutlich fand die Trauung auswärts statt.
[419] PfMB Bd. III.
[420] PfMB Bd. V.

deutig zuordnen. Hingegen ist sein Name mehrmals unter den Kopisten verzeichnet (vgl. Anhang III). Kontakt hatte Höß zum Augsburger Domorganisten Johann Michael Demmler (1748-1785). Dies läßt sich aus dem Vermerk auf dem Autograph von dessen Oratorium *Die sigende Seele* entnehmen, auf dem verzeichnet war: *pro me Franz Anton Hoess Auth. Mich. Demler 1780.*[421] Beziehungen bestanden zudem zu Ottobeuren, wo ein älterer Bruder von Franz Anton, Pater Johann Baptist Höß (vormals Andreas, geboren am 7. September 1741) Lehrer am Gymnasium und Professor des Kirchenrechts war.[422] Dessen Name findet sich auch als Kopist von Werken Mozarts und Pleyels im dortigen Musikarchiv.[423] Die Bayerische Staatsbibliothek[424] verwahrt die Stimmen einer Missa Quadragesimalis für 4-stg. Chor und Orgel, komponiert von Johann Sebastian Höß. Ob dieser mit Johann Baptist identisch ist, läßt sich nicht sicher sagen.

Um die hohe berufliche Belastung seinem Nachfolger zu ersparen, hatte Höß noch kurz vor seinem Tode den Wunsch geäußert, künftig wieder das Amt des deutschen Schullehrers von dem des Lateinschullehrers und Chorregenten zu trennen. Dies erfahren wir aus einem Schreiben vom 13. April 1810 an das Königlich Bayerische Kreiskommissariat[425] betreffs Erledigung des Chorregenten- und Schullehrerdienstes. Danach sollte sein gleichnamiger Sohn Franz Anton aus erster Ehe, geboren am 5. Juni 1785, deutscher Schullehrer werden und sein Sohn Franz Xaver aus zweiter Ehe, geboren am 14. November 1790,[426] die Stelle des Chorregenten und des Lateinschullehrers übernehmen. Die erforderlichen Kenntnisse in Latein und Musik hatte sich Franz Xaver in einem sechsjährigen Studium in Augsburg angeeignet.

Die Ämter wurden vom Kreiskommissariat nicht getrennt, sondern gingen gemeinsam vom Vater auf den älteren Sohn Franz Anton über.[427] Dieser heiratete am 18. Juni 1810 Eleonora Geiger, Schullehrerin aus Roggenburg,[428] aus deren Ehe wiederum zahlreiche Kinder hervorgingen. Wie bereits seinem Vater stand auch dem jungen Franz Anton ein Schulgehilfe zur Seite. Namentliche Erwähnung verdient unter diesen der spätere Musikpädagoge und Komponist Matthias Waldhoer, der in der Zeit zwischen 1813 und 1815 in Babenhausen wirkte.[429] Trotzdem litt auch Franz Anton unter der hohen Arbeitsbelastung, insbesondere dem zusätzlichen unentgeltlichen Latein- und Musikunterricht. In einem Brief vom 21. April 1810[430] ersuchte er deshalb das Königlich Bayerisch Fürst Fuggersche Herrschaftgericht, ihm für diese Sonderdienste eine zusätzliche Besoldung zu gewähren. Das Schreiben ist insofern von Interesse, als wir darin aufschlußreiche Details über den Musik- und Lateinunterricht sowie über die Singknaben

[421] KBM Bd. 13, S. 78.
[422] Pirmin Lindner, Die Patres von Ottobeuren, in: Zeitschrift des Historischen Vereins für Schwaben und Neuburg, 31. Jahrgang, Augsburg 1904, S. 57.
[423] KBM Bd. 12, S. 165 und 178.
[424] Mbs Mus ms 484.
[425] StAA, Oberamt Babenhausen Akt Nr. 10.
[426] PfMB, beide in Bd. IV.
[427] Heel (wie Anm. 14), S. 177.
[428] PfMB Bd. V.
[429] Heel (wie Anm. 90), S. 58. Matthias Waldhoer (1796-1833) war später Musikprofessor am Gymnasium und Chorregent bei St. Lorenz in Kempten, wo er sich als Verfasser musikpädagogischer Werke und als Komponist einen Namen machte.
[430] StAA, HG Babenhausen A 108.

erfahren, wo es heißt: […] *Da in Babenhausen ohnehin die deutsche Schule so zahlreich ist, und während des allgemeinen Unterrichts, um diesen nicht zu versäumen, dergleichen lateinische Lectionen nicht zugleich erteilt werden können, so wurden bisher nur Privat- und Nebenstunden hiezu außer der Schulzeit benützt. Zudem müssen täglich mehrere Stunden dem Musikunterricht gewidmet werden, wobei dann freylich nur wenig Zeit für Unterrichts-Ertheilung der lateinischen Sprache übrig bleibt. Aus der Schulstiftung wurden jährlich 90 fl Kostgeld für 2 Knaben bezahlt, welche sich in der Singkunst vor allen anderen gut auszeichnen, die Fähigkeit besitzen auf dem Music Chor Dienst zu leisten, die erste Note erhalten, und sich vorzüglich tugendhaft betragen. […] Diesen zwei Knaben wurde auch täglich der Privat Unterricht in den Anfangs-Gründen der lateinischen Sprache ohne Belohnung ertheilt.* Im weiteren Verlauf des Schreibens geht Höß dann auf die finanziellen Belastungen ein, die sich für ihn vor allem aus der Haltung eines Schulgehilfen sowie der Versorgung seiner Stiefmutter samt ihren drei unmündigen Kindern ergeben. Er schreibt dazu: […] *Es konnte sein Vater mit dem ganzen Gehalt und zu besseren Zeiten kaum auskommen, um so schwerer und drückender muß seinem Sohn eine so unerträgliche Last zum größten Schaden seiner Familie fallen. Dadurch leidet ihre Subsistenz* [Lebensunterhalt]*, und weil Nahrungs- und andere Sorgen immer nachtheilig auf die Freyheit des Geistes wirken, am Ende sein Dienst zu dessen möglichster Beförderung eine unerläßliche Bedingung ist, und bleibt, daß der Lehrer zu leben habe oder ihm nicht mehr aufgebürdet sey, als er ohne Ruin seines Hausstandes tragen kann.* Die Antwort auf sein Gesuch ist nicht bekannt, doch dürfte sie kaum positiv ausgefallen sein. Dafür spricht ein Brief der Fuggerschen Herrschaft an die Gemeinde Babenhausen[431] aus dem Jahre 1820, in dem es heißt: »Die Unterhaltung eines lateinischen Schullehrers habe wegen der Dürftigkeit der Stiftung seit vielen Jahren selbst aufgehört […].« Eine gewisse Entlastung brachte erst die Errichtung einer zweiten Schulgehilfenstelle am 8. November 1831, so daß fortan in Babenhausen nun drei Lehrkräfte unterrichteten.[432]

Über die Tätigkeit von Franz Anton Höß als Chorregent wird von Pfarrer Heel in seiner Schulgeschichte[433] lobend vermerkt: *Chorregent Höß sorgte mit allem Eifer für eine gute Kirchenmusik und instruierte seine und andere Kinder mit guten Stimmen im Gesang.* Als am 15. Oktober 1834 das neue Schulhaus eingeweiht wurde, erklang ein ›Lied, gesungen von der Schuljugend zu Babenhausen bey Eröffnung des neuen Schul-Gebäudes‹.[434] Es umfaßte 14 Strophen und ist am Ende mit ›Fr. Anton Höß Lehrer‹ bezeichnet. Vermutlich war er der Textdichter und Komponist. Über die Grenzen seiner Heimat hinaus wurde Franz Anton Höß durch das 1843 in Augsburg erschienene Buch bekannt: ›Kurzer und leichtfaßlicher Unterricht von der Landwirthschaft in Katechetischer Form‹ (siehe Abb. 38).[435] Neben seiner Tätigkeit als Lehrer und Chorregent hatte Höß auch andere musikalische Verpflichtungen. 1819 wird er als Kapellmeister der hiesigen Militärkapelle genannt.[436] Fünf Jahre später erscheint sein Name im Zusammen-

---

[431] Heel (wie Anm. 14), S. 149.
[432] Heel (wie Anm. 14), S. 177.
[433] Heel (wie Anm. 90), S. 79.
[434] Textbuch gedruckt bei Ganser Ottobeuren (Privatbesitz).
[435] Privatbesitz.
[436] FA 7a.18.14.

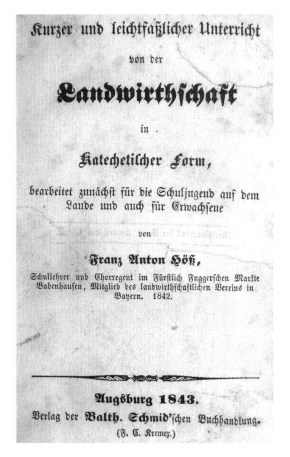

Abb. 38: Titelblatt der Landwirtschaftslehre
von Franz Anton Höß (Sohn)

hang mit einer Ballveranstaltung, wie die folgende Abrechnung[437] zeigt: *Quittung per 15 fl Welche Endsunterzeichneter für die Tanz Music am Bal vom 16. Merz 1824 als am Jubel Fest Seiner Majestät unseres allergnädigsten Königs angewiesen von Seiner Hochfürstl. Durchlaucht unseres gnädigsten Fürsten durch Tit. Herrn Dom. Rath Braunmühl hiemit empfangen zu haben bescheint. Babenhausen am 13. April 1824 Fr. Ant. Höß Chorregent.*

Franz Anton Höß starb am 13. November 1862. Er war mit 52 Dienstjahren der am längsten wirkende Chorregent in Babenhausen. In Privatbesitz hat sich eine Mappe mit Zeichnungen von der Hand des Fürsten Anton Anselm,[438] erhalten, in der sich die auf S. 113 abgebildete Skizze befindet. Sie stellt rechts Franz Anton Höß (Sohn) mit einer Notenrolle in der Hand als Chorregent auf dem Babenhauser Kirchenchor dar. Die linke

---

437   FA 67.4.97.
438   Wie Anm. 132.

Person kann nicht mit Sicherheit identifiziert werden. Es könnte sich dabei vielleicht um Franz Xaver Heel handeln, dem bedeutendsten Komponisten von Babenhausen zur Zeit der Familie Höß.[439]

Abb. 39: Franz Anton Höß (Sohn) als Dirigent mit Notenrolle zusammen mit einem Sänger (Franz Xaver Heel?). Bleistiftskizze von Fürst Anton Anselm Fugger

---

[439] Für die Zuschreibung spricht sowohl Heels Wirken als Cantor auf dem Chor sowie seine enge Bekanntschaft mit dem Fürsten Anton Anselm.

2.4   Der Komponist Franz Xaver Heel

2.4.1   Zur Biographie

2.4.1.1   Herkunft und Ausbildung

Franz Xaver Heel (auch Hehl oder Hell geschrieben) wurde am 21. Februar 1758 als viertes Kind des Krämers und Schneidermeisters Johannes Heel und seiner Frau Anna, geb. Knittler, in Babenhausen geboren.[440] Von seinen sechs Geschwistern starben vier bereits in jungen Jahren. Eine ältere Schwester, Maria Barbara, geb. am 5. März 1754, verheiratete sich mit dem Bäcker Johann Winter. Ein jüngerer Bruder, Johann Georg, geb. am 1. Januar 1764, erlernte das Handwerk eines Strumpfwirkers.[441] Das Geschlecht der Heels stammte aus Ebershausen. Von dort aus war der Großvater Franz Xavers, der Schneidermeister Joseph Heel, durch Heirat mit Magdalena Lechler von Babenhausen in den Fuggermarkt gekommen. Aus dieser Ehe gingen vier Kinder hervor, darunter Johannes, geb. am 17. Juli 1723, der Vater des Franz Xaver und dessen älterer Bruder Joseph, geb. am 24. Februar 1722. Joseph trat dem Orden der Barmherzigen Brüder in Wien bei. In diesem Kloster wirkte in der Zeit zwischen 1758 und 1760 auch Joseph Haydn, der dort gelegentlich im Amt um 8 Uhr die Violine gespielt haben soll.[442] Es ist durchaus denkbar, daß sich beide persönlich kannten. Leider verstarb Joseph Heel bereits am 29. Mai 1760 an Lungenschwindsucht,[443] so daß er später seinem musikalischen Neffen von einer möglichen Begegnung mit Joseph Haydn nichts mehr hätte erzählen können.

Dem jungen Franz Xaver begegnen wir erstmals 1772 als Schüler des Klostergymnasiums Ottobeuren. In diesem Jahr trat er der dortigen Marianischen Kongregation bei und zwar als ›grammatista‹, d.h. als Schüler der dritten Klasse. Der Eintrag in das Album der Studierenden lautet: *Franciscus Xaverius Heel Babenhusianus Suevus,* wobei von späterer Hand vermerkt ist: *Musicus et Cancellista Babenhusanus.*[444] Vermutlich hatte seine höhere Schulbildung bereits in der Babenhauser Lateinschule begonnen, archivalische Nachweise darüber gibt es leider nicht. Ebenso muß offen bleiben, ob er zu den Babenhauser Singknaben gehörte, da in der fraglichen Zeit keine Namen genannt sind. Jedenfalls muß es sich um einen begabten Knaben gehandelt haben, ansonsten wäre er nicht in den Kreis der Stipendiaten aufgenommen worden, deren Studium durch die Armenhausstiftung in Babenhausen[445] ermöglicht wurde. Danach erhielt Johannes Heel für seinen Sohn Franz Xaver aus dieser Stiftung zwischen 1773 und 1783 jährlich 15 fl. Der Eintritt in das Ottobeurer Gymnasium war von einer Aufnahmeprüfung abhängig. Bestand man diese, konnte ein Schüler, wenn er zur Musik zu gebrauchen war, sogar

---

[440]   PfMB Bd. III.

[441]   PfMB Bd. III und StAA, AFB 180, S. 118.

[442]   MGG Bd. 5, Kassel 1956, S. 863.

[443]   StAA, AFB 169, S. 119.

[444]   Acta & Album Congregationis Studiosorum […], in: StAA, Kloster Ottobeuren MüB 118 fol 28.

[445]   StAA, Gemeindedepot Babenhausen 68 (heute GAB).

freie Kost und Wohnung erhalten.[446] Über das Leben in der dortigen Klosterschule erfahren wir von dem Türkheimer Volksschriftsteller Ludwig Aurbacher (1784-1847), der ebenfalls in Ottobeuren studierte. In seinen Jugenderinnerungen[447] schreibt er: »Die Aufnahme (1797) unterlag keinem Anstande, nachdem ich meine Probearie mit ziemlicher Fertigkeit abgesungen und die sonstige Prüfung bestanden hatte.« Ähnlich wird auch Franz Xaver mit Erfolg vorgesungen haben. In den kommenden Jahren war dann das Kloster Ottobeuren für den jungen Babenhauser der ideale Ort, an dem er sich musikalisch weiterbilden konnte. Das Gymnasium zählte zur Zeit Aurbachers an die 150 Studierende. »Daß dabei der Unterricht für je zwei Klassen in einem Zimmer erteilt wurde, hatte einige Unbequemlichkeiten, doch nicht in dem Grade, daß bedeutende Störungen stattgefunden hätten. Da jede Klasse nur 15-18 Schüler zählte, so waren sie leicht im Auge zu behalten; und während des Vortrags für die einen ward für die anderen durch Komposition und ähnliche Beschäftigung gesorgt.« Man sieht daraus, daß neben den klassischen Schulfächern auch Komposition unterrichtet wurde, wie überhaupt die Musik einen breiten Raum in dem streng geregelten Tagesablauf einnahm. »Morgens 5 Uhr stand man auf; nach verrichtetem Morgengebete frühstückte man, um 6 Uhr hielt man Privatstudium; um 7 Uhr ging man in die Messe; um 8 Uhr begann die Schule und dauerte bis 11 Uhr. Dann begab man sich zum essen. Von 1½-2 Uhr wurden wir in Musik unterrichtet; von 2-4 Uhr ward schule gehalten; von 4-6 Uhr Erholung und musikalische oder literarische Repetition; um 6 Uhr Abendessen; hierauf Rekreation bis 8 Uhr; zuletzt Privatstudium; um 9 Uhr zu Bette.« Dazu kam, daß die Singknaben, 40-50 an der Zahl, zusätzlich durch die musikalische Gestaltung der vielen Gottesdienste in Anspruch genommen wurden. Hand in Hand mit der Gesangsunterweisung ging die Ausbildung im instrumentalen Bereich, meist Klavier (Cembalo, Orgel) und einem Streichinstrument. Das Kloster Ottobeuren gehörte damals zu den bedeutendsten Musikzentren Süddeutschlands. In der neuerbauten Abteikirche begegnete Heel, der sicher zu den Singknaben gehörte, der ganzen Fülle der damaligen Kirchenmusik. Neben der geistlichen Musik pflegte man auch das Singspiel. Alljährlich wurden zum Schuljahresabschluß sog. Endskomödien gegeben, bei denen die Schüler als Schauspieler, Musiker und Sänger (letztere ›personae canentes‹ genannt) auftraten. Die Musik dazu stammte vornehmlich von klostereigenen Komponisten. Dazu zählten damals Benedikt Kraus, P. Gallus Dingler, P. Raphael Weiß, P. Benedikt Vogl und P. Franz Schnizer.[448] Schnizer war denn auch der Komponist des Singspiels ›Insignis sapientiae praecipium solii decus‹, das am 6. September 1773 im dortigen Theatersaal zu Ehren des Abtes Honorat Goehl zur Aufführung kam. Während Text und Musik dazu leider verloren sind, hat sich die Perioche erhalten, in der wir unter den Sängern auch ›Franc. Xav. Heel Grammat.‹ begegnen (siehe Abb. 40).[449] Dieser Auftritt im Theater war zweifelsohne eine besondere Auszeichnung und zeugt von einer guten stimmlichen Begabung. In Ottobeuren er-

---

[446] Vgl. Norbert Hörberg, Bildung und Wissenschaft, in: Landkreis Unterallgäu, Memmingen 1987, S. 392.

[447] Aegidius Kolb, Ludwig Aurbacher und Ottobeuren, in: Studien und Mitteilungen OSB 73 (1962), S. 120-123.

[448] Willi Pfänder, Das Musikleben der Abtei Ottobeuren, in: Ottobeuren 764-1964, Augsburg 1964, S. 52-57.

[449] Perioche in AO.

lernte Heel sicher auch die Grundlagen der Kompositionslehre, wobei als Lehrer die vorher genannten Musiker, insbesondere Schnizer[450] in Frage kommen.

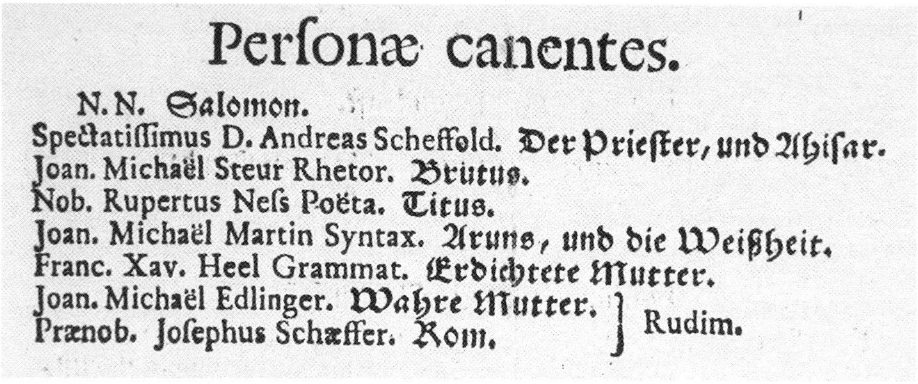

Personæ canentes.

N.N. Salomon.
Spectatissimus D. Andreas Scheffold. Der Priester, und Abisar.
Joan. Michaël Steur Rhetor. Brutus.
Nob. Rupertus Neß Poëta. Titus.
Joan. Michaël Martin Syntax. Aruns, und die Weißheit.
Franc. Xav. Heel Grammat. Erdichtete Mutter.
Joan. Michaël Edlinger. Wahre Mutter.
Prænob. Josephus Schæffer. Rom.   } Rudim.

Abb. 40: Verzeichnis der Sänger in der Perioche zum Singspiel
›Insignis sapientiae praecipium solii decus‹, aufgeführt 1773 in Ottobeuren

Mitte der siebziger Jahre muß Franz Xaver dann Ottobeuren verlassen haben, denn 1776 findet sich sein Name in einer Schülerliste der letzten Gymnasialklasse (Rhetorik) in Dillingen.[451] Der Grund für den Schulwechsel ist nicht bekannt – vielleicht sollte der junge Klosterzögling einmal einen geistlichen Beruf ergreifen. In der erwähnten Liste werden Heel lediglich *mittelmäßige Begabung und wenig Ordnungsliebe* bescheinigt, hingegen *ein rechtschaffener, zurückhaltender und sehr lobenswerter Charakter*. In dieser Zeit gab es in der Donaustadt ein reges Musikleben, das wesentlich durch den Lehrer und Chorregenten Joseph Anton Laucher (1737-1813)[452] und zeitweilig durch die Hofkapelle des Fürstbischofs Clemens Wenzeslaus geprägt wurde. Laucher galt seinerzeit als tüchtiger Komponist, dessen Kirchenmusik teilweise sogar im Druck erschien. Er stammte wie Heels Großvater aus Ebershausen. Denkbar ist, daß sich die beiden Familien schon aus früherer Zeit gekannt haben. Von Laucher könnte der junge Student weitere wichtige musikalische Impulse erfahren haben.

Die bedeutendsten musikalischen Eindrücke vermittelte ihm aber sicher sein dritter Studienort Salzburg. Am 22. Dezember 1779 immatrikulierte sich ›Franc. Xav. Heel Babenhusanus‹ an der Juristischen Fakultät der Universität Salzburg,[453] nachdem er am 9. August 1779 in Dillingen das Zulassungszeugnis erhalten hatte. Über seine Zeit in

---

[450]   Vgl. dazu Otto Frisch, Der Komponist P. Franz Schnizer OSB aus Wurzach, Bad Wurzach 1985.

[451]   Schülerlisten in StBD, XV 478, 1776/77, 2. Rhetorik, Bl. 2v.

[452]   Adolf Layer, Josef Anton Laucher, in: Lebensbilder aus dem Bayerischen Schwaben, Bd. 8, München 1961, S. 301-327.

[453]   P. Virgil Redlich, Die Matrikel der Universität Salzburg 1639-1810, Salzburg 1933, S. 645. Die zeitliche Differenz zwischen dem Besuch der letzten Gymnasialklasse und dem Zulassungszeugnis für die Universität dürften wohl mit einem Studium der Philosophie in Dillingen zusammenhängen. Belege dafür existieren nicht.

Salzburg ist nichts bekannt, wahrscheinlich hielt er sich dort bis Mitte des Jahres 1783 auf. Dafür spricht die folgende Bemerkung auf der Quittung vom 3. Juli 1783 für den Stipendiaten: *Bestehende 15 fl hat Pfleger Michael Gast zum letztmal zu bezahlen.* Bereits am 18. Juli wird Franz Xaver anläßlich der zweiten Eheschließung seines Vaters in dessen Heiratsvertrag[454] als *J[uris] U[triusque] Candidatus, dermaliger Praktikant allhier* genannt. Die Bezeichnung *Juris utriusque Candidatus*, d.h. Kandidat beider Rechte (des kanonischen und zivilen Rechts), führte Heel sein Leben lang, sie findet sich selbst noch in seinem Sterbematrikel. Ein Kandidat der Rechte hatte ein Jurastudium hinter sich und war zu den Prüfungen zugelassen. Da bei Heel kein Abgangszeugnis nachgewiesen werden kann, darf als sicher gelten, daß das Studium dort mit keiner Prüfung abgeschlossen wurde.[455]

Die bedeutende Musikstadt Salzburg war für Heel sicher nicht nur der Ort für die Berufsausbildung, sondern dürfte auch wesentlich seine Musikalität geformt haben. Es ist müßig, darüber zu spekulieren, ob Franz Xaver dort den großen Namen der Musikgeschichte persönlich begegnete, einem Wolfgang Amadeus Mozart oder Michael Haydn. Vielleicht gehörte er gar zu den vielen ungenannten Schülern Michael Haydns. Als Michael Haydn im Jahre 1782 in der Nachfolge Mozarts das Amt des Hoforganisten antrat, übernahm er auch den Unterricht für die Kapellknaben. Dieser wurde, nach dem Zeugnis von Nikolaus Lang, nicht nur von Kapellknaben, sondern ebenso von musikalischen Studenten besucht.[456] Es ist gut denkbar, daß sich darunter auch der junge Heel befand. Als sicher gilt auf jeden Fall, daß Heels späterer Kompositionsstil, dessen Grundlagen in Ottobeuren und Dillingen gelegt worden waren, durch den Salzburger Aufenthalt eine wesentliche Bereicherung erfahren hat.

Die folgenden Jahre dürfte Heel als Kanzlist und Musiker am Fuggerhof verbracht haben. Für den Beruf spricht der Ottobeurer Eintrag *Musicus et Cancellista,* für seine Wirkungsstätte die erwähnte Bezeichnung *Praktikant allhier.* Eine Beziehung zum Fuggerhof bestand bereits durch seinen Vater, der dort als Kutscher tätig war. Letzteres geht aus folgendem Rechnungsvermerk[457] hervor: *Der Kutscher Johann Heel von Babenhausen ist den 1. Februar 1759 in den Dienst als Vorreither übernommen und sodann anno 1762 zum Kutscher gemacht worden mit dem Jahreslohn wie vorhergehende [Angestellte] 30 fl.*

2.4.1.2   Der Handelsmann und Musiker

Am 4. Mai 1787 übergab der Bürger und Handelsmann Johannes Heel sein Haus um 1200 fl an seinen Sohn Franz Xaver, welcher am selben Tag mit der Jungfrau Maria Theresia Zingerle, Tochter des Fugger-Kirchbergschen Steuerkassierers Johann Nepomuk Zingerle, einen Heiratsvertrag abschloß.[458] Franz Xaver muß also derweil den Be-

---

[454] StAA, AFB 180, S. 118.

[455] Frdl. Mitteilung von Herrn Dr. Apfelauer, Archiv der Universität Salzburg. Ein Studium ohne Prüfungsabschluß war damals weit verbreitet, da Prüfungen verhältnismäßig teuer waren.

[456] Robert Münster, Nikolaus Lang, in: Österreichische Musikzeitschrift 1972. Frdl. Mitteilung von Dr. Ernst Hintermaier, Universität Salzburg.

[457] FA 67.4.3.

[458] StAA, AFB 183, S. 108-113.

ruf des Kanzlisten mit dem eines Handelsmannes vertauscht haben. Was das Wohnhaus betrifft, so handelte es sich um das Haus mit der damaligen *Hausnummer 30 in der Stadt*.[459] Bei der Übergabe des elterlichen Hauses und Kramergeschäftes wurde ein genaues Inventar des vorhandenen Besitzes mit Wertangaben erstellt. Danach besaß die Familie Heel neben dem Kramerladen, wie damals üblich, eine kleine Landwirtschaft mit Grundbesitz, wobei die Rede ist von *Krautstrangen, Erdäpfelstrangen, mehreren Riedteilen, einer Viehweid, sowie im Haus von Heu und Strey.* Franz Xaver konnte vom Vater den Besitz ohne große Verschuldung übernehmen, da seine zukünftige Frau 1000 fl als Heiratsgut mit in die Ehe gebracht hatte. Die kirchliche Trauung fand am 22. Mai 1787 in Babenhausen statt.[460] Das Trauungsregister vermerkt beim Bräutigam *Spectabilis Dominus,* d.h. ehrenwerter Herr, ein in den Matrikelbüchern seltenes Attribut, das auf einen angesehenen Bürger schließen läßt, wohl auch aufgrund seiner akademischen Bildung. Fortan führte Franz Xaver das Kramergeschäft 40 Jahre lang, seinen Schriftverkehr unterzeichnete er stets mit *Bürgerlicher Handelsmann*.[461] Zu seinen Kunden gehörten u.a. auch die Fuggerschen-Gräflichen Herrschaften. An diese verkaufte er laut Rechnung[462] 1802 zur Einkleidung der zwei Stiftsknaben verschiedene Tücher, Leinwand, Garn, Knöpfe, Seide, Faden, Hosenträger, Strümpfe, Kamelgarn und Halstücher, wofür er 59 fl 38 x erhielt. Besonders groß war der Bedarf an Textilien zu Festen und Beerdigungen am Fuggerhof. Anläßlich der Beerdigung des Grafen Anselm Victorian hatte Heel den Stoff für die Trauerflors des Fuggerschen Personals zu liefern. Da damit nicht nur die Bediensteten in Babenhausen, sondern auch in Boos, Kettershausen, Weinried, Kirchhaslach und Heimertingen ausgestattet wurden, betrug der Stoffverbrauch 223 Ellen. Dazu kam das schwarze Tuch für die gesamte Bekleidung des Babenhauser Hofpersonals, was Heel laut Rechnung[463] vom 14. November 1793 die ansehnliche Summe von 426 fl 54 x einbrachte. Als Kramer führte Heel auch Schnupftabak. Für die Lieferung von vier Pfund der Sorte *Marocko* bezahlte ihm das fürstliche Haus am 24. März 1811 4 fl 32 x.[464]

Heel stand mit dem Fuggerhof nicht nur als Handelsmann, sondern auch als Musiker in Verbindung. Deren Anfänge dürften bereits in die Studienzeit zurückreichen. Der erste datierte Nachweis dafür findet sich auf einem Abschiedschor für die Gräfin Maria Josepha, die sich am 9. Januar 1791 mit Graf Joseph Anton Truchseß von Waldburg-Wolfegg vermählt hatte.[465] Dort bezeichnet sich Heel als *Hoch*[gräflicher] *Kapellmeister,* ein Titel, der wohl nicht identisch mit dem des Musikdirektors sein kann, da dieses Amt damals Georg Gottlieb Hayde bekleidete. Was letztlich damit gemeint war, ist unbekannt. Noch im selben Jahr nennt sich Heel auf einer Kantate anläßlich der Rückkunft des Grafen Anselm Victorian von einer Reise *Hochherrschaftlicher Musiker da-*

[459] Quellen: PfMB Bd. V (Geburt von Heels Tochter Elisabeth und Tod der zweiten Frau Maria Anna) und FA 7.4.17 (Feuerschutzversicherung 1795).

[460] PfMB Bd. III.

[461] FA 67.18.181½.

[462] FA 67.18.181½.

[463] FA 1.2.166a½.

[464] FA 67.4.12.

[465] Wie Anm. 223.

hier.[466] Meistens unterzeichnete er in den folgenden Jahren Quittungen musikalischen Inhalts mit *Hof Musikus allda.*[467] Als Hofmusiker entfaltete Heel eine reiche Kompositionstätigkeit, auf die im Abschnitt 2.3.2 ausführlich eingegangen wird. Wie bereits auf S. 73 erwähnt, gehörte dazu auch die musikalische Erziehung der Kinder des Fürsten Anselm Maria. Als Beispiel für die Abrechnung darüber soll die abgebildete Quittung dienen.[468] Der Unterricht in Geige und Gesang mag ein Hinweis darauf sein, daß Heel

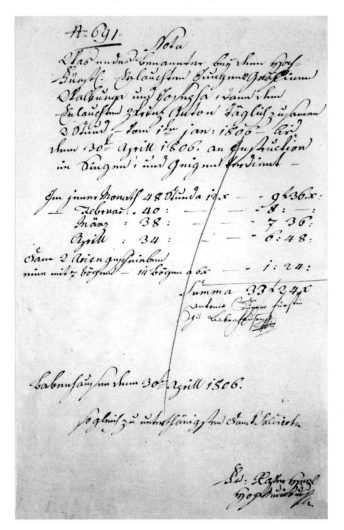

Abb. 41: Abrechnung Franz Xaver Heels
über den am Fuggerhof erteilten Gesangs- und Geigenunterricht
für die ersten vier Monate des Jahres 1806 sowie für zwei komponierte Arien

---

[466]   KBM Bd. 13, S. 106.
[467]   FA 67.4.83.
[468]   FA 67.4.83, Nr. 691.

selbst am Hof als Violinist und Sänger auftrat. Unterstützt wird diese Annahme durch eine Bemerkung im Funeralakt anläßlich des Todes von Maria Walburga, der Gattin des Grafen Anselm Victorians. Dort wird Heel 1796 bei der Vergabe der Trauerflors nicht nur als Hofmusikus, sondern auch als Cantor bezeichnet. Ebenso läßt er sich als Lehrer für Klavierunterricht am Hofe nachweisen.[469] Ob er nach dem Tode des Musikdirektors Prem 1817 die Leitung der Schloßmusik übernahm, konnte nicht ermittelt werden, ist aber denkbar. Den Titel eines Musikdirektors hatte Heel vermutlich nie inne.

In den Jahren nach seiner Vermählung schenkte Maria Theresia Heel ihrem Mann acht Kinder, von denen vier bereits kurz nach der Geburt starben. Allein zwei Söhne und zwei Töchter überlebten:[470] Ignaz Caspar, geb. am 6. Januar 1791, Johannes Nepomuk, geb. am 30. April 1792, Marianne, geb. am 9. April 1788 und Maria Josepha, geb. am 4. Dezember 1789. Als Taufpaten nennen die Pfarrbücher bei allen Kindern den Bärenwirt und zeitweiligen Oberbürgermeister Ignaz Stölzle, als Firmpaten bei den beiden Buben den deutschen Schulmeister und Chorregenten Franz Anton Höß.[471] Am 10. September 1798 starb, erst 34jährig, Heels Frau.[472] Bereits am 16. Oktober desselben Jahres heiratete der Witwer die Jungfrau Maria Anna Textor aus Kirchdorf (damals zum Reichsstift Rot an der Rot gehörig), nachdem er zehn Tage vorher einen Heirats- und Kindsvertrag[473] abgeschlossen hatte. Danach brachte die Hochzeiterin 400 fl mit in die Ehe. Das Vermögen des Hochzeiters wird mit 1800 fl angegeben, wobei dieser Betrag Haus und Grundbesitz miteinschloß. Der Kindsvertrag beinhaltete auch das Erbe, das mütterlicherseits den beiden Töchtern Marianne und Josepha zuerkannt wurde. Das Verzeichnis dieses Erbes läßt auf einen wohlhabenden Bürgerhaushalt schließen. Der einzige Sohn aus zweiter Ehe, Franz Xaver, geb. am 26. Juni 1800 starb kurz nach der Geburt.[474]

Das Handelsgeschäft ging in den folgenden Jahren offensichtlich gut. Heel verlieh sogar Geld, u.a. an die St. Andreas-Pflege der Pfarrkirche[475] und an Graf Johann Nepomuk (vgl. S. 72). Andererseits lieh er sich auch Geld aus, so 1806 von Pfarrer Joseph Zweifel in Winterrieden,[476] das er zur *Beförderung seiner Handelsschaft* verwendete, was soviel wie Geschäftserweiterung bedeutete. Dies hing insbesondere mit dem allei-nigen Vertrieb von Schießpulver zusammen, was ihm mittels eines Zertificates[477] vom 5. November 1810 durch das Königliche Landgericht Babenhausen gestattet worden war, nachdem er zugesichert hatte, *mangels eines geeigneten Lokals im Ort, selbst ein feuerfestes Gewölbe zur Aufbewahrung des Materials zu bauen.* Das Handelsmonopol blieb nicht ohne Folgen. Spindler[478] schreibt dazu: »Man unterrichtete sämtliche Handelsleute am Ort mit ›Circular‹ von diesem Handelsmonopol. Dabei forderte man sie auf, ihre Vorräte an Pulver der ›Kgl. Zeughaus Hauptkommission‹ abzuliefern. Am

---

[469] FA 67.4.74, Nr. 294.
[470] PfMB Bd. IV.
[471] PfMB Bd. V.
[472] PfMB Bd. III.
[473] StAA, AFB 194, S. 245-256.
[474] PfMB Bd. V.
[475] FA 67. 19.1 1/3.
[476] StAA, AFB 202, S. 90.
[477] StAA, LGäO Babenhausen 49.
[478] Dieter Spindler, Das Saliterwesen in Babenhausen, in: Heimatmagazin II/94, S. 18.

21. August 1811 stellte jedoch der Gerichtsdiener während einer Kramerladenvisitation bei zwei Babenhauser Krämern einen Pulvervorrat von insgesamt 25 Pfund fest. Denunziert hatte diese der patentierte Pulverhändler Heel. Das Pulver wurde konfisziert und die beiden Krämer mußten als Strafe zwei Teile des Materialwertes in Höhe von 17 fl 20 x bezahlen. Der Denunziant erhielt aufgrund eines allerhöchsten Rescriptes den dritten Teil des Wertes als Belohnung. Zu ihrer Verteidigung gaben die Krämer dem Landrichter an, daß sie nur deswegen gegen das Verbot verstoßen hätten, weil sie von den hiesigen und auswärtigen Schützen aufgefordert worden seien, besseres Pulver als das des Handelsmannes Heel zu liefern. Das Pulver hatten sie in der Memminger Pulvermühle Besemfelder gekauft.« Eine Bestätigung der Aussage der Krämer ergibt sich insofern, als in den Rechnungen für Pulverkauf des Babenhauser Schützenvereines bis 1809 nie der Name Heel als Lieferant auftaucht, hingegen der des Krämers Alois Miller.[479] Dafür findet sich Heels Name in den Rechnungsbüchern der St. Andreaspflege,[480] wo am 26. Juni 1810 *dem Kaufmann Xaver Heel für das zur Fronleichnamsprozession genommene Pulver 21 fl 22 x bezahlt* wurden. Zu seinen Kunden gehörte auch der Fuggerhof, der am 26. Juni 1803 Heel u.a. 32 fl für 40 Pfund Böllerpulver zahlte, das gebraucht wurde *zur ankunft und Abreise Seiner Eminenz des Hochw. Herrn Weihbischofen*.[481] Der Hof pflegte damals Feste aller Art gerne lautstark zu begehen. So verwundert auch nicht, daß 1825 anläßlich der Vermählung des Fürsten Anton Anselm mit der Prinzessin Maria Franziska Hohenlohe-Bartenstein *während des Te Deums im Schloßhof 12 Pöller, auf dem Kreuzlesberg 12 Kanonensalven* abgefeuert wurden[482].

Seinem Ansehen und den guten Beziehungen zum Fürstlichen Haus verdankte Heel in den folgenden Jahren möglicherweise noch ein weiteres, militärisches Amt. Im Bürger-Militär-Almanach für das Königreich Bayern wird er nämlich 1810 und 1813 als Hauptmann der Füselierkompanie des Marktes Babenhausen bezeichnet. Diese Landwehr war natürlich kein echter Teil der Bayerischen Armee, sondern die Fortsetzung des freiwilligen Bürgermilitärs des 18. Jahrhunderts. Ihre Offiziere waren Honoratioren des jeweiligen Ortes bzw. Verwaltungsbeamte.[483] Heel hatte diesen Posten viele Jahre inne, noch 1826 unterschrieb er ein Dekret[484] betreffs Sammlung von Geldern mit *Hauptmann der I. Füselierkompanie*. Über die damalige Größe der Babenhauser Landwehr finden sich keine Angaben, 1848 werden in einem Verzeichnis[485] 82 Mann genannt.

Am 28. Oktober 1821 starb Heels zweite Frau Maria Anna. Der Witwer ging am 16. April 1822 eine dritte Ehe ein und zwar mit der ledigen Josepha Mayer aus Babenhausen.[486] Die Braut brachte die acht Jahre alte Tochter Karolina mit in die Ehe, deren Vater der Königlich Bayerische Leutnant Anton Heiserer war. Die Tochter wurde vom Bräutigam adoptiert.[487] Eine eigene Tochter aus dieser Ehe, Elisabeth, sein zehntes und

[479] FA 67.17.
[480] StAA, Gemeinde Depot Babenhausen 446 (heute GAB).
[481] FA 67.4.76.
[482] FA 1.2.234.
[483] Frdl. Mitteilung von Herrn Archivrat Dr. Tröger vom Bayerischen Hauptstaatsarchiv München.
[484] FA 7a.18.14.
[485] Wie Anm. 484.
[486] PfMB Bd. V.
[487] StAA, AFB 275, S. 98.

letztes Kind, wurde am 15. August 1823 geboren.[488] Heel war zu dieser Zeit bereits 65 Jahre alt und hauptberuflich immer noch als Kaufmann tätig. Im Laufe der folgenden Jahre muß dann der wirtschaftliche Niedergang des Handelsgeschäftes eingesetzt haben. Über die Gründe läßt sich nur spekulieren, sicherlich spielten dabei Verluste durch Geldverleih, besonders an Graf Johann Nepomuk, eine wesentliche Rolle. Bezeichnend für seinen sozialen Abstieg können die wechselnden Attribute bei den drei Heiratseinträgen in den Pfarrmatrikeln angesehen werden.[489] Während er bei der ersten Heirat als *spectabilis Dominus*, bei der zweiten Heirat als *honestus viduus Dominus* [angesehener Witwer] bezeichnet wird, steht im dritten Heiratseintrag nur noch sein Name. Dieser Niedergang spiegelt sich auch in seinen eigenen Worten auf einer seiner letzten Kompositionen wider, auf der dem Fürsten Anton Anselm gewidmeten ›Missa in Es‹.[490] Die Widmung der Messe zeigt nicht nur das vertrauensvolle Verhältnis zum Fürsten, sondern ist zugleich ein erschütterndes Dokument bevorstehender Todesahnung – wie anders sollte man darin die folgenden Sätze interpretieren ? […] *nachdem dasselbe* [Werk] *vollendet ist, so vertraue ich am meisten darauf, daß Du es wie einen Schwanengesang mit der gleichen Güte empfangen wirst. Getragen von dieser Hoffnung* und *gestützt auf Deine verehrenswerten Füße sterbe ich* […]. Mit der Bezeichnung Schwanengesang (man denke an Franz Schubert) will der Komponist sagen, daß es wohl sein letztes Opus sein würde. Dies sollte zwar nicht zutreffen, aber die äußeren Umstände der Familie waren damals alles andere als rosig. Schließlich drückte sie eine derartige Schuldenlast, daß Heel sich gezwungen sah, am 28. Juli 1827 sein *Haus samt Wurzgärtchen* um 2100 fl an den Seifensieder, Eisenhändler und Krämer Franz Josef Miller zu verkaufen.[491] Laut Vertrag ging dabei auch die auf dem Hause ruhende Handelsgerechtigkeit, mit *langen, kurzen und Spezereiwaren sowie Schießpulver* zu handeln, auf den Käufer über. Ein Großteil des daraus erwirtschafteten Geldes mußte der Verkäufer aufgrund eines kurz vorher geschlossenen Vergleichs an seine Gläubiger abführen. Im Haus erhielt er lediglich das *Recht auf Gebrauch des oberen Stübchens nebst Küche und Kammer zur Bewohnung und die Bodenkammer zur Aufbewahrung der Mobilarschaft und zwar auf ein Jahr lang, wonach der Verkäufer gehalten sein soll, die Wohnung zu räumen.* Der Kaufvertrag enthielt darüber hinaus aufschlußreiche Details über das Inventar des Hauses und den Grundstücksbesitz. Zur Einrichtung gehörten demnach neben Öfen, Kästen, Gerätschaften auch ein Blitzableiter – für die damalige Zeit eine relativ moderne Errungenschaft und dementsprechend auf die stolze Summe von 50 fl geschätzt. Demgegenüber nehmen sich die Schätzpreise für Grundstücke geradezu bescheiden aus, wie z.B. *ein doppelt Riedteil bei der Papiermühle 100 fl, eine Viehweid an der Memmingerstraß 50 fl.* Der wohl originellste ›Besitz‹ aber bestand in zwei Kirchenstühlen, *der männliche auf der Weinrieder Seite, I. Vorstand, der weibliche auf der nördlichen Seite, I. Vorstand,* geschätzt auf jeweils 13 fl 30 x. Bezahlte eigene Kirchenstühle besaßen damals nur wohlhabende und angesehene Bürger. Im Frühjahr 1828 verließ die Familie Heel das verkaufte Haus und übersiedelte in ein kleineres, um 600 fl erworbenes Söldhaus mit

---

[488] PfMB Bd. V.
[489] PfMB Bd. III und V.
[490] KBM Bd. 13, S. 98. Zum gesamten Widmungstext siehe S. 137.
[491] StAA, AFB 280, S. 163-167.

Wurzgarten.[492] In diesem Haus wohnte sie nur zwei Jahre und vertauschte es am 20. März 1830 gegen ein kleineres *Leerhäusl* zu 450 fl.[493] Dieses Leerhaus ist im Hypothekenbuch der Marktgemeinde unter der Hausnummer 104½ eingetragen.[494] Der einst stattliche Besitz hatte sich somit im Laufe der Jahre immer mehr verkleinert, und es ist anzunehmen, daß der früher so aktive, vielseitige und geschätzte Kaufmann und Musiker seinen Lebensabend recht bescheiden, vielleicht sogar in Armut verbracht hat. Am 17. Juni 1831 starb Franz Xaver Heel abends 7 Uhr an Entkräftung. Die Pfarrmatrikel[495] nennen als Beruf *Musiker* und in einer zusätzlichen Bemerkung *Kandidat der Rechte und ältester Hauptmann bei der Königlich Bayerischen Landwehr zu Babenhausen*, von einem Handelsmann ist nicht mehr die Rede. Die Beerdigung fand am 19. Juni statt, *die Besingniß mit Seelamt am 22. Juni.*[496] Das Verlassenschaftsprotokoll vom 14. Juli 1831 wurde als Armensache bezeichnet, als Erben sind genannt:[497] die Witwe Josepha, Sohn Ignaz,[498] die minderjährige Tochter Elisabeth, Johann Hechele, ein unehelicher Sohn seiner 1826 verstorbenen Tochter Marianne und des Königlich Bayerischen Gendarmen Johann Hechele, sowie die adoptierte Karolina Heiserer. Da das Vermögen des Vaters nur in dem kurz zuvor gekauften Leerhaus bestand, auf dem noch 200 fl Schulden lasteten, konnte den Kindern kein Vater- bzw. Großvatergut ausbezahlt werden. Nachdem Heels Frau Josepha am 28. September 1837 an Abzehrung[499] verstorben war, übernahmen Elisabeth Heel und Karolina Heiserer das Leerhaus aus der Verlassenschaft.[500] Elisabeth starb erst 25jährig am 13. August 1849 *am Schlagfluß*.[501] Dem Sohn Ignaz Caspar begegnen wir 1848 in Lindau, wo er als Kunstgärtner arbeitete. Von dort aus richtete der Advokat Leistner im Namen seines Mandanten am 20. August desselben Jahres an die Fürstlich Fuggersche Kanzlei ein Schreiben,[502] in dem es u.a. heißt: *Der hiesige Kunstgärtner Heel, Erbe des Handelsmannes Xaver Heel in Babenhausen übergab mir unsere in Siegelmäßiger Form gefertigte Urkunde, gemäß welcher er von dem verstorbenen Oberst Jägermeister, Herrn Johann Nepomuk Grafen von Fugger Babenhausen eine Summe von 800 fl samt 5% Zinsen vom 24. Januar 1810 – bis inclusiv 23. Januar 1848 – 1520 fl betragend, zu fordern hat. Die Zahlungsverbindlichkeit hinsichtlich dieser Forderung übernahm nach dem Ableben des Herrn Prinzipalschuldners dessen Herrn Bruder Franz Josef Fugger von Babenhausen, allein auch nun von diesem wurde die Schuld nicht getilgt […].* Leistner schlug im weiteren vor, sich gütig zu einigen, was schließlich zu einer geringen Abfindungszahlung von 300 fl an Heels Sohn führte. Ignaz Caspar Heel starb wenig später am 22. Oktober 1850 in Lindau. Das ›Lin-

[492] StAA, AFB 281, S. 100f.
[493] StAA, AFB 283, S. 167f.
[494] StAA, Hypotheken-und Grundbücher Babenhausen Bd. II, Nr. 358, S. 789.
[495] PfMB Bd. V.
[496] PfAB, Verkündigungsbuch 1831.
[497] StAA, AFB 325, S. 57-59.
[498] Der jüngere Sohn Johann Nepomuk muß derweilen verstorben sein.
[499] PfMB Bd. V.
[500] StAA, AFB 328, S. 157-159.
[501] PfMB Bd. VIII, mit der Bemerkung: *wurde seziert.*
[502] FA 1.2.229.

dauer Wochenblatt‹[503] veröffentlichte eine Danksagung, in der es heißt: ›Mit gerührtem Herzen bringen wir hiemit allen Jenen, welche die Güte hatten, bei der Beerdigung unseres geliebten Gatten und Vaters Ignaz Heel, Gärtnermeister, demselben die letzte Ehre zum Grabe zu erweisen, unseren aufrichtigen Dank dar.‹ Über die erwähnten Nachkommen ist nichts bekannt.[504] Verwandtschaftliche Beziehungen zu Joseph Heel (1843-1909), dem späteren Pfarrer von Babenhausen, lassen sich nicht nachweisen.

2.4.2   Die Kompositionen

Wer das Leben Heels, soweit es sich archivalisch erfassen läßt, betrachtet, wird kaum auf den Gedanken kommen, daß diesem so aktiven und vielbeschäftigten Handelsmann und Musiker auch noch genügend Zeit blieb, sich intensiv der Komposition zu widmen. Tatsächlich umfaßt sein Oeuvre die bis heute nachweisbare stattliche Zahl von etwa hundert Werken, die ausschließlich Manuskript blieben. Leider muß auch hier der größte Teil der Kompositionen als verloren betrachtet werden, doch sind die Verluste geringer als bei Martin oder gar Hayde. Immerhin konnten in den letzten Jahren in Kirchen, Bibliotheken und in Privatbesitz eine Reihe von Werken gefunden werden – mit einer Ausnahme – ausschließlich Kirchenmusik. Die Fundorte verteilen sich auf Babenhausen, Konstanz, Maria Steinbach, Marktheidenfeld, Miltenberg, Oberschönenfeld, Roggenburg, Rot an der Rot, Schwäbisch Hall, Türkheim und Unterelsbach sowie außerhalb Deutschlands auf Feldkirch, St. Pauls, Stams in Österreich und Disentis in der Schweiz. Eine alte Ortschronik von Aletshausen,[505] Musikinventare aus dem Kloster Neresheim[506] und der Pfarrkirche Pfaffenhausen[507] nennen ebenfalls den Namen Heel, leider sind die Noten verschollen. Die relativ weite Verbreitung bis über die Grenzen Deutschlands hinaus macht deutlich, daß Heel als Kirchenkomponist eine, wenn auch bescheidene überregionale Bedeutung hatte, im Gegensatz zum Instrumentalkomponisten Heel, der offenbar auf den Fuggermarkt beschränkt blieb. Bei den meisten erhaltenen Handschriften ist, wie damals häufig, nur der Familienname als Autor vermerkt, der fehlende Vorname läßt aber kaum Zweifel an der Authentizität des Babenhauser Heels aufkommen. Das ergibt sich bereits daraus, daß der Name Heel nicht gerade häufig ist, schon gar nicht als Musiker. Es konnte bis jetzt nur ein weiterer Komponist aus späterer Zeit,

---

[503]   Wochenblatt der Königl. Bayer. Stadt Lindau vom 29. Oktober 1850. Frdl. Mitteilung von Herrn MA Stauder vom Stadtarchiv Lindau.

[504]   Die PfM von Lindau verzeichnen keine Taufeinträge.

[505]   Behr (wie Anm. 211), S. 91.

[506]   Vgl. P. Paulus Weißenberger, Musikpflege in der Benediktinerabtei Neresheim im 18. Jahrhundert, in: Jahrbuch des Historischen Vereins Dillingen Bd. 85, 1983, S. 199. Dort ist ein Musikinventar aus dem Jahre 1807 wiedergegeben, das sich im Zentralarchiv des Fürsten Thurn und Taxis Regensburg (S.A.1255, Blatt 117f.) erhalten hat. Danach existierten damals in Neresheim zwei Messen von Heel. Darüber hinaus werden zwei Messen von Martin und zwei Symphonien von Hammer genannt. Leider fehlen die Vornamen der Autoren, so daß offen bleiben muß, ob diese Werke von einem der in dieser Arbeit genannten gleichnamigen Komponisten stammen.

[507]   Akten der Regierung des Oberdonaukreises, dort Schreiben des Pfarrers Rott von Pfaffenhausen von 1838.

J. H. Heel (1832-1915) ausfindig gemacht werden.[508] Vielfach sprechen darüber hinaus stilistische Merkmale für die Zuordnung der Musik an Franz Xaver Heel. Schwieriger hingegen ist die eindeutige Identifizierung verschollener Manuskripte Heels als Eigenkompositionen. Heel hat nämlich einerseits nur einen Teil seiner Kompositionen signiert, andererseits sich aber auch als Kopist betätigt, ohne allerdings immer, wie damals häufig, den Autor des Werkes zu nennen.[509] Wenn dieses Problem heute auch nicht mehr eindeutig gelöst werden kann, so sprechen doch folgende Kriterien für eine Eigenkomposition:

– im Kroyerkatalog die Bezeichnung *Autograph* und (mit Einschränkung) *Partitur*.
– in den Generalkassa-Rechnungen die Bemerkung *geschrieben*, was auf eine schöpferische Tätigkeit hinweist im Gegensatz zu *abgeschrieben*.[510]

Werke, die nicht diesen Kriterien entsprechen, wurden im folgenden mit dem Vermerk ›zweifelhaft‹ versehen. Insgesamt kann man sagen, daß diese wohl eher die Ausnahme sind. Bislang konnte keine der fraglichen Handschriften Heels im Kroyerkatalog mittels Incipitvergleich einem anderen Komponisten zugeordnet werden.[511]

Sieht man von der reinen Klaviermusik und dem Instrumentalkonzert ab, so hat Heel die meisten anderen Musikgattungen mit Beiträgen bedacht. Sie sollen im folgenden kurz dargestellt werden.

2.4.2.1   Instrumentalmusik

Obgleich die Instrumentalmusik etwa die Hälfte im Schaffensprozeß Heels einnimmt, konnte bislang nur ein einziges Werk dieser Gattung gefunden werden. Es handelt sich um die

– Sinfonia in Es (Str, 2 Ob, 2 Hr). Die viersätzige Sinfonia hat sich unter den Babenhauser Musikalien in einer Stimmenabschrift von der Hand Prems erhalten (siehe Abb. 36).[512] Benutzerspuren und die auf dem Umschlag notierte Bemerkung *sehr gut* beweisen nicht nur, daß sie seinerzeit aufgeführt wurde, sondern daß sie auch Anklang fand.

Der Kroyerkatalog[513] verzeichnet darüber hinaus noch weitere fünf Sinfonien in Partitur:

– Sinfonia in c (Str, Fl, 2 Ob, 2 Hr, Tr, Pk)
– Sinfonia in D (Str, 2 Ob, Fag, 2 Hr, Tr, Pk)

---

[508] RISM, Musikhandschriften nach 1600, Thematischer Katalog auf CD-Rom, München 2001.
[509] Dies betrifft möglicherweise das im KBM Bd. 13 auf S. 95 genannte anonyme Singspiel *Die belohnte Rechtschaffenheit*, das vermutlich von Christian Wagenseil stammte, sowie vielleicht die Oper *Nina* (siehe S. 129) und einige Anonyma in der Handschrift Heels im KBM Bd. 13. Zwei Kopien von der Hand Heels mit Angabe des jeweiligen Autors haben sich erhalten (vgl. S. 158 und 203).
[510] Eine Bestätigung erhält dieses Kriterium durch das sowohl in den Rechnungen als auch im Kroyerkatalog verzeichnete Streichquartett in G für Prinz Anton (vgl. S. 126).
[511] Beim Singspiel der Anm. 509 geschah dies durch Textvergleich.
[512] Als Autor wird ursprünglich Hoffmeister genannt, dieser dann von Prem mit Bleistift durch Heel ersetzt. Das Werk ist nicht unter den Sinfonien Franz Anton Hoffmeisters nachweisbar (vgl. Barry S. Brook, The Symphony Series B/V Franz Anton Hoffmeister, New York 1984).
[513] KBM Bd. 13, S. 102-104.

– Sinfonie in Es (Str, Fl, 2 Ob, 2 Hr, 2 Tr, Pk)
– Schützen Sinfonie in D (Str, 2 Ob, Fag, 2 Hr, Pk)
– Fragment einer Schlachtensinfonie in D (Str, 2 Ob, 2 Fag, 2 Hr, Pk).
   1. Satz unvollständig (wohl Schilderung des Kampfes),
   2. Satz: *Ankunft der Blessierten, welche der Monarch väterlich aufnimmt, dann Trau-ermarsch auf einen in der Schlachtt gebliebenen General,*
   3. Satz: *Siegesfeier der ganzen Armee und Verfolgung des Feindes.*

Die letzten beiden Programmusiken dürften so recht dem Geschmack Heels entsprochen haben und zwar dem Pulverlieferanten und Hauptmann der Füselierkompanie.
Lediglich durch Quittungen[514] sind folgende Manuskripte Heels nachweisbar:
– ein Marsch
– zwölf Deutsche Tänze für die Gräfin Antonia
– acht Oden für die Orphika.

Der größte Teil von Heels instrumentellem Schaffen lag auf dem Gebiet der Kammermusik,[515] von der Kroyer folgende Titel notiert:
– Menuett in G (Vlne, Cemb)
– zwei Trios in C, F (Fl, Vla, Fag)
– sechs Trios in C, G, B, C, F, F (Ob, Vla, Fag)
– Quartett in G (2 Vl, Fl, Vlc), *S: J: Sr. Hochgebohren dem Erl. Herrn Herrn Prinz Anton, von seinem Musiklehrer gewidmet.*
– Quintett in B (Vl, Klar, Vla, Vlc, Fag)
– vier Quintette in C, D, Es, F (Vl, Ob, Hr, Vla, Vlc)
– Sextett in Es (Ob, 2 Vla, 2 Hr, Fag)
– drei Sextette in D, D, B (Vl, Ob, Vla, 2 Hr, Vlc)
– fünf Septette in C, C, C, B, B (2 Vla, 2 Fag, 2 Hr bzw. 2 Tr, Baß)
   Im Rondo eines der Septette in C findet sich im Kontrabaß der Text: *Es lebe Anselmus Graf Fugger allhier, es lebe Walburga, die Sprossen mit ihr, vivat.*
– Oktett in f (Fl, 2 Vla, 2 Fag, 2 Hr, Vlc)
– Oktett in G (Cemb, 2 Vla, 2 Fag, 2 Hr, Baß)
– zwei Decette in C, D (Fl, 2 Ob, 2 Vla, 2 Fag, 2 Hr, Vlne).[516]

Die gesamte Kammermusik lag, mit Ausnahme der beiden Decette, in Partitur und Stimmen vor. Ihr jeweiliger Umfang schwankte erheblich. Während sich die Partituren der Trios mit 4-8 Seiten eher bescheiden ausnahmen, erhöhte sich die Zahl beim Decett in D auf stolze 78 Seiten. Die Besetzung der Kompositionen war äußerst variabel, auffällig ist eine gewisse Dominanz von Violen und Bläsern, während Violinen eher selten sind. Ähnlich wie die Sinfonien sind auch die Kammermusikwerke nicht datiert. Einzig durch eine Rechnung gesichert ist das Entstehungsdatum des dem Prinzen Anton gewidmeten ›Quartetts in G‹[517] [...] *Oktober 1806 S. Hochgeb. Prinz Anton ein Quartett geschrieben 36 x.* Dieser Beleg ist in zweifacher Hinsicht bemerkenswert. Einmal zeigt er die erstaunliche musikalische Reife des damals erst sechsjährigen Prinzen, zum an-

---

514   Vgl. Anhang III: 1796/97 Nr. 434, 1798/99 Nr. 474 und 1801/02 Nr. 282.
515   KBM Bd. 13, S. 95-97 und S. 100-106.
516   Die Decette stellen eine musikhistorische Rarität dar. RISM (wie Anm. 508) verzeichnet kein Decett.
517   FA 67.4.83.

dern mag er einen Hinweis auf die Bezahlung von Kompositionen am Fuggerhof geben. Bei der Durchsicht der Ausgaben für Musikalien fällt nämlich immer wieder auf, daß das Komponieren selbst offensichtlich nicht entlohnt wurde, zumindest nicht aus dem Etat der Generalkasse.[518] Wie das Quartett zeigt, wurde dem Komponisten lediglich die Schreibarbeit bezahlt.

Als Kuriosum der Instrumentalmusik seien schließlich noch die *8 Oden auf die Orphika* erwähnt, für deren Niederschrift Heel am 29. April 1802 1 fl 16 x erhielt.[519] Die Orphika war ein kleines tragbares Hammerklavier, ein Modeinstrument am Anfang des 19. Jahrhunderts. Sie wurde beim Spiel entweder auf den Tisch gelegt oder an einem Gurt um den Hals des Spielers gehängt.

2.4.2.2   Weltliche Vokalmusik

Der Kroyerkatalog[520] verzeichnet diesbezüglich von Heel Lieder, Arien und Kantaten für verschiedene Gelegenheiten sowie Bühnenwerke:
– fünf Gesänge (Soli u. Chor, Pf bzw. Str, Fl, Fag, 2 Hr)
– Arie *Or vicina a te* (T-Solo, Str, Fl, 2 Ob, 2 Hr, 2 Tr, Pk)
– zwei Ariettas *Wir wandern hier wohl Hand in Hand* und *Ganz vergnügt ist die Natur* (S-Solo, Str, Fl bzw. Ob, Fag, 2 Hr, Cemb)
  Die Lieder und Arien waren wahrscheinlich für die Mitglieder der gräflichen Familie selbst komponiert, denen Heel Gesangsunterricht erteilte und für die er laut Rechnung[521] 1806 sechs Lieder und zwei Arien, sowie 1807 nochmals zwei Arien schrieb, darunter wohl die oben genannten.
– *Abschied des Hoch. Reichsgräfl. Fugger. Musik-Chor von Ihr. Hochgeb. Erlauchten Reichsgräfin Wolfegg Waldsee würdigsten Tonkünstlerin inharmoniert mit begleitenden Stimmen Von Fr. Xav. Heel Hoch. Kapellmeister* (T-Solo, SATB, Str, Fl, 2 Ob, 2 Fag, 2 Hr, 2 Tr, Pk), komponiert Anfang 1791
– *Wonne Gefühl bey der beglückt hohen Zurück-Kunft des Hochgeb. Herrn Anselm Victorian Grafen Fugger … gewidmet und abgesungen zu Babenhausen den 25. des Herbstmonats 1791. In die Musik gesetzt* von … *Hochherrsch. Hofmusiker dahier* (S-Solo, Chor, Str, Fl, 2 Ob, Fag, 2 Hr, 2 Tr, Pk, Cemb)
– *Frohe Empfindungen Treuer Unterthanen an dem Hohen Namensfeste des Reichsgrafen Herrn Anselm Maria Victorian Fugger* (SATB, Str, Fl, 2 Ob, 2 Fag, 2 Hr, 2 Tr, Pk)
  Von dieser Kantate existierte einst auch ein gedrucktes Textbuch, erschienen bei Jakob Mayer in Memmingen. Danach war der Text verfertigt von dem Wohlerwürdigen Herrn Michael Atterer, Benefiziat zu Bühl, in die Musik gesetzt von F. X. Heel, Herrschaftlicher Hofmusikus und Handelsmann dahier. Der Textdichter Josef Michael Atterer stammte aus Hohenraunau und war seit 1784 Hofkaplan in Babenhausen und

---

518 Der einzige bisher nachgewiesene Lohn für die Komposition eines ›Stabat Mater‹ von Martin geschah aus dem Fonds der Lateinischen Schulstiftung. Eine weitere Entlohnung für die Komposition von sechs ›Tantum ergo‹ von Heel (vgl. S. 137) stammte aus der Privatschatulle des Fürsten.
519 FA 67.4.68, Nr.282. Ob es sich um eine Eigenkomposition handelte, ist fraglich.
520 KBM Bd. 13, S. 94, 96, 100-101 und 106.
521 FA 67.4.83.

danach Pfarrer in Bühl, Kreis Günzburg.[522] Derartige Kantaten waren an Höfen nicht selten, da Namenstage der Herrschaft stets Festtage für die Untertanen darstellten, die an diesem Tag dem Grafen ihre Referenz erwiesen, verbunden mit einem festlichen Gottesdienst. So lesen wir am 1. Sonntag nach Ostern 1790 im Verkündigungsbuch[523] von St. Andreas anläßlich des Namenstages von Graf Anselm Victorian: *Um von Gott dem Allmächtigen für Hochdenselben alles Hohe Wohl und Langwürdig Segensvollste Regierung zu erflehen, wird um 9 uhr ein solemnes amt gehalten, wobey auch euer Lieb und Andacht mit eifrigem Gebeth mitzustimmen ermahnet werden.*

— *Was bringst du uns, du neues Jahr*, Kantate auf das Jahr 1807 (S-Soli u. Chor, Str, Fl, 2 Ob, Fag, 2 Hr, 2 Tr, Pk, Cemb). Diese im Kroyerkatalog[524] anonym überlieferte Kantate ist möglicherweise identisch mit der Kantate, die Heel *den 14. Dezember 1806 Hochgeb. Erlauchten 2 Gräfinnen* [Walburga und Josepha] schrieb und für die er 3 fl 28 x dem Hof in Rechnung stellte.[525]

Am 1. August 1803 erhob der damalige Deutsche Kaiser Franz II. den Grafen Anselm Maria nebst seinen männlichen Nachkommen zum Reichsfürsten und die reichsunmittelbaren Besitzungen der Ober- und Pflegeämter Babenhausen, Boos und Kettershausen zu einem Reichsfürstentum – ein Markstein in der Geschichte der Fugger und des Marktes Babenhausen. Aus Anlaß dieser Erhebung fanden trotz der bedrückenden Napoleonischen Zeiten große Feierlichkeiten statt. Zur festlichen Bekanntmachung der verliehenen Fürstenwürde ›den 17ten des Weinmonates 1803‹ komponierte Heel sein dramatisches Singspiel:

— ›Gutha und Theodorich‹ (Soli u. Chor, Str, Fl, 2 Ob, Fag, 2 Hr, 2 Tr, Pk), das an diesem Tag im Fuggerschen Theater zur Aufführung kam. Nach dem gedruckten Textbuch[526] beinhaltete das Singspiel eine melodramatische Ouvertüre, fünf Arien, ein Duett und das Finale. Am Ende des Textbuches findet sich der Vermerk: ›Den Beschluß macht ein Prolog; eine Arie, Rezitativ und Chor.‹ Damit ist sicher der Prolog *Großer Fürst, wie können wir unsere Empfindung* gemeint, den Heel eigens zur Erhebungsfeier in die Fürstenwürde mit derselben Besetzung geschaffen hatte wie das Singspiel. Der Prolog wurde offensichtlich zum Epilog umfunktioniert.

Außer zum Singspiel ›Gutha und Theodorich‹ schrieb Heel noch die Musik zu dem Schauspiel:

— ›Sophie oder Der gerechte Fürst. Ein Original Schauspiel mit Gesang in drey Aufzügen […] Aufgeführt in dem Reichs-Hochgräflich Fuggers. Markt Babenhausen Gelegentlich der Prämien Austheilung Aus dem lateinischen und deutschen Unterricht den 4. 8. Und 11 ten Herbstmonat 1803. Der Anfang halb 2 Uhr. Memmingen, gedruckt mit Rehmschen Schriften.‹ Das Singspiel kann nur durch ein Textbuch[527] nachgewiesen werden, die Noten sind im Kroyerkatalog nicht verzeichnet.

---

[522] FA 67.4.34. Atterer wurde vor allem bekannt durch sein Buch ›Lebens- und Leidensgeschichte Jesu und seiner Mutter, der seligsten Jungfrau Maria‹, erschienen im Verlag Johannes Breßler, Buchbinder in Babenhausen 1789.

[523] PfAB.

[524] KBM Bd. 13, S. 152f.

[525] FA 67.4.83.

[526] FMB.

[527] FMB.

Abb. 42: Titelblatt des Textbuches zum Singspiel ›Gutha und Theodorich‹
von Franz Xaver Heel 1803

Bei zwei weiteren Partituren in der Handschrift Heels ist seine Autorenschaft denkbar, aber nicht gesichert:

– eine Oper ohne Titel mit Angabe der handelnden Personen (Eremit, Fernando, Selima, Pedrillo, Dom Petro. Sklaven) und der Orchesterbesetzung (Str, Fl, 2 Hr, 2 Tr, Pk).[528]

– das Jugendspiel *Nina oder Wahnsinn aus Liebe*. Dieses läßt sich allein aus einer Rechnung vom 20. November 1802 nachweisen: *Auf Gnädigste Bewilligung Seiner Erlaucht hat endes gesetzter das Jugentspiel Nina, oder Wahnsinn aus Liebe correct in die Spartha übersetzt,* wofür Heel 15 fl 30 x erhielt.[529] Am 30. Dezember desselben Jahres bekam Musikdirektor Prem für das Schreiben der Stimmen dazu 6 fl 30 x.[530] Das Werk ist im Kroyerkatalog nicht aufgeführt.

---

[528] KBM Bd. 13, S. 100.

[529] FA 67.4.72. Nr. 294. Opern mit diesem Titel gibt es von Dalayrac, Paisiello und Beecke (nach Franz Stieger, Opernlexikon, Titelkatalog II, Tutzing 1975, S. 863). Möglicherweise hat Heel aus dem Klavierauszug einer dieser Werke die Partitur verfertigt.

[530] FA 67.4.72. Nr. 293.

2.4.2.3   Kirchenmusik

Einen breiten Raum im kompositorischen Schaffen Heels nimmt die Kirchenmusik ein. Ein traditionell christliches Elternhaus, die Jahre in der Klosterschule Ottobeuren und nicht zuletzt die Dillinger Zeit haben Franz Xaver sicher religiös stark geprägt. Dies spiegelt sich nicht zuletzt auch in der Aussteuer seiner Töchter wider, bei der im Inventarverzeichnis[531] von 1798 die Rede ist *von 2 guten mit Silber und Perlmutter gefaßten Kreuze und zugerichtetes Silber zu einem Rosenkranze; 1 mit Silber gefaßten Korallenrosenkranz, 1 schwarz und weiß in Silber gefaßtes Kreuz, 3 schön eingebundene Gebettbücher, 2 pfündige Wachsstöcke.* Auch die auf S. 122 erwähnten Kirchenstühle sind zumindest ein äußeres Zeichen für einen praktizierenden Christen.

Obgleich selbst nie Chorregent, schuf Heel eine Vielfalt von Sakralmusik. Entsprechend der Verbreitung seiner Kirchenmusik über Babenhausen hinaus, hat sich eine Anzahl geistlicher Werke erhalten, und zwar an Messen:

– Requiem in Es (SATB, Str, 2 Fl, 2 Hr, Org). Fundorte: Türkheim sowie in gekürzter Fassung Marktheidenfeld und Unterelsbach.[532] Datiert ist es in Türkheim 1781, in Marktheidenfeld 1812 (mit zahlreichen Aufführungsvermerken zwischen 1815 und 1845) sowie in Unterelsbach 1841

– Missa brevis in B (SATB, Str, 2 Hr, Org). Fundorte: Kloster St. Stephan, Konstanz (heute im Stadtarchiv Konstanz) sowie Kloster Disentis/Schweiz mit Aufführungsvermerken in den Jahren 1789, 1790, 1791 und 1792

– Missa solemnis in F, bez. *Missa Contrapunctus am Laetare Sonntag* (SATB, 2 Ob, 2 Hr, Vlne, Org) Fundort: Feldkirch/Österreich, Kloster St. Nicola (heute Diözesanarchiv Feldkirch)

– Missa in C, bez. *Missa d*[e] *Contrapunct*[o] *Genere Diatonico hodierno, moderno, Chromatico moderno & Enharmonico* (SATB, 2 Ob, 2 Hr, Vlne, Fag, Org). Fundort: Babenhausen, ohne Autorenbezeichnung. Zuschreibung an Heel durch den Verfasser

– Missa in A (SATB, Str, 2 Ob, 2 Hr, 2 Tr, Pk, Org). Fundort: Kloster Rot an der Rot,[533] ohne Autorenbezeichnung. Identifiziert wurde sie durch RISM nach dem Incipit im Kroyerkatalog,[534] der diese Messe auch in Babenhausen nachweist, wo sie seinerzeit vier Aufführungen erlebte: 1801, 1804, am 2. Dezember 1807 und am 8. Oktober 1812.

Heel widmete sich der Vertonung des Meßtextes sein Leben lang, beginnend mit dem Requiem von 1781 bis hin zur ›Missa in Es‹ von 1825.[535] Das ›Requiem in Es‹, die früheste nachgewiesene Komposition Heels, entstand vermutlich in seiner Studienzeit in Salzburg unter dem Einfluß der Musik Michael Haydns. In ihm wechseln sich solistische, vom Generalbaß getragene Sätze mit schlichten homophonen Chören ab. Dabei zeigt sich in den Solis bereits eine Tendenz zur Virtuosität, wie sie später vielen Werken der Reifezeit eigen ist. Heels Requiem muß eine gewisse Popularität genossen haben,

---

[531]   StAA, AFB 194, S. 249.
[532]   Heute Diözesanarchiv Würzburg. Vgl. KBM Bd. 17, S. 95.
[533]   Heute LMA. Vgl. Georg Günther, Musikalien des 18. Jahrhunderts aus den Klöstern Rot an der Rot und Isny, Stuttgart 1995, S. 13.
[534]   KBM Bd. 13, S. 99.
[535]   KBM Bd. 13, S. 98.

was sich aus seiner Verbreitung bis nach Franken (mit mehreren Aufführungen in Marktheidenfeld) ersehen läßt.

Ewas später als das Requiem dürfte die ›Missa brevis in B‹ zu datieren sein – nach der Handschrift in Konstanz ein Werk mit zweifelhafter Autorenschaft, da der Komponistenname auf dem Umschlag von späterer Hand durchgestrichen wurde. Der zweite Fundort derselben Messe, Kloster Disentis, (bez.: *Del Sig. Heel*) ordnet sie jedoch eindeutig Heel zu und ermöglicht darüber hinaus sogar eine Datierung. Nach dem frühesten Aufführungsvermerk ist demnach ihre Entstehungszeit wohl spätestens Ende 1788 anzusetzen. Die Messe gehört dem Typ der sog. Missa brevis an, was sich im geringen Umfang (so hat z.B. das polytextierte Credo nur 91 Takte), der kleinen Orchesterbesetzung und nicht zuletzt den vergleichsweise geringen technischen Anforderungen äußert. Kein Wunder, daß solche Messen besonders in Klöstern mit kleinen Konventen sowie in Dörfern beliebt waren.

Ganz anders die zweite Messe, die sich außerhalb Deutschlands in Feldkirch erhalten hat, die ›Missa solemnis in F‹, bestimmt für den 3. Sonntag in der Fastenzeit. Bereits die Bezeichnung *contrapunctus* macht deutlich, daß wir es hier mit einem polyphonen Werk im strengen Kirchenstil zu tun haben. Die ›handwerklichen‹ Voraussetzungen dafür hatte Heel wohl bereits in Ottobeuren erlernt. Vom damals regierenden Abt Honorat Goehl ist bekannt, daß er neben der Figuralmusik speziell den kontrapunktischen Chorgesang förderte und dazu sogar Kirchenmusikalien aus dem Vatikan beschaffen ließ.[536] Den Vorstellungen seines Abtes gemäß schuf Schnizer ebenfalls polyphone Werke: zwei *Missae contrapuncti* für Chor, Violone und Orgel, die sich in Ottobeuren bzw. Benediktbeuren[537] erhalten haben. Interessant ist, daß sich bei aller polyphonen Arbeit darin auch Elemente des Figuralstils finden, eine Eigenart, die bereits den Zeitgenossen nicht ganz verborgen blieb, wie wir aus einer Notiz aus dem Reisetagebuch[538] des Paters Johann Nepomuk Hauntinger erfahren, der am 18. Juli 1784 in Ottobeuren weilte und schrieb: »Unter dem Tischgespräch verfielen wir auf den Kontrapunkt, von welchem der Herr Prälat [Abt Honorat] sehr eingenommen ist. Weil wir […] ein Verlangen äußerten, denselben zu hören, und wir uns doch auf keine Weise wollten bereden lassen, länger hier zu verbleiben, so mußten noch abends um halb neun Uhr der Herr Präfekt mit einigen Studenten herkommen und uns eine Messe von der Composition des P. Küchenmeisters [P. Franz Schnizer] in einem Contrapunkt zur Probe vorsingen. Die Musik gefiel mir wohl, doch weiß ich nicht, ob man es nicht eher Figuralmusik ohne Instrumente, als wahren Contrapunkt nennen könnte, weil besonders die höheren Stimmen mit eigentlichen Solo, Duetto usw. wechseln.« Letztere Bemerkung mag auch auf die *Missa Contrapunctus* von Heel zutreffen, die zusätzlich zum Violone und der Orgel noch 2 Oboen und 2 Hörner vorschreibt. Die vier Bläser werden dabei vorwiegend in Vor- und Zwischenspielen eingesetzt, während der Chor über längere Passagen hinweg nur von Violon und Orgel unterstützt werden. Durch die eher im figuralen Stil gehaltenen Bläser verliert der polyphone Chorsatz etwas an Strenge, es kommt zur Stilmischung. Diese mag dazu berechtigen, eine in der Art ganz und gar ähnliche Messe aus den Babenhau-

---

[536] Pfänder (wie Anm. 448), S. 56.
[537] KBM Bd. 1, S. 200 und KBM Bd. 12, S. 149.
[538] P. Johann Nepomuk Hauntinger, Tagebuch einer Reise durch süddeutsche Klöster 1784, Köln 1889, S. 27.

ser Musikhandschriften Heel zuzuschreiben, nämlich die ›Missa in C‹, bez. *Missa d*[e] *Contrapunct*[*o*] *Genere Diatonico hodierno, moderno, Chromatico & Enharmonico.*[539] Sie ist anonym in der Handschrift des Chorregenten Franz Anton Höß überliefert (vgl. Abb. 37) und zeigt nicht nur dieselbe Besetzung wie die Messe von Feldkirch, sondern ist dieser auch in Aufbau und Tempobezeichnungen ähnlich. Darüber hinaus gibt der genaue Titel die Intention des Komponisten wieder, den Kontrapunkt mit dem modernen Stil zu verknüpfen. Das Fehlen eines Glorias in der Babenhauser Messe läßt, ähnlich wie in Feldkirch, auf eine Verwendung in der Fastenzeit (bzw. Adventszeit) schließen. Benutzungsspuren deuten auf wiederholte Aufführungen hin. Nach Schrift und Papier dürften beide Manuskripte noch dem 18. Jahrhundert angehören. Heel hat den gemischten Stil später noch einmal aufgegriffen und zwar in seiner letzten Messe[540] von 1825 mit dem Titel: *Missa solemnis in Es moderno stylo, contrapuncto mixto,* einer vermutlich großangelegten Orchestermesse, die wir bedauerlicherweise nicht mehr kennen. Sie gehörte zu den zehn wohl hauptsächlich für den Babenhauser Chor bestimmten großen Messen, von denen bis heute einzig die ›Missa in A‹ wiedergefunden werden konnte.

Die Identifizierung dieser Messe wurde ermöglicht durch die gewissenhafte Arbeit Theodor Kroyers, der bei der Katalogisierung der Fuggermusikalien nicht nur Titel und Besetzung, sondern auch die Incipits der Werke aufzeichnete. Als der Musikalienbestand des ehemaligen Prämonstratenserklosters Rot an der Rot inventarisiert wurde, konnte die Messe, der Titelblatt und Autorenangabe fehlten, durch Vergleich der Incipits als Werk Heels identifiziert werden (vgl. Abb. 54, Heel, A. 1. 57). Vielleicht wurde die Messe, ebenso wie einige im folgenden angeführte Kirchenmusikwerke, speziell für dieses Kloster komponiert. Zwischen beiden Orten bestanden ja bereits seit der Zeit Vötters gute Beziehungen, außerdem stammte Heels zweite Frau aus Kirchdorf in der Herrschaft Rot. Zu dieser Zeit hatte das Kloster eine blühende Musikpflege und in Gestalt des Abtes Nikolaus Betscher (1745-1811) einen tüchtigen Komponisten[541]. Die Messe dürfte, nach dem ersten Aufführungsdatum in Babenhausen zu schließen, kurz vor 1801 entstanden sein. Obgleich sie nicht die Bezeichnung ›Missa solemnis‹ trägt, ist das Werk relativ groß angelegt und liegt mit 778 Takten längenmäßig etwa zwischen Mozarts Krönungsmesse (630 Takte) und Haydns Mariazellermesse (907 Takte). Im Gegensatz zu den ›Kontrapunktmessen‹ ist sie (abgesehen von der Schlußfuge im Gloria) durchwegs homophon gehalten, wobei an die Solisten relativ hohe Anforderungen gestellt werden (siehe Abb. 43).

Außer dem Requiem und den vier Messen haben sich von Heel folgende Kirchenmusikwerke erhalten:
– Offertorium pro omni tempore *Appropinquet de praecatio mea* (SATB, Str, 2 Ob, 2 Hr, Org).
   Fundorte: Heimatmuseum Weißenhorn (aus dem ehemaligen Kloster Roggenburg) im Autograph, Rot an der Rot in Kopie, dat. 1796[542] (siehe Abb. 44)

---

[539] *Messe im Stil des Kontrapunktes nach der heutigen diatonischen, modernen, chromatischen und enharmonischen Art.*
[540] KBM Bd. 13, S. 99.
[541] Gertrud Beck, Ein Musiker mit dem Krummstab: Reichsprälat Nikolaus Betscher von Rot, in: Zeit und Heimat, Beilage der Schwäbischen Zeitung Biberach, 1984/Heft 1, S. 45-50.
[542] Heute LMA. Vgl. Günther (wie Anm. 533), S. 66f.

Abb. 43: ›Et incarnatus est‹, Sopransolo aus der ›Missa in A‹ von Franz Xaver Heel
in zeitgenössischer Abschrift

– Offertorium pro omni tempore *Non sic impii* (SATB, Str, 2 Ob, 2 Hr, Org).
   Fundorte: Maria Steinbach, ehemals Rot an der Rot, dat. 1796 (siehe Abb. 45),
   St. Pauls/Österreich, dat. 1804 sowie Kloster Oberschönenfeld (dort ohne Bläser)
– Offertorium *Te diligo* (S/B-Soli, Str, 2 Hr, Org). Fundort: Unterelsbach.[543] Das Offer-
   torium ist identisch mit dem Offertorium aus dem ›Requiem in Es‹, jedoch mit ande-
   rem Text
– Motette de Martyribus *Filio Jerusalem* (SATB, Str, 2 Ob, 2 Hr, 2 Tr, Pk, Org)
– Motette de Angelis *In conspectu Angelorum* (SATB, Str, 2 Ob, 2 Hr, Org)
– Motette pro tempore Paschali *Alleluja surrexit* (SATB, Str, 2 Ob, 2 Tr, Org)

---

[543] Heute Diözesanarchiv Würzburg. Vgl. KBM Bd. 17, S. 95.

- Motette pro omni tempore *Recedant vetera* (SATB, Str, 2 Ob, 2 Hr, 2 Tr, Pk, Org) Fundort aller vier Motetten: Rot an der Rot, dat. 1797.[544] Am Ende der Violinstimmen der Motette *Alleluja surrexit* findet sich der Schreiber *P. Almachius Mohr p.t. chorigens Mppa 1797.*[545]
Die Motette *Recedant vetera* hat sich als Offertorium (ohne Bläser) auch im Kloster Oberschönenfeld erhalten.
- Arie *Jesus dulcis amator* (S-Solo, Str). Fundort: Kloster Oberschönenfeld
- Te Deum in C (SATB, Str, 2 Ob, 2 Tr, Pk, Org). Fundorte: Miltenberg[546] sowie Comburg (Pfarrarchiv Steinbach im Stadtarchiv von Schwäbisch Hall)

Abb. 44: Offertorium ›Appropinquet de praecatio mea‹ von Franz Xaver Heel.
Erste Seite der Violine I (Autograph)

---

[544] Heute LMA. Vgl. Günther (wie Anm. 533), S. 64-66.
[545] Die dort unter Heel geführte Motette *Virgo beata* dürfte keine Komposition Heels sein. Sie kommt als Offertorium *Quae est ista* im selben Notenbestand in Rot an der Rot unter *Authore del Sigre Gerstner* vor, ebenso in Weyarn. Vgl. Günther (wie Anm. 533), S. 39.
[546] Heute Diözesanarchiv Würzburg. Vgl. KBM Bd. 17, S. 95.

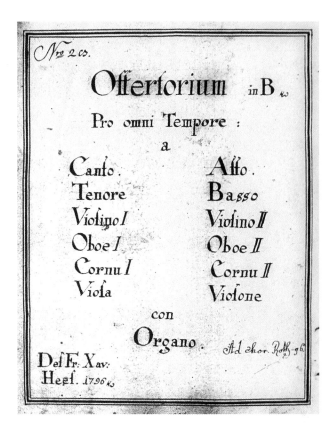

Abb. 46: Titelblatt des Offertoriums ›Non sic impii‹ von Franz Xaver Heel

– Litanei in A (SATB, Str, 2 Fl, 2 Hr, Org). Fundort: Kloster Stams/Österreich. Alter
  Besitzvermerk *P. Josef Maria* [Riedhofer][547]
– Tantum ergo (SATB, 2 Klar, 2 Hr, Fag, Vlne). Autograph dat. 1831. Fundort: Baben-
  hausen. Erhalten sind nur die Klarinettenstimmen.

Entsprechend ihren Fundorten darf angenommen werden, daß ähnlich wie bei einigen auf S. 130 genannten Messen die obigen Werke (mit Ausnahme des Tantum ergo)
für auswärtige Kirchen und Klöster bestimmt waren.[548] Unter ihnen befindet sich das
einzige komplett erhaltene Autograph Heels,[549] das Offertorium *Appropinquet de praecatio mea,* das wahrscheinlich über Joseph Banhard (vgl. S. 80) ins Prämonstraten-
serkloster Roggenburg gelangte.

---

[547] Riedhofer war ursprünglich Pater im Zisterzienserkloster Fürstenfeld und kam im Zuge der
       Säkularisation nach Stams, wo er bis zu seinem Tode 1838 als Chorregent wirkte. (Frdl. Mit-
       teilung von Frau Hildegard Herrmann-Schneider, Innsbruck).
[548] Dafür spricht auch, daß sie weder im Kroyerkatalog noch in den Generalkassa-Rechnungen
       erwähnt werden.
[549] Es hat sich in Stimmen erhalten. Partituren von der Hand Heels konnten bislang nicht gefun-
       den werden.

Wie sich aus dem ›Tantum ergo‹ von 1831 erkennen läßt, war Heel bis zu seinem Tode schöpferisch tätig. Die Orchesterbesetzung mit Bläsern und Violone deutet auf eine mögliche Verwendung bei der Fronleichnamsprozession hin. Daß es am Fronleichnamsfest üblich war, in Babenhausen einen Violon mitzuführen, erfahren wir aus einer Rechnung von 1814, in der es heißt: *am Fronleichnamsfest dem Violonträger 12 x.*[550] Ob Heel seine letzte Komposition selbst noch hörte, ist fraglich. Fronleichnam fiel im Jahre 1831 auf den 2. Juni, Heel starb 15 Tage später am 17. Juni. Seinen endgültigen ›Schwanengesang‹ können wir leider nicht mehr hören, die Zeit ließ uns nur noch zwei autographe Klarinettenstimmen übrig – symptomatisch für die Vergänglichkeit irdischer Kunst.

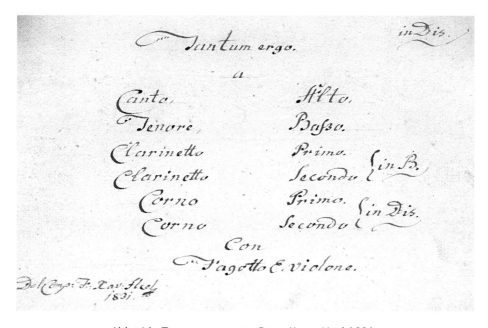

Abb. 46: ›Tantum ergo‹ von Franz Xaver Heel 1831.
Autographes Titelblatt seiner letzten bekannten Komposition

Von der Vergänglichkeit zeugen denn auch die folgenden, nur noch durch den Kroyerkatalog nachweisbaren Kirchenmusikwerke[551] Heels für die Pfarrkirche Babenhausen:
- Missa in C (SATB, Str, Fl, 2 Ob, 2 Hr, 2 Tr, Pk)
- Missa in G (SATB, Str, Fl, 2 Ob, 2 Fag, 2 Hr, 2 Tr, Pk, Org), dat. 1791, aufgeführt am 2. Februar 1800
- Missa solemnis in G (SATB, Str, 2 Ob, 2 Hr, 2 Tr, Pk, Org), komponiert 1799
- Missa solemnis in D (SATB, Str, Fl, 2 Ob, Fag, 2 Hr, 2 Tr, Pk, Org), *Dedic.Serenissimo Dom: Dom: Princ. Fugg: de Kirchb: et Weißenh: ab humil. servo Heel*
- Missa solemnis in D (SATB, Str, 2 Ob, 2 Hr, 2 Tr, Pk, Org)

---

[550] FA 67.19.5.
[551] KBM Bd. 13, S. 95 und 97-100.

– Missa solemnis in A (SATB, Str, 2 Ob, Fag, 2 Hr, 2 Tr, Pk, Org), aufgeführt am 31. August 1800
– Missa in d (SATB, Str, Fl, 2 Ob, 2 Hr, 2 Tr, Pk, Org), aufgeführt 1793 und 1796
– Missa solemnis in Es (SATB, Str, 2 Hr, 2 Tr, Pk, Org), um 1800
– Missa solemnis in Es bez. *moderno stylo, contrapuncto mixto* (SATB, Str, 2 Ob, 2 Hr, 2 Tr, Pk, Org) komponiert 1825. Das Autograph der Stimmen trug in der inneren Titelseite folgende Widmung an den Fürsten Anton Anselm Fugger von Kirchberg und Weissenhorn:

  Serenissime Princeps! Non dedignaberis benignis Occulis (!) hanc (!) laborem meam aspicere, quod omni ex parte Tuum est: et cujus ante actae vitae labores tam elementi assensu comprobasti/: quantae autem molis (!) est, exquisito, selectoque, sapori satisfacere tuo:/ ejusdem postremum ferme, quasi Cygni cantum, eademque benignitate Te complexurum esse, minime diffido. Hac spe fretus, ad venerandissimos provolutus pedes emorior (!). Serenissim:ac Venerand: benignitatis tuae Clientum infimus Fr: Xav: Heel compos:[552]
– Deutsche Messe in Es (SATB, 2 Vla, 2 Ob, 2 Fag, 2 Hr, Org), zweifelhaft
– Libera in C (SATB, Str, 2 Ob, 2 Hr) als Einlage zum Requiem in As von Johann Michael Malzat. Letzteres wurde laut Vermerk am 12. Dezember 1796, 25. Oktober 1802 und 25. September 1812 aufgeführt, wohl zusammen mit dem Libera. Das Libera ist nachgewiesen durch Quittung:[553] *ein Libera auf die Gottesdienst der Hochseel. Gräfin Wittib. mit 9 Bogen 54 x.*
– Stabat mater in Es (SATB, Str, 2 Hr, Org), zweifelhaft
– zwei Te Deum in D und B (SATB, Str, Fl, 2 Ob, 2 Fag, 2 Hr, 2 Tr, Pk, Org). Für die Kopie der Stimmen eines Te Deum von Heel erhielt Prem am 18. November 1803 2 fl 42 x[554]
– zwölf Tantum ergo (SATB, Str, Fl, 2 Ob, 2 Hr, Org). Sechs Tantum ergo werden im eigenhändigen Rechnungsmanual[555] des Fürsten Anselm Maria erwähnt: *Am 23. September 1813 dem Heel für 6 tantum ergo 10 fl bezahlt.* Hier dürfte es sich wohl um eine private Entlohnung für die Kompositionen handeln
– Vesperae de Apostolis in C (SATB, Str, 2 Fl, 2 Ob, 2 Hr, 2 Tr, Pk, Org), aufgeführt 1830. Vermerk *Ad Usum Chori Serenissimi Princip. Babenhusani.*

Allein aus den Rechnungsbüchern[556] läßt sich weiter nachweisen:

---

[552] *Angesehenster Fürst! Du selbst wirst es nicht unter Deiner Würde betrachten, mein vorliegendes Werk zu begutachten, was in jeder Hinsicht zu Deiner Aufgabe gehört; und Du hast schon vor Vollendung des Werkes mit einer so gütigen Zustimmung Deine Billigung gegeben: wieviel Mühe aber kostet es mir, Deinem hervorragenden und ausgefeilten Geschmack zu entsprechen: nachher dasselbe vollendet ist, so vertraue ich am meisten darauf, daß Du es wie einen Schwanengesang mit der gleichen Güte empfangen wirst. Getragen von dieser Hoffnung und gestützt auf Deine verehrenswerten Füße, sterbe ich. Der niedrigste Deiner Diener, die von Deiner äußerst verehrten Huld abhängen Fr. X. Heel Komponist.*

[553] FA 67.4.58, Nr. 434.

[554] FA 67.4.74a, Nr. 304.

[555] FA 1.2.223½.

[556] FA 67.4.87.

– eine Motette für die Kinder Anton, Walburga und Josepha Fugger entsprechend dem Vermerk: […] *den 18. September 1806 ein Motett geschrieben 52 x* […] *Fr. Xaver Heel, Musikus allda.*

Im Gegensatz zu heute bestand früher vielfach der Brauch, in der Fastenzeit Oratorien und Passionen aufzuführen, so auch in Babenhausen. Dieser Tradition verdanken wir die wohl umfangreichsten Werke Heels:[557]

– das Oratorium *Empfindungen bei dem Kreuze* (SATB, Str, 2 Ob), komponiert 1797
– das Oratorium *Magdalena, die Büßerin* (SATB, Str, 2 Ob, 2 Hr, Cemb) 1809. Die Musik war identisch mit der zum Oratorium *Empfindungen bei dem Kreuze,* mit zusätzlichen 2 Hörnern und Cembalo
– das Oratorium *Jonas, das Vorbild von Christus* (SATB, Str, Fl, 2 Ob, Fag, 2 Hr, 2 Tr, Pk, Cemb), komponiert 1798
– *Das Leiden unseres Erlösers durch Mimische Darstellung in 12 Handlungen durch Musik begleitet* (Str, 2 Fl, 2 Ob, Klar, 2 Hr, 2 Tr, Pk, Fund). *Composit. ex speciali Mandato Serenissimi Principe (!) Domino (!) Domino Antonio Fugg: de Kirchberg et Weißenhorn … a humilissimo servo Fr. X. Heel 1824.*[558]

Vom Oratorium *Empfindungen bei dem Kreuze* hat sich ein bei Mayer in Memmingen 1797 erschienenes Textbuch erhalten[559] (siehe Abb. 47). Danach stammte der Text von Johann Christoph von Zabuesnig (1747-1827), Kaufmann, Bürgermeister und Schriftsteller in Augsburg. Zabuesnig, der auch mit Mozart befreundet war, ließ seinen Text im Zusammenhang mit der Vertonung durch den Domkapellmeister Johann Chrysostomus Drexel (1758-1801)[560] bereits 1789 drucken. Nach dem Textbuch umfaßte die Musik Heels neben Rezitativen fünf Arien, ein Quartett und drei Chöre. Laut Rechnung[561] vom 9. März 1797 wurde von Prem *Auf Befehl Gnädigster Herrschaft ein neues Oratorium von Xaver Hell* [in Stimmen] *abgeschrieben,* wofür er 15 fl 42 x bekam. Es steht außer Zweifel, daß es sich dabei um dasselbe Oratorium handelte, das dann wohl am Karfreitag dieses Jahres zur Aufführung gelangte. Die Bezeichnung *neues Oratorium* läßt zudem vermuten, daß Heel bereits vorher ein oder mehrere heute nicht mehr nachweisbare Oratorien geschrieben hat. Die Musik zu *Empfindungen bei dem Kreuze* übernahm Heel zwölf Jahre später nochmals in seinem Oratorium *Magdalena die Büßerin.* Dem ernsten Charakter der beiden Chorwerke entsprechend verzichtete er jeweils auf eine große Orchesterbesetzung, ganz im Gegensatz zum Oratorium *Jonas.* Gemeinsam ist beiden letzten Oratorien die Verwendung eines Cembalos anstelle der beim Gottesdienst üblichen Orgel. Möglicherweise wurden die Oratorien nicht auf dem Musikchor der Kirche, sondern im Kirchenschiff oder anderswo wiedergegeben. Für eine derartige Aufführung war sicher auch *Das Leiden unseres Erlösers* bestimmt, eine Auftragskomposition seines ehemaligen Schülers Fürst Anton Anselm. Bei diesem Werk handelte es sich um kein Oratorium im engeren Sinne, sondern um eine Instrumentalmusik, die die Aufgabe

---

[557] KBM Bd. 13, S. 95, 97 und 100.
[558] *Komponiert auf ausdrücklichen Auftrag des sehr angesehenen Fürsten, Herrn Herrn Anton Fugger von Kirchberg und Weißenhorn … von seinem unterthänigsten Diener Fr. X. Heel 1824.*
[559] FBB 10377.
[560] Textbuch in SuStbA, Manuskript der Partitur in Privatbesitz.
[561] FA 67.4.58, Nr. 441. Abschrift Prems nicht im Kroyerkatalog.

Abb. 47: ›Empfindungen bey dem Kreuze‹, Oratorium von Franz Xaver Heel 1797.
Titelblatt des Textbuches

hatte, einzelne Passionsszenen musikalisch zu untermalen. Die Darstellung gliederte sich in: ›Abendmahl, Todesangst Jesu, Gefangennahme, Jesu Verhör, Geißelung und Krönung, Todesurteil, Kreuzigung, Kreuzanmachung, Tod des Erlösers, Jesu Abnahme, Auferstehung‹. Die Szenen wurden wortlos von Schauspielern in sog. Lebenden Bildern dargestellt. Der Verlust der Musik zu diesen Bildern ist besonders bedauerlich, handelte es sich doch nicht nur um eines der letzten größeren Werke des damals bereits 66jährigen Komponisten, sondern auch um ein seltenes Zeugnis reiner instrumentaler Passionsmusik im süddeutschen Raum. Man könnte sie eventuell in ihrer Art vergleichen mit der Orchesterfassung der ›Sieben Worte‹ von Joseph Haydn.

2.5   Weitere Komponisten

2.5.1   Johann Anton Hammer

Unter den Abrechnungen für die Jahrtagsgottesdienste (vgl. S. 77/78) finden sich zwischen 1771 und 1774 mehrmals zwei Violinisten mit Namen Hammer. Es handelt sich dabei um die Brüder Johann Martin und Johann Anton Hammer, Söhne des Ludwig Xaver Hammer, Lakai, Hofmusiker und Schulmeister in Baldern/Ries. Johann Martin wurde dort am 28. August 1744, Johann Anton am 29. Oktober 1747 geboren.[562] Johann Martin besuchte von 1758 bis 1764 das Gymnasium in Dillingen und studierte anschließend Jura. Er wird im Katalog der Dillinger Studenten[563] wie folgt charakterisiert: *sehr gut begabt, ausdauernder Fleiß, einer der ersten, Betragen verdient größtes Lob*. Anschließend finden wir ihn als Amtsschreiber in Fuggerschen Diensten im Pflegamt zu Kettershausen und alsbald als Violinist am Fuggerhof Babenhausen laut Dekret[564] vom 13. Januar 1768: *Auf Euer eingegebenes Memorial und untertänige Bitten haben* [wir] *Uns resolviert euch als unseren Cammer Musicern und ersten Violinisten auf und anzunehmen mit dem, das ihr gewärtig und bereith seyet, auf jedermaliges Verlangen bey unserer Hof und Kammermusic ohnertrossen zu erscheinen, für welche Dienste ihr von unserer Herrschaft Cassa jährlich ins Besonders 50 fl im Quartal gegen Quittung zu empfangen habet* […]. Am 8. Juni 1771 erfolgte seine Ernennung zum Oberamtsschreiber und Kammervirtuosen.[565] Inzwischen war auch sein jüngerer Bruder Johann Anton nach Babenhausen gekommen, wo er am 8. September 1770 als Kammerlakai und Violinist mit 40 fl Jahreslohn bei Hofe angestellt wurde.[566] Zur Unterscheidung von Johann Martin bezeichnen die Jahrtagsrechnungen Johann Anton als *Hammer jung* oder *junior.* Über den Aufenthalt der beiden Brüder in Babenhausen ist kaum etwas bekannt. Vermutlich hat Johann Martin den Fuggermarkt schon bald wieder verlassen.[567] Johann Anton muß ein vorzüglicher Violinist gewesen sein, der auch außerhalb des Fuggerhofes seine Künste hören ließ. So verzeichnet das Protokollbuch des Collegium Musicum Memmingen[568] am 23. Mai 1776 folgenden Eintrag: *Es ließ sich ein Violinvirtuose im Dienste seiner Hochgräflichen Excellenz von Babenhausen Namens Hammer hören: er spielt gut und hat einen reinen Strich, gibt sich aber zu viel mit Tändeleien ab. Man beliebte ihm eine Verechnung von 5 fl 30 x* [zu geben]. Wenig später bat Johann Anton Hammer um seine Entlassung aus den Fuggerschen Diensten. Die Entlaßurkunde[569] vom 10. Juni 1776 hat folgenden Wortlaut: *Wür verordnete Premier Rath und Oberamtmann auch übrige Räthe und Oberbeamte der Reichsherrschaft Babenhausen beurkunden somit, daß Vorweiser dieses Herr Anton Hammer von Baldern aus dem Rieß*

---

562   Nach dem von R. Dertsch zusammengestellten Familienbuch der Pfarrei Kerkingen, zu der früher Baldern gehörte, S. 200.

563   Stegmeyr (wie Anm. 258).

564   FA 7a.9.1.

565   FA 7a.9.1.

566   FA 67.4.14 Nr. 119.

567   Dieser Schluß liegt insofern nahe, als nur 1771 beide Hammer zusammen in den Jahrtagsrechnungen genannt werden, Johann Anton aber erst 1776 Babenhausen verließ.

568   Wie Anm. 307, S. 133.

569   FA 7.4.11.

Fürstlich Wallersteinschen Herrschaft gebürtig allhier 6 Jahr lang als Hof- und Cammer Musicus in Diensten gestanden sich auch diese Zeit über in allen seinen Verrichtungen getreu, fleißig, und wie es einem Ehrliebenden Menschen geziemet und wohl ansteht verhalten besonders aber in seiner Music Kunst und vorzüglich der Violin dergestalten gezeiget habe, daß man ihme weitere Dienste diesorts ganz gerne gegönnet wann selber nicht selbst zu mehrerer Beförderung seines wohlverdienten Glückes um seine Entlassung gebetten hätte: dahero auch ihm Herrn Antoni Hammer hiervon nit behinderen sondern vielmehr selber allerorten nach Standesgebühr zu allgenaigtem Willen und Vorschuß bestens empfehlen wollen. Eine Woche später verkaufte Hammer, *gewester Kammermusicus,* eine Geige, wofür er 4 fl 40 x erhielt.[570] Sein Weggang aus Babenhausen entbehrt übrigens nicht einer gewissen Pikanterie, verzeichnen doch die Pfarrmatrikel vom 25. Januar 1777 die Geburt eines Kindes unter Angabe der Eltern: *Anton Hammer solutus de Baldern in Rhaetia et Magdalena Kößlerin vidua Babenhusanus.* Das Kind des ledigen Johann Anton Hammer und der Witwe starb kurz nach der Geburt.[571]

Während von Johann Martin keine Kompositionen bekannt sind, verzeichnet der Kroyerkatalog[572] von Johann Anton Hammer zwei Werke:
- Missa in Es (SATB, Str, 2 Ob, 2 Hr, 2 Tr, Pk, Org), aufgeführt am 5. Juli 1776
- Missa in B (SATB, Str, 2 Ob, 2 Hr, 2 Tr, Pk, Org).

Die Missa in Es hat sich in kleinerer Besetzung (SATB, Str, 2 Hr, Org) fragmentarisch ohne Autorenbezeichnung in Rot an der Rot[573] und vollständig unter dem von späterer Hand auf dem Titelblatt notierten Autorennamen *Ebentheuer* in der Öttingen-Wallersteinschen Bibliothek[574] erhalten. Wenn auch heute nicht mehr mit letzter Sicherheit entschieden werden kann, wer der wirkliche Komponist ist, so sprechen die spätere Autorenbezeichnung und die Tatsache, daß bisher kein Komponist mit Namen Ebentheuer bekannt ist, doch eher für Johann Anton Hammer.

Möglicherweise lernte Johann Anton bei seinen Auftritten als Violinvirtuose den Grafen Franz Ludwig Schenk von Castell (den sog. Malefizschenk) von Oberdischingen kennen, der ihn wohl alsbald in seine Dienste nahm.[575] In Oberdischingen heiratete er am 26. November 1781 Maria Anna Müller von Weißenhorn.[576] In diesem Zusammenhang wird er als *pro tempore Musicus hujatus aulico Director* bezeichnet, war also zu dieser Zeit bereits Kammermusikdirektor. Zugleich bekleidete er das Amt des Chorregenten an der dortigen Pfarrkirche.

In den folgenden Jahren entstanden eine Reihe von Kompositionen, die Hammer unter anderem in Memmingen zu Gehör brachte. Das Protokoll des Collegium Musicum Memmingen[577] vermerkt dazu am 9. Februar 1786, daß Kompositionen von einem *Herr*

---

[570] FA 67.18.150.
[571] PfMB Bd. IV mit dem Vermerk *proles spuria (Hurenkind).*
[572] KBM Bd. 13, S. 85f.
[573] Heute LMA. Vgl. Günther (wie Anm. 533), S. 17.
[574] Heute UBA. Vgl. KBM Bd. 3, S. 57.
[575] Wann Hammer in den Dienst des Grafen Schenk von Castell kam, ist nicht bekannt, da für diese Zeit keine Archivalien existieren.
[576] PfM im Pfarrarchiv Oberdischingen.
[577] Wie Anm. 307, S. 201f.

Hammer, Kammermusicus bei Herr Graf Schenk Castell zu Marktdischingen gespielt wurden. Der Schreiber ist dabei voll des Lobes, wenn er anschließend vermerkt: *Seine Kompositionen Vor die Instrumental und Vocal Musik seyn bei uns in besonderem Werth und seine ganz neuen Versuche in dem Kirchenstil verdienen den Beifall des Kenners. Meisterhafte Ausarbeitung und Feuer der Andacht ist seinen Studien eigen und gereicht dem Meister zur besonderen Ehr, ja nach meinem Geschmack übertrifft dieser in Coral noch den Neubaur.* […] *Herr Hammer produzierte ein Violin und Viola Concert von seiner eigenen Composition; feiner Geschmack und geschickte Behandlung seines Instruments können diesem Künstler nicht abgesprochen werden, daher wurde ihm ein Präsent von 1 Conv. Thaler gemacht, hätte etwas mehrer verdient.* Wiederholt wurden laut Protokollbuch in den folgenden Jahren bis 1791 immer wieder Kompositionen von Hammer, vor allem Kirchenmusik, in Memmingen aufgeführt und hochgelobt. Auch zum Babenhauser Hof bestand weiterhin Kontakt. Davon zeugt im Rechnungsjahr 1783/84 ein ansehnlicher Notenerwerb *Musik vom Herrn Hammer*, wofür 11 fl bezahlt wurden (vgl. S. 193).

Leider hat von diesen Kompositionen kaum etwas die Zeiten überdauert. Einzig zwei Notenhandschriften aus dem ehemaligen Kloster Gutenzell[578] können für Johann Anton Hammer als gesichert gelten:
– eine Symphonia Pastorella in D (Vl princ, Str, 2 Klar, 2 Hr) (siehe Abb. 48)
– eine Missa Pastoralis in D (SATB, Str, Fl, 2 Hr, 2 Tr, Hr/Tr princ, Pk, Org), bez. mit *Del Signore Hammer, Chorregent in Dischingen* sowie *Ad chorum Bonac*[ensis] *1795.*

Weitere nur mit Hammer (ohne Vornamen) bezeichnete Kompositionen in verschiedenen Archiven können ihm nicht eindeutig zugeordnet werden, da es damals im süddeutschen Raum mehrere Komponisten mit diesem Namen gab.[579]

Nachdem seine Frau Maria Anna am 23. September 1800 gestorben war, ging Hammer am 22. Februar 1803 eine zweite Ehe mit Barbara Göz ein. Er selbst starb in Oberdischingen am 25. Januar 1820. Der Eintrag im Matrikelbuch[580] lautet: *Johann Anton Hammer, kath. Musikus von hier, 72 Jahre und 3 Monate* [gestorben] *An Entkräftung.*

2.5.2 Pater Gerard Martin

Die Beziehungen zwischen Pater Gerard Martin und dem Fuggerhof sind bislang nicht restlos geklärt.

Johann Sebastian Martin, wie er vor seinem Klostereintritt hieß, wurde am 14. September 1755 in Nassenbeuren als Sohn von Michael und Anna Martin geboren.[581] Er war der jüngere Bruder des auf S. 86 genannten Karl Albert Martin und vielleicht, ähn-

---

578   Heute LMA, Sign. AO 32/33.
579   Möglicherweise kommt Johann Anton noch als Autor von zwei mit *del Sig. Hammer* bez. Messen in Maria Steinbach in Frage, da diese Wallfahrtskirche in unmittelbarer Nähe von Memmingen liegt, wo Johann Anton wiederholt musizierte. Die in Waldburg-Zeil, Donaueschingen, Öttingen-Wallerstein und Ursberg nachgewiesenen Musikhandschriften stammen von Carl Anton Hammer, wahrscheinlich einem Verwandten Johann Antons.
580   Wie Anm. 576.
581   ABA, PfM Nassenbeuren, Filmrolle 1.

Abb. 48: Sinfonia Pastorella in D von Johann Anton Hammer.
Erste Seite der Violine principale

lich wie dieser, Singknabe in Babenhausen.[582] Nach seiner Schulausbildung trat Johann
Sebastian in das Benediktinerkloster St. Mang in Füssen ein, wo er den Klosternamen
Gerard annahm. In seinen Füssener Jahren komponierte Gerard Martin eine Reihe geist-
licher Werke, darunter bereits 1777 als Novize ein ›Veni sancte Spiritus‹. 1779 ist seine
Weihe zum Subdiakon und Diakon, sowie ein Jahr später zum Priester bezeugt.[583] Da
der Name des Pater Gerard weder in den dortigen Sterbematrikeln noch im Verzeichnis
der Konventualen bei der Säkularisation 1802 auftaucht, muß er irgendwann aus dem
Kloster ausgetreten sein. 1787/88 läßt sich der nunmehrige Weltgeistliche Sebastian
Martin unter den Ausgaben der Generalkassa-Rechnungen in Babenhausen nachweisen.
In diesem Rechnungsjahr erhielt er für die von der Gräfin Josepha Fugger, geb. von
Reichenstein, gestifteten täglich abgehaltenen Jahrtagsmessen jeweils 22½ x.[584] An-
schließend bekleidete er die Stelle eines Kaplans an der benachbarten Wallfahrtskirche
Kirchhaslach. Davon erfahren wir zunächst aus einem Schreiben des 1. Benefiziaten
Baader[585] vom 13. Mai 1789 an den Grafen von Babenhausen, wobei die Rede ist vom

---

[582] In der in Frage kommenden Zeit nennen die Rechnungen der Lateinischen Schulstiftung keine Namen der Singknaben.
[583] Urkunden Klosterarchiv St. Mang Füssen, Lade CXI Fasz. J. Nr. 7, 9, 14.
[584] FA 67.4.41
[585] FA 7a.8.3. Mit der Bezeichnung *abgegangen* dürfte wohl sein Klosteraustritt gemeint sein.

[…] *abgegangenen Herrn Martin Hochwürden, der vielleicht bessere Eigenschaften für einen Hof-Mann als einen Operarier im Weinberg des Herrn besizet.* Nach Ansicht seines Mitbruders soll Martin demnach weniger Anlagen für einen Geistlichen, als einen Angestellten bei Hof gehabt haben. Wenn ein derartiges Urteil auch mit Vorsicht zu bewerten ist, so paßt es doch recht gut zu Martins Austritt aus dem Kloster und seiner Mitwirkung als Violinist im Babenhauser Hoforchester. Von letzterem zeugt eine Violinstimme des Singspiels ›Die Jagd‹ von J. A. Hiller, auf der vermerkt ist: *Herrn Sebastian Martin.*[586] Nachdem Martin 1791 als 2. Benefiziat von Kirchhaslach[587] bezeichnet wurde, erscheint sein Name noch im selben Jahr als Pfarrer in dem zur Fuggerschen Herrschaft gehörenden Waltenhausen. In seinem ersten Taufeintrag in den Pfarrbüchern[588] vermerkt er dort am 4. Juni: *a me Sebastiano Gerardo Martin Nassenburano Neo Parocho in Waltenhausen.* Bereits am 1. März 1796 verstarb Martin in Waltenhausen. Der Sterbeeintrag lautet: *1. März pie in Domino defunctus est Plurimum Reverendus ac clarissimus Dominus Sebastianus Martin Nassenburanus suevus SS. Theologiae moralis et Canonum candidatus per quatuor vix annos hujus loci Parochus. Calculo laborans dolorissimam aegritudinem per plures hebdomadas patientissime tolleravit ac denique post durans per viginti horas certamen inter vitam et mortem, susceptis omnibus moribundorum sacramentis placidissime exspiravit ejus anima in Domino requiescit.*[589] In die Zeit Martins als Pfarrer von Waltenhausen fällt der Neubau des Langhauses der dortigen Kirche, das im Dezember 1795 vollendet wurde.[590] Martin ist in Waltenhausen begraben, eine Grabplatte ist leider nicht mehr vorhanden.

Von Pater Gerard existierten einstmals in Babenhausen folgende Kompositionen, die wohl zum überwiegenden Teil aus seiner Füssener Zeit stammen:

– Missa solemnis in D (SATB, Str, 2 Fl, 2 Hr, 2 Tr, Pk, Org), datiert 1780
– Missa in B (SATB, Str, 2 Ob, 2 Hr, 2 Tr, Pk), aufgeführt Pfingsten 1785 und 1787
– Te Deum in D (SATB, Str, 2 Fl, 2 Ob, 2 Hr, 2 Tr, Pk) mit dem interessanten Vermerk: *In gratissima Occasione Pontificis summi Pij Sexti 1782.*[591] Damit ist sicher keine Aufführung in Augsburg gemeint, wo Papst Pius VI im Mai 1782 weilte. In Frage kommen vielmehr entweder eine Aufführung in Babenhausen oder aber im Kloster St. Mang in Füssen, in dem Pater Gerard damals möglicherweise noch als Konventuale lebte. Dort machte nämlich Pius VI. am Abend des 6. Mai bei seiner Heimreise Station und zelebrierte einen Gottesdienst. Falls dabei besagtes Te Deum tatsächlich erklungen sein sollte, hört sich die folgende Kritik darüber freilich nicht gerade

---

586   KBM Bd. 13, S. 106. Das Singspiel wurde erstmals 1770 in Weimar aufgeführt.
587   StAA, MüB 41. Gedrucktes Verzeichnis der Priester aus der Diözese Augsburg aus dem Jahre 1791, in dem es heißt: ›D. Sebastianus Gerardus Martin, Nassenburanus Suevus, SS. Theol. & SS. Canon. Cand. Benef. Secundarius in Kirchhaslach‹.
588   ABA, PfM Waltenhausen, Filmrolle 1, ebenso der folgende Sterbeeintrag.
589   *Am 1. März starb ergebungsvoll im Herrn der äußerst erwürdige und sehr berühmte Herr Sebastian Martin von Nassenbeuren. Er war Kandidat der Moraltheologie und des Kirchenrechts, kaum vier Jahre lang vertrat er die hiesige Stelle eines Pfarrers. Er litt an einem Steinleiden und ertrug die sehr schmerzvolle Krankheit mehrere Wochen lang mit sehr großer Geduld und schließlich, nach einem 20 Stunden dauernden Kampf zwischen Leben und Tod starb er ruhig nach dem Empfang aller Sterbesakramente; seine Seele ruhe im Herrn.*
590   Heinrich Habel, Landkreis Krumbach (Bayerische Kunstdenkmale) München 1969, S. 291.
591   *In äußerst dankbarer Gelegenheit anläßlich des Besuches von Papst Pius VI.*

schmeichelhaft an: »Als der Papst das Gotteshaus betrat, stimmten die Mönche wie Generalvikar Beck in seiner Autobiographie vermerkt ›eine mittelmäßige und wegen ihrer Länge tödliche Musik an‹. Pius VI. aber harrte geduldig aus und ließ diese Aufführung ohne ein Zeichen des Unwillens über sich ergehen.«[592] Die betreffenden Noten könnte Martin dann nach Babenhausen mitgenommen haben.

- Passionsoratorium (SATB, Str, 2 Fl, 2 Hr, Cemb) beginnend mit dem Rezitativ: *Es tratt mit bluterfüllten Händen das Heil der Menschen zu vollenden*
- Oratorio sacro (SATB, Str, 2 Ob, 2 Hr, Cemb), das nach einer Intrada mit dem Rezitativ beginnt: *So sinket denn in Ohnmacht und ringet mit dem Tod*
- Tantum ergo in C (SATB, Str, 2 Fl, 2 Hr, Org), aufgeführt 1781.

Die letzten beiden Kompositionen konnten anderenorts wiedergefunden werden und zwar das ›Oratorio sacro‹ in der Pfarrkirche Vils/Tirol[593] und das ›Tantum ergo in C‹ in Füssen.[594]

Abb. 49: ›Oratorio sacro‹ von Pater Gerard Martin.
Beginn der Intrada in zeitgenössischer Partiturabschrift

---

592 Peter Rummel, »Daß wir Euer Heiligkeit […]« Papst Pius VI. in der paritätischen Reichsstadt Augsburg 1782, in: Jahrbuch des Vereins für Augsburger Bistumsgeschichte, 21. Jahrgang, Augsburg 1987, S. 67.

593 Diese, wie die folgenden in Vils nachgewiesenen Kompositionen Martins in: Hildegard Herrmann-Schneider, Die Musikhandschriften der Pfarrkirche und Musikkapelle Vils, Innsbruck 1993, S. 51.

594 Diese, wie die folgenden in Füssen vorhandenen Kompositionen Martins in: KBM Bd. 18, S. 202f.

Außerdem haben sich von Pater Gerard erhalten:

– Missa in D (SATB, Str, 2 Ob, Fag, 2 Hr, 2 Tr, Pk, Org). Fundorte: Füssen und Ochsenhausen[595]
– Completorium in a (SATB, Str, 2 Tr, Org). Fundort: Füssen
– Zwei *Domine ad adjuvandum* in C und D (SATB, Str, 2 Tr, Pk, Org), dat. *Anno 1780 Mense xbris*. Fundort: Füssen
– Offertorium Pastorale *Transeamus usque Bethlehem* (SATB, Str, 2 Fl, 2 Hr, Cemb). Fundorte: Füssen und Kloster Stams
– Veni sancte Spiritus (SATB, Str, 2 Fl, 2 Hr, 2 Tr, Pk). Fundort: Heimatmuseum Reutte/Tirol[596] mit Besitzvermerk: *Ad Chorum S. Magni Fyssae 1777*
– Drei Tantum ergo in G, D und A (SATB, Str, 2 Tr, Pk, Org). Fundort: Vils/Tirol

Wie bereits vermerkt, existierten in der Fuggerschen Musikaliensammlung noch elf Kompositionen eines Martin ohne Vornamen. Es handelte sich dabei um:

– eine Arie *Semplici pastorelle voi piu di me felici* (Singstimme, Str, 2 Ob, 2 Klar, 2 Hr) teilweise in der Handschrift Heels
– ein Passionsoratorium mit dem Textanfang: *So willst du denn o Jesu ja zuende scheiden* (einstmals nur Singstimmen u. Str vorhanden). Aufgeführt am 18. April 1778, 2. April 1779 und 24. März 1780.
– Missa solemnis pastoritia in d (SATB, Str, 2 Fl, 2 Hr, 2 Tr, Pk, Org). Aufgeführt am 25. Dezember 1783.
– Complet in C (SATB, Str, 2 Hr, 2 Tr, Pk, Org)
– Sieben Tantum ergo (SATB, Str, versch. Bläserbesetzung, Pk, Org).

Das Fehlen eines Vornamens ermöglicht keine eindeutige Zuordnung. In Frage kommen Franz Joseph Martin, Pater Gerard Martin oder bei der Häufigkeit des Namens noch andere Komponisten mit Namen Martin. Aufgrund der Kompositionsgattungen könnte das eine oder andere Werk von Pater Gerard stammen.

2.5.3 Franz Joseph Stury

Franz Joseph Stury wurde am 10. März 1777 als Sohn des Seilers Franz Joseph Stury (1751-1832) und seiner Ehefrau Maria Theresia Schluderbacher in Babenhausen geboren.[597] Schon frühzeitig zeigte sich seine Musikbegabung. Wie bereits erwähnt, trat er als 16jähriger anläßlich der Hochzeit des Grafen Anselm Maria in der Öffentlichkeit als Paukenspieler auf. »Da er gute Umgangsformen hatte, nahm ihn Graf Fugger als Leibdiener in seine Dienste.«[598] Damit kam Stury wohl alsbald in enge Berührung mit der Hofmusik und wirkte wahrscheinlich auch im Hoforchester und auf dem Kirchenchor mit. Im Frühjahr 1799 erhielt *Josef Stury, Bedienter eine Zulage für eine 8-tägige Reise nach Wolfegg* in Höhe von 4 fl und ein Jahr später *für 48-tägigen Aufenthalt in Weißen-*

---

[595] Heute LMA. Vgl. dazu: Georg Günther, Musikalien des 18. und 19. Jahrhunderts aus Kloster und Pfarrkirche Ochsenhausen, Stuttgart 1995, S. 246f.
[596] Die Fundorte Stams und Reutte/Tirol ermittelt durch frdl. Auskunft von Frau Dr. Herrmann-Schneider.
[597] PfMB Bd. IV.
[598] Diese und folgende Angaben aus Grünbauer (wie Anm. 295).

horn ein Kostgeld von 24 fl.[599] 1801 bezeichnet er sich selbst als Bediensteter des Grafen Johann Nepomuk.[600] Im selben Jahr starb Georg Jehle, Lehrer von Kirchhaslach. Stury heiratete dessen Witwe und vertauschte damit den Dienst am Hof mit dem Schul-, Organisten- und Mesnerdienst in Kirchhaslach. Derartige Wechsel waren zu einer Zeit, als es noch keine geregelte Lehrerbildung gab, allgemein üblich. Auch Sturys Vorgänger Jehle hatte seine berufliche Laufbahn im Babenhauser Schloß als Tafeldecker begonnen. Dem Organisten Stury stand in Kirchhaslach eine vergleichsweise große Orgel[601] zur Verfügung, die 1735-37 von Augustin Simnacher (1688-1757) erbaut worden war. Mit ihren 17 Registern, verteilt auf zwei Manuale und Pedal, war sie größer als die Babenhauser Orgel von 1743. Das Prospekt der Orgel, das zu den schönsten des Meisters zählt, hat sich erhalten.

Abb. 50: Orgelprospekt in der Wallfahrtskirche Kirchhaslach von
Augustin Simnacher 1735 (Mittelteil später ergänzt)

In Kirchhaslach wirkte Stury 33 Jahre. Er hatte zwei Söhne, von denen der eine, Franz Xaver, Geistlicher[602] wurde und der andere, Joseph Anton, den Lehrerberuf ergriff. Kirchhaslach war damals eine berühmte und vielbesuchte Wallfahrt in Schwaben. Die zahlreichen Prozessionen dorthin machten den mit dem Lehrberuf verbundenen Mes-

---

599 FA 67.4.62, Nr. 620 und 67.4.64, Nr. 442.
600 Stury (wie Anm. 268), S. 26.
601 Fischer/Wohnhaas (wie Anm. 177), S. 130.
602 Franz Xaver Stury war 1833 Kaplan in Babenhausen.

nerdienst zu einer lukrativen Einnahmequelle. Auch die an einem Wallfahrtsort besonders gepflegte Kirchenmusik brachte dem Lehrer und Organisten zusätzlichen Vorteil. Zwar oblag die musikalische Oberaufsicht über Kirchhaslach dem Chorregenten von Babenhausen (vgl. S. 108), darüber hinaus bestand aber auch am Ort selbst ein kleines Ensemble, das die vielen Gottesdienste zu gestalten hatte.[603] Über die dortige Kirchenmusik im Jahre 1803 schreibt Stury:[604] *Am Zäzilien Tage wurde jährlich ein feierliches Amt gehalten dann Mittags die Musikanten in der Wohnung des Schullehrers ausgespeiset. Auch die 3 Herren Geistlichen nahmen Theil an diesem Mahl, welches aber hiezu beitrugen: Herr Primar 2 fl 24 x und tischte noch Wein auf; Herr Secundar 1 fl 4 x und Herr Tertiar 36 x, wobey man sich recht gutmüthig unterhielt. Das Musikpersonal aber bestunde nur in 2 Sänger, 2 Violinisten, 2 Hornbläser, dem Schullehrer und seinem Gehilfen.* Doch als die Bittgänge von staatlicher Seite aus 1806 erheblich eingeschränkt wurden, versiegten die Einnahmen aus dem Mesnerdienst immer mehr, worüber sich Stury des öfteren beklagt. Auch die Verköstigung der Musiker, die von der Gunst der Geistlichen abhing, ließ fortan zu wünschen übrig. Stury vermerkt in seinen Annalen dazu: *Diese bisher übliche Gewohnheit* [der Verköstigung] *aber bestunde nur bis auf den Herrn Primar Kummer, welche dieselbe so übernahm, daß er auf den Abend denen Musikern einen Trunk mit kalten Speisen auf seine Rechnung im Pfarrhof reichte. Von Herrn Sabbo an, und bey allen folgenden Primars hörte das Honorar für die Musikanten auf. Doch können die Geistlichen fast im gebietherischen Tone auf der Kanzel verkünden: Heute wird ein feyerliches Amt oder Vesper gehalten, ohne die Musiker wieder zu berücksichtigen, oder zu bedenken, daß es nur freiwillige Liebhaber, ohne alle Bezahlung oder Honorar seyen.* Der wenig großzügige erste Kaplan Sabbo wurde 1826 Pfarrer von Babenhausen, zu einer Zeit, als dort die Kirchenmusik mangels Personals im Rückgang begriffen war. *Kam früher der Babenhauser Chorregent mit seinen Musikern nach Kirchhaslach, so erhielt* [dieser nun] *von seinen Babenhauser Musikanten die nöthige Beyhilfe nicht mehr und sahe sich daher genöthiget, den Schullehrer zu Kirchhaslach Stury zu ersuchen, daß dieser und seine Musikanten ihme aushelfen mochten, wogegen der Chorregent dem Stury von dem Bruderschafts Betrag 7 fl 30 x zusicherte. Jetzt unterläßt der Chorregent seine Schuldigkeit ganz; und läßt dem Schullehrer zu Kirchhaslach dieselbe über.*

Damit wurde Stury letztlich wieder in seinem Heimatort musikalisch aktiv, wo er fortan auf dem Chor aushalf. 1834 trat er seinen Lehrerdienst in Kirchhaslach an seinen Sohn Joseph Anton ab und zog nach einigen Jahren zurück nach Babenhausen. 1841 wurde der pensionierte Lehrer noch Stiftungsschreiber und starb in ärmlichen Verhältnissen am 18. Juli 1852.[605]

In seiner Funktion als Lehrer und Organist war Stury auch kompositorisch tätig. Die Aletshauser Chronik[606] spricht vom »Nachbarskomponisten Stury von Kirchhaslach«. Von seinen Werken lassen sich heute noch nachweisen:

---

[603] Aus der Mitte des 18. Jahrhunderts sind in Kirchhaslach nach einem Inventar im StAA Musikalien der Komponisten Lichtenauer, Rathgeber und Königsperger sowie an Instrumenten 2 Violinen und 2 Clarini nachgewiesen.

[604] Dieses und folgende Zitate aus Stury (wie Anm. 268), S. 27 und 31.

[605] PfMB Bd. VIII.

[606] Behr (wie Anm. 211), S. 91. Es werden dort keine Werke genannt.

– Missa in D (SATB, Str, Fl, 2 Klar, 2 Hr, 2 Tr, Pk, Org). Fundort: Heiligkreuz bei Kempten[607]
– Requiem in Es (SATB, Str, Fag, 2 Hr, Tr princ, Org). Fundorte in angegebener Besetzung: Privatbesitz, Gutenzell,[608] dat. 1843, Edelstetten. In der Besetzung mit nur zwei Klarinetten als Bläser: Ursberg, dat. 1836[609]
– Vesper in C (SATB, Str, 2 Hr, Tr princ, Pk, Org). Fundorte: Pfaffenhofen bei Wertingen, Ursberg. Die Vesper in Pfaffenhofen enthält am Ende noch ein Alma Redemptoris, Regina Coeli und Salve Regina (ohne Bläser), fraglich ob von Stury.
– Sechs Tantum ergo (SATB, Str, 2 Hr, 2 Tr, Pk, Org). Fundort: Heiligkreuz bei Kempten.

Entsprechend den bescheidenen dörflichen Aufführungsverhältnissen bieten die Werke keine nennenswerten technischen Schwierigkeiten. Diese Einfachheit hat wohl zur Verbreitung des Requiems beigetragen. Neben der Musik galt Sturys Interesse vor allem der Heimatgeschichte. Er verfaßte 1835 die auf Seite 81 zitierten Annalen von Kirchhaslach sowie eine Chronik von Babenhausen.[610]

3   Das Instrumentarium

3.1   Das Orchester

Im Gegensatz zur Barockzeit gibt es in den späteren Jahren (abgesehen von der Militärmusik) kein Inventar der zur Herrschaft gehörenden Musikinstrumente. Nichtsdestoweniger lassen die vielen Ausgaben für Instrumente wie auch das umfangreiche Musikrepertoire auf einen reichen Instrumentenbestand schließen. Einen Überblick über die wichtigsten Anschaffungen vermittelt der Anhang II.[611] Dabei fällt auf, daß es vor allem im letzten Drittel des 18. Jahrhunderts zum vermehrten Kauf neuer Instrumente kam, während man danach infolge kriegsbedingter Sparmaßnahmen kaum mehr Gelder dafür übrig hatte.

Instrumente bezog man häufig direkt vom Hersteller, meist aus Städten des süddeutschen Raumes:
– Streichinstrumente aus Augsburg (Riedele), Füssen, Mannheim (Kirchschlag), Mittenwald (Hopf)
– Holzblasinstrumente aus Augsburg (Sterkle), Biberach (Zell), Basel (Schlegel)
– Hörner und Trompeten aus Hanau (Haltenhof), Memmingen (Ruprecht).

Die Anschaffungskosten der Instrumente variierten erheblich je nach Qualität, Hersteller, Zeitverhältnis und Art des Instrumentes. Allgemein günstig waren einfache Geigen, ihre Preise bewegten sich in den Jahren 1768/70 zwischen 45 x und 3 fl. Eine Sologeige kostete 1775 7 fl. Das war extrem niedrig, nicht nur im Vergleich mit anderen Instru-

---

[607]   Frdl. Mitteilung von Herrn Matthias Wolf, Bad Schussenried.
[608]   Heute LMA.
[609]   Diese wie die folgende in Ursberg nachgewiesene Komposition Sturys in: KBM Bd. 15, S. 83.
[610]   Vgl. Anm. 384.
[611]   Soweit die Beispiele dem Anhang entnommen sind, wird im folgenden auf eine eigene Quellenangabe verzichtet.

menten und Reparaturen, sondern auch im Verhältnis zu Musikalien. In der Regel hatten
freilich zumindest gute Instrumente ihren Preis. So zahlte man z.B. 1798 jeweils 33 fl
für eine Geige an Herrn Bremgard von Rettenbach und für eine Viola an den Instrumentenmacher Kirchschlag in Mannheim. Der Instrumentenmacher Haltenhof in Hanau erhielt 1793 für ein Inventionshorn 37 fl 30 x und ein unbekannter Lieferant 1796 für ein
Fagott gar die stolze Summe von 79 fl. Vielfach verringerte sich der Preis für ein neues
Instrument, indem man ein altes in Zahlung gab.

Abb. 51: Violine von Anton Helmer (Augsburg 1794) aus der ehemaligen
Babenhauser Hofkapelle

Viele Ausgaben betrafen Reparaturen und Zubehör. Hier bekamen auch heimische
Handwerker Aufträge, wie etwa der Schreiner Zobel jun., der 1765 zweimal für die
Herstellung von jeweils sechs neuen Geigenbögen 1 fl 16 x erhielt. Relativ hoch lagen
die Kosten für Saiten. So listet der Cantor und Buchbinder Gschwind für das Jahr 1766
nicht weniger als 16 Positionen Saiten zu einem Gesamtpreis von 16 fl 18 x 4 hl auf.
Der Grund für den großen Verbrauch lag zunächst daran, daß es sich ausschließlich um
Darmsaiten handelte, die leicht rissen. Dazu kam die hohe Anzahl von Aufführungen,
die den natürlichen Verschleiß noch beschleunigte. Saiten bezog man außer vom Händ-
ler auch direkt vom Hersteller, in Babenhausen meist vom Saitenmacher aus Kellmünz.
Dieser lieferte zugleich das Öl, in das man die Saiten zur besseren Haltbarkeit legte.

  Um die Jahrhundertwende mehren sich die Ausgaben für Blasinstrumente, insbesondere für Klarinetten und Hörner. Der Grund dafür dürfte u.a. im Aufkommen einer bereits auf S. 83 erwähnten eigenständigen Harmoniemusik, der sog. ›Türkischen Musik‹
im Zusammenhang mit dem Militär zu suchen sein. Aus dem Jahre 1819 hat sich das
folgende Inventar[612] der Militärkapelle erhalten:

---

[612] FA 7a.18.14.

Verzeichnis Sämtlicher musikalischen Instrumenten und Zugehörungen, welche bisher zur Bataillions Cassa wirklich bezahlt und in Rechnung 1816/17 bereits aufgenommen sind:

1 Fagott	*18 fl*
1 Posaune	*10 fl*
Fagott Röhren	*2 fl 20 x*
1 Paar Dis Horn mit Stimmung C, D, Dis und Fis	*30 fl*
1 große Trommel	*30 fl*
1 Wirbel Trommel	*10 fl*
1 Paar ganz feine Dis Trompeten sammt allem Zugehör	*22 fl*
1 As Post[horn] ganz fein mit Aller Zugehör	*8 fl 29 x*
1 Inventions Serpent	*44 fl*
6 Stück Fagott Röhren	*2 fl 42 x*
1 Paar Schinellen	*11 fl*
1 Stock für den Tambour Major	*16 fl*
1 neues Bandouliäre von lakiertem und gewichstem Leder	
Zur großen Trommel	*2 fl 12 x*
1 neues Couvert von Leinwand zu obiger großen Trommel	*1 fl 18 x*
Schnür und Quasten zur Trompeten, Waldhorn und Posthorn	*11 fl 21 x*
Reparatur blasender Instrumenten einschließlich 52 x für Clarinet	*4 fl 52 x*

Summa   *224 fl 14 x*
Blasius Schneider Battailons Quartiermeister

Nähere Angaben über diese Militärkapelle und ihr Repertoire haben sich nicht erhalten, man darf aber annehmen, daß es sich um den Vorläufer der heutigen Blaskapelle handelte. Reine Bläsermusik, wie sie in großer Zahl z.B. in Öttingen-Wallerstein existierte, läßt sich in Babenhausen nicht nachweisen.[613]

Über Tasteninstrumente ist, abgesehen von der Orgel, nur wenig bekannt. Obgleich viele Kompositionen die Mitwirkung eines Cembalos vorsehen, taucht ein solches in den Rechnungen nicht auf. Hingegen ist wiederholt die Rede von einem Klavier und einem Flügel. So wurde *den 27. August 1777 dem Herrn Rheinegg in Memmingen Vor der Gnädigen Gräfin Euphemia Clavier bezahlt 24 fl 30 x.* Am 19. September 1794 erfahren wir von einer *Reparatur des Fliegls,* für die Meinrad Dreher von Illereichen 3 fl erhielt. Es handelte sich dabei vermutlich um den 1801 erwähnten *Steinerflig,* d.h. einen Flügel des Johann Andreas Stein von Augsburg. Stein war damals einer der bekanntesten Instrumentenbauer, der vor allem durch seine Orgel in der Barfüßerkirche in Augsburg und seine Hammerflügel berühmt wurde. Er war auch mit Mozart befreundet, der selbst ein Stein'sches Clavicord besaß. Seine Werkstatt beschäftigte mehrere Gehilfen, von denen einer 1780 in Babenhausen namentlich Erwähnung findet: *dem Orgelmacher Gesellen Schiedmayr Von H. Stein in Augspurg und H. Egginger Uhrmacher, so zu reparierung des Instruments und einer Uhr hierher berufen worden, für Reis und Douceur zusammen 37 fl* [bezahlt].

---

613   Solche ist weder im Kroyerkatalog zu finden, noch in größerem Umfang in den Generalkassa-Rechnungen. Letztere sprechen nur einmal 1804/05 von Musikalien zur ›Türkischen Musik‹. Möglicherweise handelte es sich auch bei den 36 Sextetten von 1795/96 um Bläsermusik.

3.2   Die Orgel

1743 hatte Jakob Schmid von Boos für die Babenhauser Kirche eine einmanualige Orgel mit zwölf Registern verfertigt (vgl. S. 55f.). In den folgenden Jahrzehnten war es immer wieder zu Reparaturen gekommen, außerdem scheint das Instrument für den Kirchenraum zu klein gewesen zu sein. Daher wurde 1788 Johann Nepomuk Holzhey (1741-1809) von Ottobeuren[614] beauftragt, das Werk zu sanieren und zu erweitern. Dieser hatte damals bereits eine Reihe bekannter Orgelbauten vorzuweisen, darunter die

Abb. 52: Der Orgelbauer Johann Nepomuk Holzhey (Gemälde um 1790)

heute noch bestehenden Orgeln von Ursberg und Obermarchtal. Der Umbau der Babenhauser Orgel ist uns in einem Akt des Staatsarchivs Augsburg[615] dokumentiert. Danach machte Holzhey am 25. Oktober 1788 das folgende Angebot:

Ohnmaßgebliche Disposition und überschlag in betref dero sambt Reparation der orgl zue babenhaußen, in der löblichen Pfarrkürchen wiefolgt und zwar.

---

[614]   Zu Holzhey siehe Ulrich Höflacher, Johann Nepomuk Holzhey ein oberschwäbischer Orgelbauer, Ravensburg 1987.
[615]   StAA, Gemeindedepot Babenhausen 322 (heute GAB).

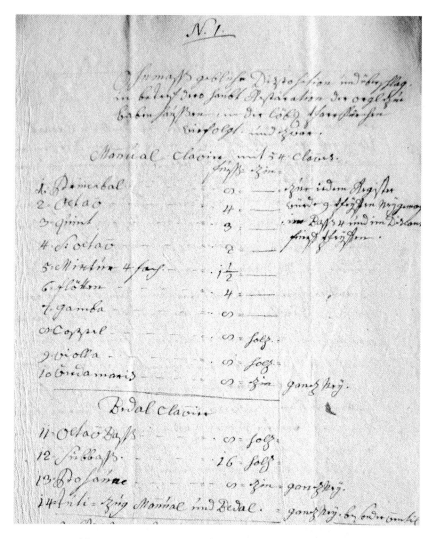

Abb. 53: Disposition für die Orgel in Babenhausen 1788
in der Handschrift von Johann Nepomuk Holzhey

Manual clavier und 54 claves.	Fueß	Zin	
1. Principal	8	--	Zue iedem Register würden 9 pfeyfen Ney gemacht
2. Octav	4	--	im Baß 4 und im Discant fünf pfeyfen.
3. quint	3	--	
4. S: octav	2	--	
5. Mixtur 4 fach	1½	--	
6. flötten	4	--	
7. gamba	8	--	
8. Coppel	8	holz	

9. *violla*	8	*holz*	
10. *Undamaris*	8	*Zin*	*ganz Ney*
Pedal clavier			
11. *Octav Baß*	8	*holz*	
12. *Subbaß*	16	*holz*	
13. *Posaune*	8	*zin*	*ganz Ney*

14. Tuti-Zug Mannual und Pedal ganz Ney besonder ventil

Nebst dißem ist nothwendig Zum Mannual eine Neye windt ladt, wie auch ein Neyes clavier sambt einer Neyen Direction, so wohl in betref deß clavier, als deren Register züg Zue verfertigen / Sambt einem Neyen Pedal clavier / auf solche weiß würdte daß werk dauerhaft, und orgellmäßig, wie auch leicht Zue spillen, hergestelt. Und weill dißes orglwerk Von dem Maister der Es Ney Verferthigete im Cornet thon ein gestimbt hat, und inzwischen durch einen anderen diefer gestimbt wordten, wordurch daß werkh mehr verdorben, weill Es nicht in gehöriger ordnung ist übersezt worden, sondern nur an die pfeyfen oben aufgesezt, wordurch Eben daß werkh aus der währe Mensur gekommen, dißem abzuhelfen würdte ich daß ganze werk übersezen und die stümplereyen hinwekh werfen, damit Es auch Von Kennern därfte angesehen werden [...].

Als Kostenvoranschlag nannte Holzhey im folgenden den Betrag von 500 fl und zusätzlich bei der Arbeit in der Kirche für 4 Wochen freie Kost und Wohnung.

Diesem Angebot lag ein weiteres bei, betreffs der Erweiterung der Orgel durch ein Positiv. Es lautete:

Ohnmaßgebliche Disposition in betref deß Ney Zue Ver fertigende Posetiv nemlich 6 register wie folgt.

1. *Principal*	*4 fuaß*	*Von Zinn*	
2. *Sexquialter*	*3 --*	*--*	*4 fach*
3. *flaschionet*	*2 --*	*--*	
4. *flötten*	*4 --*	*--*	
5. *flautraver*	*8 --*	*--*	
6. *Copell*	*8 --*	*--*	*Von holz*

dieses Posetiv würde in die brüste Cammer ein gesezt und nicht höher als 4 schue, und in der braidten 7 schue 6 Zoll, und würde durch ein besonderes clavier Zue schlagen angericht, welches aber durch eine Feßlung mit dem Mannual könnte gespült werden undt würde dem ganzen werk ville forz [viel Kraft] *geben. Dieses Posetiv kennte ich dem werk noch bey setzen Vor eine bezahlung 250 sage Zwey-hundertfinfzüg gulden indoch ohne die Ver Zuehrung* [Verziehrung] *welches ich seiner hochgräflich Excellenz über lassen würde, weill Ver Zuehrung genügsam Vorhanden Von der alten Orgl welche fueglich kann apleciret werden. und weill ohne hin die höhe und weithen der Kürchen nach Proportion ein werk Von 20 registern forderte, so hofe ich um so mehr daß Es Von seiner hochgräflich Excellenz mechte gnedigst Rathificieret werden.*

Die Orgel einschließlich des Positivs wurde von Graf Anselm Victorian bewilligt und im Jahre 1790 gebaut. Die Kosten hatten sich die Herrschaft, die Kirchenstiftung St. Andreas und die Bruderschaft St. Joseph zu teilen. Sie setzten sich aus den geforderten 750 fl sowie den Ausgaben in Höhe von ca. 250 fl für Schreiner- und Schlosserarbeiten, Fuhrlohn etc. zusammen. Hinsichtlich der Verpflegung vermerkte Anselm Victorian: *Verpflegung des Herrn Orgelmachers bei der Herrschaft, der schreiners und gesellen Von der bürgerschaft.*

Somit erhielt Babenhausen ein zweimanualiges Orgelwerk mit insgesamt 20 Registern in der angegebenen Disposition.[616] Es basierte auf der Vorgängerorgel von Schmid, die von Holzhey in ihrem Tonumfang erweitert und mit neun neuen Registern versehen wurde. Das wesentlich Neue gegenüber der Vorgängerorgel bestand im zusätzlichen Rückpositiv in der Brüstung der Empore. Es dürfte außer dem der Orgel in Ursberg[617] das einzige gesicherte Rückpositiv von Holzhey sein. Den Kasten des Rückpositivs *(bossediff oder orgell Kasten)* in der Größe von ca. 1.20 m Höhe auf 2.30 m Breite schuf der Babenhauser Schreiner Joseph Blochum, den Kasten des Hauptwerks Holzhey selbst. Blochum übernahm auch noch weitere Schreinerarbeiten, wie *die brüge zu dem Klavier Kasten,* woraus hervorgeht, daß die Orgel einen freistehenden Spieltisch besaß. Leider ist uns kein Bild der Orgel überliefert, doch muß davon ausgegangen werden, daß das Hauptwerk aus mehreren Kästen bestand, die direkt an der Kirchenwand plaziert waren. Dies ergibt sich aus einem Gutachten vom 13. September 1814, in dem es heißt, daß *die hiesige Orgel wegen verschiedener Gebrechen und Feuchtigkeit weil die Kästen ganz an der Mauer stehen, eine beträchtliche Abänderung nötig hat [...].*[618]

Den Auftrag zur Restaurierung erhielt Franz Joseph Holzhey (1774-1823), der Sohn des Johann Nepomuk, der nach dessen Tod die Werkstatt seines Vaters in Ottobeuren übernommen hatte. Noch bevor dieser jedoch mit seiner Arbeit beginnen konnte, wurden die Babenhauser Opfer eines dreisten Gauners. In den Kirchenrechnungen[619] heißt es dazu: *dem Orgelmacher welcher sich fälschlich für Franz Joseph Holzhey von Ottobeuren ausgegeben und nach Umfluß von 3 Wochen nach dem die Orgel gänzlich verlaufen, wurde seine bei dem hiesigen Beernwirth Ignatz Stölzle gemachte Zährung bezahlt mit 49 fl 56 x.* Offensichtlich hatte der Betrüger von dem Auftrag erfahren und sich unter dem falschen Namen eigenmächtig ans Werk gemacht, wodurch nicht nur die *Orgel ganz unbrauchbar geworden*, sondern darüber hinaus ein finanzieller Schaden für die unrechtmäßige Verpflegung entstanden war. Nachdem der ›vermeintliche‹ Holzhey verschwunden war, erfolgte nun die notwendige Reparatur durch den ›echten‹ Holzhey unter Mitwirkung einheimischer Handwerker, besonders des Schreiners Zobel. Die Kosten dafür beliefen sich insgesamt auf rund 400 Gulden.

Außer der großen Orgel in der Pfarrkirche läßt sich noch ein Orgelpositiv in der Schule nachweisen. In den Rechnungen[620] ist 1755 dazu vermerkt: *für Einstimmung der Orgel, auf Verbesserung der Gambe besonders dann des Positivs in der lateinischen schuel dem orgelmacher zu Ottobeyren Joseph Zettler den 19. Mai bezahlt 54 fl 39 x.* In den folgenden Jahren sind dann mehrmals Reparaturen bezeugt, so 1771 durch den einheimischen Schreinermeister Matthias Engel, 1776 durch den Orgelbauer Meinrad Ellenrieder von Mindelheim, 1793 durch den Orgelmacher Meinrad Dreher von Illereichen,[621] und zuletzt durch den einheimischen Nagelschmid Michael Bammert: *Zwey eiserne Bändchen an daß Schulörgele gemacht 24 x.*[622] Weder über den Erbauer noch die

---

[616] Der Tuttizug wurde damals als Register gezählt.
[617] Höflacher (wie Anm. 614), S. 34.
[618] FA 67.19.5.
[619] FA (wie Anm. 618).
[620] FA 67.18.115.
[621] FA 67.18.140, 150 und Rechnungen im PfAB.
[622] FA 67.18.181¼.

Disposition des Positivs ist etwas bekannt. Es dürfte sicher nur wenige Register besessen haben, die für den Musikunterricht und die Probenarbeit mit den Singknaben vollauf genügten. Das Instrument hat sich nicht erhalten. Bereits 1838 wird im Schulinventar[623] keine Orgel mehr genannt.

4   Die Musikalien

Ähnlich vergleichbaren Adelshäusern verfügte auch der Fuggerhof von der Mitte des 18. bis zum Anfang des 19. Jahrhunderts über eine umfangreiche Musikaliensammlung. Sie umfaßte die Gattungen Kirchenmusik, Oratorien, Singspiele und Opern, weltliche Kantaten, Sinfonien, Instrumentalkonzerte, Kammermusik, Lieder und Klaviermusik. Als Quellenmaterial stehen zur Verfügung:

1) der vielfach zitierte, von Kroyer katalogisierte ehemalige Musikalienbestand der Fugger (siehe Abb. 54)
2) die im Fuggerarchiv verwahrten Generalkassa-Rechnungen (siehe Anhang III)
3) Textbücher zu Singspielen etc., die am Fuggerhof aufgeführt wurden
4) die erhaltenen Musikalien aus dem Besitz ehemaliger Babenhauser Musiker (siehe Anhang IV).

Während bislang unser Einblick in das Musikinventar fast ausschließlich durch den Kroyerkatalog bestimmt war, kann dieses nunmehr durch Einbezug weiterer Quellen erheblich erweitert werden. Als besonders ergiebig erwiesen sich dabei die Generalkassa-Rechnungen des Fuggerarchivs, die aus der Zeit zwischen 1761 und 1810 auch Ausgaben über angeschaffte Musikalien beinhalten. Bei deren Durchsicht zeigte sich alsbald, daß ein erheblicher Teil der dort angeführten Werke nicht im Kroyerkatalog verzeichnet ist. Leider sind jedoch viele Angaben in den Rechnungen nur sehr allgemein gehalten, weshalb sie sich nicht zu Vergleichszwecken mit dem Kroyerkatalog eignen. Wo immer ein Vergleich möglich ist, wird deutlich, daß ursprünglich am Fuggerhof sicherlich weit mehr Noten existierten, als Kroyer 1919 bei seinen Katalogisierungsarbeiten vorlagen. Die nicht bei Kroyer genannten Musikalien werden, soweit es die Angaben gestatten, im Anhang III mit ›nbK‹ (nicht bei Kroyer) gekennzeichnet. Es handelt sich dabei vorwiegend um weltliche Werke. Ihr Verbleib ist genauso unbekannt wie die der meisten Noten zu den in 3) genannten Textbüchern.

Die Angaben auf den Rechnungen ermöglichen nicht nur eine Erweiterung unserer Kenntnis über die Notensammlung, sondern auch über die Herkunft einiger Musikalien. Danach wurden Noten entweder auswärts – von Musikalienhandlungen, Komponisten, Kopisten – gekauft, oder aber bei Hofe selbst kopiert bzw. komponiert. Die Stadt, aus der die meisten Musiknoten kamen, war Augsburg, der Stammsitz der Fugger. Augsburg war nicht nur Heimat der Musikalienhandlungen Lotter, Rieger, Gombart und Heß, sondern auch Wohnsitz einer Reihe von Komponisten, bei denen Werke direkt erworben werden konnten: Johann Gottfried Seyfert, Johann Georg Lang, Wolfgang Schaller und Adam Schmidbauer. Beziehungen bestanden darüber hinaus zu Mitgliedern der Fürstbischöflichen Hofkapelle wie Balthasar Fackler, Franz Grimmer und dem Hofkopisten

---

[623]   StAA, Gemeindedepot Babenhausen 325 (heute GAB).

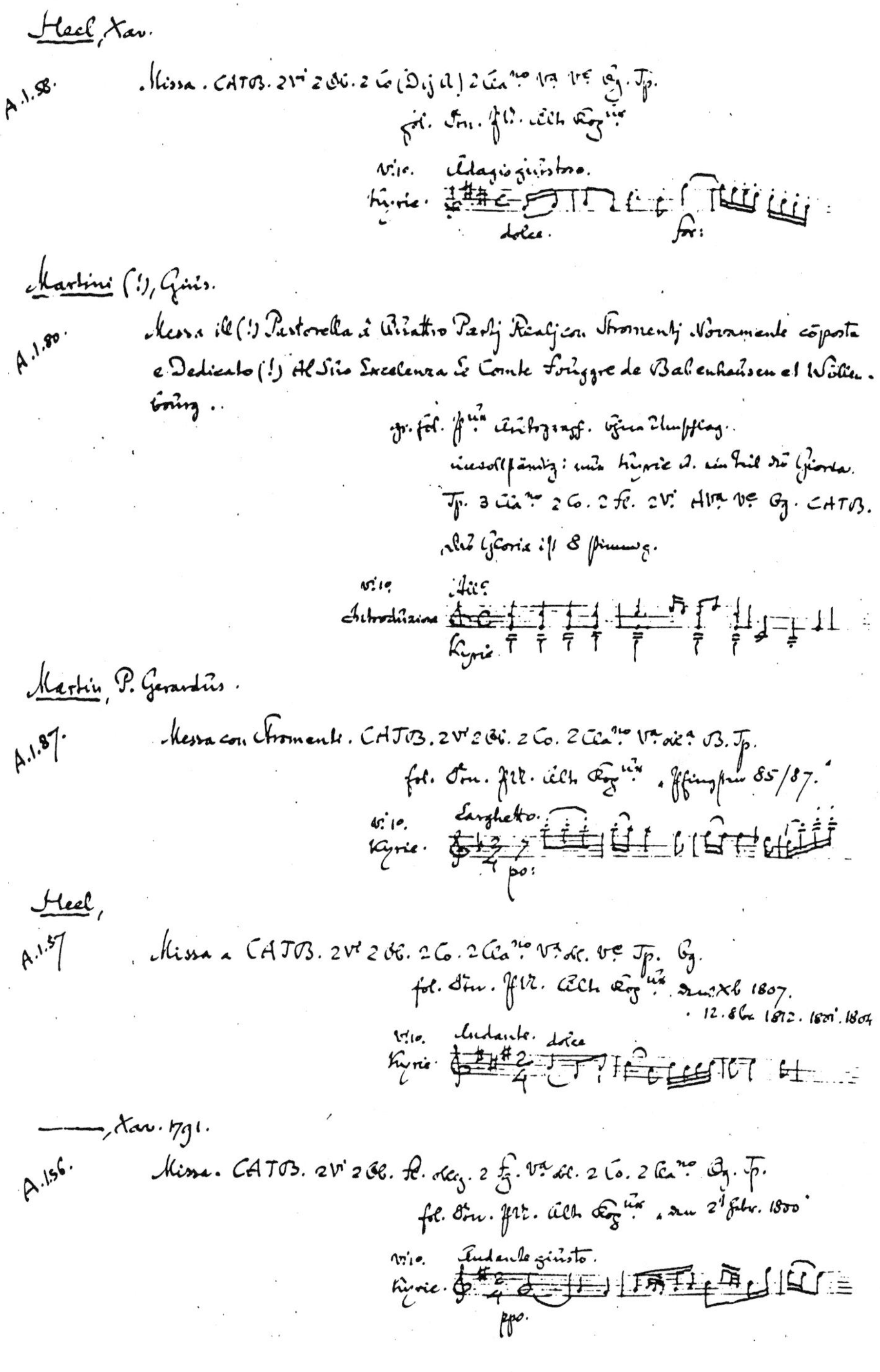

Abb. 54: Ausschnitt aus dem Katalog der Fuggermusikalien
in der Handschrift Theodor Kroyers

Andreas Kuttner.[624] An weiteren Städten, aus denen Musikalien bezogen wurden, sind zu nennen: München (Musikverlag Falter, Komponist Johann Baptist Becke), Biberach (Kicksche Musikalienhandlung) und Memmingen (Komponist Christoph Rheineck, Pater Nepomuk Gasser, der Sänger Dazzi). Memmingen seinerseits scheint wiederum Musikalien aus Babenhausen bezogen zu haben.[625] Kontakte bestanden auch zu kleineren Orten wie Wullenstetten, wo der Komponist Joseph Anton Laucher eine Zeitlang als Lehrer wirkte, bevor er nach Dillingen ging. Von diesen und anderen bezogen die Fugger sowohl handschriftliche wie gedruckte Musikalien. Da Drucke relativ teuer waren und nicht nur Käufer, sondern auch viele Komponisten die hohen Druckkosten scheuten, überwogen in der Regel bis Ende des 18. Jahrhunderts die Handschriften. Ihre Dominanz spiegelt sich deutlich im Kroyerkatalog wider, in dem sich die Zahl von 85 Drucken gegenüber 666 Manuskripten geradezu bescheiden ausnimmt. Zudem wurden am Fuggerhof selbst häufig Abschriften angefertigt. Als Kopisten fungierten dort Musikdirektoren, Chorregenten, Organisten, Hofmusiker sowie Lehrer von Babenhausen und Umgebung. Nicht vergessen werden dürfen dabei die ›hauseigenen‹ Komponisten, von deren Werke kein einziges im Druck erschien.

Was die Anzahl der Komponisten betrifft, ist diese mit über 150 Namen beachtlich. Den größten Anteil stellen neben den einheimischen Musikern vor allem Komponisten aus dem süddeutschen Raum: den Städten (Augsburg, München, Salzburg, Eichstätt, Freising, Kempten, Memmingen), den Klöstern (Augsburg, Irsee, Ottobeuren, Ursberg) sowie den Adelshöfen (Oettingen-Wallerstein, Haltenbergstetten). Stark vertreten waren auch die Komponisten aus dem Wiener Bereich und aus Italien. Darüber hinaus führen Spuren nach Rheinland-Pfalz, Mitteldeutschland und Norddeutschland sowie nach Böhmen, Tirol und Frankreich.

Bleibt letztlich die Frage, inwieweit das ansehnliche Notenmaterial auch zur Aufführung gelangte. Sichere Angaben dazu gibt es nur bei einer Reihe von Kirchenmusikwerken, dem durch Textbücher nachgewiesenen Musiktheater sowie einigen Sinfonien von Franz Joseph Martin. Die Wiedergabe aller anderen Werke entzieht sich unserer Kenntnis. Dennoch darf vermutet werden, daß der größte Teil des Musikarchivs auch zum Erklingen kam. Wie sonst ließe sich erklären, daß die Fugger die finanziellen Mittel zum Erwerb der Noten bereitgestellt hätten? Sicher nicht allein um des bloßen Sammelns willen. Bestätigt wird diese Ansicht durch die wenigen erhaltenen Musikalien aus Babenhausen, die deutliche Gebrauchsspuren aufweisen.

Ergänzend muß gesagt werden, daß in der damaligen Zeit fast ausschließlich zeitgenössische Musik gespielt wurde und man immer darauf bedacht war, das Neueste zu erwerben. Ältere Musikalien wurden ausgeschieden und nach einer gewissen Zeit meist vernichtet, ein wesentlicher Grund dafür, warum der Bestand des Kroyerkatalogs nur bis ca. 1760 zurückreicht.[626]

---

[624] Vgl. ›Hof- und Cammer Music‹ im Augsburger Hofkalender von 1766 in ABA.

[625] Das dortige Stadtarchiv verwahrt die Stimmen der ›Missa St. Ruperti in C‹ von Michael Haydn in der Handschrift von Franz Xaver Heel aus dem Besitz des damaligen Chorregenten des Kreuzherrenklosters, P. Nepomuk Gasser.

[626] Mit Ausnahme der hier nicht berücksichtigten wenigen alten Drucke aus der Fuggerschen Privatbibliothek Augsburg.

4.1   Die Kirchenmusik

Im Gegensatz zu heute war das tägliche Leben des Menschen früher weit mehr durch die Religion geprägt. Das zeigt sich bereits rein äußerlich in der vergleichsweise hohen Anzahl von Feiertagen, Priestern und Gottesdiensten. Nach einer handschriftlichen *Designation der Sonn- Fest und Feyertage* des Pfarrers Johann Nepomuk Strohmayer[627] gab es im Bistum Augsburg im Jahre 1804 außer den Sonntagen 20 gebotene und 20 dispensierte[628] Feiertage. Dazu kamen im Fuggermarkt noch fünf Ortsfeiertage. Die Zahl der Priester schwankte in Babenhausen bis Mitte des 19. Jahrhunderts zwischen drei und sechs: Pfarrer, Kaplan, Benefiziat, Frühmesser, geistlicher Hofmeister im Schloß und zeitweise noch ein Aushilfsgeistlicher.[629] So verwundert es nicht, daß im Amt ein oder gar zwei Geistliche auf dem Chor musizieren konnten (vgl. S. 78). Ungewöhnlich hoch war die Zahl der Gottesdienste. Da jeder Priester täglich zelebrierte, wurden jeden Tag mehrere Hl. Messen gelesen. Darunter waren häufig sog. figurierte, d.h. vom Chor gesungene Ämter, nicht nur an Sonn- und Feiertagen, sondern auch an Bruderschaftsfesten, Festen der Herrschaft und Jahrtagen. Dazu kam eine Fülle anderweitiger musikalisch umrahmter Gottesdienste, besonders in der Karwoche Passionen und Oratorien. Einen kleinen Einblick in die Vielfalt der Gottesdienste geben die damaligen Verkündigungsbücher (vergleichbar dem heutigen Kirchenanzeiger) im Pfarrarchiv.[630] Leider finden wir darin keinerlei Einträge über Kirchenmusik – diese war offensichtlich selbstverständlich und nicht eigens erwähnenswert. Auch gibt es für Babenhausen keine Aufstellung über die Anzahl der Dienste des Chorregenten, doch lag diese allgemein sehr hoch. So mußte z.B. im benachbarten fuggerischen Weißenhorn der Chorregent Franz Xaver Schmöger (1738-1809) jährlich 275 Ämter, 193 Vespern, 20 Metten, 31 Complets, 9 ganze und 25 halbe Vigilien versorgen.[631] Angesichts derart vieler Gottesdienste verwundert es nicht, daß einst eine große Anzahl von Kirchenmusikalien existierte. Es lassen sich (unter Ausschluß der Anonyma[632]) folgende Werke nachweisen:
Messen:[633] Lateinische Messen von Joseph Anton Angeber, Anton Bachschmid (2), Meinrad Banhard, Johann Brandl (8), Placidus Braun, Antonio Caldara,[634] Fortunato Cavallo, Luigi Cherubini, Paul Conrad, Joseph Demharter, Dirmayer, Karl Ditters von Dittersdorf (2), Johann Georg Dosch, Johann Chrysostomus Drexel (4), Matthäus Fischer, Johann Andreas Giulini (6), Joseph Graetz, Johann Anton Hammer (2), Tobias Haslinger (2), Georg Gottlieb Hayde, Joseph Haydn (6),[635] Michael Haydn (5), Franz

---

627   FA 7a.8.5.
628   Arbeit war erlaubt, der Meßbesuch aber verpflichtend.
629   Vgl. Lothar Lidel, Aus der Geschichte der Pfarrei, in: Zedelmaier (wie Anm. 10), S. 34.
630   Vgl. Herbert Huber, Aus alten Pfarrbüchern, in: Zedelmaier (wie Anm. 10), S. 37-42.
631   W. Sawodny, Der Weißenhorner Franz Xaver Schmöger und seine Messe, Typoskript o.D., S. 3. Natürlich wurde bei diesen vielen Gottesdiensten nur ein Teil figuraliter, der Rest choraliter gesungen.
632   Dies gilt im folgenden auch für alle weiteren Musikalien.
633   Soweit es sich um mehr als eine Komposition handelt, ist in folgender Aufstellung die Zahl der Werke hinter dem Komponisten in Klammer angegeben.
634   Nur der Messesatz *Qui tollis*.
635   Cäcilienmesse, große Orgelsolomesse, Mariazellermesse, Paukenmesse, Heiligmesse und Nelsonmesse.

Xaver Heel (10), Ignaz Holzbauer, Johann Nepomuk Hummel, Johann Evangelist Jaumann (4), Franz Ignaz Kaa, Anton Kobrich (6)[636], Johann Georg Lang (2), Joseph Lasser (9)[637] Anton Laube (3), Hieronymus Mango (2), Martin, Franz Joseph Martin (8), Gerard Martin (2), Joseph Willibald Michl (2), Alexius Molitor (3), Wolfgang Amadeus Mozart (4)[638], Franz Christoph Neubauer (3), Giovanni Perluigi da Palestrina, Eugen Pausch (3), Joseph Preindl, Antonio Rosetti (3), Antonio Sacchini (2), Pietro Pompeo Sales (3), Sartini, Franz Xaver Schlecht, Joseph Schnabel (2), Friedrich Schwindel, Johann Franz Starck (5), Tommaso Traetta, Augustin Ullinger (3), Georg Joseph Vogler, Jan Zach (6), Ludwig Zöschinger. Deutsche Messen von Bernhard Burger, Joseph Graetz, Michael Haydn,[639] Franz Xaver Heel, Georg Joseph Vogler.

Requiems von Bororolli, Johann Chrysostomus Drexel (2), Georg Gottlieb Hayde, Joseph Haydn, Alois Holzmann, Johann Evangelist Jaumann (3), Nicolo Jommelli, Isfried Kettner, Peter Wolfgang Lechner, Nonosus Madlseder, Johann Michael Malzat, Alexius Molitor, Wolfgang Amadeus Mozart, Antonio Rosetti (2), Wolfgang Schaller, Friedrich Gottlieb Starck, Jan Zach; dazu jeweils ein Libera von Johann Chrysostomus Drexel und Franz Xaver Heel.

Gradualien und Offertorien von Pasquale Anfossi, Franz Xaver Brixi (4), Franz Bühler, Johann Chrysostomus Drexel, Josph Eybler, Michael Haydn (8), Anton Laube, Vincenzo Rhigini, Johann Baptist Schiedermayer (4), Karl Bonaventura Witzka.

Litaneien von Franz Xaver Brixi (11), Michael Dischner, Johann Georg Lang (2), Leopold Mozart, Matthias Pauser, Pietro Pompeo Sales (2), Franz Xaver Schlecht, Meinrad Spiess, Johann Heinrich Zang.

Vespern und Vespersätze von Bahr, Joseph Bieling, Franz Xaver Brixi (4), Anton Fils, Candidus Frigl (3), Franz Xaver Heel, Martin, Wenceslau Ranque, Wolfgang Schaller (3), Schmidt, Sophi, August Violand (2), Cajetan Vogl, Ernestus Weinrauch, Karl Bonaventura Witzka, Wreden, Jan Zach (2).

Sonstige Kirchenmusikwerke:
– Hymnen von Christoph Willibald Gluck, André Ernest Gretry, Franz Christoph Neubauer, Joseph Schnabel
– Motetten von Franz Xaver Brixi (2), Joseph Haydn
– Psalmen von Friedrich Ernst Fesca, Johann Evangelist Jaumann
– Salve Regina von Joseph Haydn, Alois Holzmann, Wolfgang Amadeus Mozart, Antonio Salieri
– Stabat mater von Johann Chrysostomus Drexel, Franz Xaver Heel, Franz Joseph Martin
– Tantum ergo von Ignaz Beecke, Dirmayer (3), Anselm Victorian Fugger, Georg Gottlieb Hayde, Michael Haydn, Franz Xaver Heel (13), Johann Georg Lang, Martin (7), Gerard Martin, Wolfgang Amadeus Mozart, Pietro Pompeo Sales
– Te Deum von Sixtus Bachmann, Johann Chrysostomus Drexel, Matthäus Fischer (2), Carl Heinrich Graun, Georg Gottlieb Hayde, Joseph Haydn, Franz Xaver Heel (3),

---

636 Die Bezeichnung ›kleine Messen‹ (vgl. Anhang S. 193) läßt an ›6 Missae rurales‹ denken, die bei Lotter Augsburg mehrmals erschienen.
637 Tres Missae op. 1 und Sex Missae op. 2 erschienen bei Lotter Augsburg.
638 Darunter KV 140 und KV 337.
639 PfAB, Rechnungen 1796.

Ignaz Holzbauer, Gerard Martin, Franz Christoph Neubauer (2), Eugen Pausch, Pietro Pompeo Sales, Johann Seyfert

– Veni sancte spiritus von Matthäus Fischer.

Oratorien und Passionen von Philipp Emanuel Bach (Die Israeliten in der Wüste), Michael Demmler (Die sigende Seele sowie ein Oratorium ohne Titel), Matthäus Fischer (Oratorium ohne Titel), Carl Heinrich Graun (Der Tod Jesu), Georg Friedrich Händel (Die Auferstehungsfeier[640]), Joseph Haydn (Die sieben Worte, Die Schöpfung, Die Jahreszeiten), Franz Xaver Heel (Empfindungen bei dem Kreuze, Jonas, Das Leiden unseres Erlösers, Magdalena), Joseph Anton Laucher (Fastenmusik), Martin (Oratorium ohne Titel), Gerard Martin (Oratorio sacro), Antonio Rosetti (Der sterbende Jesus), Pietro Pompeo Sales (La Passione Christi), Schermer (Fastenoratorium).

Als einziges Instrumentalwerk für die Kirche existieren VI Aufzüge für Orgel und Bläser von Martin Mösl. Mit Ausnahme der Messen von Kobrich und Lasser fehlen die damals weit verbreiteten Lotterdrucke.

Wie bereits erwähnt, kennen wir von der Kirchenmusik nicht nur den Notenbestand, sondern zumindest teilweise, was davon zwischen 1763 und 1831 auch zur Aufführung gelangte. Dies verdanken wir hauptsächlich den beiden gleichnamigen Chorregenten Franz Anton Höß, die vielfach auf den Deckblättern der Handschriften die Aufführungsdaten vermerkten. Ihrer ortsgeschichtlichen Bedeutung wegen sind die aufgeführten Werke im Anhang V chronologisch geordnet wiedergegeben. Soweit möglich wurden dabei den Daten die entsprechenden Feste zugeordnet. Es muß freilich dazu gesagt werden, daß die Aufführungsvermerke der Chorregenten große Lücken aufweisen. Das Fehlen vieler Hochfeste, ja ganzer Jahre zeigt, daß die Aufstellung kein erschöpfendes Bild der Babenhauser Kirchenmusik wiedergeben kann. Trotz dieser Einschränkung ergeben sich eine Reihe interessanter Einblicke in die damalige Musizierpraxis.

Deutlich läßt sich zunächst erkennen, daß bevorzugt einheimische und süddeutsche Komponisten dominierten, wobei einige Messen besonders geschätzt waren. Dies gilt etwa für die ›Missa in D‹ von Georg Gottlieb Hayde, die zu Lebzeiten des Komponisten fünf Aufführungen erlebte. Dieselbe Zahl erreicht die ›Missa in D‹ von Alexius Molitor, gefolgt von der ›Missa in A‹ von Franz Xaver Heel mit vier Aufführungen. Beliebt muß auch der Augsburger Domkapellmeister Giulini gewesen sein, von dem sechs verschiedene Messen existierten, die alle, wenn auch nachweislich nur einmal, zur Wiedergabe kamen. Fünf davon erklangen in der unglaublich kurzen Zeit des ersten Halbjahres 1778, drei allein zwischen dem 9. und 21. Juni – eine erstaunliche Leistung, vorausgesetzt, die Angaben stimmen. Es ist denkbar, daß zumindest einige dieser Messen sicherlich zum Repertoire gehörten und keine Neueinstudierungen waren. Seltsamerweise fehlt in dieser Zusammenstellung der Name Mozart ganz, während von den sechs vorhandenen Messen Joseph Haydns die Paukenmesse zwischen 1809 und 1823 mit sechs nachgewiesenen Aufführungen das meistgespielte Werk überhaupt war. Haydn komponierte diese Messe bekanntlicherweise 1796 unter dem Eindruck der französischen Kriegsgefahr, einem Krieg, unter dem auch Babenhausen bis 1814 viel zu leiden hatte.

Die Zuordnung der Musik zu bestimmten Tagen bestätigt die eingangs erwähnte Vielzahl bzw. Vielfalt der Gottesdienste. So läßt sich Figuralmusik nicht nur an kirchli-

---

640 Nach den Generalkassa-Rechnungen (vgl. S. 201) handelte es sich um Chöre aus dem Messias.

chen Hochfesten nachweisen, sondern auch an gewöhnlichen Sonntagen und an Tagen, die längst aus dem heutigen Festtagskalender verschwunden sind wie z.B. der Josephstag, Mariae Verkündigung, Osterdienstag, Johannes Nepomuk, Franziskus, Franz Xaver oder Mariae Unbefleckte Empfängnis. Der Josephstag war in Babenhausen aufgrund der 1680 gegründeten Josephsbruderschaft ein hoher Feiertag. Das Fest der Marianischen Kongregation hingegen, das im Gegensatz zur Josephsbruderschaft heute noch besteht, entstand erst im Jahre 1805. Um sich eine Vorstellung von der Vielzahl der musikalisch umrahmten Gottesdienste zu machen, mögen die Feste des hl. Johannes Nepomuk und des hl. Franz Xaver angeführt werden. Ihnen zu Ehren bestimmte die Gräfin Josepha Fugger in ihrem Testament von 1759, daß alljährlich an ihren Festen (Namenstag etc.) ein Hochamt und eine Novene abzuhalten sind. Für *Absingung des Hochamts und 9 lytanien* erhielt der *Choro musicis* jeweils 7 fl 30 x.[641] Die entsprechenden Ausgaben lassen sich bis ins 19. Jahrhundert hinein nachweisen. Angesichts derartiger Stiftungen verwundert es nicht, daß der Kroyerkatalog 21 Litaneien verzeichnet. Als hoher Ortsfeiertag wurde alljährlich auch der 4. Oktober, das Fest des hl. Franziskus begangen. Das Verkündigungsbuch von 1796 vermerkt dazu: *Zukünftigen Dienstag oder after-Montag begehen wir Hochfeyerlich das fest des Heil. Vaters Franciscus, ist ein aufgenohmener Hoher festtag und [es] wird in der frühe um 5 uhr die erste Heil. Meß, um 6 uhr die frühe Meß gelesen, von selber mit gegebenem Heil. Segen das Hoch Würdigste Gut in der Monstranz ausgesetzt und die gewöhnliche Bethstunde in der Ordnung ihren anfang nehmen: um 8 uhr wird die Predigt, nach selber das Hochamt gehalten, Nachmittags aber bey der Vesper unsere Andacht mit der Procession beschlossen werden.* Dementsprechend vielfältig war an diesem Tag die Kirchenmusik. Der 4. Oktober 1784 verzeichnet außer der ›Missa in D‹ von Anton Laube eine ›Litanei in F‹ von Johann Georg Lang und eine ›Vesper in C‹ von Schmidt.

Zu den Eigenarten vergangener Jahrhunderte gehörte der seltsam anmutende Brauch, auch in der Advents- und Fastenzeit Messen ›solemniter‹, d.h. mit Pauken und Trompeten zu gestalten. Beispiele dazu finden sich mehrmals, so am 2. Dezember 1787 (›Missa in D‹ von Georg Gottlieb Hayde) oder am 26. Februar 1788 (›Missa in C‹ von Joseph Willibald Michl). Diese, mit der Liturgie nur schwer zu vereinbarende Gewohnheit war freilich nicht auf Babenhausen beschränkt, sondern gab es z.B. auch im Kloster Hl. Kreuz in Augsburg, wo 1804 am 4. Fastensonntag für *2 Trompeten, Oboisten, Flaut-Traversisten und Violinisten 1 fl 52 x* und am Palmsonntag für *zu bestellende Trompeter, Oboisten, Violinisten 2 fl 30 x* ausgegeben wurden.[642] Schmid schreibt dazu: »Wie wir sehen, wurde die ganze Fastenzeit hindurch unbeirrt mit vollem Orchester musiziert.« Fragt man nach den Gründen, so waren es zumindest in Babenhausen meist Festivitäten der Herrschaft, die an diesen Tagen die Liturgie des Kirchenjahres kurzzeitig zurücktreten ließen. Dazu gehörte etwa der Namenstag der Gräfin Maria Walburga, über den am 26. Februar 1788 im Verkündigungsbuch vermerkt ist: *Am Aftermontag als an der Hohen Namens Feyer Sr. Hochgräflichen Excellenz unser allhier Regierenden Gnädigen Gräfin Fr. Fr. wird beyläufig um 9 Uhr ein Ampt gehalten* – der Chor sang dabei die oben genannte Messe von Joseph Willibald Michl. Nach der Mediatisierung 1806 muß-

---

[641] StAA, AFB 379.
[642] Zitiert nach Ernst Fritz Schmid, Mozart und das geistliche Augsburg, in: Augsburger Mozartbuch, Augsburg 1942/43, S. 110f.

ten schließlich auch noch der Namenstag und der Geburtstag des Königs von Bayern laut *allerhöchst königlich bayerischen Verordnung* mit einem festlichen Amt begangen werden.[643]

Einen überaus breiten Raum nahmen früher die Gedenkgottesdienste ein. Waren es ursprünglich zunächst nur die Rechbergschen und Fuggerschen Jahrtage, so kamen im Laufe der Jahrhunderte aufgrund weiterer Stiftungen immer mehr Jahrtage hinzu. Einen dieser Jahrtage, den Seelengottesdienst für Maria Walburga Fugger, zelebrierte am 28. November 1805 der heilige Clemens Maria Hofbauer, der dafür 1 fl 30 x bekam.[644] Der relativ hohe Betrag erklärt sich wohl daraus, daß Seelengottesdienste mehrere Ämter beinhalteten. Das wird aus dem folgenden Eintrag im Verkündigungsbuch vom 16. Oktober 1807 ersichtlich: *jährlicher Seelengottesdienst mit Vigil, Seel- und lobamt für den Grafen Anton Sigismund.* Gleichzeitig war es vielfach üblich, Dreißigstgottesdienste zu feiern, wie am 30. April 1810 den *Dreysigst-Gottesdienst für den Chorregenten Anton Höß.* Für die Gestaltung der Gedenktage wurden die Musiker ebenso entlohnt wie für andere außergewöhnliche Auftritte, so z.B. am St. Hubertustag 1766, wo *dem Choro Musico für Gottesdienst* [zur] *Danksagung für ein beglückte Eend* [der Jagd] *5 fl 24 x* bezahlt wurden.[645] Finanzielle Zuwendungen gab es u.a. auch am Fronleichnamsfest und am Fest der hl. Cäcilia, der Patronin der Kirchenmusik. An letzterem erhielt der Chorregent nach alter Tradition aus der Fuggerschen Generalkassa ein *jährliches Douceur pro Choro Musico*, das 1801 40 fl betrug.[646] Am Tag nach Cäcilia feierte man alljährlich den Gedenkgottesdienst für die Musikanten- der Eintrag im Verkündigungsbuch vom 23. November 1810 lautet: *am Freitag wird in dem ordentlichen Gottesdienst für die Herren Musikanten des allhiesigen Pfarrchors ein Seelen Gottesdienst mit einem Seelamt seyn.*

Zur Feier der Karwoche gehörte nicht nur in den evangelischen Gebieten, sondern auch im katholischen Süden Deutschlands selbst in kleineren Orten das Passionsoratorium. In Babenhausen lassen sich elf Aufführungen nachweisen:

– ein Passionsoratorium von Martin am Karsamstag 1778 sowie am Karfreitag 1779 und 1780
– ein Oratorium *La Passione di Jesu Christo* von Pietro Pompeo Sales am Gründonnerstag 1779 und Karfreitag 1780
– das Oratorium ›Der Tod Jesu‹ von Carl Heinrich Graun 1781, 1782 und am Karfreitag 1804
– das Oratorium *Empfindungen bei dem Kreuze* von Franz Xaver Heel wahrscheinlich 1797
– ein Passionsoratorium von Matthäus Fischer am Karfreitag 1803 und 1818. Ein Textvergleich des Eingangschores *Es werde sprach des mächtigen Wort* ergab, daß dem Oratorium derselbe Text von Zabuesnig zugrunde lag, wie den beiden Oratorien *Empfindungen bei dem Kreuze* von Johann Chrysostomus Drexel und Franz Xaver Heel (vgl. S. 138).

---

[643]   Laut Verkündigungsbücher von 1808 und 1812 im PfAB.
[644]   FA 67.4.80.
[645]   FA 67.4.3.
[646]   FA 67.4.68.

Soweit die Oratorien am Karfreitag erklangen, waren sie wohl Bestandteil der sog. ›Grabmusik‹ am Abend, zu der auch vielfach auswärtige Musiker gebraucht wurden. Davon erfahren wir im Jahre 1800 durch folgende Notiz: *Dem Amtsschreiber Schwarzenberger von Krumbach für Aushilf bey Heilig Grab Music 8 fl 15 x.*[647] Denkbar ist auch eine Integration in die Liturgie selbst. Diese begann nach dem Verkündigungsbuch[648] von 1804 (dem Jahr, in dem der ›Tod Jesu‹ von Graun aufgeführt wurde) bereits frühmorgens um sieben Uhr – im übrigen nicht verwunderlich, wenn man bedenkt, daß am Nachmittag noch die Karfreitagsprozession stattfand.

Die Wiedergabe von Oratorien beschränkte sich nicht nur auf die Karwoche, auch am 1. August 1800, dem Fest ›Vinculi Petri‹, ist das erwähnte Passionsoratorium von Fischer bezeugt, in dem der Apostel Petrus eine herausragende Rolle spielte. Nicht vergessen werden darf schließlich die Aufführung der beiden großen Oratorien von Joseph Haydn, ›Die Schöpfung‹ und ›Die Jahreszeiten‹ unter der Leitung von Fürst Anton Anselm (vgl. S. 74 und S. 183). Auch von einigen weiteren Oratorien existierten einst die Noten. Ob sie gespielt wurden, entzieht sich unserer Kenntnis. Dazu gehörte Philipp Emanuel Bachs ›Israeliten in der Wüste‹ in einer Kopie aus dem Jahre 1787. Bereits elf Jahre vorher war dieses Oratorium in Memmingen aufgeführt worden. Zu der Probe am 31. Oktober 1776 gibt es im Protokollbuch des Collegium Musicum[649] diesbezüglich den folgenden interessanten Eintrag: *Ein starker Violiniste von Babenhausen, den man sich von der Gräflichen Excellenz ausbat, that gute Dienste. Er wurde im Wirtshaus frey gehalten und bekam für seine Bemühung einen Dukaten.* Auch wenn der Name des Violinisten nicht genannt wird (in Frage könnte evtl. Georg Gottlieb Hayde kommen), so zeugt der Eintrag doch vom hohen Niveau der Babenhauser Musik.

4.2   Musik im Schloß

Wie bereits gesagt, sind wir über die Musikpflege im Schloß weit weniger unterrichtet, als über die Kirchenmusik. Das betrifft sowohl die aufgeführten Werke als auch die Anlässe, bei denen sie erklangen. »Musiker an einem Hof zu sein, hatte keine andere Bedeutung als den Dienst eines Gärtners, Kochs oder Lakaien zu verrichten. Selbst Komponieren war für sie eine Tätigkeit, wie Pferde striegeln – eine Dienstleistung für den fürstlichen Auftraggeber.«[650] Ihre Auftritte wurden im Schloß weder eigens honoriert noch aufgezeichnet. So wissen wir nur in Ausnahmefällen, wann und was musiziert wurde. Die Ausnahmefälle betreffen in erster Linie die sog. Gelegenheitsmusiken zu den Festen der Herrschaft (Kantaten zu Namenstagen, Vermählungen etc.) sowie teilweise das Musiktheater. Über die Gelegenheitsmusiken, die fast ausschließlich von den heimischen Hofmusikern stammten, wurde bereits früher berichtet – sie können hier übergangen werden. Dasselbe gilt vom Musiktheater, soweit es Stücke einheimischer Komponisten umfaßte. Dies betrifft die zwischen 1767 und 1814 nachweislich aufgeführten Bühnenwerke von Franz Joseph Martin, Georg Gottlieb Hayde und Franz Xaver

---

[647] FA 67.4.64. Nr. 364.
[648] PfAB.
[649] Collegium Musicum (wie Anm. 307), S. 142.
[650] Helmut Scheck, Musik im Ries – Die Wallersteiner Hofmusik, Nördlingen 1984, S. 51.

Heel. Darüber hinaus lassen sich durch Textbücher[651] folgende im Babenhauser Schloß-theater aufgeführten Opern, Operetten und Singspiele nachweisen:

– ›Das betrogene Vorurtheil oder: Der lateinische Bürgermeister. Eine komische Oper in drey Aufzügen von Franz Halbedl. Aufgeführt in dem Reichs-Hochgräflich Fugge-rischen Markt Babenhausen. Am 6ten, 8ten und 13ten Herbstmonat 1801.‹ Die Mu-sik stammte von Anton Schermer.[652]

Abb. 55: Titelblatt des Textbuches zu der in Babenhausen 1801 aufgeführten Oper
›Das betrogene Vorurtheil‹ von Anton Schermer

– ›Die Schatzgräber, eine Operette in zween Aufzügen‹ und [damit zusammen]
– ›Der große Thaler oder: Die Reitzungen der Jugend. Ein kleines Singspiel in einem Aufzug. Aufgeführt in dem Reichs-Hochgräflich Fuggerischen Markt Babenhausen.

---

[651] Mit Ausnahme des Singspiels ›Die belohnte Ehrlichkeit‹ alle in der FBB.
[652] Die Musik dazu hat sich in Ursberg (KBM Bd. 15, S. 76) in einer Abschrift von Pater Hilber für Kloster Holzen erhalten. Die Aufführung dort fand laut Textbuch 1808, also sieben Jahre nach der in Babenhausen statt. Es ist fraglich, ob das Notenmaterial mit dem von Babenhau-sen identisch ist. Dies gilt ebenso für die auf S. 166 genannten in Ursberg erhaltenen Büh-nenwerke.

Am 21ten, 26ten, und 29ten Herbstmonat 1802.‹ Die Musik stammte von Matthäus Fischer.[653]

– ›Die belohnte Ehrlichkeit oder der redliche Bauer und der großmüthige Jude, ein bürgerliches Schauspiel mit Gesang in drey Aufzügen. Aufgeführt in der Reichs Hochfürstlichen Fuggerschen Residenz Babenhausen bey Austheylung der Prämien für die Schuljugend den 7ten, 10ten und 12ten Augustmonat 1804.‹ Das Theater begann am Nachmittag um 2 Uhr. Die Musik stammte von Matthäus Fischer.[654]

– ›Die beiden Savoyarden, Singspiel in einem Aufzug‹ und [damit zusammen]

– ›Die kindliche Liebe, ein Lustspiel.‹ Beide wurden miteinander 1805 aufgeführt. Die Musik stammte von Nicolas Dalayrac.[655]

– ›Der letzte Rausch, oder mit Schaden wird man klug. Eine Posse mit Gesang in drey Aufzügen, nach Kotzebue's Trunkenbold. Aufgeführt in Babenhausen bey Austheilung der Prämien am 4ten und 8ten Herbstmonat 1808.‹ Das Theater begann jeweils am Nachmittag um 1 Uhr. Die Musik stammte von Franz Bühler.[656]

Die Noten zu diesen Werken haben sich teilweise erhalten, sie befanden sich nicht in der Fuggerschen Musikaliensammlung. Hingegen existierte dort das Stimmenmaterial zu drei Opern von Johann Adolph Hasse (Ezio, Romolo et Ersilia, Solimano), einem Singspiel von Johann Adam Hiller (Die Jagd), einer Operette vermutlich von Christian Jakob Wagenseil (Die belohnte Rechtschaffenheit) sowie Partituren von Guglielmi (Il Giocatore) und einer anonymen Oper in der Handschrift Heels. Die Noten tragen keine Aufführungsvermerke. Lediglich das Singspiel ›Die Jagd‹ von Hiller könnte über die Bühne gegangen sein, da sich auf einer Violinstimme der Vermerk *Herrn Seb. Martin* findet (vgl. S. 144), was den Gebrauch des Materials denkbar erscheinen läßt.

Die Aufführungen wurden in der Regel von einheimischen Musikern bestritten, ›von dasigen Liebhabern der Musen‹, wie es in Martins Fastenspiel von 1774 (vgl. S. 98) heißt, wenn nötig unter Beteiligung von Aushilfskräften aus der Umgebung. Daneben traten natürlich auch hin und wieder reisende Theatergruppen auf, wohl meist mit Schauspielen, wie im Rechnungsjahr 1783/84, in dem *für 21 maliges Spielen der Komödianten 15 fl 45 x* bezahlt wurden.[657] Von einer auswärtigen Oper ist 1766/67 die Rede, wo es heißt: *für die Von Insbruck gespülte Opera 40 fl.*[658] Auch aus dem folgenden Vermerk darf auf ein auswärtiges Opernensemble geschlossen werden: *30. Sept. 1769 wurde auf dieß Monat 4 oder 5 mal produzierte chinesische opera ausgelegt 126 fl 54 x.*[659] Derartige Aufführungen dürften wegen der hohen Kosten sicher die Ausnahme gewesen sein.

---

653   Die Musik zu ›Die Schatzgräber‹ hat sich in Ursberg unter den Anonyma (KBM Bd. 15, S. 121) in der Handschrift von Pater Hilber erhalten.

654   FA 7.5.17b.

655   Vgl. Eitner (wie Anm. 272) Bd. I, S. 76f.

656   Die Musik dazu hat sich in Ursberg (KBM Bd. 15, S. 11) in der Handschrift von Pater Hilber erhalten.

657   FA 67.4.32.

658   FA 67.4.3. Nr. 374.

659   FA 67.4.9. Die Angabe ist nicht eindeutig, vermutlich handelte es sich um die Oper ›Le Chinesi‹, wie sie von Gluck, Holzbauer oder Sales vertont wurde. Vgl. Adolf Layer, Musikpflege am Hofe des Augsburger Fürstbischofs Joseph I., in: Jahrbuch des Vereins für Augsburger Bistumsgeschichte, 13. Jahrgang, Augsburg 1979, S. 149.

Das Fehlen von Aufführungsvermerken betrifft fast alle Musikalien im Schloß. Wir wissen im Gegensatz zur Kirche kaum, was aus dem reichen Musikalienschatz auch tatsächlich erklungen ist. Unter diesem findet sich eine auffallend große Anzahl von Instrumentalwerken, die auf ein leistungsfähiges Orchester schließen lassen. An erster Stelle stehen dabei nicht weniger als 175 nachweisbare <u>Sinfonien</u> der Komponisten Johann Amon (3), Johann Anton André (12),[660] Giovanni Giuseppe Cambini (3), Johann Christian Cannabich (4), Muzio Clementi, Karl Ditters von Dittersdorf (3), Georg Feldmayer, Johann Nepomuk Fugger (5), Adalbert Gyrowetz (15), Joseph Haydn (16), Michael Haydn, Franz Xaver Heel (6), Franz Anton Hoffmeister, Justin Heinrich Knecht, Otto Karl Erdmann von Kospoth (5), Johann Anton Kozeluch (6), Franz Krommer, Aloys Loeffler, Franz Joseph Martin (11), Franz Metzger (3), Franz Christoph Neubauer (10), Ignaz Pleyel (9), Joseph Reicha, Matthias Sandel (4), Joseph Aloys Schmittbauer (10), Friedrich Schwindel (5), Johann Gottfried Seyfert (12), Johann Sterkel, Johann Baptist Vanhal (15), Peter von Winter (2), Friedrich Witt, Paul Wranitzky (7). Dazu kommen noch Serenaden von Karl Ditters von Dittersdorf, Franz Joseph Martin, Franz Christoph Neubauer und eine Ouvertüre von Johann Anton André. Die frühesten nachweisbaren Sinfonien stammen dabei 1761/62 von Johann Gottfried Seyfert (1731-1772), dem Kantor von St. Anna in Augsburg.[661] Der am häufigsten vertretene Komponist ist Joseph Haydn mit 16 nachweisbaren Sinfonien. Darunter finden sich vor allem seine frühen Sinfonien zwischen 1763 und 1777, aber auch drei Londoner Sinfonien. Ähnlich beliebt müssen mit jeweils 15 Sinfonien Haydns Wiener Zeitgenossen Vanhal und Gyrowetz gewesen sein, gefolgt von André, Seyfert, Pleyel, Wranitzky, Schmittbauer, Neubauer und dem ›Hauskomponisten‹ Franz Joseph Martin. Von letzterem sind vier Sinfonien mit Aufführungsdaten zwischen dem 21. Juli 1770 und dem 30. Juli 1771 versehen. Die Besetzung der meisten Sinfonien hielt sich entsprechend der Größe des Orchesters mit Streichern, 2 Oboen bzw. Flöten und 2 Hörnern in Grenzen, vereinzelt traten 2 Fagotte, 2 Trompeten und Pauken hinzu. Ein volles Orchester, wie es etwa die Londoner Sinfonien von Haydn oder die Programmsinfonien von Neubauer (La Bataille du Prince de Coburg) und Knecht (Pastoralsinfonie) verlangen, war eher die Ausnahme und wohl nur unter Hinzuziehung auswärtiger Musiker zu verwirklichen. Dasselbe gilt für die Militär-Sinfonie von Kospoth, die 1783 auch in München zur Aufführung kam.

Neu ist, entgegen den Angaben des Kroyerkataloges, die Erkenntnis, daß am Fuggerhof auch <u>Instrumentalkonzerte</u> gespielt wurden.[662] Die Generalkassa-Rechnungen listen davon auf:
– Konzertante Sinfonie KV 364 von Wolfgang Amadeus Mozart
– Violakonzerte von Ignaz Pleyel (2), Alessandro Rolla
– Klavierkonzerte (4) von Franz Krommer
– Flötenkonzerte von Johann Anton André, Francois Devienne (2), Franz Anton Hofmeister, Franz Krommer
– das Klarinettenkonzert KV 622 von Wolfgang Amadeus Mozart.

---

[660] Da von André selbst bis 1805 nur acht Sinfonien nachweisbar sind, ist denkbar, daß zumindest ein Teil der zwölf Sinfonien nicht von ihm, sondern lediglich aus seinem Verlag stammten.

[661] Sie sind möglicherweise noch vor den bei Breitkopf 1766/67 angezeigten Sinfonien entstanden.

[662] Einzige Ausnahme im Kroyerkatalog ist ein Cembalokonzert von Adlgasser.

Dazu kommt im Babenhauser Musikalienbestand eine Romanze aus dem ›Klarinettenkonzert in Es‹ von Antonio Rosetti. Da die genannten Konzerte alle nach 1800 erworben wurden, könnte dies ein Hinweis darauf sein, daß offensichtlich erst seit dieser Zeit entsprechende Solisten zur Verfügung standen. In Frage kommen sowohl einheimische als auch auswärtige Musiker, die kurzzeitig am Hofe wirkten. Namen sind nicht bekannt, möglicherweise kommt der Musikdirektor Anton Prem als Violasolist in Frage (vgl. S. 105).

Unter den vom Orchester begleiteten Vokalwerken bestand eine große Vorliebe für Arien (wie auch Duette und Terzette), vielfach aus zeitgenössischen Opern. Es lassen sich dabei folgende Komponisten nachweisen: Gaetano Andreozzi, Pasquale Anfossi (6), Giovanni Battista Borghi, Luigi Cherubini, Domenico Cimarosa (5), Johann Chrysostomus Drexel, Matthäus Fischer, Pietro Alessandro Guglielmi, Franz Xaver Heel (3), Ignaz Holzbauer, Giovanni Battista Lampugnani, Giovanni L'Incentino, Francesco de Majo, Martin, Joseph Willibald Michl (4), Carlo Monza, Mortarelli, Wolfgang Amadeus Mozart (5), Joseph Mysliveček (5), Johann Gottlieb Naumann, Franz Seraph Neubauer, Ferdinando Paer (2), Giovanni Paisiello (5), Niccolo Piccini (3), Giacomo Rust, Antonio Sacchini (6), Giuseppe Sarti (3), Joseph Schuster (2), Anton Sterkel, Antonio Tozzi (2), Tommaso Traetta (5), Giacomo Tritto (2), Peter von Winter (6). Dazu wird in den Rechnungen noch die Kantate ›Der Sturm‹ von Joseph Haydn genannt.

Es ist anzunehmen, daß diese Kompositionen im Schloß vor allem in Konzerten im engeren Kreis und teilweise bei der Tafel erklangen. Irgendwelche Programme existieren leider nicht. Jedoch dürften sich, ähnlich den Konzerten im Hochfürstlich Fuggerschen Babenhausischen Saal in Augsburg,[663] Instrumental- und Vokalmusik abgewechselt haben, wobei sicher auch die Mitglieder der Familie Fugger als Gesangssolisten auftraten. Die Konzerte fanden vermutlich im heutigen Gobelinsaal (siehe Abb. 56) statt, der auch als ehemaliges Musikzimmer bezeichnet wird.[664] Dieser repräsentative Raum, dessen Ausstattung auf die Zeit um 1740 zurückgeht, ist durch eine Tür direkt mit dem danebenliegenden Speisesaal verbunden. Wahrscheinlich hielten sich die Instrumentalisten, wenn sie zur Tafel aufspielten, im Gobelinsaal auf. Neben Aufführungen im Schloß gab es sicher auch Serenaden im Schloßhof.

Nicht immer dürfte im Alltag, besonders bei der Tafel, das ganze Orchester zur Verfügung gestanden haben. Aufgrund der Doppelfunktion der Angestellten mußte wohl oder übel der Musiker häufig hinter dem Lakaien oder Tafeldecker zurücktreten. Um trotzdem nicht auf die Musikunterhaltung zu verzichten, gestattete man vielfach reisenden Musikern bei der Tafel aufzuspielen (vgl. 5.2). Zum andern wird man sich auch vielfach auf Kammermusik beschränkt haben. Letztere ergab sich infolge der Verkleinerung des Hofpersonals nach der Mediatisierung von selbst. So ist es nicht verwunderlich, daß auch eine große Anzahl von Kammermusikwerken existierte. Sie reichte hinsichtlich der Zahl der Musiker vom Duo bis zum Decett. Im einzelnen sind zu nennen:

– Duos von Luigi Boccherini, Franz Xaver Heel, Nikolaus Kaesermann (3), Antonio Rosetti, Giuseppe Sarti (2), Franz Xaver Sterkel, Giuseppe Tartini (3), Jean Balthasar Triklier (6), Giovanni Battista Viotti
– Trios von Johann Friedrich Beckmann, Muzio Clementi, Adalbert Gyrowetz (2), Franz

---

[663]   Vgl. Anm. 246.
[664]   Habel (wie Anm. 178), S. 46.

Abb. 56: Gobelinsaal im Schloß Babenhausen, ehemaliges Musikzimmer

Fidel Hayde, Georg Gottlieb Hayde, Franz Xaver Heel (6), Giuseppe Hemmerlein (3), Franz Anton Hoffmeister (10), Franz Heinrich Kneferle, Ignaz Pleyel (4), Antonio Rosetti (7), Laurenz Schneider (3), Johann Samuel Schroeter (2), Paul Struck (3), Karl Joseph Toeschi (2), Jan Zach
– Quartette von Johann Amon (3), Franz Danzi (6), Adalbert Gyrowetz, Joseph Haydn (9), Franz Krommer (3), Franz La Motte, Miller, Friedrich Schwindel (6), Peter von Winter, Jan Zach
– Quintette von Ludwig van Beethoven (2), Franz Xaver Heel (5), Franz Krommer (3), F. J. Miller (3), Wenzel Pichel (3), Paul Wranitzky (3)
– Sextette von Franz Danzi, Franz Xaver Heel (4)
– Septette von Franz Danzi, Franz Xaver Heel (5)
– Oktette von Franz Xaver Heel (2)
– Decette von Franz Xaver Heel (2).

Was die Zusammensetzung der Instrumente betrifft, so schwankte sie erheblich und reichte von der reinen Streicherbesetzung (Beethoven, Danzi, Haydn) bis zur gemischten Besetzung unter Hinzuziehung von Bläsern sowie Klavier. Besonders Heel bediente sich aufgrund der jeweiligen Gegebenheiten der ausgefallensten Kombinationen. Großer Beliebtheit erfreuten sich Duos und Triosonaten, wohl besonders innerhalb der Fuggerschen Familie selbst. Dem Kreis häuslichen Musizierens sind denn auch die vielen Klavierkompositionen, Lieder, Arien mit Klavierbegleitung und einige Klavierauszüge (z.B. ›Cosi fan tutte‹ von Mozart) zuzurechnen, auf die hier nicht gesondert eingegangen werden soll.[665] Einige dieser Musikalien waren mit den Initialen der Mitglieder des Hauses Fugger gekennzeichnet.

---

[665] Hinsichtlich näherer Angaben sei auf KBM Bd. 13, S. 67-159 und den Anhang III verwiesen.

5   Auswärtige Musiker

5.1   Auswärtige Komponisten mit Bezug zum Fuggerhof

Neben den behandelten ortsansässigen Musikern gab es noch eine Reihe auswärtiger Komponisten, die mit dem Fuggerhof in näherer Verbindung standen. Soweit sie lediglich als Lieferanten von Musikalien erscheinen, war von ihnen bereits die Rede. An dieser Stelle sollen kurz diejenigen Komponisten Erwähnung finden, die mit Mitgliedern des Hauses Fugger persönlichen Kontakt pflegten, bzw. diese durch Widmungskompositionen ehrten. Folgende Namen lassen sich nachweisen:

Angeber, Joseph Anton (1771-1832), ehemaliger Prämonstratenser in Rot an der Rot, dann Benefiziat und Chorregent in Immenstadt. Er widmete Fürst Anselm Maria eine ›Missa in F‹ für Chor und Bläser *composée et dediée a Son Altesse Illustr. Monsigneur Le Prince de Fugger Babenhausen Boos et Kettersh: par Son tres-humble et tres obeiss: Serviteur ...* Die Messe wurde am 7. August 1808 in Babenhausen aufgeführt.[666]

Arand von Ackerfeld, Franz Anton: ›XV Variations pour Piano Forte ... Dediées á ... la Princesse régnante Fugger de Babenhausen etc. Oeuvre 6./ Augsbourg, Gombart‹ [1806/07]. Arandt von Ackerfeld gehörte zum Freundeskreis Carl Maria von Webers, nachgewiesen durch seinen Eintrag in Webers Stammbuch *Denkmal meiner Freunde und Freundinnen ... 1799.*[667]

Cavallo, Fortunato (1738-1801), Domkapellmeister in Regensburg. Er komponierte in seiner Studienzeit in Augsburg als Kandidat der Moraltheologie eine Graf Anselm Victorian gewidmete ›Missa in D‹ ... *Illustrissimo, et Excellentissimo Domino, Domino Anselmo Victoriano Fugger. S:R:J. Comiti ... Dedicata, et Composita Clientum Devotissimo et Servorum minimo Fortunato Cavallo, Theologiae: Candidato Augustae.*[668]

Clarer, Pater Theodor (1766-1820), Benediktiner und Chorregent in Ottobeuren, widmete Graf Anselm Maria zu dessen 37. Geburtstag am 1. Juli 1803 eine Geburtstagskantate. Die Fuggersche Musiksammlung verwahrte sowohl das Autograph der Partitur als auch die Stimmenabschrift mit dem Glückwunsch: *Anselmo S.R.J. Comiti Virtute quam sanguine Longe iluustriori in Signum Tenerrimae venerationis haec offert P. Theodorus.*[669] Für die Kopiatur der Stimmen erhielt MD Prem 4 fl 33 x (vgl. S. 198). Die Geburtstagskantate darf wohl als äußeres Zeichen einer näheren Beziehung zu Anselm Maria Fugger gewertet werden, der von Clarer bereits früher eine Komposition bezogen hatte. Wir erfahren davon in einem Brief Clarers[670] vom 21. März 1802 an Anselm Maria, in dem er schreibt: *Hochgeborener Reichsgraf, gnädiger Graf und Herr! Ich hatte die Musik Noachs Opfer eben nicht bei Händen, als ich das Schreiben Von Eurer Exzellenz erhielt, sonst wäre es einige Tage früher gekommen. Die gnädigen Gesinnungen, die Sie hier bei der ersten Produktion äußer-*

---

[666]   KBM Bd. 13, S. 68.

[667]   Hans Rheinfurth, Musikverlag Gombart Basel-Augsburg (1789-1836), Tutzing 1999, S. 163.

[668]   KBM Bd. 13, S. 75

[669]   KBM Bd. 13, S. 76.

[670]   FA 1.2.216.

ten, lassen mich Nachsicht hoffen gegen das mangelhafte, das Ihnen eine wiederholte Produktion bald benehmlich machen wird [...]. Bei *Noachs Opfer* handelte es sich um ein Singspiel, das Clarer 1801 für Abt Honorat Goehl komponiert hatte und das einen Tag vor Haydns ›Schöpfung‹ in Ottobeuren aufgeführt worden war. Dort muß es Anselm Maria, der nachweislich bei der ›Schöpfung‹ anwesend war,[671] gehört und trotz offensichtlicher Mängel gelobt haben. Clarer drückte anläßlich der Übersendung des Singspiels die Hoffnung aus, daß der Graf eine weitere Produktion, wohl in Babenhausen, positiv beurteilen werde. Ob es zu einer Aufführung kam, ist nicht bekannt.[672]

Demharter, Franz Joseph, vermutlich 1793 in Markt Biberach geboren, fürstlich Fuggerscher Organist bei St. Ulrich in Augsburg.[673] Er schrieb für Fürst Anselm Maria eine ›Missa in G‹, die laut eigenhändigem Vermerk am 11. April 1813 in der Münchner Hofkapelle erklang. Zu dieser Zeit war Demharter Korrepetitor am Königlichen Theater am Isartor.[674] Für Babenhausen ist eine Aufführung der Messe am 4. November 1827 bezeugt. Von Joseph Demharter lassen sich im Schloßarchiv Zeil aus dem Besitz von Wally Fugger mehrere Kompositionen nachweisen, darunter ein *Quodlibet für Klavier und Cello, componiert und dediziert á son Altesse Serenissime Monseigneur le Prince héreditaire tre humble & tres obeisant Serviteur Joseph Demharter.* Im Druck erschien darüber hinaus ›Grandes Variations pour le Piano Forte sur l air: »God save the King« avec Accompagnement de grand Orchestre Composées et dediées a Madame la Comtesse Walbourga Fugger de Babenhausen Chanoinesse honoraire du Chapitre Royal de St: Anne par Joseph Demharter Oeuv. 3./ Augsbourg Gombart‹ [1820].[675] In den Konzerten im Hochfürstlich Fuggerschen Babenhausischen Saal zu Augsburg trat Joseph Demharter zwischen 1818 und 1822 mehrmals als Komponist und Klaviersolist in Erscheinung.[676] In Babenhausen läßt sich 1824 ein Kassierer J. N. Demharter nachweisen, der von Anselm Maria mit 150 fl besoldet wurde, möglicherweise ein Bruder von Joseph Demharter.[677]

Häusler, Ernst (1760-1837), bedeutender Violoncello-Virtuose und seit 1800 Kantor bei St. Anna in Augsburg. Fürst Anselm Maria widmete er ›Die Lehrstunde‹, eine Ode von Klopstock für zwei Singstimmen und Orchester, die in Augsburg im Druck erschien.[678]

Loeffler, Aloys, ein nicht näher bekannter Augsburger Komponist, schrieb für Fürst Anselm Maria eine ›Sinfonie in C‹.[679]

---

[671] Feyerabend (wie Anm. 336), Bd. IV, S. 334.

[672] Die Noten lassen sich dort nicht nachweisen. Das Singspiel hat sich im Ottobeurer Musikarchiv erhalten (vgl. KBM Bd. 12, S. 88).

[673] Geburtsjahr ermittelt nach FA 8.6.12. Nr. 154. Es existieren für diese Zeit in Markt Biberbach keine Pfarrmatrikel.

[674] KBM Bd. 13, S. 77. Vgl. außerdem Robert Münster, Das Musikleben in der Max-Joseph-Zeit, in: Wittelsbach und Bayern III/1, München 1980, S. 459.

[675] Rheinfurth (wie Anm. 667), S. 190.

[676] Vgl. Anm. 246.

[677] FA 67. 4.97.

[678] MGG Bd. 5, Sp. 1304f. Dort als Manuskript erwähnt.

[679] KBM Bd. 13, S. 113.

Rheineck Christoph (1748-1797), Handelsmann, Gastwirt und Komponist in Memmingen. Mit ihm und seiner Familie scheint Graf Anselm Victorian in engerem Kontakt gestanden zu haben, was durch eine Reihe von Rechnungen dokumentiert ist.[680]

Abb. 57: Der Memminger Komponist Christoph Rheineck[681]

So erhielt z.B. 1776 der *bruder des Weißochsenwirts in Memmingen wegen Beschaffung der Musik* [für Babenhausen] *2 fl 24 x.* Zwischen 1781 und 1788 finden sich dann vermehrt Ausgaben für die Bewirtung von Anselm Victorian sowie für Musikalien wie z.B. 1781: *Herrn Rheineck, Weißochswirth in Memmingen für Zährung und Clavierkonzert*[682] *17 fl 30 x.* Zwei Jahre später heißt es: *Für Zehrung seiner Exzellenz und Musikalien 10 fl 58 x* und im Jahre 1784: *Auf Zährung Theils Gnädiger Herrschaft Theils abgeordneter in Geschäften Herrn Rheineck Weisochswirt in Memmingen 28 fl 31 x.* Die Ausgaben für Musikalien sind ein Hinweis darauf, daß der Graf von Rheineck Notenmaterial bezog, wohl Eigenkompositionen. Das Subskribentenverzeichnis von Rheinecks Liedersammlungen aus den Jahren 1780, 1790 und 1792 führt regelmäßig den Namen des Grafen von Babenhausen auf. Vielleicht befanden sich darunter aber auch Musikalien anderer Komponisten. Die Wirtschaft zum Weißen Ochsen war damals ein beliebter Treffpunkt für Musiker, bekannte Namen wie Vanhal oder Clementi verkehrten dort.[683] Es ist durchaus denkbar, daß Anselm Victorian bei seinen Besuchen in Memmingen dem einen oder anderen Komponisten persönlich begegnet ist. Das könnte eventuell auch die hohe Zahl von 15 Sin-

---

[680] FA 67.4.15,16,25,29,32,34.

[681] Aus: Benedikt Schelhorn, Lebensbeschreibungen einiger des Andenkens würdiger Männer von Memmingen, Memmingen 1811.

[682] Die Angabe *Clavierkonzert* ist nicht eindeutig. Es kann sich sowohl um Noten als auch um die Aufführung eines Klavierkonzertes durch Rheineck in Memmingen oder Babenhausen handeln.

[683] Ernst Fritz Schmid, Christoph Rheineck, in: Lebensbilder aus dem Bayerischen Schwaben, Bd. 7, München 1959, S. 333.

fonien Vanhals in der Babenhauser Musiksammlung erklären. Möglicherweise wurden dort auch Kontakte geknüpft zu dem folgenden Komponisten:

Neubauer, Franz Christoph (1750-1795). Dieser hielt sich damals in mehreren Klöstern Süddeutschlands auf, u.a. auch als Musiklehrer in Ottobeuren. Im ›Collegium Musicum‹ in Memmingen, dem auch Rheineck angehörte, kamen seine Kompositionen häufig zur Aufführung. Von Neubauer lassen sich in Babenhausen 18 Werke nachweisen,[684] darunter fünf Sinfonien mit der Jahreszahl 1784, von denen vier offensichtlich Unikate waren, vielleicht für Babenhausen geschrieben. Eine Messe von ihm stammte laut Vermerk aus Memmingen. Denkbar, jedoch archivalisch bislang nicht bewiesen, ist ein zeitweiser Aufenthalt Neubauers in Babenhausen.[685]

Winkler, Max Josef (1810-1884), Chorregent in Günzburg, dann am Dom von Eichstädt und Musiklehrer am dortigen königlichen Schullehrerseminar. Fürst Anton Anselm Fugger widmete er bereits in jungen Jahren ›3 Trauer-Choräle in Gethsemane‹ für Chor und Orchester, die in Augsburg im Druck erschienen (siehe Abb. 58).[686]

5.2   Musikanten und Spielleute

Adelshöfe boten in der Vergangenheit nicht nur dort angestellten Musikern einen Arbeitsplatz, sondern lockten auch viele Musikanten von nah und fern an, die sich durch ihr Spiel entweder ein Zubrot oder gar ihren Lebensunterhalt verdienten. Manche von ihnen dürften außerdem auf der Suche nach einer Stelle gewesen sein. Auch in Babenhausen lassen sich solche in verhältnismäßig großer Zahl nachweisen. Sie sind vorwiegend zwischen den Jahren 1768 und 1788 in den Generalkassa-Rechnungen des Fuggerarchivs[687] unter einer eigenen Rubrik *Ausgab für Musicanten und Spielleut* bzw. nur *Ausgab auf Musikanten* verzeichnet. Da dieses bemerkenswerte Dokument einerseits einen interessanten Einblick in das Musikleben des Babenhauser Hofes gibt, andererseits allgemein einen Beitrag zum reisenden Musikantentum in der 2. Hälfte des 18. Jahrhunderts bietet, ist es im Anhang VI vollständig abgedruckt. Was die dabei angeführten Namen betrifft, handelt es sich offensichtlich um eine recht uneinheitliche Gruppe. Die breitgefächerte Palette reicht vom Aushilfsmusiker über reisende Komponisten und Virtuosen sowie höfische und städtische Musiker bis hin zur großen Schar der Spielleute, wobei die Grenzen zwischen den einzelnen Gruppen fließend sind. Die Differenzierung zeigt sich häufig rein äußerlich in der Höhe der Entlohnung, die etwa bei den Virtuosen um ein vielfaches höher lag als bei den Spielleuten. Die meisten Musiker hielten sich in der Regel nur kurzzeitig im Schloß auf, wobei sie zur Unterhaltung, bevorzugt bei der Mittags- und Nachttafel, auftraten. Dies deckt sich mit der bereits angesprochenen Tatsache, daß zu diesen Zeiten das hauseigene Musikpersonal weitgehendst mit anderen

---

[684] KBM Bd. 13, S. 123-125 sowie BaM.

[685] Vgl. Robert Münster, Franz Christoph Neubauer, ein böhmischer Komponist in süddeutschen Klöstern, in: Pavol Polak (Hg.), Musik Mitteleuropas in der 2. Hälfte des 18. Jahrhunderts, Bratislava 1993, S. 52.

[686] Privatbesitz.

[687] FA 67.4.8-41. In den ersten beiden Jahren sind sie unter *Ausgab auf herrschaftliche Anschaffung und Praesente* geführt. Vor 1768 finden sich unter *Ausgaben Insgemein* nur sehr vereinzelt Musikanten.

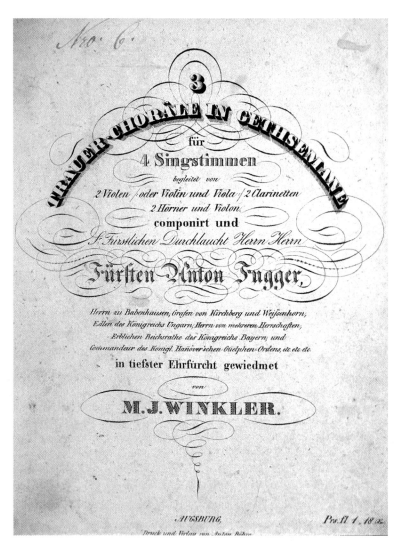

Abb. 58: ›3 Trauer-Choräle in Gethsemane‹ von Max Joseph Winkler.
Titelblatt mit Widmung an den Fürsten Anton Anselm Fugger

Aufgaben beschäftigt war und kaum für die Tafelmusik zur Verfügung stand. Aber auch das Aufspielen zu Bällen, am Namensfest des Grafen, vor dem Schloßtor, am Schloß- berg (wohl Serenade), zum Schützenfest und im Konzert, lassen sich nachweisen. Das Einzugsgebiet der auswärtigen Musiker erstreckte sich, ausgehend von der Fuggerschen Herrschaft selbst, über viele kleinere und größere Orte Süddeutschlands bis hin nach Preußen, Böhmen, Österreich, Schweiz und Italien. Die folgenden Ausführungen erhe- ben keinen Anspruch auf Vollständigkeit, sie sollen lediglich einen Überblick über das Thema bieten und einige musikhistorisch besonders interessante Beispiele näher be- leuchten.

Dem Hof selbst am nächsten standen zweifelsohne die <u>Aushilfsmusiker</u>. Bei einem vergleichsweise bescheidenen Stamm ortsansässiger Instrumentalisten und Sänger war man häufig bei Aufführungen mit größerer Besetzung (etwa an Festen oder im Theater) auf Verstärkung von auswärts angewiesen. Diese holte man sich meist aus der näheren Umgebung, bevorzugt Lehrer aus Kettershausen, Kirchhaslach oder Ebershausen, Amtsschreiber aus Deisenhausen und Krumbach sowie Türmer aus Weißenhorn und Mindelheim. Ein Fest, zu dem man z.B. auswärtige Musiker benötigte, war die Geburt des Prinzen Anton Anselm am 13. Januar 1800. Anläßlich dieses freudigen Ereignisses wurden *dem Amtsschreiber Von Deisenhausen und dem Thürmer Von Weißenhorn wegen Music Aushilf bey hohem Vorgang und dem Wochenbett Seiner Erlaucht Gnädig Regierender Frau Gräfin 11 fl* bezahlt.[688] Sogar ein Eremit befand sich unter den Musikern der Umgebung, wie der folgende Eintrag zeigt: *5. July dem Musico und Eremit Stofflitz von Herretshofen ad 30 x am hohen Geburtstag seiner Exzellenz.*[689] Aber auch aus dem weiteren Umkreis reisten Musiker an, so 1778 *Zwey Musicanten aus Neresheim*, welche für die Aushilfe auf dem Chor zwischen dem 11. und 13. Mai 2 fl 45 x erhielten.[690] Manchmal kamen die Musiker von anderen Schlössern, wie dem mit den Fuggern durch Heirat verwandten Haus Wolfegg. So findet sich beispielsweise der Name *Hartmann von Wolfegg,* dem am 2. April 1805 zur Aushilfe bei der Musik 5 fl 30 x bezahlt wurden.[691] Hartmann war Mitglied im Hoforchester des Grafen von Wolfegg, ebenso wie Amabilis Hafner, der sich bereits einige Jahre vorher in Babenhausen aufgehalten haben muß. Das geht zumindest aus dem Verkündigungsbuch der Pfarrei vom Jahre 1802 hervor, in dem am Feste des hl. Jakobus (11. Mai) das folgende Aufgebot zur Trauung zu entnehmen ist: *Der Ehr und Tugendsame Junggesell Herr Amabilis Hafner Reichs Hochgräfl. Erbtruchsesse Wolfeggsche Kammer Musicker, mit der Ehr und tugendsamen Jungfrau Maria Anna Waldburga Schmidin von hier.* Da in Babenhausen kein Matrikeleintrag existiert, muß die Trauung in Wolfegg stattgefunden haben. Hafner läßt sich auch als Komponist nachweisen.[692]

Die wohl bedeutendste, wenn auch zahlenmäßig relativ kleine Gruppe unter den auswärtigen Musikern nehmen die <u>Komponisten und Virtuosen</u> (Instrumentalisten und Sänger) ein. Obgleich Babenhausen weder an einer bekannten Durchgangsstraße lag, noch als kleiner Hof Berufsmusiker lockte, begegnen wir unter den Besuchern einigen Namen, die in die überregionale Musikgeschichte eingegangen sind. Die wohl berühmteste Persönlichkeit stellt dabei sicher Antonio Rosetti (1750-1792)[693] dar, der spätere Kapellmeister und Komponist am Hofe von Öttingen-Wallerstein. Er gehörte zu der großen Zahl böhmischer Musikemigranten, die auf der Suche nach einer Anstellung ihre Heimat verließen. Auf seiner Wanderung führte der Weg Rosetti auch an den Babenhau-

---

[688] FA 67.4.64.

[689] Wobei freilich offen bleiben muß, ob es sich um eine Vergütung für Musikaushilfe oder um Almosen handelte. Stofflitz betreute die Hergottsruh-Kapelle in Herretshofen in der Nachfolge von Balthasar Schmid, der durch seine 1723 in Ulm erschienene Reisebeschreibung des Heiligen Landes bekannt geworden ist.

[690] StAA, Fugger Depot 282.

[691] FA 67.4.77.

[692] Kompositionen befinden sich im Wolfegger Archiv und in Privatbesitz.

[693] Zu Rosetti siehe den Artikel von Horace Fitzpatrick in MGG, Bd. 11, Sp. 619-624 sowie Grünsteudel (wie Anm. 247), S. 38-48.

Abb. 59: Der Komponist Antonio Rosetti (Gemälde um 1790)

ser Fuggerhof. Der Eintrag in den Rechnungsbüchern vom 1. September 1773 lautet: *Signor Ant. Rosetti Compositore della Musica bey dem Russisch Orlowschen Regiment, der durch diebstahl mit ½ fl Verunglückt worden 1 fl.* Dieser bislang unbekannt gebliebene Vermerk stellt eine interessante Berichtigung und Ergänzung der Biographie Rosettis dar. Danach hat er nicht, wie allgemein angenommen, bei seiner Reise gezielt Öttingen-Wallerstein aufgesucht, sondern sein Glück bereits vorher in Babenhausen und wahrscheinlich auch an anderen Höfen versucht. Um Einlaß zu bekommen, wandte er in Babenhausen die gleiche Methode an wie in Öttingen-Wallerstein.[694] Er stellte sich als

Abb. 60: Eintrag in den Rechnungsbüchern über den Aufenthalt
Antonio Rosettis 1773 in Babenhausen

---

[694] Vgl. Scheck (wie Anm. 650) S. 48.

Opfer eines Diebstahls hin (ob er es tatsächlich war, mag dahingestellt sein), um das Mitleid der Herrschaft auf sich zu lenken und ihm die begehrte Aufnahme in den Dienst zu ermöglichen. In Öttingen-Wallerstein gelang ihm dies zwei Monate später, leider nicht in Babenhausen, wo er mit einem Gulden abgespeist wurde. Wie lange er am Fuggerhof blieb, ob und was er gespielt oder gar an Kompositionen hinterlassen hat, ist nicht bekannt. Der Kroyerkatalog verzeichnet zwar zwölf Werke von ihm, die aber alle einer späteren Zeit angehören. Trotz dieses nur kurzen Intermezzos Rosettis in Babenhausen ist der Eintrag in den Rechnungsbüchern für seine Biographie bedeutsam. Er schließt nämlich eine Lücke zwischen Rosettis theologischen und musikalischen Studien bei den verschiedenen Seminarien der Jesuiten in Böhmen[695] einerseits und dem Dienstantritt in der Hofkapelle von Öttingen-Wallerstein im November 1773 andererseits. Der Babenhauser Aufenthalt ist nicht nur die erste Erwähnung Rosettis auf deutschem Boden, sondern zeigt auch, daß er zwischenzeitlich eine Stelle als Komponist beim Russisch-Orlowschen Regiment[696] innehatte. Kompositionen aus diesem Lebensabschnitt haben sich bis jetzt nicht gefunden; alles, was bisher von ihm bekannt ist, datiert erst seit seiner Zeit in Öttingen-Wallerstein. Dort sollte sich im übrigen alsbald der Weg Rosettis mit einem anderen Musiker kreuzen, der bereits sieben Jahre vorher in Babenhausen aufgespielt hatte, Anton Janitsch.[697] Rosetti wurde 1773 Kontrabassist, Janitsch 1774 erster Violinist.

Anton Janitsch (1752-1812) war ein Wunderkind auf der Geige, mit 12 Jahren Schüler des berühmten Violinvirtuosen Pugnani in Turin und mit 16 Jahren bereits Konzertmeister im Orchester des Fürstbischofs Clemens Wenzeslaus in Trier. Zwischen diesen Jahren lagen ausgedehnte Konzertreisen, die ihn unter anderem 1766, wohl in Begleitung seines Vaters, erstmals auch nach Babenhausen führten. Der Eintrag in den Rechnungsbüchern[698] lautet: *für 2 Personen dem Virtuosen Janitsch 4 fl 48 x*. Ein genaues Datum fehlt, doch dürfte der Besuch im Fuggerschloß sicher mit seinen Auftritten in Memmingen und Ottobeuren zusammenhängen. In Memmingen war Janitsch am 13. Juni desselben Jahres vor dem ›Collegium Musicum‹ erschienen, wo ihn der Protokollant[699] mit Lob überhäufte. Im Kloster Ottobeuren spielte Janitsch am 29. September 1766 anläßlich der Einweihungsfeierlichkeiten der neuen Basilika[700] ›mit großer Fertigkeit ein angenehmes Violinkonzert‹. Zum zweitenmal findet sich sein Name 1768 in Babenhausen, wo am 3. Juli *dem virtuos Janitsch et Consorten* 15 fl bezahlt wurden.[701] Der Name *Consort* verweist darauf, daß Janitsch diesmal mit einem kleinen Kammermusik-Ensemble anreiste, in dem er als Solist auftrat, vielleicht sogar mit eigenen Werken. Janitsch war nämlich nicht nur Virtuose, sondern auch Komponist – ähnlich wie ein weiterer Besucher von Schloß Babenhausen, Joseph Alois Holzmann.

---

[695] Vgl. Sterling E. Murray, The Music of Antonio Rosetti A Thematic Catalog, Michigan 1996, S. XVIII.
[696] Graf Alexei Orlow (1737-1808) siegte 1770 im Türkenkrieg über die osmanische Flotte.
[697] Grünsteudel (wie Anm. 247), S. 53-56. Derselbe, Der Geiger Anton Janitsch (um 1752-1812) – Stationen einer Karriere, in: Rosetti-Forum Heft 4, 2003, S. 15-30.
[698] FA 67.4.6.
[699] Wie Anm. 307, S. 50-53.
[700] Feyerabend (wie Anm. 336), S. 110.
[701] FA 67.4.8.

Unter dem Datum vom 26. September 1777 wird im Rechnungsbuch notiert: *dem jungen Clavicembalisten und dessen Vatern von Hall aus Tyrol 12 fl*. Obgleich kein Name genannt ist, kann es sich dabei nur um den späteren Organisten und Komponisten Joseph Alois Holzmann (1762-1815) handeln, der bereits in seiner Jugend ein erstaunliches musikalisches Talent zeigte.[702] »Als Holzmann dann zehn Jahre alt war«, heißt es in seiner Lebensbeschreibung,[703] »ging er mit seinem Stiefvater auf Reisen und da kam er in berühmte Klöster und Stifte und in große Städte in Deutschland und mußte spielen vor großen Herren und Frauen; da erhielt er überall viel Beifall und Lob, und man bewunderte den jungen Musikus, ja selbst große Meister in der Musik lobten ihn.« Obgleich er viele Anträge auf eine Anstellung erhielt, kehrte Holzmann nach Tirol zurück, wo er fortan als Organist an der Pfarrkirche von Hall eine reiche kompositorische Tätigkeit entfaltete.

Ein interessanter Eintrag findet sich am 13. Oktober 1786: *dem Herrn Karl Frantz mit einem Paridon* [Baryton] *durch den Musikdirektor Haide 11 fl*. Genannter Karl Frantz (1738-1802)[704] galt zu seiner Zeit als ausgezeichneter Virtuose auf dem Horn und dem Baryton. Vierzehn Jahre diente er in der durch Haydns Direktion berühmt gewordenen Kapelle des Fürsten Esterhazy. Dort erlernte er durch Selbststudium das Baryton, das Lieblingsinstrument des Fürsten, und brachte es darauf zu höchster Virtuosität. Später machte Frantz mit seinem Instrument größere Konzertreisen durch Deutschland, die ihn u.a. auch nach Babenhausen führten, bevor er schließlich eine Anstellung als Hofmusiker in München erhielt. 1787 komponierte J. Haydn *Deutschlands Klage auf den Tod des großen Friedrich. Eine Kantate auf das Baryton* [und eine Singstimme] *für Herrn Franz gesetzt*.[705]

Außer den bisher Erwähnten verzeichnen die Rechnungsbücher eine Reihe weiterer Virtuosen auf verschiedenen Instrumenten, von denen genannt seien: die Violinisten Collignon von Ansbach[706] und Colin aus Würzburg, der Kontrabassist Bohrer von München,[707] die Flötistin Roth aus Holland und der blinde Flötist Toulon mit seinem Sohn aus Berlin, die Hornisten Jona von Böhmen sowie Hofmann und Brantenwein aus Neuchatell, der Harfenist Schaz von Mainz, der Organist Müller von Salzburg, der Maultrommelvirtuose Senthaler von München,[708] und schließlich die nicht näher bezeichneten Virtuosen Strassner bzw. Fogal aus Mailand.

Wohl kaum zu den Virtuosen zu zählen, jedoch musikgeschichtlich erwähnenswert ist die Familie Hummel, die am 20. Mai 1787 im Schloß gastierte, laut dem Eintrag:

---

702   Walter Senn, Pfarrschule und Kirchenchor Hall, in: Haller Buch, Innsbruck 1953, S. 443f.
703   Zitiert nach Senn (wie Anm. 702).
704   Mendel-Reissmann, Musikalisches Conversations-Lexikon, Bd. 4, Berlin 1880, S. 44.
705   Hob. XXVIb, danach nur die Singstimme erhalten.
706   Nach Eitner (wie Anm. 272) Bd. 3, S. 14f. soll der 1751 geborene Collignon Schüler von Antonio Lolli gewesen sein. Im selben Jahr wie in Babenhausen trat er in einem Konzert in Frankfurt auf.
707   Zu Bohrer siehe Lipowsky (wie Anm. 239), S. 28. Danach handelt es sich offensichtlich um Kaspar Bohrer (1743-1809), ursprünglich Trompeter am Mannheimer Hof, dann ab 1778 Kontrabassist am Hoftheater in München.
708   Dieses auch Brummeisen genannte Instrument, das zwischen den Zähnen gespielt wird, war bis zum 19. Jahrhundert bei Virtuosen sehr beliebt. Selbst namhafte Komponisten, wie Johann Georg Albrechtsberger, schrieben dafür Konzerte.

Johann Hummel mit 2 Söhn und 2 Töchtern aus Franken durch den Bediensteten Lau 5 fl 30 x. Da die Vorfahren des bekannten Komponisten Johann Nepomuk Hummel (1778-1837) aus Franken stammen, ist nicht auszuschließen, daß zwischen dem genannten Johann und Johann Nepomuk Hummel verwandtschaftliche Beziehungen bestanden.[709]

Gegenüber den Instrumentalvirtuosen treten die Sänger zahlenmäßig in den Hintergrund, es finden sich lediglich zwei Namen, nämlich die der Herren Dazzi und Anselli. Dazzi (Dacci) war ein italienischer Sänger, der öfter in den Protokollbüchern des ›Collegium musicum Memmingen‹ zwischen 1767 und 1776 auftaucht,[710] unter anderem auch als Notenhändler wie im Jahre 1776, in dem es heißt: *Noch zeigte auch vorbesagter Herr Ellmer an, daß das Pergolesische Stabat mater mit ausgeschriebenen Stimmen vom drey königwirth wart, bey dem es ein Italienischer Sänger dazzi an der Zeche gelassen, gar wohlfeil zu haben wäre* [...]. Auch im Kloster Isny wird ein ›Musico Romano‹ namens Dazi in dieser Zeit erwähnt, der mehrere Kompositionen ablieferte.[711] Im Schloß Babenhausen ist Dazzi in den Jahren 1770 und 1773 nachgewiesen.[712] Am 30. Januar 1770 heißt es dazu: *Monsieur Dacci Musico, so 2 Täg mittag und Nachts Concert gespielt, welcher arien gesungen und 6 Symphonien zum abschreiben gegeben 11 fl.* Wie daraus ersichtlich, war Dazzi offensichtlich nicht nur Sänger und Notenlieferant, sondern auch Instrumentalist. Die in seinem Besitz befindlichen Noten überließ er den dortigen Musikern zur Kopie – einer der seltenen Belege für die Herkunft von Kopiervorlagen. Der andere Sänger, *Anselli Bassist Von Kempten*, trat in Babenhausen am 13. Januar 1784 auf. Wie bereits der Kontrabassist Bohrer, so war auch Anselli festbesoldeter Musiker und zwar Flötist und Tenorist (!) am Hofe der Fürstabtei Kempten.[713] Im Gegensatz zu den reisenden Musikern, dürften für diese auswärtige Auftritte lediglich eine willkommene zusätzliche Einnahmequelle gewesen sein.

Dies mag auch für viele Hof- und Stadtmusikanten gelten, die meist als Ensembles im Schloß ihre Aufwartung machten. Beliebt waren allgemein Auftritte von zwei Waldhornisten, wie etwa 1768 aus dem Fuggerschen Kirchberg oder 1778 von der Kapelle des Fürsten Radziwill.[714] 1770 sind *fünf Wallersteinsche Musicanten bey der Nachttafel*, 1785 *fünf Musikanten vom Fürstlich Taxischen Hof zu Regensburg* erwähnt. So mancher Musiker aus Augsburg, München oder Regensburg dürfte der dortigen Zunft der Stadtmusikanten angehört haben. Für Dillingen ist der Begriff Stadtmusikant 1784 sogar verbürgt. Münchner Musikanten spielten mehrmals mit zwei Oboen *(doux hautbeaux)*, Regensburger Musiker 1769 mit *Waldhorn, fagot und Violin* auf. Zu den Stadtmusikan-

---

[709] MGG, Bd. 6, S. 927. Ein Aufenthalt von Johann Nepomuk Hummel in Babenhausen selbst (auch sein Vater hieß Johannes) ist auszuschließen, da von ihm weder Geschwister bekannt sind, noch auf seiner Tournee durch Deutschland Babenhausen erwähnt wird.

[710] Wie Anm. 307, S. 69, 84ff. und 136f.

[711] Berthold Büchele, Musik im Kloster Isny, in: Rudolf Reinhard (Hg.), Reichsabtei St. Georg in Isny, Weißenhorn 1996, S. 200. Ob es sich dabei um eigene oder fremde Werke handelte, läßt sich aufgrund des Verlustes der Noten nicht mehr sagen.

[712] 1777/78 ist eine Regina Dazlin von München als Kammerjungfer im Babenhauser Schloß nachgewiesen (FA 67.4.16). Eine Verwandtschaft mit dem Sänger ist denkbar.

[713] Layer (wie Anm. 214), S. 57.

[714] L. v. Beethoven widmete Fürst Radziwill sein op. 108 (Schottische Lieder) und op. 115 (Ouvertüre zur Namensfeier).

ten sind letztlich auch die vielfach erwähnten Türmer zu zählen. In der zweifelsohne größten Besetzung rückten 1775 *5 Hautboisten und 10 Waldhornisten Von Maynz* an. Nimmt man die Entlohnung als Maßstab für die soziale Stellung eines Musikers, so mag die vergleichsweise geringe Bezahlung in Höhe von 2 fl 24 x (pro Mann also knapp 10 x) wohl eher für ihre Zugehörigkeit zu der folgenden Kategorie von Musikanten sprechen.

Die mit Abstand größte Gruppe innerhalb der reisenden Musiker stellten zweifelsohne die Spielleute dar – ein Begriff, mit dem man früher einfache Musikanten von den durch ihren Stand oder ihr Können privilegierten, wie etwa Hofmusiker oder Virtuosen abgrenzte.[715] Wenn der Name selbst auch im Laufe der Zeit immer mehr verschwand und im allgemeinen Wort Musikant aufging, so blieb er doch seinem Inhalt nach bestehen. Es handelte sich um eine vielschichtige Gruppe von Tanzmusikern, Landmusikern, jüdischen Musikanten, Bergknappen, musizierenden Frauen und Kindern etc. Oftmals gingen ganze Familien auf Wanderschaft, um mit Singen und Spielen in der Öffentlichkeit ihren Lebensunterhalt zu verdienen. Der Adel ließ sie bei sich zuweilen auftreten, vor allem der Landadel mit seiner ursprünglichen Verbundenheit mit dem Bauernleben.[716] Spielleute dabei allgemein als Dilettanten abzutun, wäre sicher unrecht, zumal sich unter ihnen häufig vorzügliche Musiker befanden.

Spielleute gab es, in welcher Form auch immer, damals an vielen Orten der näheren und weiteren Umgebung. Dementsprechend ist es nicht verwunderlich, wenn sich in den Babenhauser Rechnungsbüchern solche aus über fünfzig Orten nachweisen lassen, von denen hier nur einige genannt werden können. An erster Stelle stehen zunächst die Ortschaften aus den Fuggerschen Herrschaftsgebieten: Babenhausen selbst, Reichau, Weinried, Markt Wald, Dietenheim, Glött usw. Spielleute aus Babenhausen und Reichau begegnen uns vornehmlich zur Jahreswende, an der sie der Herrschaft das neue Jahr anbliesen und dafür eine Entlohnung zwischen 1 fl und 2 fl 24 x empfingen. Wurde ihr Auftritt einmal nicht gewünscht, so erhielten sie *ob sie schon heuer nicht aufspielen dürften* zumindest einen Teil des Geldes als Geschenk. Bei vielen Spielleuten handelte es sich um sog. Pfeifer, d.h. Musiker vorwiegend mit Holzblasinstrumenten. Was Reichau betrifft, ist dies durch folgenden Eintrag[717] aus dem Jahre 1766 belegt: *In festo Sanctissimi Corporis Christi denen Pfeifern von Reichau 4 fl 30 x.* Auch die Bezeichnung *Musikanten banda von hier bei der Nachttafel* an Silvester 1769 charakterisiert die Babenhauser Musikanten als solche. Der Begriff *banda*, der uns wiederholt begegnet, hatte damals keine abwertende Bedeutung, sondern meinte in der Musik eine Gruppe von Holzbläsern.[718]

Außer aus dem Fuggerschen Gebiet kamen die Musikanten vornehmlich aus der näheren Umgebung, so z.B. aus Buchloe, Burgau, Günzburg, Illereichen, Laupheim, Mindelheim, Neuburg/Kammel, Unterknöringen, Wettenhausen. Aber auch von weiter her reisten sie an, so aus Ansbach, Burghausen, Donauwörth, Eichstätt, Freising, Monheim, Neuburg/Donau, Nördlingen, Würzburg, ja sogar aus der Schweiz, Böhmen und Öster-

---

[715]   Vgl. MGG Bd. 16, Sp. 1721 und dasselbe 2. Auflage Bd. 6, Sp.1244-46.

[716]   D. Krickeberg, Zur sozialen Stellung des deutschen Spielmanns im 17. und 18. Jahrhundert, in: Walter Salmen (Hg.), Der Sozialstatus des Berufsmusikers vom 17. bis 19. Jahrhundert, Kassel 1971, S. 42.

[717]   FA 67.4.3.

[718]   W. Braun, Die Hautboisten, in: Salmen (wie Anm. 716), S. 44.

reich – aus letzteren beiden u.a. die Bergknappen. Diese stammten aus verarmten Berg-
baugebieten und machten das Singen zum Mittel des Broterwerbs. Die *Bergknappen
aus dem Salzerland* [Salzburger Land] hatten die Weißenhorner Fugger 1787 den Babenhauser Verwandten empfohlen. Der Auftritt von Bergknappen an diesen Höfen war
sicher nichts Außergewöhnliches, nachdem die Fugger in der Vergangenheit einen Teil
ihrer Einkünfte aus Bergwerken vor allem in Österreich bezogen und dementsprechend
dorthin Beziehungen bestanden. Besondere Erwähnung verdienen noch die Knöringer
und die jüdischen Musikanten.

Über die ›Knöringer‹, wie sie kurz hießen, sind wir durch einen Aufsatz[719] des
schwäbischen Lehrers und Komponisten Cyrill Kistler (1848-1907) gut unterrichtet.
Kistler schreibt u.a.: »Im bayerischen Kreise Schwaben und Neuburg befindet sich in
dem fruchtbaren Kammelthale ein Dorf, das Knöringen heisst; in der Nähe der alten
Markgrafenstadt Burgau. In diesem Dorfe regirt die heilige Musika als Industriezweig
und sind die wandernden Musikanten von da ebenso bekannt wie die Böhmaken. Diese
Knöringer sind wahre Teufelskerle und es steckt in ihnen eine ganz grossartige Portion
Fantasie und Poesie. Die Musikgattung, die sie pflegten (ob es noch so ist, weiss ich
nicht) ist ihr ureigenstes, geistiges Produkt, Selbsterfindung und es ist erstaunlich, welche Unmasse von Ländlern, Dudlern, Walzern und anderen Tänzen existiren, ohne dass
man einen Autor davon erfahren kann.« Demnach komponierten die ›Knöringer‹ ihre
Stücke selbst. Ihr bevorzugtes Instrument war die Violine »wegen der Fähigkeit derselben, daß sich leicht Doppelgriffe hervorbringen lassen«. Meist traten sie, wie 1776/77,
in Gruppen von fünf oder sechs Personen auf, wobei auf den Einzelnen ein Verdienst
von 12 x fiel. Dies war nicht die niederste Stufe der Entlohnung, mit am Ende der Skala
standen die *Schnurranten* [Schnurrpfeifer] mit nur 4 x pro Mann.[720] Sie sollen nach
Kistler ihren Ursprung ebenfalls in Knöringen haben. Kistler war im übrigen nicht nur
mit dem Spiel der ›Knöringer‹ vertraut, sondern als zeitweiliger Leiter des Gesangsver-
eins ›Zion‹ in Ichenhausen auch mit der jüdischen Musik,[721] die in unserer Heimat eine
lange Tradition hatte. Schwaben war ja bekanntlicherweise bis Anfang des 20. Jahrhunderts zum Teil jüdisch geprägt, vornehmlich Orte wie Illereichen, Krumbach/Hürben,
Ichenhausen oder Monheim. Zu deren Kultur gehörten dabei gleichwohl der Kantoral-
gesang in den Synagogen als auch die Judenkapellen (klezmorim). So wundert es nicht,
wenn mehrfach in den Rechnungen Ausgaben für jüdische Musikanten auftauchen, wie
1769: *3 Monheimer Musicanten bey der Nachttafel, welche neben andern lieder auf die
Juden Synagog vorgestellt 2 fl.* Handelte es sich hierbei wohl um geistliche Musik, so
setzte sich das Repertoire der jüdischen Spielleute aus Tanz- und Gelegenheitsmusik zusammen. Sie wurde meist vorgetragen von einer kleinen Streichergruppe oder einem
Trio aus Geige, Klarinette und Trommel, eine Besetzung, wie sie dem Eintrag von 1782
zugrunde liegen könnte: *für 3 Judenmusikanten 1 fl 12 x.* Solche Judenkapellen waren

---

[719] Cyrill Kistler, Die Knöringer, in: Focht/Heigl (Hg.), Musik in Mittelschwaben einst und
jetzt, Oberschönenfeld 2000, S. 72-75.

[720] Am wenigsten bekamen am 18. August 1774 *3 Pfeifer an der Mittagstafel,* zusammen gerade
6 x.

[721] Evi Heigl, Ländlich-jüdische Musikkultur, in: Focht/Heigl (Hg.) (wie Anm. 719), S. 29.

bei der Bevölkerung beliebt, nicht zuletzt wegen einer gewissen Exotik und ihrer hohen Spieltechnik.[722]

Spielleute traten allein oder häufiger in Gruppen auf. Bevorzugtes Soloinstrument war die Harfe, die immer wieder in den Rechnungen erscheint. 1774 spielte eine erst 8jährige Harfenistin aus Buchloe zur Mittagstafel auf, wofür sie 1 fl bekam. 1787 wird ein Harfenist genannt, *welcher allmögliche Instrumente und Vögelgesang hinzu mit dem Mund gemacht hat.* Außer der Harfe finden sich bei Solisten als Instrument vereinzelt Flöte, Oboe, Glockenspiel, Psalterium, Mandola (zur Begleitung des Gesanges) und Laute. Die Ausgaben von 1774 nennen einen *Musico Christian Wagner aus Sachsen, der die lauten geschlagen und mit dem Mund Waldhorn und fagot dazu geblasen.* Derartige musikalische Kunststücke dürften der Herrschaft sicher Vergnügen bereitet haben, ähnlich wie 1770 ein *Waldhornist, so bey der Nachttafl mit 2. Horn zugleich gespielt,* oder 1776 der *vacierend brauknecht, der mit dem Mund sich in abgeschnalzten tönen* hören ließ. Solche Extravaganzen waren natürlich die Ausnahme, in der Regel kamen die Musikanten in kleineren und größeren Ensembles, häufig mit zwei Blasinstrumenten: Flöten, Oboen, Klarinetten, Schallmeyen oder Waldhörnern. Dazu werden wiederholt zwei *büfelblaser* genannt. Bei diesem Instrument handelte es sich wohl um das Büffelhorn (Buglehorn),[723] das heutige Flügelhorn, das bereits früher in der Militärmusik Verwendung fand. Es darf nicht verwechselt werden mit dem ›cornu vel Pifel‹, einem Alphorn, wie es im Kloster Ottobeuren einst in der Christmette zum Einsatz kam.[724] Ein bis zu drei Meter langes Instrument eignete sich wohl kaum für Wandermusikanten, obgleich die 1786 erwähnten *zwey auf lang hölzernem Horn blasende Bayern* auf Alphornbläser schließen lassen. Zu den Bläsern gesellten sich vielfach andere Instrumente wie Harfe, Violine, Bassetl (ein kleiner tragbarer Kontrabaß). So entstand die bereits genannte *banda*, die bis zu 15 Mitglieder umfassen konnte. Auch Sänger und Sängerinnen traten auf, wie 1782 *weibsleute, so bey der Tafel gesungen.* Von Kindern ist 1776 die Rede, wenn es heißt: *2 buben, die bey der nachttafel gesungen 24 x.* Obgleich viele Angaben in den Rechnungen nur recht allgemein gehalten sind und über die gespielten Stücke keine Aussagen gemacht werden, so vermögen die angeführten Beispiele doch einen kleinen Eindruck in die Vielfalt volkstümlichen Musizierens an einem schwäbischen Adelshof in der 2. Hälfte des 18. Jahrhunderts zu vermitteln.

Nach 1788 werden die Ausgaben für die Musikanten nicht mehr detailliert aufgeführt, sondern nur noch summarisch ohne Nennung von Namen. Ab 1794 verschwinden sie dann ganz. Kriegszeiten erschwerten nicht nur die Wanderschaften, sondern belasteten auch die Kassen der Adelshäuser, so daß für Unterhaltung kaum noch Geld übrig war.

---

[722]   MGG Bd. 7, Sp. 249 und 277.
[723]   Mendel-Reissmann (wie Anm. 704), Bd. 2, S. 221f.
[724]   Frisch (wie Anm. 450), S. 26.

Epilog: Haydns ›Schöpfung‹

Die finanziellen Folgen der napoleonischen Kriege und der Mediatisierung beeinträchtigten seit Beginn des 19. Jahrhunderts natürlich auch die Musikpflege. Daß dennoch das Musikleben nicht erlosch, ist neben tüchtigen einheimischen Musikern vornehmlich den musischen Fürsten Anselm Maria und Anselm Anton zu verdanken. Letzterer führte bekanntlicherweise unter Hinzuziehung auswärtiger Kräfte selbst die beiden großen Oratorien von Joseph Haydn auf. Leider existieren aus dieser Zeit keine Rechnungsbücher, aus denen wir Näheres darüber erfahren könnten. Um so mehr dürfte in diesem Zusammenhang der folgende Auszug aus einer Biographie über den Komponisten Max Joseph Winkler[725] von musikhistorischem Interesse sein. Winkler hatte, wie auf S. 173 berichtet, bereits in jungen Jahren ›3 Trauer-Choräle in Gethsemane‹ für Chor und Orchester dem Fürsten Anton Anselm gewidmet. Diese gefielen Anton Anselm so gut, daß er den Komponisten zu sich ins Schloß einlud. Der Biograph schreibt: »Winkler hat oft mit vielem Humor erzählt, wie er sich auf dem Wege von Günzburg nach Babenhausen eine gar wohlgesetzte Anrede an den Fürsten ausgedacht hatte und wie der gütige Fürst durch seinen herzlichen Gruß: ›Ach, grüße Sie Gott, lieber Winkler, weil Sie nur gekommen sind; aber jetzt wollen wir sogleich singen‹, gar nichts ans liebe Tageslicht kommen ließ. Einige Tage des angenehmsten Aufenthaltes hatten zur Folge, daß der Fürst Winkler im Spätsommer selbst in Günzburg abholte, um die ›Schöpfung‹ einzustudieren, welche zur Feier des Geburtstages der Fürstin aufgeführt werden sollte. Winkler zählt diesen Aufenthalt von vier Wochen zu den schönsten Stunden seines Lebens. Der Fürst, eine Persönlichkeit voll Witz, Humor und Geist, die Seele seiner Umgebung, voll Liebenswürdigkeit und hohem Sinne für Musik und Malerei und darin über dem Dilletantismus stehend, eröffnete im Laufe dieser so freundlichen Tage Winkler, daß er gewillt sei, für seine Ausbildung dadurch zu sorgen, daß er ihm, vom nächsten Jahre anfangend, einen hinreichenden jährlichen Gehalt geben werde, damit er seine Studien an jedem beliebigen Orte vollenden und sich dann seine Existenz, ohne all Rücksicht auf ihn, gründen könne. Gab es nun einen glücklicheren Menschen als Winkler? Gewiß nicht. Der edle Fürst starb aber im Spätjahre[726] und mit ihm Winklers Hoffnungen, aber nie das verehrendste Andenken an diesen hochherzigen, wahrhaft allgeliebten hohen Mann.«

Diese biographische Skizze zeichnet nicht nur ein äußerst warmherziges Bild des Fürsten, sondern ermöglicht auch die Datierung der Aufführung von Haydns ›Schöpfung‹. Danach müßte sie Ende August 1835, vielleicht am Sonntag, den 23. August, dem Vorabend des Geburtstages der Fürstin Maria Franziska, erklungen sein. Es dürfte sicher eines der letzten großen musikalischen Ereignisse der damaligen Zeit gewesen sein – eine beachtliche Leistung für den Fuggermarkt Babenhausen.

[725] Johann Baptist Heindl, Galerie berühmter Pädagogen, verdienter Schulmänner, Jugend- und Volksschriftsteller und Componisten aus der Gegenwart in Biographien und biographischen Skizzen, München 1859, Bd. 2, S. 615f.

[726] Damit ist gemeint ›ein Jahr später‹ und zwar am 26. Mai 1836.

Anhang

I) Anordnung Jakob Fuggers vom 1. Dezember 1576 hinsichtlich der Kirchenmusik[727]

Zu wissen, daß auf den ersten Tag November anno aintausend fünfhundert sibenzig und sechs Jar uff des Pfarrhers zu Babenhausen klag, Von wegen des täglichen Singens inn der Kürchen und des Schuolmaisters daselbst darauff gethone Verantwortung, hat der wohlgebohrn Herr, Herr Jakob Fugger nach Besüchtigung der Alten und neben Stiftung, hernach volgenden Bescheid und Entscheid geben, daß hierfüro gedachter schulmeister täglich das hochambt nit allain durch Cantorem und die fünf Stiftsknaben soll singen lassen, sondern er solle auch Zwey *Stiftsknaben* mit dem Priester die offene schuld lassen betten und mit Ernst darob halten, daß solches geschehe.

uber die Fuggerschen und Rechbergischen gestifte Jahrtäg Item aller seelen tag *den Gottes dienst wie von alters her mitt vigilien und tzwaier emptern* deßgleichen unnser Frawen Bruderschafften und die vespern an den hailigen Abenden und feiertägen soll der schulmaister Inn Aigener Person wie auch die 34 mettinen neben dem cantor und 5 Stiftsknaben helffen singen. Dargegen der Pfarrherr inen baiden *einem ieder innsonderhait* für jede Malzeit 3 Batzen geben soll.

Unnd zu sollichen Gotsdiensten solle nit allein der Schulmaister und Cantor sonder auch die fünff Stiftsknaben desgleichen auch meine 2 Knaben, die Ich für mich selbern und uff mein Kosten verlegen thue, ihre Kormentel oder Korroeck tragen, Auch im singen eine feine Arts mesur halten, und nit davon eilen.

Item wann mann zu Mazenhofen den Kirchendienst besucht, soll der Schulmaister Jederzeit den Cantorem und zwen Stiftsknaben mit hinaus schicken, welchen Knaben der Pfarrherr zu morgens die Suppen geben soll.

Item wann mann Im Jar mit dem Kreuz pflegt zugehn, soll der Schulmaister sambt dem Cantor und Schulknaben jederzeit selbst mitgehn, und helfen Lateinisch singen. Und nach demselben soll ein helffer den underthonen teutsche Kreuz gesäng vorsingen. Darnach solle der Schulmaister, der Cantor sambt den Knaben wieder Anfangen Lateinisch zu singen. Und solle also diese ordnung alternatini werden, Bis man in die Kürchen kumbt. Sodann das Kreuz willens zugehn ist gewest *und ann dan wider heimgehn soll es auch wöder minder noch mehr gehalten werden.*

Item alle *der undtertonen* Requiem so durchs ganz Jar gehalten werden, soll der Kantor und die baide Knaben, welche der Wohlgeborn Herr, Herr Jakob Fugger selbsten verlegt helffen singen. Derwegen dem Cantor yede quotember Ain guldin, und den beeden Knaben Jedem 15 Kreuzer von Unser Frawen Pfleg zu Kürchhaslach soll gegeben werden. Und sollen sunsten alle funeten, wie weilend Herrn Anthonius Fuggers und seiner nachgelassnen Erben nebenstiftung ausweist, durch den Schuelmaister, Cantor, Knaben und andere gehalten werden *und was iwer alles obgemelts fält (als nemlich

---

[727] FA 5.3.1 (Akt Lateinische Schulstiftung). Die eigenhändigen Zusätze Jakob Fuggers sind zwischen zwei * gesetzt.

*der undterthonen requiem betreffendt.) soll einem Cantori gebiren und was tzuvor ein
Schuelmaister davon gehabt hatt, soll meinen 2 Knaben gegöben werden. Und tzue einem beschlus, so solle sich der Schuelmaister, der Cantor und die Knaben inn der Fasten oder sunst tzu heiligen tzeiten wöllichen dann der Schuelmaister habe den 5 stiftsknaben beizuwohnen schuldig ist, mitt khirchengesang halten, wie das Directorium
Augspurg bistums inn seiner rubrica ausweist.*

Datum Babenhausen, den 1. Tag Decembris anno 1576.*

II)   Ausgaben für Instrumente von 1743 bis 1805 (Auswahl)[728]

A)   Rechnungen der lateinischen Schulstiftung[729]

1743: – *nicht minder Vor ein guete Geigen / war gegen 2 gar schlechte angehandelt /
an gelt noch Verausgabt   2 fl*

1745: – *Erstlich dem allhiesigen Büldhauer auf 2 mahl wegen Reparierung ein und andere Geigen gegeben   12 x*

– (27. April) *1 bund quint, ½ bund secund* [Saiten]   *1 fl 48 x*

– (14. Nov.) *abermals Von dem saithen macher Empfangen 2 bund quint
½ secund 4 bischl Baß A, dann 4 bischl D auf Violin zusammen   3 fl 30 x*

1746: – (1. Febr.) *Vor 4 Neue Geigen bögen 2 mit weißem a 15 x und 2 mit schwarzen
haren a 10 x mit 4 x trag lohn   54 x*

– (6. April) *wegen den neuen Trompetenbögen nach Ellwangen geschickt, macht
den botten Lohn a 8 x* [pro Stunde]   *1 fl 26 x*

– (23. April) *Item Vor Reparierung und Rechtstümmung des Fagots nach Augsburg   1 fl 4 x*

– (20. Okt.) *Vor die neue Nürhenberger Trompete bezalt   6 fl 30 x*

1748: – *Daß Endsbenannter* [Joh. Peter Mayr] *bey Hochlöbl. Oberamt Vor Ein Paar
A horn sambt Stäft- und bögen rechtens Empfangen   10 fl*

1749: – (18. März) *Vor flück und aufbösserung 2 alter Violinen dem Matthias Engel bezahlt   7 x*

– *Vor Reparierung alt – indoch guatter Chor Geigen sambt dem Tragelohn Herrn
Wenger zu Augspurg bezalt   51 x*

1750: – (8. Jan.) *½ Pfund Colphonie   10 x*

– *auf 2 mahl Mandl öhl zur Conservierung der saithen   10 x*

– (8. Juni) *allhiesigem glaser Maister Vor abnehmung und lethung des Waldhorn
bezalt   24 x*

– *Vor H. Grimm waldhornmacher auf Menchen Vor 12 Trompeten und Waldhornsteft bezahlt   1 fl 12 x*

---

[728] Ausgaben für Instrumente, Zubehör und Reparaturen finden sich speziell für die Bedürfnisse
des Kirchenchores in den Rechnungen der lateinischen Schulstiftung und allgemein in den
Generalkassa-Rechnungen. Es wurden für die angegebenen Zeiträume alle nachweisbaren
Neuanschaffungen von Instrumenten berücksichtigt, nicht hingegen die ganzen Verbrauchs-
materialien und Reparaturen. Da sich diese alljährlich mehr oder weniger wiederholen, beschränken sich die Angaben auf charakteristische Beispiele.

[729] FA 67.18.105½, sowie 124½.

1751: – *Vor 2 groß Neue Waldhorn bögen H. lang Von Memmingen   56 x*

1754: – *(26. Nov.) dem Maister Zobel Schreiner allhier Vor 6 geigen bögen a 12 x   1 fl*
   12 x
 – *½ Pfund Colphonie sambt bottenlohn   12 x*

1755: – *Dahiesigem Maister Zobel Vor mehrmalige leim- und und herstöllung des Vio-*
   lons   12 x
 – *(8. April) hat Endts Stehend [Joh. Peter Mayr] dem Kugelmann bötten und or-*
   dinarie fuermann wegen 3 Kästen dem Orgelmacher Von Ottobeyren worin Ein
   ganzes Register von Pfeuffen waren nach Memmingen bezalt   12 x
 – *(6. Mai) Vor mehrmalige Herabnemmung des Neyen registers Viola gamba 23 x*
 – *(19. Mai) für Einstimmung der orgel, auf Verbesserung der Gambe besonders*
   dann des Positivs in der lateinischen schuel dem orgelmacher zu Ottobeyren
   Joseph Zettler bezahlt   54 fl 39 x
 – *dem Orgelmacher Schmid von boos wegen seinem Gang herab und abermali-*
   gem richtens der Orgel   30 x

1756: – *(4.Jan.) Vor 4 blätl auf die Clarinet, 2 Geigenbögen sambt dem botten Trage-*
   lohn   34 x
 – *Nacher Memmingen eodem Herrn lang Vor 6 neu und nöthige Waldhornsteft*
   bezalt   46 x

1757: – *dem Maister Zobel Vor Reparierung für ein Geigen 8 x und Vor guatt und neu-*
   er Geigenbögen   1 fl 8 x
 – *dem Jakob Ayrstockh Vor einen eisernen Spanner zum Violon   10 x*

1758: – *(23. Dez.) dem Math Engel Vor aufbösserung und flickhung des alten Baß 10 x*
 – *dem Bernhard lees Pfeuffenmacher Vor abnemmung 2 Trompeten und Recht-*
   machung in der D. Stimmung   45 x
 – *Vor Einen Baßbogen   10 x*
 – *Item Vor Ein Neues S. auf den fagott dem H. Strehle nach Augspug bezalt   1 fl*
 – *Item Ebenbenannten Strehle Vor 2 paar bögerl auf Waldhorn und Trompeten*
   1 fl 30 x

1759: – *(22. Febr.) dem allhiesigen Pfeuffenmacher lees Vor einen Geigenbogen   10 x*
 – *(26. April) Von Nüremberg Vor 4 Trompeten und Waldhorn bögen sambt steft*
   und Ein Trompeten Mundstückh a 40 x   1 fl 28 x

1761: – *ein getter auf die sicht der Orgel zu machen, damit der Thon besser heraus-*
   halle   3 fl
 – *(30. April) Dem allhiesigen Hofsattler bündel Vor aufmachung oder auf Zu-*
   richtung des Neuen Pauckhenfehls   20 x
 – *(9. Aug.) wegen reparierung Einer Geigen derselben früsche besaithung*
   H. Wenger [von Augsburg] und Vor heraus und hinein Tragen Ernanntem
   sambt dem botten bezalt   39 x

1762: – *(6. Juni) Herrn Schmid Orgelmacher von boos umb und Von Wegen etwas*
   nachsicht und reparierung der Orgel   32 x
 – *dem Pfeuffenmacher lees allhier um rechtmachung einer D. Trompeten   12 x*
 – *(6. Nov.) Vor früsch behaarung des Violonbogen und dazu botten Vor auf und*
   Eintragen Von Augspurg   27 x
 – *(11. Dez.) Vor reparierung und früscher besaithung Einer Alto Viola   36 x*

1763: – *Vor 3 Geigen bögen Von Johann Frey Von Füssen a 12 x   36 x*

- (11. Dez.) *dem ordinarie botten Vor Ein halbes Pfund Colphonie sambt botten lohn 4 x   16 x*

1764: – *allhiesigem glaser Weeber Vor löthung der D. Trompeten 12 x Vor seyden dem Wöhrle 8 x* [zusammen]   *20 x*
- *dem Maister Zobel Vor reparierung des kleineren Bassetls 1 Schraufel auf den Violon sambt 2 Neuen Geigen bögen   56 x*
- *dem allhiesigen schlosser bürkh Vor löthung des F. horn   6 x*

1765: – *(10. Febr.) Vor 2 Paar Paukhenschlegel dem Johann Merkhle allhier bezalt 12 x*
- *(2. Juni) Vor Fagot und hautbois blättel nach Augsburg bezahlt dem botten 32 x*
- *(9. Dez.) allhiesigem Jungen Zobel Vor 6 Neue bögen bezalt 1 fl 16 x und Vor reparierung 3 altren a 8 x   24 x*
- *dem Cantor und buchbinder Gschwind Vor 4 Geigen und 2 Violasättel bezalt 20 x*

1766: – *(17. Dez.) Endts Underschribner beschaints was ich an Undterschiedlichen Saithen auf den Reichs Hochgräfl. Music Chor abgeben 16 fl 18 x 4 hl Johann Georg Gschwind Buchbinder und Cantor*

1768: – *dem allhiesigen hofglaser Vor leth- und Reparierung der abgenützten Trompeten auf 2 mahl bezalt   32 x*
- *Vor ein Neue Geigen so mit dem Mittenwalder Geigen Trager Verhandlet und noch aufgeben   1 fl 34 x*
- *dem Maister hofsattler Vor Rechtmachung der Paukh   12 x*

1769: – *Vor ein gutt gemachte Geigen Herrn Riedele in Augsburg Geigenmacher   45 x*
- *dem Math Engel allhier Vor reparierung des Baß, Viola und Violone   22 x*

1772: – *dem H. Pichler Von Memmingen für 1 paar gefütterte Pauggenschlögel mit Schrauben   30 x*
- *dem Saittenmacher von Kellmünz Vor E, A, D und G* [Saiten]   *2 fl 38 x*
- *demselben Vor Saitten öhl   9 x*

B)   Generalkassa-Rechnungen[730]

1765: – *für ein paar Wald und Posthorn   19 fl*
1766: – *für ½ Violon   27 fl*
- *für flettraverse   5 fl 30 x*
- *für Trompetten und Waldhorn dem Flaschner Ruprecht in Memmingen   18 fl*
1769: – *(9. Aug.) Einem Italiäner für Geigen reparation   9 fl*
- *(17. Okt.) einem land Musico 1 bund quint darm Saiten   2 fl*
1770: – *(15. März) für 2 neue flautravers gegen aufgeb 2 alter einem Geigenhändler 20 fl*
- *(28. Juli) Einem Geigenhändler von Füssen Ausgab bey Einhandlung einer Geigen   2 fl*
- *(9. Sept.) für Saiten bez.   10 fl*
- *(19. Okt.) Für 2 Hoboi von buchsbaumholz samt aufsäz   15 fl*

---

[730]   FA 67.4.3.-74a.

- (21.Nov.) *fyr 3 Geigen   6 fl*
- (5. Dez.) *Für eine Geigen   3 fl*
- (20. Dez.) *Dem Geigenmacher Riedele in Augspurg für reparierung der Geigen   5 fl 34 x*
- (31. Dez.) *Ausgab an einer Geigen einem Geigenhändler   2 fl 24 x*

1771: – (27. Jan.) *dem Geigenmacher v. Augspurg für reparatur   1 fl 34 x*
- (8. Juni) *dem Geigenmacher Joseph Hübler v. Augspurg für reparation der Instrumente   10 fl*

1772: – (7. Sept.) *dem augsp. Bott die auslag auf Geigenreparatur   40 x*
- (5. Okt.) *dem Saitenmacher v. Kellmünz für Geigen Saiten bez.   3 fl 36 x*

1773: – (30. Juni) *dem Hofschlosser den großen Violon mit eisernen Schräuflen zugericht   12 fl*

1774: – (31. Okt.) *Herrn Pfarrer von Kettershausen für Fagot   8 fl*

1775: – (6. März) *für 1 Violinsologeigen   7 fl*
- (30. April) *Geigenmacher Riedele in Augspurg für filonereparatur* [*Violonreparatur*] *6 fl 30 x*

1776: – (20. Juli) *für Saiten von Kellmünz   3 fl 34 x*

1777: – (28. Jan.) *für Geigenbögen   3 fl*
- (16. Juni) *dem Johannes Ranz von Memmingen Vor Reparierung des Violons   5 fl*
- (20. Aug.) *dem Herrn Rheinegg in Memmingen Vor der Gnäd. Gräfin Euphemia Clavier bez.   24 fl 30 x*
- (28. Okt.) *Vor 18 Spuhlen drath auf das Clavier der gnäd. Gräfin Euphemia   18 x*

1778: – (6. Nov.) *Dem Sailer Von Kellmünz für ein starke Violon Saiten bezalt   1 fl*

1780: – *dem Waldhorn Macher in München Vor reparation des Waldhorn samt aufsätzen und Verschlag des Mundstucks, so Herr Rentamtsverwalter Vor sich hat machen lassen laut Schreibens und Postscheins   15 fl*
- *dem Orgelmacher Gesellen Schiedmayr Von H. Stein in Augspurg und H. Egginger Uhrmacher, so zu reparierung des Instruments und einer Uhr hierher berufen worden, für Reis und Douceur zusammen   37 fl*

1783: – (28. Jan.) *für 6 Oboi rohr   1 fl 23 x*
- (20. März) *für Reparation verschiedener musikalischer Instrumente   14 fl 12 x*

1784: – (4.Aug.) *für Obois blättchen   2 fl 24 x*

1786: – (7. Jan.) *für fagotrohr   1 fl 24 x*
- (24. Jan.) *für Klarinet Reparation   4 fl 18 x*

1787: – *dem Johann Gottfried Haltenhof von Hanau für 2 Inventions Waldhorn   75 fl*
- *dem Musidir. Hayde für 12 St. Oboe Röhr   1 fl 24 x*

1788: – *Hayde für ein Flagonet* [Flageolet][731] *ersetzt   2 fl*
- *Herrn Kirchschlag Instrumentenmacher v. Mannheim   27 fl 30 x*

1789: – *dem Jeremias Schlegel Instrumentenmacher zu Basel   50 fl*
- *dem Erhard Hopf von Mittenwald für eine Viola   11 fl*

1793: – *für neue Oboe nach Waldsee   7 fl*
- *Anton Helmer in Augsburg für 5 Geigenbögen behaaren   1 fl 12 x*

---

[731] Kleine Blockflöte

– *Jakob Walcher für Trompeten stechen   2 fl 15 x*
– *für Gottfried Haltenhof in Hanau für 2 Inventions Horn   75 fl*

1794: – *(19. Sept.) für Reparatur des Fliegls, 3 Tage Arbeit Meinrad Dreher Illereichen 3 fl*
    – *(12. Dez.) Anton Lamprecht [Goldschmied] für Walthorn aufbuzen   1 fl 36 x*

1795: – *Meinrad Dreher orgelmacher von Illereichen für ausbessern des Herrsch. Flügls   8 fl*

1797: – *(19. März) Anton Helmer auf instrumenten ausbessern   6 fl 52 x*
    – *(13. Juni) Von Anton Wöhrle Geigenhändler wurden 4 Violin Bögen und ein Violoncell Bogen gekauft   6 fl 16 x*
    – *(12. Dez.) für Saiten   8 fl 24 x*

1796: – *(12. April) dem Joseph David Schmid, Kammerdiener für 24 Oboen [Blättchen] a 15 x   6 fl 52x*
    – *(24. Juni) für Fagott mit 3 S und 4 Fliglen 79 fl erhalten, Joh. Georg Baader Generalkassier*
    – *(1. Dez.) für zwey deckl zur dirkischen Musik 16 fl 30 x Kolb, Hofthürmer*

1798: – *(17. Febr.) Auf Befehl wurden von Herrn Kirchschlag 4 Violin, eine Viola und ein Violoncello repariert   16 fl 30 x*
    – *(22. Febr.) Quittung auf 33 fl, welche auf Unserem Befehle für eine zu unserer Hof Music erkaufte Viola an Joseph Kirchschlag aus Unserer General Kassa bezahlt worden in Gnaden bescheinen in Unserem Residenz Schlosse Babenhausen*
    – *(7. Juni) Maximilian Kick in Biberach für 12 Oboe Rohr   2 fl 45 x*
    – *(20. Juli) für 20 Loth Klavier Saiten a 6 x an Ignaz Joseph Senft in Augspurg 2 fl*
    – *(28. Aug.) für ein Violin von Herrn Ch. De Bremgard in Rettenbach   33 fl*

1800: – *(8. Mai) von Herrn Joseph Zell, Instrumentenmacher in Biberach wurden folgend Instrumente abgenommen: zwei B Clarinett mit A mutation 16 fl, zwei c Clarinett   9 fl, ein duzend Fagottrohr   2 fl 24 x*

1801: – *(18. Aug.) für anno 1799 27. Juli seiner Hochgräfl. Exzellenz Frau Gräfin den Steiner flig Rebariert und das hamer werk beletet   2 fl 30 x*

1802: – *Daß zu der Hochherrsch. Hof-Music ich undes benannter an Mahlerarbeiten gemacht als Erstlich zu dem Tamporin die Sarg gelb und blau angestrichen 30 x*
    – *(27. Dez.) die große Trommel sarg gelb und blau angestrichen auch die Hoch Herrschaftl. Wappen darauf gemahlt 2 fl J. Leuprecht Mahler*

1803: – *(10. Juli) dem Kaiserlichen Werber welcher ein Fell über Pauken machte, wurde ausgesetzt   1 fl 22 x*
    – *(20. Dez.) wurden von Anton Sterkle Instrumentenmacher von Augsburg folgende Instrumente verfertigt: 2 C Clarinet 17 fl 42 x, 1 Nachthorn 4 fl, 1 Krummhorn 4 fl*

1804: – *(9. Jan.) hat Jos. David Schmid Kammerdiener 1 fl 20 x für 8 Fagottröhr, Stück 10 x ausgelegt*
    – *(18. Mai) Was unterzeichneter zur türkischen Musik ausgelegt, nemlich für Musicalien 2 fl 48 x*
    für Clarinet Blätter 36 x, Porto 12 x [zusammen] 3 fl 36 x Martin Rendes

1805: – (23. März) *Zum Hochfürstlichen Orchester in Babenhausen Vor Rep. eines Inventionshorn nebst 18 Stuck Bögen dafier dazu neu gemacht 6 Aufsatz [...] 28 fl 36 x Prosini*

    – (12. Juni) *dem Fr. A. Höß für ein Dis Clarinet 5 fl*

    – (2. Sept.) *H. Musikdirektor für Saiten ersetzt 5 fl*

III) Zwischen 1761 und 1810 angekaufte und kopierte Musikalien[732]

1761/62 (347): 12 Symphonien von Herrn Seyfert, Komponist in Augsburg
          24.- (nbK)

1763/64 (340): Für Abschreiben von Musikalien 7.44

     (341): Für Riegers Musikalien von Augsburg 4.-

     (342): Symphonien vagierender Musikanten 2.-

1764/65 (288): Musikalien, dem Herrn Lang in Augsburg 29.-

     (288): Musikalien, dem Herrn Jakob Pfersich in Augsburg 9.-

     (288): Musikalien, dem Herrn Moser in Augsburg 7.-

     (288): Dem dortigen Hoforganisten[733] (Musikalien?) 15.-

     (289): Musikalien, dem Herrn Seyfert in Augsburg 17.04 (nbK?)[734]

1765/66 (83): Musikalien, dem Herrn Johann Gottfr. Seyfert in Augsburg und
          andern 39.43 (nbK?)

     (86): Musikalien, dem Joseph Martin, Lehrer 16.-

     (91): Musikalien, Kauf durch den Trompeter 5.-

     (94): 12 Symphonien 12.-

     (96): Musikalien, dem Organisten Herrn Schmidbaur[735] in Augsburg 30.-

     (100): Musikalien, dem Balthasar Fackler, Hofmusikus 8.50

     (101): Musikalien, dem Johann Pförrsich, Schulmeister in Augburg 4.30

1766/67 (375): Fastenmusik von Herrn Laucher 20.- (nbK)

     (376): Musikalien, Schreibgebühr dem Herrn Chorregenten 14.04

---

[732] Diese beruhen auf den Generalkassa-Rechnungen im FA unter der Signatur 67.4.3-95. Von 1761-1791 existieren nur die Aufstellungen der Rechnungsbücher, von 1792-1805 Aufstellungen und Belege und von 1806-1810 nur die Belege. Die Angaben in der folgenden Zusammenstellung sind in moderner Schreibweise in Kurzform wiedergegeben. Die Zahlen in Klammern sind die Registraturnummern des jeweiligen Rechnungsjahres (meist 1. Mai bis 30. April des nachfolgenden Jahres). Auf genaue Datumsangaben wurde aus Gründen der Übersichtlichkeit verzichtet. Sie sind außerdem nicht immer verzeichnet. In die Schreibgebühr sind die Gebühren für das Rastrieren miteingerechnet. Gulden und Kreuzer werden zusammengefaßt, z.B.: 7.44 bedeutet 7 fl 44 x.

[733] Es handelt sich vermutlich um den Organisten des Fürstbischöflichen Hofes in Augsburg, der zu dieser Zeit entweder noch Johann Xaver Nauss (1690-1764) oder bereits sein Nachfolger Johann Michael Demmler (1748-1785) war.

[734] Der Vermerk trifft hier wie im folgenden nur zu, wenn es sich um eigene Werke des betreffenden Komponisten handelt, was aus den Einträgen nicht eindeutig hervorgeht.

[735] Es handelt sich dabei um Johann Adam Schmidbauer, Stiftsorganist bei St. Ulrich in Augsburg (gest. 1786).

1768/69 (429): Musikalien, Schreibgebühr dem Schulmeister von Kettershausen 6.58

(430): Musikalien, Schreibgebühr dem Chorregenten 6.44

1769/70 (437): Eine Messe von Giulini, dem Bedienten Herrn von Imhof von Augsburg 4.18

(438): Für 19 Symphonien und vier Arien Herrn Kuttner von Augsburg 19.-

(439): Eine Messe von Brixi und ein Offertorium, Schreibgebühr dem Herrn Oberamtsschreiber 3.12

(442): Musikalien, Schreibgebühr dem Schulmeister von Kettershausen 11.40

(444): Eine Messe von Martin, Schreibgebühr 4.60

1770/71 (191): Herrn Franz Wilhelm Geißler Musikus für 36 Stück verschiedener Musikalien 27.-

(192): Demselben für weitere Musikalien, Symphonien, Quartett, Quintett, Trio 10.-

(192): Musikalien, Schreibgebühr dem Herrn Höss 5.06

(193): Musikalien, Schreibgebühr dem Schulmeister von Kettershausen 11.42

(194): Musikalien, vom Herrn Hofkopisten Kuttner von Augsburg 30.-

(196): Musikalien und Bücher 10.-

(197): Fünf Messen 30.-

(198): Musikalien, Schreibgebühr dem Schulknecht von Kirchhaslach 1.04

(199): Musikalien, Schreibgebühr dem Schulmeister von Kettershausen 13.-

1771/72 (195): Musikalien von Brixi 3.-

(196): Musikalien, dem Hofkopisten Kuttner in Augsburg 21.-

(197): Herrn Musico Schaller in Augsburg für Baßsolo incl. Porto 6.30 (nbK)

(199): Musikalien, Schreibgebühr dem Schulmeister Bernhard Burger, Kirchhaslach 13.16

(201): Musikalien, dem Schulmeister Laucher von Wullenstetten 6.25 (nbK?)

(202): Musikalien von Brixi 25.44

(203): Musikalien, Schreibgebühr dem Herrn Höss 7.42

1772/73 (224): Musikalien, Herrn Kuttner in Augsburg 6.-

(225): Eine Messe und zwei Terzette, dem Hopfenhändler Joseph Reinle 2.45

(226): Musikalien, Schreibgebühr dem Schulmeister Höss 7.32

(228): Musikalien, Schreibgebühr dem Schulmeister Burger von Kirchhaslach 12.04

(229): Musikalien, Schreibgebühr dem Schulmeister Höss 9.02

(230): Zwei Miserere und Symphonien 6.-

1773/74 (173): Musikalien, Schreibgebühr dem Schulmeister Burger von Kirchhaslach 10.20

(175): Musikalien, Schreibgebühr dem Schulmeister Höss 8.26

1774/75 (167): Musikalien, Herrn Dacci 12.-

(168): Musikalien, Schreibgebühr dem Schulmeister Burger von Kirchhaslach 13.47

(170): Musikalien 22.-

1776/77 (208): Ein Requiem, Schreibgebühr dem Chorregenten Höss 2.-

1777/78 (170): Eine Messe und eine Litanei, Schreibgebühr dem Chorregenten 4.56

(173): Musikalien Herrn Dacci 15.48

(173): Drei Trios für die Gräfin Euphemia 2.-

(174): Verschiedene Musikalien, Schreibgebühr dem Schulmeister von Kirch-
          haslach   17.31

1778/79 (151): Dem Buchhändler Paulus Mayr aus Bayern für kleine Messen von Ko-
          brich   5.-

(152): Musikalien, Schreibgebühr dem Chorregenten Höss   9.18

(155): Musikalien, Schreibgebühr dem Schulmeister von Kirchhaslach   14.12

1780/81 (126): Eine Messe, Schreibgebühr für Herrn Franz Reharuni   3.-

(127): Vier Messen und zwei Symphonien, Schreibgebühr dem Schulmeister
          von Kirchhaslach nebst Schulgeld für 5 arme Kinder   13.13

(128): Musikalien, Schreibgebühr demselben   5.40

(129): Musikalien, Schreibgebühr demselben   8.33

(132): Musikalien, dem Herrn Chorregenten vergütet   6.-

(134): Musikalien, Schreibgebühr dem Herrn Lohr   7.-

(135): Dem Organisten Rösle für Abschrift der blasenden Instrumente zu der
          Messe von Schwindel   -.48

1781/82 (42): Herrn Oberamtsactuarius Hayde für 5 Kinder Operetten   -.50

(43): Gestochene Vespern von J.G. Vogler, dem gewesten Tafeldecker Xaver
          Eisenschmid vergütet   5.48

(93): Musikalien, Schreibgebühr dem Schulmeister von Kirchhaslach   10.18

1782/83 (140): Musikalien, Schreibgebühr für den hiesigen Organisten   -.56

(141): Musikalien   5.-

(142): Musikalien, Schreibgebühr dem Schulmeister von Kirchhaslach   4.30

(146): Musikalien, Schreibgebühr dem Chorregenten   1.20

(151): Musikalien, Schreibgebühr dem Schulmeister von Kirchhaslach   7.12

(152): Musikalien und Bücher, dem Kammervirtuosen Johann Baptist Becke
          in München   37.09

1783/84 (101): Kirchenmusik von Ullinger   5.12

(102): Musik vom Herrn Hammer   11.- (nbK)

(105): Musikalien   5.48

(106): Musikalien, Schreibgebühr dem Schulmeister von Kirchhaslach   8.40

(107): Musikalien   13.30

(108): Musikalien   7.42

(263): Dem Weißochsenwirt in Memmingen für Zehrung seiner Exzellenz und
          Musikalien   10.58 (nbK?)

1784/85 (116): Musikalien, Schreibgebühr dem Schulmeister von Kirchhaslach   18.52

(118): Heilig-Grab Musik, Schreibgebühr dem Chorregenten   3.-

1785/86 (83): Vesper von Bahr   4.36 (nbK)

(84): Musikalien, Schreibgebühr dem Schulmeister von Kirchhaslach   6.12

(85): 14 Arien, Herrn Becke von München   25.-

(86): Musikalien, Schreibgebühr Bernhard Burger von Kirchhaslach   9.42

1786/87 (161): Musikalien dem Herrn Rheineck, Weißochsenwirt in Memmingen
          4.48 (nbK?)

(162): Sechs Quintette, dem Kammerlakai Schmid   11.-

(164): Sechs Arien, dem Herrn Franz Grimmer, Tonkünstler   4.48

(168): Musikalien, Schreibgebühr dem Bernhard Burger von Kirchhaslach
          15.56

1787/88 (181): Musikalien, dem Herrn Peter Anton Primavaus   18.-

(185): Musikalien, Schreibgebühr dem Bernhard Burger von Kirchhaslach 10.32

(186): Eine Messe von Sartini, Schreibgebühr Herrn Chorregent Höss   4.20

1788/89 (208): Musikalien, Schreibgebühr dem Bernhard Burger von Kirchhaslach 8.30

(210): Musikalien, Schreibgebühr Herrn Höss   11.48

(212): Musikalien, dem Herrn Peter Anton Primavaus   30.-

(213): Musikalien, Schreibgebühr dem Herrn Kammerlaquai Prem   10.25

(216): Musikalien, Schreibgebühr dem Berhard Burger von Kirchhaslach   9.10

1789/90 (206): Musikalien, Schreibgebühr dem Kammerlaquai Prem   5.04
Dasselbe (207) 1.56, (208) 3.07, (209) 1.33, (210) 6.04, (211) 4.50

(213): Sechs Symphonien von Leopold Kozeluch, der Frau Gräfin ersetzt 12.- (nbK)

(216): Musikalien, Schreibgebühr dem Bernhard Burger von Kirchhaslach 11.20

(217): Dasselbe   1.08

1790/91 (162): Musikalien, dem MD Hayde   5.30

(163): Musikalien, Schreibgebühr dem Kammerlaquai Prem   1.48

(164): Musikalien, Schreibgebühr dem Bernhard Burger von Kirchhaslach 6.08

(165): Musikalien, Schreibgebühr dem Kammerlaquai Prem   3.40
Dasselbe (166) 3.23, (167) 4.24, (169)   4.24

1793/94 (184): Musikalien, Schreibgebühr dem Bernhard Burger   4.52

(188): Eine Deutsche Messe, Schreibgebühr dem Organisten Michael Schwarzenberger   2.15

(190): Musikalien, Schreibgebühr dem Bernhard Burger   4.-

1794/95 (535): Schreibgebühr dem Bernhard Burger für folgende Musikalien:
Ein Requiem von Memmingen   1.24
Eine Symphonie von Herrn Graf Nepomuk Fugger   -.58 (nbK)
Zwei Singstimmen zu seiner *Teutschen Meß*   -.14 (nbK)

1795/96 (457): Sinfonie ›La Chasse‹ von Wranitzky, Schreibgebühr dem MD Prem   2.-

(459): Eine Sinfonie von Reicha, Schreibgebühr dem MD Prem   1.57

(460): Zwei Sinfonien, Schreibgebühr dem MD Prem   5.06

(462): 36 Sextette, Schreibgebühr dem MD Prem   4.30 (nbK)[736]
Eine Sinfonie, Schreibgebühr dem MD Prem   2.33

(465): Eine Sinfonie, Schreibgebühr dem MD Prem   2.33
Zwei Arien, dem MD Prem bezahlt   2.24

1796/97 (418): Musikalien, ausgelegt von MD Prem   6.20

(419): Eine Sinfonie, Schreibgebühr dem MD Prem   2.42
Eine Deutsche Messe von Graetz, Schreibgebühr dem MD Prem   -.45 (nbK)

(422): Eine Sinfonie, Schreibgebühr dem MD Prem   3.09

---

[736] Der Kroyerkatalog kennt lediglich die vier Sextette von F. X. Heel. Nach der Zahl von 60 Bogen zu schließen, muß es sich bei den 36 Sextetten um kurze Stücke gehandelt haben.

(423): Eine Sinfonie, Schreibgebühr dem MD Prem   2.33
(424): Zwei Sinfonien von Graf Nepomuk Fugger, Schreibgebühr dem Herrn
        Heel, Musikus   5.48 (nbK)
        Zwei Sinfonien von Graf Nepomuk Fugger, Schreibgebühr dem Herrn
        Heel   5.24 (nbK)
(425): Eine Sinfonie, Schreibgebühr dem MD Prem   3.-
(426): Eine Sinfonie, Schreibgebühr dem MD Prem   2.47
(427): Zwei Sinfonien, Schreibgebühr dem MD Prem   6.04
(428): Eine Sinfonie, Schreibgebühr dem MD Prem   2.51
(430): Zwei Sinfonien von Pleyel, Schreibgebühr dem MD Prem   2.51
        Eine Sinfonie von Heel, Schreibgebühr dem MD Prem   3.06 (nbK?)[737]
        Eine Sinfonie von Wranitzky, aus Augsburg gekauft   2.10
(434): Schreibgebühr dem Herrn Heel für folgende Musikalien:
        eine Sinfonie (von Graf Nepomuk?)   3.18 (nbK)
        ein Marsch   -.48 (nbK)
        Libera für den Gottesdienst der Gräfin Witwe   -.54
        Zum Requiem von Jommelli Clarini und Tympani aus der Partitur   -.48
(435): Eine Sinfonie von Michael Haydn, Schreibgebühr dem MD Prem   2.33
        12 Lieder, dem MD Prem bezahlt   1.12
(437): Eine Sinfonie von Pleyel, Schreibgebühr dem MD Prem   2.42
(438): Sinfonie Nr. 21 von Pleyel, Schreibgebühr dem MD Prem   2.51
        Konzert für Viola und Orchester von Pleyel, dem MD Prem bezahlt
        2.- (nbK)
(439): Eine solenne Messe von Michael Haydn, dem Herrn Boek bezahlt   8.-
(441): Ein neues Oratorium von Franz Xaver Heel, Schreibgebühr für MD
        Prem   15.42
(442): Drei Messen von Lasser, aus Augsburg gekauft   3.30 (nbK)
        dazu zwei Violin- und eine Violastimme, Schreibgebühr dem MD Prem
        1.03
(443): Eine Sinfonie von Hoffmeister, Schreibgebühr dem MD Prem   2.42
1797/98 (551): Eine Sinfonie von Haydn, Schreibgebühr dem MD Prem   3.18
(553): Von der Gombartschen Musikalienhandlung[738] in Augsburg gekauft:
        Friedenssinfonie von Wranitzky   5.-
        drei Sinfonien von Metzger   4.24 (nbK)
        drei Sinfonien von Cambini   6.- (nbK)
        eine Sinfonie von Sterkel   4.- (nbK)
(556): Von der Gombartschen Musikalienhandlung in Augsburg gekauft:
        Sinfonie á grand Orchester op. 18 von Clementi   2.30 (nbK)
        28 Variationen für Klavier von Drost (= Maximilian Friedrich von
        Droste-Hülshoff)   1.30 (nbK)

---

[737] Möglicherweise handelt es sich um die Stimmen zu einer der im Kroyerkatalog (als Partitur)
       genannten Sinfonie von Heel.
[738] Zur Identifizierung dieser und folgender Verlagswerke von Gombart vgl. Rheinfurth (wie
       Anm. 667).

(557): Musikalien aus der Gombartschen Musikalienhandlung in Augsburg 5.26

(562): Kantate auf das Klavier von Kozeluch, Schreibgebühr dem MD Prem 2.48

Ein Requiem von Drexel, Schreibgebühr dem MD Prem   3.47 (nbK)

(563): Von der Gombartschen Musikalienhandlung in Augsburg gekauft:

Friedenssinfonie von Wranitzky im Klavierauszug   3.-

Tänze von Gyrowetz   1.30 (nbK)

Nocturnes für Pianoforte von Gyrowetz   2.- (nbK)

(566): Von der Gombartschen Musikalienhandlung in Augsburg gekauft:

Friedenskantate von Beecke   2.-

eine große Sinfonie op. 24 von Mozart[739]   3.- (nbK)

Konzert für Viola und Orchester Nr. 2 von Pleyel   2.30 (nbK)

3. große Sinfonie op. 18 von Gyrowetz   3.30

(567): Eine Messe von Drexel, Schreibgebühr dem MD Prem   4.39

Zwei neue Libera, Schreibgebühr dem MD Prem   1.57 (nbK)

(570): Eine solenne Messe von Jaumann, Schreibgebühr   6.49

(571): Zwei solenne Messen von Drexel, Schreibgebühr   8.46

(575): Ein neues Oratorium, Schreibgebühr dem MD Prem   15.16

(577): Eine solenne Messe von Rosetti, Schreibgebühr dem MD Prem   5.58

1798/99 (452): Eine solenne Messe von Drexel, Schreibgebühr dem MD Prem   4.33

Ein Requiem von Jaumann, Schreibgebühr dem MD Prem   5.25 (nbK)

(453): Ein Requiem von Holzmann, Schreibgebühr dem MD Prem   4.46 (nbK)

(454): Ein Te Deum, Schreibgebühr dem MD Prem   2.29

(455): Musikalien aus der Musikalienhandlung Kick in Biberach   2.45

(460): Eine solenne Messe von Jaumann, Schreibgebühr dem MD Prem   5.51

(461): Eine solenne Messe von Rosetti, Schreibgebühr dem MD Prem   5.12

(462): Drei große Sonaten von Pleyel, aus der Musikalienhandlung Gombart in Augsburg   3.30 (nbK)

(463): Ein Requiem von Rosetti, Schreibgebühr dem MD Prem   5.51 (nbK)

(464): Eine solenne Messe von Drexel, Schreibgebühr dem MD Prem   5.12

Eine Sinfonie von Pleyel, Schreibgebühr dem MD Prem   2.-

(465): Aus der Gombartschen Musikalienhandlung in Augsburg:

Cosi fan tutte von Mozart   9.12 (nbK)

Variationen von Schick   -.36 (nbK)

Sinfonie op. 3 Nr. 4 von Pleyel   1.48

Allemandes von Gyrowetz   1.36 (nbK)

(466): Ein Requiem von Jaumann, Schreibgebühr dem MD Prem   4.33 (nbK)

(471): Schreibgebühr dem Franz Xaver Heel für folgende Musikalien:

drei Parthien für das Clavecin von Pleyel   2.48 (nbK)

Stimmen daraus verfertigt für Streicher   3.08

Phantasie von Graf Nepomuk Fugger   1.- (nbK)

(472): Eine solenne Messe von Jaumann, Schreibgebühr dem MD Prem   5.38

---

[739] Es handelt sich bei dieser Opuszahl um keine Sinfonie, sondern um das Streichquintett c-moll KV 406.

(474): Schreibgebühr dem Franz Xaver Heel für folgende Musikalien:
12 Teutsche Tänze für die Frau Regierende Gräfin   2.06 (nbK)
18 Teutsche Tänze von Graf Nepomuk Fugger   2.34 (nbK)

1799/00 (352): Eine Messe von Jaumann, Schreibgebühr dem MD Prem   6.23

(354): Eine Sinfonie von Hoffmeister, Schreibgebühr dem MD Prem   2.55 (nbK)

(358): Einige Sinfonien, Schreibgebühr dem MD Prem   17.45

(359): Eine Tenor-Arie, Schreibgebühr dem MD Prem   1.31

(362): Für Musikalien und Schreibgebühr für eine Messe MD Prem   4.59

(363): Eine solenne Messe, Schreibgebühr dem Franz Xaver Heel   7.35

1800/01 (347): Eine Messe von Winter, Schreibgebühr dem MD Prem   4.46

(350): Eine solenne Messe von Drexel, Schreibgebühr dem MD Prem   4.39

(351): Aus der Gombartschen Musikalienhandlung in Augsburg:
ein Rondo von Mozart   1.- (nbK)
eine Sinfonie von Gyrowetz   2.-
ein Quintett   2.-
Menuette und Allemandes von Gyrowetz   1.36 (nbK)

(352): Eine solenne Messe von Jaumann, Schreibgebühr dem MD Prem   5.12

1801/02 (108): Sechs Messen von Lasser, erworben von Jakob Lotter in Ausgburg für 4.15 (nbK)

(282): Acht Oden auf die Orphica, Schreibgebühr dem Franz Xaver Heel 1.16
Eine Kantate von Herrn Kozeluch auf das Klavier, Schreibgebühr für Herrn Heel 2.40

(283): Aus der Gombartschen Musikalienhandlung in Augsburg:
Die Schöpfung von Joseph Haydn im Klavierauszug 6.40
einzelne Duette -.24

(289): Schreibgebühr von 15.- dem Chorregenten Höss für folgende Musikalien:
ein großes Oratorium von Schermer
eine solenne Messe von Mozart
ein Duett aus der Schöpfung
eine Tenor-Arie aus der Schöpfung

1802/03 (288): Aus Augsburg folgende Musikalien:[740]
die Sinfonie op. 98/liv 2 von Joseph Haydn   3.-
die Sinfonie op. 98/liv 3 von Joseph Haydn   3.-
die Sinfonie op. 91 Nr. 6 von Joseph Haydn   3.-

(291): Aus Augsburg folgende Musikalien:
die Sinfonia concertante op. 33 von Gyrowetz   3.-
die Sinfonia concertante op. 104 von Mozart (KV 364)   3.- (nbK)
die Sinfonia concertante op. 63 von Hoffmeister 2.45 (nbK)
drei Quintette op. 30 von Pichel   4.- (nbK)
Quintette op. 8 von Wranitzky   3.- (nbK)

(292): Ein Quintett von Hoffmeister 2.45 (nbK)

---

[740] Nach Hob. sind es die Londoner Sinfonien Nr. 102, 99 und 104.

(293): Nina oder der Wahnsinn aus Liebe – Oper, Schreibgebühr dem MD
Prem 6.30 (nbK)

(294): Nina oder der Wahnsinn aus Liebe – Jugendspiel in Partitur gesetzt von
Franz Xaver Heel 15.30

(295): Sechs Quartette von Gyrowetz, aus der Heßschen Musikalienhandlung
5.30 (nbK)

(297): Eine Sinfonie von Krommer gekauft 2.45
Eine Sinfonie von Kospoth gekauft 2.24
Zwei Canon, Schreibgebühr dem MD Prem 1.18

(298): Eine solenne Messe von Michael Haydn, Schreibgebühr dem MD Prem
6.24

(299): Eine solenne Messe von Michael Haydn, Schreibgebühr dem MD Prem
7.22

1803/04 (292): Aus der Falterschen Musikhandlung in München:
Lieder von Sterkel 2.42 (nbK)
Lieder von Dalberg 5.52 (nbK)

(293): Musik von Pater Theodor [Clarer] aus Ottobeuren, Schreibgebühr dem
MD Prem 4.33

(294): Drei Gradualien von Michael Haydn, Schreibgebühr dem MD Prem
4.59

(295): Eine solenne Messe von Joseph Haydn, Schreibgebühr dem MD Prem
9.32

(296): Eine solenne Messe, Schreibgebühr dem MD Prem 7.48

(297): Drei Offertorien, Schreibgebühr dem MD Prem 3.54

(298): Vier Gradualien von Haydn, Schreibgebühr dem MD Prem 4.46

(299): Eine solenne Messe, Schreibgebühr dem MD Prem 6.56
Ein Tantum ergo, Schreibgebühr dem MD Prem -.52

(301): Durch MD Prem wurden folgende Musikalien angeschafft:
das Concert pour Clarinett op. 107 von Mozart (KV 622) 2.45 (nbK)
das Concerto op. 60 von Pleyel 2.30 (nbK)
das Concerto op. 3 für Viola von Rolla 2.- (nbK, jedoch bei den BaM)

(304): Eine solenne Messe von Joseph Haydn, Schreibgebühr dem MD Prem
6.24
Ein Te Deum von Franz Xaver Heel, Schreibgebühr dem MD Prem 2.42

(305): Eine Operette, Schreibgebühr dem MD Prem 10.48
Ein Prolog, Schreibgebühr dem MD Prem 5.12

(307): Eine solenne Messe, Schreibgebühr für MD Prem 6.48

(308): Variationen, gekauft aus der Gombartschen Musikalienhandlung in
Augsburg 2.26

(309): Aus München gekauft:
das Quartett op. 5 von Winter 1.- (nbK)
drei Quartette op. 5 von Danzi 2.12 (nbK)
drei Quartette op. 6 von Danzi 2.- (nbK)
das Septett op. 10 von Danzi 2.- (nbK)
das Sextett op. 15 von Danzi 1.48 (nbK)
Deutsche Tänze von Pleyel 1.12 (nbK)

(311): Eine solenne Messe 6.12

1804/05 (343): Aus Augsburg gekauft:
                sechs Romanzen von Rhigini 2.50 (nbK)
                Adelaide von Beethoven -.40 (nbK)
                Abschiedsempfindung von Rhigini -.12 (nbK)
                Die Zukunft von Dalberg -.24 (nbK)
                Glück der Freundschaft von Beethoven -.28 (nbK)
                Hebe sich in sanfter Feier von Himmel -.12
                die Sinfonie op. 68 von Pleyel 3.30
                die Sinfonie Nr. 2 von Witt 4.-

(344): Aus der Sträulischen Musikalienhandlung in Augsburg:
                vier Sinfonien von André 8.- (nbK)
                eine Sinfonie von André 3.30 (nbK)
                eine Sinfonie von André 2.30 (nbK)

(345): Folgende Musikalien durch MD Prem gekauft:
                eine solenne Messe von Brandl 5.24
                 die Ouverture militaire von André 3.30 (nbK)
                 eine Sinfonie von Amon 4.- (nbK)
                 zwei Sinfonien von André 4.- (nbK)
                 ein Flötenkonzert von Krommer 2.30 (nbK)
                 ein Flötenkonzert von Hoffmeister 2.45 (nbK)
                 ein Flötenkonzert von André 2.30 (nbK)

(347): Folgende Musikalien durch MD Prem gekauft:
                drei Sinfonien von André 6.- (nbK)
                eine Sinfonie von André 2.45 (nbK)
                vier Sinfonien von Haydn 8.-
                zwei Sinfonien von Haydn 4.48
                eine Sinfonie von Gyrowetz 2.-
                eine Sinfonie von Pleyel 2.-
                eine Sinfonie von Wranitzky 3.-

(354): Arien von Mozart, Salieri, Apell und Baer von MD Prem aus Augsburg gekauft 15.36

(355): Die 7 Worte von Joseph Haydn von MD Prem gekauft 6.-

(356): Sechs Tantum ergo, Schreibgebühr dem MD Prem 5.12

(358): Von Johann Nepomuk Gasser in Memmingen durch MD Prem um 75.- gekauft:
                Die Schöpfung von Joseph Haydn
                Die 4 Jahreszeiten von Joseph Haydn (nbK)
                das Requiem von Mozart

(361): Musikalien zur Türkischen Musik, ausgelegt durch Martin Rendes 2.48

(363): Klavierstücke, Schreibgebühr dem Blasius Schneider 2.40
                Hofmusikalien, Schreibgebühr dem Blasius Schneider 2.36

1805/06 (666): Folgende Musikalien durch MD Prem gekauft:
                op. 33, 35, 36, 37 von Wranitzky 16.30 (Nr. 35-37 nbK)
                op. 40 von Krommer 4.- (nbK)
                op. 66 von Pleyel 3.-

(671): Folgende Musikalien durch MD Prem gekauft:
        ein Klavierstück 2.20
        fünf große Sinfonien 13.48

(672): Folgende Musikalien durch MD Prem gekauft:
        Concertini op. 18, 38, 39 von Krommer 10.30 (nbK)
        Fingersätze auf das Klavier zu Werken von Haydn, Mozart, Clementi,
        Pleyel und Vogler, dem MD Prem -.54

(673): Ein Te Deum von Matthäus Fischer, Schreibgebühr dem MD Prem 4.33
        Sechs Tantum ergo, dasselbe 5.12

(676): Drei Offertorien, Schreibgebühr dem MD Prem 2.24

(677): Eine solenne Vesper, Schreibgebühr dem MD Prem 5.38

(678): Gesänge auf das Klavier von Himmel, aus Augsburg gekauft 4.08
        Zwei Offertorien und ein Salve Regina, Schreibgebühr dem MD Prem
        2.36

(679): Folgende Musikalien durch MD Prem in Augsburg gekauft:
        eine Sinfonia concertante von Devienne 2.30 (nbK)
        eine Sinfonia concertante von Gyrowetz 3.-
        zwei Serenaden von Kozeluch 2.30 (nbK)
        sechs Quintette von Krommer 8.-

(681): Ein Te Deum von Joseph Haydn, Schreibgebühr dem MD Prem 4.59

(682): Der große Sturm von Joseph Haydn, Schreibgebühr dem MD Prem
        4.- (nbK)

(687): Folgende Musikalien durch MD Prem gekauft:
        drei Quintette 4.-
        eine Sinfonie von Gyrowetz 3.-
        zwei Offertorien 2.24

(689): Eine solenne Messe von Drexel, Schreibgebühr dem MD Prem 5.12
        Zwei Offertorien, Schreibgebühr dem MD Prem 1.36

(690): Drei Offertorien, Schreibgebühr dem MD Prem 4.59

(691): Zwei Arien, Schreibgebühr dem Herrn Heel 1.24

1806/07 (622): Ein Veni sancte spiritus, Schreibgebühr dem MD Prem 1.36

(623): Vier Offertorien aus Ottobeuren, Schreibgebühr dem MD Prem 5.12

(624): Eine solenne Messe von Mozart, Schreibgebühr dem MD Prem 9.18

(625): Lieder auf das Klavier, dem Herrn Rauch vergütet 1.-

(626): Eine solenne Messe von Drexel, Schreibgebühr dem MD Prem 6.58

(628): Zwei Arien, Schreibgebühr dem MD Prem 3.36

(630): Eine solenne Messe von Brandl, durch MD Prem gekauft 6.-

(631): Ein Te Deum, Schreibgebühr für MD Prem 4.33

(632): Vier Vespern, durch MD Prem gekauft 11.-

(635): Eine solenne Messe von Joseph Haydn, Schreibgebühr dem MD Prem
        8.26

(637): Eine solenne Messe von Mozart, durch MD Prem gekauft 7.48 (nbK)

(638): Eine solenne Messe von Mozart, Schreibgebühr dem MD Prem 8.12
        (nbK)

(639): Drei Offertorien, Schreibgebühr dem MD Prem 4.36

(642): Eine neue Messe, Schreibgebühr dem MD Prem 7.42

(643):   Eine solenne Messe von Haydn, Schreibgebühr dem MD Prem   7.48

(644):   Eine Arie, Schreibgebühr dem MD Prem   2.36
         Drei Tantum ergo, Schreibgebühr dem MD Prem   2.24

(645):   Schreibgebühr dem Herrn Heel für:
         sechs Lieder   -.36
         eine Motette   -.52 (nbK)
         ein Quartett für Prinz Anton   -.36

(646):   Ein Salve Regina, Schreibgebühr dem MD Prem   2.12
         Eine solenne Messe, Schreibgebühr dem MD Prem   6.42

(648):   Eine solenne Messe von Haydn, Schreibgebühr dem MD Prem   8.42

(649):   Folgende Musikalien wurden gekauft:
         neun Quartette von Haydn   10.48 (nbK)
         zwei Quintette von Beethoven[741]   5.- (nbK)
         drei Quartette von Amon   2.45 (nbK)

(650):   Musikalien auf das Klavier durch MD Prem gekauft   1.-

(651):   Die 7 Worte von Joseph Haydn (Klavierauszug), durch MD Prem ge-
         kauft   5.24

(652):   Die 7 Worte von Joseph Haydn, Schreibgebühr dem MD Prem   7.42

(653):   Folgende Musikalien durch Herrn Rauch gekauft:
         sechs Sonaten von Pleyel   4.06 (nbK)
         Augsburger Redouten-Tänze für Klavier   1.20 (nbK)
         6. Flötenkonzert von Devienne   2.- (nbK)
         8. Flötenkonert von Devienne   2.30 (nbK)

(654):   Chöre der Auferstehungsfeier aus dem Messias von Händel, Schreib-
         gebühr dem MD Prem   6.38

(657):   Klavierstücke von Dussek, durch MD Prem in Augsburg gekauft
         3.- (nbK)

(658):   Eine Sinfonie von Haydn, durch MD Prem gekauft   3.3

(659):   Zwei Arien, Schreibgebühr dem Herrn Heel   1.06

1807/08 (628):   Eine solenne Messe, Schreibgebühr dem MD Prem   8.12

(629):   Stimmen zur Oper Nina, Schreibgebühr dem MD Prem   3.24

(630):   Eine solenne Messe von Haydn, Schreibgebühr dem MD Prem   8.32

(631):   Drei Offertorien, Schreibgebühr dem MD Prem   4.07

(632):   Ein Te Deum (Partitur und Stimmen), Schreibgebühr dem MD Prem
         11.-

(633):   Eine solenne Messe   7.42

(635):   Eine solenne Messe von Joseph Haydn, Schreibgebühr dem MD Prem
         8.53

(636):   Drei Tantum ergo, Schreibgebühr dem MD Prem   3.28

(638):   Eine solenne Messe von Haydn, Schreibgebühr dem MD Prem   8.01

(641):   Ein Requiem von Rosetti, Schreibgebühr dem MD Prem   6.11 (nbK)

(645):   Vier Tantum ergo und 2 Offertorien, Schreibgebühr dem MD Prem
         4.36

---

[741]   In Frage kommen die Streichquintette op. 4 und op. 29 bzw. das Quintett op. 16 für Klavier
        und Bläser.

(648): Ein Offertorium von Haydn, Schreibgebühr dem MD Prem   2.38

(649): Folgende Musikalien durch Herrn Rauch gekauft:
eine Sonate von Joseph Thoma 1.18
4-stg. Lieder zur Unterhaltung -.36

(650): Ein Requiem von Haydn, Schreibgebühr dem MD Prem   4.33 (nbK)

(651): Ein Offertorium von Rhigini, Schreibgebühr dem MD Prem   2.49

(653): Ein Offertorium von Haydn und zwei Tantum ergo, durch MD Prem
gekauft 3.24

1808/09 (451): Zwei Offertorien von Haydn, Schreibgebühr dem MD Prem   2.12

(452): Ein Requiem von Jaumann, Schreibgebühr dem MD Prem   3.34 (nbK)
Zwei Offertorien, Schreibgebühr dem MD Prem   2.33

(460): Ein Offertorium von Rhigini, Schreibgebühr dem MD Prem 2.10 (nbK)
Drei Discant-Arien, Scheibgebühr dem MD Prem   3.02

(463): Eine solenne Messe von Joseph Haydn, Schreibgebühr dem MD Prem
6.23

(464): Eine Messe von Joseph Haydn, Schreibgebühr dem MD Prem   4.07
Ein Te Deum, Schreibgebühr dem MD Prem   -.52

1809/10 (402): Zwei Discant- und zwei Baß-Arien, Schreibgebühr dem MD Prem 4.07

(403): Eine Sopran-Arie von Fischer, Schreibgebühr dem MD Prem   1.12
(nbK)
Ein Tantum ergo von Mozart, Schreibgebühr dem MD Prem -.52 (nbK)
Ein Duett für zwei Soprane von Salieri, Schreibgebühr dem MD Prem
-.52 (nbK)

(405): Schreibgebühr dem MD Prem   3.41 für folgende Musikalien:
ein Salve Regina
ein Hymnus de Beata von Gretry
ein Hymnus de uno Martyrer von Gluck
ein Duett für zwei Soprane von Salieri (nbK)

(406): Von Gombart durch MD Prem gekauft:
Weber: Sechs Piece 4-hdg. 1.36 (nbK)
Eder: Piece 4-hdg. -.36

(407): Zwei Sopranarien, Schreibgebühr dem MD Prem   2.30

(412): Schreibgebühr für Musikalien dem Blasius Schneider   9.28

IV)   Die erhaltenen alten Babenhauser Musikalien[742]

Manuskripte:

Geistliche Musik
- Anonym: Zwei Alma Redemptoris Mater in G und A (SATB, Str, 2 Ob, 2 Hr, Org)
- Anonym: Vier Chöre *pro Festo SSmi Corporis Christi* (erhalten: SATB), aus dem Besitz von Franz Anton Höß (Vater)
- Anonym: Missa in Es (erhalten: S, Vla, 2 Fl, 2 Ob, 2 Hr)
- Anonym: Zwei O Salutaris Hostia (SATB, 2 Hr), aus dem Besitz von Franz Anton Höß (Vater)
- Anonym: Drei Tantum ergo (erhalten: SATB)
- Anonym: Zwei Veni Sancti Spiritus in D und C (SATB, Str, 2 Ob, 2 Hr, 2 Tr, Org)
- Bühler, Franz: *Jesu dulcis memoria*, Offertorium (A-Solo, Str, 2 Fl, 2 Klar, 2 Hr, Org)
- Choralvesper (SATB, Org), aus dem Besitz von Franz Anton Höß (Vater)
- Cantus Choralis Sacri Ordinis Praemonstratensi mit Orgelbegleitung, datiert 1824
- Drexel, Johann Chrysostomus: Stabat Mater in c (erhalten: SATB, Str, Org)
- Drexel, Johann Chrysostomus: Requiem in C (erhalten: SATB, Str, Fl 1, 2 Ob, Org), Schrift Anton Prem
- Fischer, Matthäus: Missa in D (erhalten: SATB, Vl 1, Org)
- Graetz, Joseph: Missa solemnis in C (SATB, Str, 2 Ob, 2 Hr, 2 Tr, Pk) mit Aufführungsvermerken *den 1. Jan. 1815, den 29. Juni 1822,* außerdem mit falscher Autorenbezeichnung *Mozart* und Besitzvermerk *Ad Aulam* [zum Hof gehörend]. Auf Vla 2, Ob 2, Tr 1/2 Vermerk: *Johann Thommas hueber Von Egg*
- Hayde, [Georg Gottlieb]: Requiem in Es (SATB, Str, 2 Fl, 2 Hr, Org), datiert 1784. Nur Umschlag erhalten
- Heel, Franz Xaver: Tantum ergo (SATB, 2 Klar, 2 Hr, Fag, Vlne), Autograph datiert 1831. Nur Klarinettenstimmen erhalten
- Heel, Franz Xaver (Zuschreibung): Messe in C bez. *Missa de Contrapuncto* (SATB, 2 Ob, 2 Hr, Vlne, Fag, Org), aus dem Besitz von Franz Anton Höß (Vater)
- Mösl, Martin: Sechs Aufzüge (erhalten: Tr 3/4, Pos, Org), Abschrift vom Druck (Verlag Anton Böhm) durch Franz Anton Höß (Sohn)
- Mozart, Wolfgang Amadeus: Salve Regina in A (SATB, Str, 2 Fl, 2 Hr, Org). Kontrafaktur der Arie des Blondchens aus der ›Entführung aus dem Serail‹
- Neubauer, Franz: Missa Contrapunctus für den 1. Advent in B (SATB, Vlne, Org), aus dem Besitz von Franz Anton Höß (Vater)
- Pausch, Eugen: Missa in d (SATB, Str, 2 Hr, Org), aus dem Besitz von Franz Anton Höß (Vater). Am Ende von Hr 2 Vermerk: *Descripsit Lambert anzenhofer organist babenhus:*
- Rosetti, Antonio: Requiem in Es aus dem Jahre 1776 (erhalten: Str, 2 Ob, 2 Hr, 2 Tr, Pk)
- Vogl, Cajetan: Vesper in D (erhalten: SATB, Str, Org), Schrift Franz Xaver Heel.

---

[742] Es handelt sich um Reste von Musikalien aus dem Besitz verschiedener Babenhauser Musiker, vorwiegend von F. A. Höß, die 1970 gefunden wurden (Privatbesitz). Die Manuskripte (ausschließlich in Stimmen) stammen aus dem Ende des 18. bis Anfang des 19. Jahrhunderts.

Weltliche Musik:
- Anonym: Abschiedslied *Bald naht sie sich die düstre Stunde* (SATB)
- Bucher, Franz Xaver: Herrn Christian Friedrich Schubarts Abschied (Singstimme, Pf)
- Haug, Eduard: Kleine Klavierstücke, datiert: *Memmingen, d. 29. Jan. 1815*
- Haydn, Joseph: Sinfonie in D 'La Chasse' (Str, Fl, 2 Ob, 2 Fag, 2 Hr)
- Heel, Franz Xaver: Sinfonia in Es (Str, 2 Ob, 2 Hr), Schrift Anton Prem. Ursprüngliche Bezeichnung *Del Sig. Hoffmeister* durchgestrichen und von derselben Hand mit Bleistift durch *Heel* ersetzt. Vermerk: *sehr gut*. Aus dem Besitz von [Leonhard] Stiegele
- Rosetti, Antonio: Romanze in C aus dem Klarinettenkonzert in Es (Klar-Solo, Str, 2 Ob, 2 Hr), aus dem Besitz von Leonhard Stiegele Babenhausen
- Vanhal, Johann Baptist: Sinfonia in C (Str, 2 Ob, 2 Hr, 2 Tr, Pk). Vermerk: *sehr gut*.

Drucke:

Geistliche Musik:
- Cantus Ottoburanus (1796) mit handschriftlichen Noten (SAB, Org)
- Schiedermayr, Johann Baptist: 2 Gradualien und 2 Offertorien op. 21 (SATB, Str, 2 Hr, 2 Tr, Org).

Weltliche Musik:
- Knecht, Justus Heinrich: Pastoralsinfonie (erhalten: Vla, 2 Fl, 2 Ob, 2 Fag, 2 Hr, 2 Tr, Pk)
- Langlé, Francois Marie: Six Simphonies Oeuvre I (erhalten: 2 Fag, Hr 1)
- Rolla, Alessandro: Konzert in Es für Viola und Orchester Oeuvre 3 (erhalten: Vla-Solo, Vla, Baß, 2 Ob, 2 Hr). Aus dem Besitz von Anton Prem mit handschriftlichem Etikett
- Rumler, Johann: Trio in B (2 Klar, Fag)
- Rumler, Johann: Quintett in Es (2 Klar, 2 Hr, Fag)
- Sulzer, Johann Anton: Quatre Sonates pour Violine e Piano (Vl fehlt)
- Trieb, Johann Nepomuk: Introduktion und Thema mit XII Variationen für Klavier op. 1.

V) Kirchenmusikalische Aufführungsdaten zwischen 1763 und 1831[743]

1763,   6. Jan.: Te Deum in D von Zach (Dreikönig)
1765,   o.g.D.: Missa pastoralis in C von F. J. Martin
1776,   o.g.D.: Missa in Es von Hammer
1778,   19. Jan.: Missa in F von Giulini (Vigil hl. Fabian und Sebastian)
    18. April: Passionsoratorium von Martin (Karsamstag)
1778, 19. April: Missa in D von Giulini (Ostersonntag)
    21. April: Missa in F von Molitor (Osterdienstag)
    7. Juni: Vesper in D von Schaller (Pfingstsonntag)
    9. Juni: Missa in F von Giulini (Pfingstdienstag)
    18. Juni: Missa in g von Giulini (Fronleichnam)
    21. Juni: Missa in C von Giulini (Sonntag)
    26. Juni: Requiem in g von Schaller
1779, 22. März: Vesper in D von Brixi
    29. März: Litanei in F von Lang
    1. April: ›La Passione di Jesu Christo‹ von Sales (Gründonnerstag)
    2. April: Passionsoratorium von Martin (Karfreitag)
    14. April: Missa in F von Molitor
    21. April: Missa in D von F. J. Martin (Namenstag des Grafen Anselm Victorian Fugger)
    1. Nov.: Missa in F von Lang (Fest Allerheiligen)
    o.g.D.: Missa in g von Molitor
    o.g.D.: Missa in D von Zach
    o.g.D.: Missa Pastoralis in D von F. J. Martin (wohl Weihnachten)
1780, 26. Feb.: Missa in F von Lang (Namenstag der Gräfin Maria Walburga Fugger)
    24. März: Passionsoratorium von Martin (Karfreitag)
    24. März: ›La Passione di Jesu Christo‹ von Sales[744]
    27. Mai: Missa in F von Lang
    5. Juli: Missa in F von Molitor
    1. Okt.: Missa in F von Lang
1781,   o.g.D.: ›Der Tod Jesu‹ von Graun (wohl Karfreitag)
1782,   o.g.D.: Te Deum in D von P. G. Martin (Besuch von Papst Pius VI in Augsburg)
    o.g.D.: Missa in g von Molitor
    o.g.D.: Missa in D von Hayde
    o.g.D.: ›Der Tod Jesu‹ von Graun (wohl Karfreitag)
1783, 19. März: Missa in F von Molitor (Fest des hl. Josef)
    21. März: Missa in D von Hayde (Fest des hl. Benedikt)
    8. Juni: Vesper in D von Violand (Pfingstsonntag)

---

[743] Entnommen dem Kroyerkatalog, Messe von Graetz den BaM. Die Zuordnung der Festtage erfolgte nach Grotefend, Taschenbuch der Zeitrechnung, Hannover 1971 und nach den Verkündigungsbüchern des PfAB.

[744] Hier scheint ein Fehler in der Datierung vorzuliegen, da wohl kaum am Karfreitag zwei Passionsoratorien aufgeführt wurden.

14. Aug.: Missa in d von F. J. Martin (Geburtstag von Graf Anselm Victorian Fugger)

25. Dez.: Missa Pastoralis in d von Martin (Weihnachten)

1784, 25. März: Missa in C von Bachschmid (Fest Mariae Verkündigung)

30. Mai: Vesper in D von Violand (Pfingstsonntag)

15. Aug.: Weinrauch: Vesper in D (Fest Mariae Himmelfahrt)

4. Okt.: Missa in D von Laube (Fest des hl. Franziskus)

4. Okt.: Litanei in F von Lang

4. Okt.: Vesper in C von Schmidt

3. Dez.: Missa in F von F. J. Martin (Fest des hl. Franz Xaver)

8. Dez.: Missa in A von Neubauer (Fest der Unbefleckten Empfängnis Mariae)

25. Dez.: Missa in D von Laube (Weihnachten)

o.g.D.: Missa in F von Molitor

o.g.D.: Missa in d von F. J. Martin

1785,   1. Jan.: Missa in D von Zach (Fest der Beschneidung Jesu)

2. Feb.: Missa in G von Ullinger (Fest Mariae Lichtmeß)

5. Feb.: Missa in C von J. W. Michl

5. Mai: Missa in F von P. G. Martin (Pfingstsonntag)

4. Okt.: Missa in D von Hayde (Fest des hl. Franziskus)

1787, 22. Nov.: Missa in D von Kaa (Fest der hl. Cäcilie)

2. Dez.: Missa in D von Hayde (1. Adventssonntag)

o.g.D.: Missa in F von P. G. Martin

1788, 26. Feb.: Missa in C von J. W. Michl (Namenstag der Gräfin Maria Walburga Fugger)

o.g.D.: Missa in d von F. J. Martin

1789, 14. Aug.: Missa in D von Laube (Vigil Mariae Himmelfahrt)

1790,   6. Jan.: Missa in D von Hayde (Fest hl. Dreikönig)

25. Feb.: Missa in D von Kaa (Fest des hl. Matthias)

14. Aug: Missa in D von Laube (Vigil Mariae Himmelfahrt)

1793, 16. Okt.: Tantum ergo und Te Deum in D von Hayde (Hochzeit von Graf Anselm Maria Fugger)

o.g.D.: Missa in d von Heel

1796,   1. Juni: Missa in D von Laube

16. Dez.: Requiem in As von Malzat

o.g.D.: Missa in d von Heel

1797,   o.g.D.: ›Empfindungen bei dem Kreuze‹ von Heel (wohl Karfreitag)

16. April: Missa in F von Lang (Ostersonntag)

1798, 28. Nov.: Requiem in Es von Molitor

1800,   2. Feb.: Missa in G von Heel (Fest Mariae Lichtmeß)

1. Aug.: Oratorium von Fischer (Petri Kettenfest)

31. Aug.: Missa in A von Heel (Sonntag)

1801, 24. Mai: Missa in D von Jaumann (Pfingstsonntag)

o.g.D.: Missa in A von Heel

1802,   1. Feb.: Missa in d von Braun (Vigil Mariae Lichtmeß)

25. Okt.: Requiem in As von Malzat

1803, 8. April: Oratorium von Fischer (Karfreitag)

9. Nov.:	Missa in d von Braun
25. Dez.:	Missa in d von Molitor (Weihnachten)
1804, 30. März:	›Der Tod Jesu‹ von Graun (Karfreitag)
16. Sept.:	Missa in C von M. Haydn
o.g.D.:	Missa in A von Heel
1805, 2. Feb.:	Missa in D von Rosetti (Fest Mariae Lichtmeß)
11. Nov.:	Missa in C von Drexel (Fest des hl. Martin)
1806, 7. Juni:	Missa in D von Drexel (Vigil Dreifaltigkeit)
1807, 16. Okt.:	Missa in C von M. Haydn (Jahrtagsgottesdienst für Graf Karl Anton Siegmund Fugger)
15. Nov.:	Missa in d von Molitor
2. Dez.:	Missa in A von Heel (Jahrtagsgottesdienst für Gräfin Maria Walburga Fugger)
25. Dez.:	Missa in C von M. Haydn (Weihnachten)
1808, 27. Mai:	Missa in D von Drexel (Geburtstag des Königs von Bayern)
7. Aug.:	Missa in F von Angeber
11. Sept.:	Missa in Es von Schwindel (Vigil Mariae Namen)
1809, 2. April:	Missa in C von Winter (Ostersonntag)
10. Sept.:	Paukenmesse von J. Haydn (Fest der Marianischen Kongregation)
1810, 1. Jan.:	Missa in C von Graetz (Fest der Beschneidung des Herrn)
30. April:	Missa in Es von Pausch (Dreißigstgottesdienst für Chorregent Höß)
10. Juni:	Missa in D von Jaumann (Pfingstsonntag)
9. Sept.:	Paukenmesse von J. Haydn (Fest der Marianischen Kongregation)
29. Nov.:	Requiem in Es von Kettner (Jahrtagsgottesdienst für Gräfin Maria Walburga Fugger)
1811, 5. Mai:	Missa in B von Jaumann (Sonntag)
13. Juni:	Missa in D von Drexel (Fronleichnam)
1812, 13. Juni:	Missa in D von Jaumann
25. Sept.:	Requiem in As von Malzat (Jahrtagsgottesdienst für Graf Johann Nepomuk Fugger)
1812, 26. Sept.:	Missa in D von Ullinger (Jahrtagsgottesdienst für Pfarrer Simon Sattich).
27. Sept.:	Missa in g von Giulini (Erntedankfest)
12. Okt.:	Missa in A von Heel (Namenstag des Königs von Bayern)
14. Okt.:	Requiem in Es von Kettner (Jahrtagsgottesdienst für Graf Karl Anton Siegmund Fugger)
2. Dez.:	Missa in C von Winter
1813, 1. Jan.:	Paukenmesse von J. Haydn (Fest der Beschneidung Jesu)
18. April:	Missa in G von Sartini (Ostersonntag)
21. April:	Missa in D von Rosetti (Namenstag des Fürsten Anselm Maria Fugger)
1818, 20. März:	Oratorium von Fischer (Karfreitag)
1822, 19. März:	Missa in D von Jaumann (Fest des hl. Josef)
22. Juni:	Missa in C von Graetz
30. Nov.:	Paukenmesse von J. Haydn (Fest des hl. Andreas)
1823, 30. März:	Paukenmesse von J. Haydn (Ostersonntag)

	18. Mai:	Paukenmesse von J. Haydn (Pfingstsonntag)
1824,	22. Nov.:	Requiem in Es von Jommelli (Jahrtagsgottesdienst für Fürst Anselm Maria Fugger)
1827,	4. Nov.:	Missa in G von Demharter
1828,	15. Jan.:	Requiem in g von Lechner (Dreyerscher Jahrtagsgottesdienst)
1830,	o.g.D.:	Vesper in C von Heel
1831,	15. Jan.:	Requiem in g von Lechner (Dreyerscher Jahrtagsgottesdienst)

VI)   Ausgaben für Musikanten und Spielleute von 1768 bis 1788[745]

1768/69,	3. Mai:	*für 3 Musicanten -.36*
		Eodem der Einhofischen banda 2.24
	9.	*für einen armen beamten und Musicanten 2.-*
	16.	*für 3 Musicanten 1.30*
	19.	*einem Musicanten aus Bayern 2.24*
		Eodem 2 Waldhornisten -.11
	24.	*denen Kirchbergschen Waldhornisten 5.-*
	8. Juni:	*2 Waldhornisten von Kirchberg 5.-*
	10.	*ordinari Musicanten -.30*
	17.	*deto -.24*
		Eodem 3 Wiener Musicanten 5.-
	22.	*2 büfelblaser -.24*
	24.	*2 landsinger 1.-*
	3. Juli:	*dem virtuos Janitsch et Consorten 15.-*
	5.	*land Musicanten -.24*
	10.	*2 barmherzigen Musicanten -.04*
	13.	*für 3 Musicanten als 2 Waldhoibisten und 1 Harfenist 3.-*
	29.	*für Musicanten -.24*
	2. Aug.:	*einem hoboisten 3.-*
	4.	*ordinari Musicanten -.24*
	12.	*anderen Musicanten 1.-*
	23.	*3 Musicanten 5.-*
	27.	*Musicanten 1.-*
	28.	*2 büfelbläser -.24*
		Eodem 4 land Musicanten -.24
		Eodem 2 flöttenblaser -.24
	29.	*4 Musicanten 1.-*
	7. Sept.:	*2 Waldhornisten -.12*
	18.	*für Musicanten -.24*
	25.	*H. Hammer wegen Concert spihlen praesent 5.-*
	30.	*für Musicanten -.24*
	9. Nov.:	*den alhiesigen Musicanten bey der nachttafel -.48*

---

[745]   FA 67.4.8-41. Gulden und Kreuzer werden wie in Anhang III zusammengefaßt.

15.	*einem Harpfenist von Pfaffenhausen 1.-*
16.	*einigen land musicanten 1.-*
17.	*Musicanten bey der Mittagstafel -.30*
	Eodem 3 deto bey der Nachttafel -.30
20.	*Musicanten -.30*
25.	*einem fleutraversisten 3.40*
27.	*3 Musicanten, so die Judenschul gemacht haben 2.-*
15. Dez.:	*6 Schweizer Musicanten 2.-*
17.	*land Musicanten -.30*
19.	*einem land Musicanten 2.-*
27.	*denen Reichauer Musicanten das eine Jahr mit 2.24*
28.	*denen Weinrieter und Kreuther[746] Spielleuth -.48*
29.	*einem Harpfenist -.24*
11. Jan.:	*für Musicanten -.12*
13.	*für Musicanten -.12*
16.	*deto -.24*
	Eodem 4 deto mit doux houben und harpfen, basetl 3.-
20.	*4 regenspurger Musicanten mit Waldhorn, fagot und violin 5.-*
22.	*Musicanten -.24*
23.	*Musicanten -.24*
17. Febr.:	*2 büfelblaser -.12*
21.	*3 Augspurg. Musicanten 5.-*
1769/70, 22. Mai:	*Musicanten so auftischen wollen -.12*
7. Juni:	*detto Musicanten so nachts am Schloßberg aufgespihlt -.24*
9.	*detto Musicanten so nachts am berg und im Schloß aufgespihlt 1.-*
14.	*Herrn Collignon Violinisten aus Ansbach, so sich etlichmal produciert und Herrn Hammer lection in Geige gegeben Douceur 20.-*
22.	*Mindelheimer Musicanten, so bey der Nachttafel aufgespihlt 1.-*
29.	*Musicanten -.12*
30. Juli:	*6 burgausche Musicanten, so bey der Nachttafel aufgespihlt 1.-*
1. Aug.:	*Musicanten bey der Nachttafel 1.-*
3.	*2 Hoboisten -.30*
14.	*einem Mindelheimer Musico -.36*
28.	*denen Neuburger Musicanten 1.-*
4. Sept.:	*Musicanten -.36*
27.	*4 Musicanten v. Schlipsheim bey der Nachttafel 1.-*
2. Okt.:	*einem vacierenden Musico 1.-*
20.	*3 Monheimer Musicanten bey der Nachttafel, welche neben andern lieder auf die Juden Synagog vorgestellt 2.-*
12. Nov.:	*2 Musicanten Von Passau, so auf doux horn bey der mittags und nachttafel aufgespihlt 4.48*
5. Dez.:	*Neuburghische Musicanten bey der Nachttafel 1.-*
8.	*2 Persohnen, so bey der Nachttafel lieder gesungen 1.-*

---

[746] Als ›Kreuth‹ wird im Volksmund Kirchhaslach und Umgebung bezeichnet.

10.		*Augspurgische redouten Musicanten bey der Nachttafel 2.24*
14.		*einem sangmeister v. Augspurg bey der Mittagstafel -.30*
		Eodem Musicanten bey der Nachttafel -.12
27.		*denen Reichauer Musicanten 2.24*
28.		*Musicanten v. Neuburg 1.-*
31.		*Musicanten banda v. hier bey der Nachttafel 1.12*
13.	Jan.:	*Spihlleuth -.12*
20.		*5 Wallerstein. Musicanten bey der Nachttafel 2.24*
30.		*Monsieur Dacci Musico, so 2 Täg mittag und Nachts Concert gespihlt, welcher arien gesungen und 6 Symphonien zum abschreiben gegeben 11.-*
4.	Feb.:	*4 Musicanten Sirkensteinischer herrschaft bey der Nachttafl 2.-*

1770/71, 5. Mai: *Musicanten, so bey der Nachttafl aufgespihlt -.24*

7.		*des Seelmeisters[747] Söhn v. hier, so bey der Nachttafl aufgespihlt 1.-*
31.		*4 Musicanten, so bey der Mittagstafl aufgemacht 2.24*
6.	Juni:	*4 Musicanten, so bey der Nachttafl aufgespihlt -.24*
27.		*5 Musicanten, so bey der Mittagstafl aufgespihlt -.48*
29.		*4 Musicanten so die Synagog spihlen 2.-*
4.	Juli:	*2 Musicanten -.12*
5.		*2 Musicanten mit Schallmeyen, so bey der Mittagstafl aufgespihlt -.12*
7.		*2 Waldhornisten so bey der Mittagstafel sich hören lassen 4.48*
8.		*6 bergknappen, so bey der Nachttafl aufgespihlt 2.24*
13.		*3 Spihlleuth v. Glött -.12*
26.		*Spihlleuth -.24*
27.	Aug.:	*6 burgauische Musicanten -.48*
29.		*denen Musicanten v. Neuburg, so bey der Nachttafl aufgespihlt 1.-*
14.	Sept.:	*2 Musicanten aus der Schweiz an der Nachttafl -.36*
24.		*Musicanten -.12*
25.		*denen büffelblaser -.12*
26.		*Musicanten -.12*
2.	Okt.:	*Musicanten am Schloßberg nachts aufgespihlt -.28*
5.		*Musicanten ingleichen -.30*
10.		*einem Waldhornisten, so bey der Nachttafl mit 2. Horn zugleich aufgespihlt 1.-*
11.		*Musicanten -.12*
15.	Nov.:	*2 Harpfenisten -.12*
22.		*burgauische Musicanten -.12*
25.		*Musicanten -.12*
14.	Dez.:	*Monsieur Dacci Musico wegen Arien Singen und Communication etwelcher Musikalien Douceur 9.-*
		5 burgauische Musicanten, so bey der Nachttafl aufgespihlt 1.12
16.		*Musicanten v. oberhausen -.24*

---

[747] Verwalter des Seel-und Siechenhauses, in dem Alte und Kranke gepflegt wurden.

18. *6 burgauische Musicanten bey der nachttafl 1.-*

19. *2 Waldhornisten -.06*

20. *dem Thürmer v. Weissenhorn, so bey der Nachttafel geblasen 1.12*

6. Jan.: *4 Musicanten Von Schnerz[hofen] worunter 3 Kinder mit aufge-*
spihlt 7.-

22. *Spihlleuthen -.12*

27. *einem Venetianer, so sich mit dem psalterio, hölzern geläuthen und*
Fleiß mit seynem mund künste hören lassen 2.24

1. Feb.: *Musicanten v. Gnöring -.24*

7. *Musicanten -.12*

14. März: *3 Musicanten v. oberhausen 3.-*

16. *2 Waldhornisten -.12*

20. *einem Hoboisten, so Concert gespihlt 5.-*

6. April: *2 Waldhornisten -.12*

23. *2 Spihlmänner -.24*

1771/72, 11. Okt.: *Trompeter Hegele in Weyssenhorn wegen beyhilfe zur Musik 1.48*

5. Dez.: *2 Thürmer von Monheim -.30*

19. *dem Thürmer Hegele und dessen gesellen von Weissenorn wegen*
neujahr Music 1.12

27. *denen Musicanten von Reichau, ob sie schon heuer nicht aufspihlen*
dürften neujahrs Schenkung 1.12

7. Jan.: *denen spihlleuth von hier für ihre Nachtmusik 1.-*

22. Feb.: *3 Musicanten v. Constanz, die bey Nachttafl aufgespihlt 2.24*

6. März: *2 hochfreyherrliche Musicis v. Augsburg, die 3 Täg alhier Musik*
gemacht, Douceur 15.-

20. *denen Musicanten, so die Juden Synagog stellen 1.-*

27. April: *bey der Nachttafel 8 Musicanten 1.06*

30. *dem Harpenvirtuos Sign. Joh. Martin Schaz von Maynz, der seine*
Kunst 2 mal an der Tafel produciert, Douceur 4.48

1772/73, 20. Mai *H. Musico Emsen von Wurzach 9.36*

23. *3 burgauischen Musicanten -.36*

31. *3 Musicanten -.12*

2. Juni: *2 büfelblaser -.12*

8. *einem Musicanten mi Glokenspihl -.24*

10. *3 Musicanten von München 3.-*

24. *Spihlleuth mit Hautbois -.12*

10. Juli: *5 Musicanten v. Westendorf, die bey der Mittags- und Nachttafel*
auch baal aufgespihlt 8.-

14. *4 Musicanten v. Nürnberg -.48*

4. Aug.: *2 Waldhornisten aus Gnöring -.22*
einem Singer von Wallerstein -.11

6. *4 bergknappen -.44*

19. *Spihlleuth bey der Nachttafel -.12*

27. *4 Musicanten bey der Nachttafel -.48*

2. Sept.: *4 Musicanten -.44*

5. *einem Musicanten 1.-*

27.   *einem Harpenmeister und filaist bey der Nachttafel   2.-*

29.   *einem Hautboisten v. diettenheim   1.12*

29. Okt.:   *6 bergknappen   1.12*

12. Nov.:   *eine banda Musicanten v. Neuburg   1.-*

13.   *Neuburgh. Musicanten   -.12*

15.   *5 Musicanten v. Straßburg   2.24*

28.   *Musicanten v. Gnöring   -.24*

 4. Dez.:   *Thürmer Hegele v. Weißenhorn und Sohn   1.17*

19. Jan.: *3 Musicanten bey der Nachttafel   1.-*

24.   *Musicanten v. Wald   -.44*

 7. Feb.:   *2 Waldhornisten   -.12*

13.   *3 Musicanten v. Altensteig   -.36*

 5. März: *Musico Dacy wegen öfterem Singens und überlassens v. Musicalien*
            zum copieren   5.-

13.   *Harpenist Veit v. Wertingen   1.12*

16.   *einer Flautraversistin aus Holland Amalia Rothin, die sich bey der*
            Mittags- und Nachttafel hören lassen   5.-

22.   *Musicanten v. Welden   -.24*

 4. April: *einem Harpenisten   -.24*

10.   *Musico Stofflitz Praesent   5.-*

1773/74, 6. Mai: *7 Musicanten v. Eichstätt bey der Nachttafel   1.24*

21.   *bey der Nachttafel Musicanten v. burgau   -.30*

 5. Juni: *Spihlleuth an der Mittagstafel   -.12*

 7.   *4 Musicanten v. Donaualtheim   -.36*

 9.   *3 blaser mit Clarinet   -.12*

18.   *2 Waldhornisten   -.12*

19.   *einem Comoedianten und Weib so bey der Nachttafel gesungen   1.-*

23.   *2 büfelblaser   -.30*

 9. Juli: *Spihlläuthen zur Mittagsstafel   -.12*
            bey der Nachttafel 2 Musicanten v. München mit Douxhaubeaux
            2.24

11.   *5 Musicanten v. behlingen   1.20*

12.   *derenselben nochmal bey der Nachttafel   -.48*

 2. Aug.:   *2 Waldhornisten   -.06*

16.   *2 büfelblaser   -.11*
            burgauische Musicanten   -.55

 1. Sept.: *Signor Ant. Rosetti Compositore della Musica bey dem Russisch*
            Orlowschen Regiment, der durch diebstahl mit ½ fl Verunglückt
            worden   1.-

 6.   *2 Musicanten v. Würzburg   -.16*

10.   *detto v. Neuburg bey der Nachttafel   -.36*

11.   *detto an der Mittagstafel   -.12*

12.   *Organist Müller v. Salzburg   4.48*

17.   *Musico Hofmann schwäbischgmünd und Frau   -.18*

 2. Okt.:   *3 Musicanten an der Mittagstafel   -.36*

 5.   *2 detto v. Holzheim bey der Nachttafel   -.30*

8.   *Musico Dacci 5.-*

12.   *5 Musicanten bey der Mittagstafel -.48*

15. Nov.: *5 Musicanten v. Gnöring -.48*

 2. Dez.: *2 blaser v. Monheim -.12*

8.   *Musico v. donauöschingen mi 3 musical. Kindern 1.12*

10.   *2 blaser an der Mittagstafel -.24*

14.   *4 Musicanten v. burgau bey der Nachttafel -.54*

16.   *4 Musicanten v. Coblenz bey der Nachttafel 2.-*

26.   *hernach Musicanten 1.12*

          3 detto v. Leuterschach bey der Nachttafel 1.-

31.   *Musicanten v. hier 1.12*

15. Jan.: *6 Musicanten v. Neuburg 1.-*

29.   *2 Musicis v. laupheim bey der Nachttafel 2.-*

 2. Feb.: *4 Musicanten v. Neuburg -.48*

8.   *4 Spihlleuth an der Mittagstafel -.12*

 8. März: *3 Musicanten v. München 1.12*

12.   *Spihlleuth bey der Nachttafel -.12*

13.   *detto v. biberachzell 1.-*

16.   *5 Musicanten v. Straßburg 2.24*

17.   *2 Musicanten v. Zöphingen 1.-*

17. April: *einem der mit glockenspihl aufgetischt -.33*

26.   *Nachts 3 Spihlleuth v. Eichstätt -.24*

28.   *15 Spihlleuth v. Eichstätt 1.-*

1774/75, 17. Mai: *5 bergknappen an der Mittagstafel 1.-*

26.   *5 Musicanten v. Günzburg bey der Mittagstafel 1.-*

27.   *5 detto aus böhmen an der Mittagstafel 2.24*

 9. Juli: *einer 8-jährigen Harpenistin aus buechloe an der Mittagstafel 1.-*

27.   *5 Spihlleuth v. Neuburg an der Mittagstafel -.24*

 4. Aug.: *4 Spihlleuth v. Neuburg -.22*

15.   *Musico Christian Wagner aus Sachsen der die lauten geschlagen, und mit dem Mund Waldhorn und fagot dazu geblasen 1.12*

18.   *3 Pfeifern an der Mittagstafel -.06*

          bey dem Nachtmahl einem Musico, der gesungen und Mandor[a] geschlagen -.24

22.   *5 Spihlleuth an der Mittagstafel -.12*

23.   *nachts einem Harpenist -.12*

24.   *3 beyer. Musicanten v. München 2.24*

29.   *4 Spihlleuth v. Altenberg Nachts -.48*

 2. Sept.: *2 Musicis von München mit Doux hautbeauis bey der Nachttafel 2.-*

6.   *4 Spihlleuth -.12*

7.   *Spihlläuth v. Gnöring -.24*

24. Okt.: *Musikanten v. Nürnberg -.48*

 8. Nov.: *bergknappen 2.24*

14.   *2 Musicanten Huter von München Doux hautbeauis bey der Mittagstafel 1.-*

 1. Dez.: *2 Trompeterblaser v. Monheim -.12*

11. Jan.:   *vacierend brauknecht, der mit dem Mund sich in abgeschnalzten tö-*
nen hörenlassen -.36

11. Feb.:   *6 Musicanten v. Regensburg   1.36*

21.   *einer Harpenistin v. oberhausen   1.-*
5 Musicanten v. burgau   1.-

5. März: *4 Juden v. Ansbach bey der Nachttafel   2.24*

9.   *Spihlläuth an der Mittagstafel   -.12*

12.   *Nachts Spihlleuth   -.12*

24.   *2 blaser an der Mittagstafel   -.12*

31.   *Spihlleuth v. Leutershofen Nachts   -.30*

1775/76, 29. Mai: *Musikanten v. Wallerstein bey der Nachttafel   1.-*

23. Juni: *5 Musicanten v. burgau   1.-*

24.   *2 büfelblaser   -.30*

30.   *Spihlleuth v. Bobingen an der Mittagstafel   -.48*

19.   Juli: *der kleinen Harpenistin v. buechloe   1.-*

22.   *Spihlleuth v. burgau bey der Nachttafel   -.48*

2. Aug.:   *2 Judenspihlleuth an der Mittagstafel   -.36*

27.   *bey der Nachttafel Spihlleuth v. Altenberg   1.-*

4. Sept.:   *5 Hautboisten u. 10 Waldhornisten Von Maynz   2.24*

13.   *7 Musicanten an der Mittagstafel   -.24*
2 detto   -.30

19.   *2 Singer bey der Nachttafel   1.-*

5. Dez.:   *2 blaser v. Monheim an der Mittagstafel   -.48*
Nachts Spihlleuth v. Neuburg   -.36

19.   *2 blaser an der Mittagstafel   -.24*

31.   *2 büfelblaser   -.24*

11.   Jan.:   *Musicanten v. Neuburg bey der Nachttafel   1.-*

13.   *einem Harpenist bey der Nachttafel   -.24*

24.   *3 Musicanten bey der Nachttafel   -.12*

30.   *Musicanten v. Altenberg   -.36*

25. Feb.:   *2 Musicanten v. Prag   2.-*

25. März: *der Harpenistin Marusin v. buechloe   2.-*
Nachts Musicanten v. Rothenburg   -.36

20. April: *5 Musicanten v. Gnöring bey der Nachtmusik   2.-*

22.   *4 Spihlleuth v. Wald   -.48*

23.   *2 büfelblaser   -.06*

27.   *Musikanten v. Gnöring   1.-*

1776/77, 23. Mai: *Nachts 3 Spihlleuth   1.-*

17. Juni: *bergknappen, so aufgespihlt   -.48*

18.   *Geigenhändler und Musico v. Oberhausen und dessen Sohn für*
Nachtmusik   1.12

19.   Juli: *Mittags Musicanten v. Altusried   -.48*
Nachts detto v. Wald   -.24

20.   *Nachts Musicanten   -.24*

14. Aug.:   *dem bruder des weiß Ochswirtens in Memmingen wegen Beyhelfung*
der Musik   2.24

28.   *3 Musicanten bey der Nachttafel   1.30*

 5. Sept.:   *fremden Musicanten   -.36*

 7.   *2 Waldhornisten   -.12*

20.   *einem, der mit Mund verschiedene Musik gemacht   1.12*

22.   *Nachts einem Harpenmeister und dessen Mutter v. Hechingen   2.24*

26.   *Nachts fremden Musicanten   -.48*

 1. Okt.:   *2 Musicanten   -.36*

 4.   *Nachts 2 büfelblaser   -.30*

 5.   *einem Musico, der sich Nachts auf der Violin hören lassen und zu Zwiefalten im Kloster gewesen   4.48*

12.   *Nachts Musikanten v. Stokach   1.-*

18.   *Musicanten v. Neuburg   -.48*

12. Nov.:   *2 blaser an der Nachttafel   -.24*

15.   *2 detto bey der Mittagstafel   -.12*
             4 Musikanten v. Gnöring bey der Nachttafel   1.-

16.   *Comödiant Schwarz, der bey der Nachttafel mit seiner Frau gesungen   1.-*

25.   *4 Spihlleuth v. Leutershofen   -.48*

30.   *Nachts Spihlleuth v. Neuburg   -.36*

 4. Dez.:   *Spihlleuth v. Wettenhausen bey der Nachttafel   -.36*

 6.   *2 blaser v. Monheim an der Mittagstafel   -.48*

 8.   *2 buben, die bey der Nachttafel gesungen   -.24*

 9.   *2 blaser mit büffel   -.12*

14. Jan.:   *fremde Musikanten   1.-*
             4 Studenten aus Franken bey der Nachttafel   2.24

10. März: *6 Musicanten aus München   4.48*

22.   *2 Waldhornisten   -.06*

17. April: *6 Musicanten v. Knöring bey der Mittagstafel   1.12*

1777/78, 14. Mai: *2 doux Hautboisten v. München   1.36*

17.   *3 Musicanten von München   1.12*

20.   *2 Münchner Musicanten mit doux Hautbois   -.48*

 2. Juni: *denen Musicanten der französ. Schweizer bande auf gnäd. befehl gegeben   4.48*

26.   *Vor Musicanten   -.12*
             Vor einen vacierenden Musicanten der sich hat producieren wollen 1.-

28.   *denen 2 Waldhornisten Von Altshausen   5.-*

24. Juli: *denen Musicanten welche zu Nachts bey der Tafl Music gemacht 1.12*

 7. Aug.:   *Seiner Exzellenz Gnädigem Herrn Grafen Vergütet die einem Harpfenisten gegeben   2.-*

15.   *einem Singenden Musikanten gegeben   1.12*

23.   *fremden Musicanten für abends bey der Tafl aufgemacht   -.12*

 5. Sept.:   *6 Musicanten Von Knöringen bey der Mittags Tafl   1.12*

 8.   *2 Singern Von Schillingsfürst   -.36*

20.   *Mittags 2 Spihlleuthen   -.24*

22.	*denen 6 Musicanten, die Abends und bey der Mittags Tafl aufgemacht auf gnädigstes Anhalten 6.-*
26.	*dem jungen Clavicembalisten und dessen Vatern von Hall aus Tyrol 12.-*
2. Okt.:	*bey der Abends Tafl 3 Musicanten 1.-*
12.	*zu Nachts 5 Musicanten von Maynz 2.24*
13.	*einer Singerin zu Mittag mit ihrem Mädl 1.-*
30.	*5 bergknappen 1.-*
18. Nov.:	*fremden Musicanten bey der Nachts Tafl -.24*
1. Jan.:	*denen hiesigen Spihlleuthen für die Neu Jahrs Music, aber nit angenohmen worden 1.-*
	denen Spihlleuthen von booß wegen der Neuen Jahres Music, so aber ebenfalls nicht angenommen worden, auf gnädiges Anhalten 2.24
4. März:	*Andreas Koch vacierender Tenorist auf gnädiges Anhalten -.24*
30. April:	*denen Spihlleuthen, so unter der Mittags Tafl aufgemacht 1.-*
1778/79, 2. Mai:	*Anna Maria Starkin Von Kaufbeyren, welche sich in der Music hat wollen hören lassen auf gnädiges Anhalten 1.-*
8.	*denen Wellenburgischen Musicanten, so zur Abends Tafel geblasen, auf gnädiges Anschaffen 1.30*
1. Juni:	*denen Diettenheimer Musikanten, so sich bey der Abends Tafel haben hören lassen 1.-*
5.	*denen, so bey der Abends Tafel gesungen 1.-*
6.	*3 Musikanten Von Minchen, so bey der Abends Tafel sich haben hören lassen 1.30*
10.	*5 Musikanten, so Abends bey der Tafel Musik gemacht haben 1.-*
12.	*einem Harpfenisten Von Illeraichen bey der Abends Tafel 1.-*
13.	*bey der Nachts Tafel einer Harpfenistin Von Buchloe 2.-*
27.	*fremden bergknappen so bey der Mittags Tafel aufgespielt 1.-*
3. Juli:	*5 Musikanten v. Burghausen 1.12*
10. Aug.:	*für 3 Singer bey der Nachts Tafel -.24*
3. Sept.:	*6 Musikanten bey der Mittags Tafl -.48*
11.	*bey der Nachts Tafl 5 Musikanten bezahlt 1.-*
24.	*denen Fürstl. Ratziwillschen 2 Waldhornisten 5.,-*
25.	*2 Singern, so bey der Mittags Tafl sich produciert -.30*
	Eodem bey der Nachts Tafel 5 Musikanten Von Dischingen bezahlt 2.24
2. Okt.:	*zweyen Singern bey der Nachts Tafl 1.12*
17.	*einem Singer mit der Cythar bey der Mittags Tafel -.24*
28.	*denen Thürmern Von Wemding 1.12*
27. Dez.:	*denen Boos- und Reichauschen Spielleuten wegen der neuen Jahres Musik 2.24*
1. Jan.:	*denen hiesigen Spielleuten Vor die Nacht Musik 2.-*
13. April:	*für einen Harpfenisten -.36*
15.	*für ein bande Musikanten 2.24*
21.	*für die Harpfenisten Von Buchloe 1.36*

dem Bärenwirth die Zehrung des Musikanten von biberach mit sei-
ner Frau bezahlt 4.36

1779/80, 23. Okt.: *einem Harfenisten und Compagnion v. Markt Biberbach, so sich*
bey der Abends Tafel hören lassen 1.-

26. Dez.: *den Reichauer Spielleuten wegen Neu Jahr anblasen 2.24*

31. *ejusdem denen hiesigen Spielleuten 2.-*

1780/81, 22. Juni: *denen Musicanten, so bey der Abends Tafel sich produciret durch H.*
Hausmeister bezahlt -.36

20. Juli: *3 Singenden Personen auf anhalten Sr. Excellenz Gnäd. Gräfin -.24*

22. Aug.: *Vor einen Musicanten mit 3 Kindern, so sich bey der Mittags Tafel*
hat hören lassen durch den Laquai Martin überschickt 5.-

28. Sept.: *Zweyn Clarinetisten, so sich bey dem Nachtmahl haben hören las-*
sen 1.-

6. Dez.: *denen Thürmern Von Monheim 1.-*

o.g.D.: *denen Reichauer Spielleuten wegen nei Jahr anwünschen 2.24*

o.g.D.: *denen hiesigen Spielleuten 1.12*

1781/82, 31. Juli: *Harpfmeister v. Buchloe 2.24*

6. Nov.: *H. Johann Senthaler Von München Virt. auf der Maultrommel 4.48*

5. Dez.: *einer bande Von Monheim 1.-*

13. *den Thürmern Von Neuburg 1.-*

29. *den Spielleuten Von Reichau 2.24*

30. *von hier für dießmal 2.24*

26. Jan.: *Musikanten Von Tischingen 1.12*

7. Feb.: *für einen Harfenisten 1.12*

21. April: *Sr. Excellenz zu Bezahlung der Musikanten an Hochdessen hohem*
Namensfeste 7.12

24. April: *für 5 Musikanten so Vor dem Thor aufgemacht -.48*

1782/83, 3. Juni: *Zwen Musikanten Von Buchloe, so sich über Mittag hören lassen*
2.24

22. *Florian Schweighofer Musikant Von Sonthofen -.30*

1. Juli: *Weibsleuten, so bey der Tafel gesungen -.12*

14. Aug.: *Für Schnurranten -.12*

15. *für 3 Judenmusikanten 1.12*

25. *für Schnurranten 1.30*

dem Harfenisten Von Werdingen 2.24

3. Sept.: *dem H. Stiftungs Pfleger Auslag für Musikanten zu Boos Vergütet*
4.-

5. Okt.: *Für 4 Spihlleute Von Unterdischingen 1.36*

24. *für Musikanten 1.30*

25. *deto 1.30*

29. *deto 1.-*

11. Nov.: *Für die regensburger Musikanten 2.24*

14. *Für Schnurranten -.12*

9. Dez.: *dem Thürmer von Neuburg 1.-*

Von Mohnheim 1

12. *Von Mindelheim 1.-*

13.		*Aus dem Eichstädischen -.48*
16.		*Für Schnurranten -.12*
27.		*deto -.12*
		Für die reichauer Spielleute 1.12
31.		*den hiesigen 1.12*
30.	Jan.:	*Für Schnurranten Von Knöring -.30*
8.	April:	*Herrn Fogal Virtuos aus Mayland 1.22*
21.		*dem Harfenmeiste Von Neuburg 2.24*
25.		*Für Schnurranten -.12*

1783/84, 10. Mai: *dem Hausmeister für 6 Musikanten von Neckarsulm 16.50*
　　　　　28. *für die Münchner Musikanten 2.24*
　　　　　31. *für Spielleuthe Von Pettmeß -.12*
　　　　　　　Von Freising 1.12
　　27. Juni: *Herrn Bohrer Virtuos Von München so 2 Tag hierwar 25.-*
　　　6. Juli: *einem Musikanten Von Wirzburg 2.45*
　　13. Juli: *für Bayerische Musikanten 1.22*
　　14. Aug.: *den Schulmeistern Von Kirchhaslach und Kettershausen für Fre-*
　　　　　　quentierung des Chors am Geburts Feste Seiner Excellenz 1.-
　　4. Sept.: *für Spielleuthe Von Muchenzell 1.-*
　　1. Dez.: *dem Türmer Von Neuburg 1.-*
　　　2. *Von Wemding 1.-*
　　　3. *Von Mohnheim 1.-*
　　　7. *Musikanten Von Rothenburg 1.30*
　　27. *dem Türmer Von Neuburg a. d. Kaml 1.-*
　　28. *der Harfenistin Von Pfulendorf 1.12*
　　30. *den Spielleuten Von Reichau 1.12*
　　　　Von Hier 1.12
　　　　Herrn Stiftungspfleger Ausgelegtes für Musikanten ersetzt 4.48
　　9. Jan.: *den Stadtmusikanten Von Dillingen 2.24*
　　14. Feb.: *Herrn Anselli Bassist Von Kempten 5.-*

1784/85, 12. Sept.: *für eine bande Spielleute Von Neuburg an der donau 1.36*
　　20. Nov.: *den burgauschen Spielleuten -.12*
　　7. Dez.: *dem Türmer Von Monheim 1.-*
　　11. *dem Von Mindelheim 1.-*
　　17. *dem Von Neuburg 1.-*
　　18. *einem Harfenisten Von Riedlingen -.24*
　　31. *den hiesigen Spielleuten 1.12*
　　13. Jan.: *den Von Knöringen 2.24*
　　21. *denen Von Regensburg 2.24*
　　25. *dem H. Stiftungspfleger für ein in meiner Abwesenheit anwesend*
　　　　gewesenen Musikanten 1.12

1785/86, 2. Mai: *Spielleuten Von Neuburg -.12*
　　　6. *detto -.12*
　　20. Juni: *dem Harfenisten von Wertingen 1.12*
　　21. *5 Musikanten und Musikantinnen Von bertlingen bei Mergentheim*
　　　　durch den Kammer Laquai Joseph 5.-

4.	Juli:	*einer Sängerin Von Mindelheim -.24*
13.	Sept.:	*der Henneberg. Band beim freischießen 2.24*
4.	Nov.:	*einer bande Knöringer Spielleute -.12*
7.		*einer anderen ebendaher -.12*
30.		*dem Chorregenten von Mindelheim mit Gesellschaft 2.45*
7.	Dez.:	*denen Thürmern Von Monheim 1.-*
16.		*den Thürmern Von Neuburg an der Kammel douceur 1.-*
23.		*2 Sängerinnen Von Kaufbeuren 1.-*
29.		*den Spielleuten Von hier 1.12*
30.		*denen Von Reichau 1.12*
1.	Jan.:	*einer bande Von Wallerstein -.48*
30.		*einer bande Von München 3.-*

1786/87, 22. Mai: *Seiner Excellenz für fremde Musikanten ersetzt 1.12*

25.		*deto ebenfalls für 5 von Münchens 2.24*
1.	Juni:	*dem Virtuos Strassner 2.45*
21.		*dem Harfenisten v. Wertingen 1.12*
27.		*denen Spilleuten v. Lauingen -.12*
11.	Juli:	*denen Juden v. Illerreichen 2.-*
12.		*Herrn Anton Jona von Namensdorf in Böhmen Virtuos auf dem Waldhorn durch H. Musikdirektor Haide 1.22*
13.		*dem Joh. Ströhle Sonnenwirth dahier wegen 6 Musikanten vom 16. Sept. Vergangenen Jahres 3.16*
16.		*Seiner Excellenz wegen 5 Musikanten vom Fürstl. Taxischen Hof zu Regensburg ersetzt 11.-*
22.		*dem H. Hubert Klaviermeister von München durch den Kammerla-quai 1.12*
1.	Aug.:	*zwey auf lang hölzernem Horn blasenden Bayern -.12*
10.		*Vier Juden von Illerreichen -.48*
23.		*Zwey aus dem Nürnbergischen -.36*
29.		*denen von Kneringen -.12*
7.	Okt.:	*durch den Prem fremden Musikanten überschickt 1.12*
13.		*dem H. Karl Frantz mit einem Paridon durch den Musikdirektor Haide 11.-*
30.		*zwey Harfenisten von Prag 1.12*
5.	Nov.:	*Musikanten v. Mindelheim -.12*
13.		*denen von Kneringen -.12*
21.		*einem Harfenisten von Passau durch den Tafeldecker 3.-*
1.	Dez.:	*2 Waldhornisten -.12*
4.		*dem Thürmer von Mindelheim mit Gesellschaft 2.45*
5.		*dem Michael Tschagg 3.-*
6.		*denen Thürmern von Monheim 1.-*
10.		*Vier Musikanten von Augsburg 2.45*
11.		*Sechs Bergknappen aus Böhmen 2.45*
12.		*einem Harfenisten samt seiner Tochter v. dietenheim 2.24*
16.		*denen Thürmern von Neuburg an der donau 1.-20*
20.		*zur Endabfertigung von hier dem Michael Tschagg 2.45*

28.		*denen Spihlleuten v. Reichau 1.12*
31.		*denen Von hier 1.12*
7.	Jan.:	*einem Harfenisten -.36*
19.		*der Harfenistin Mutter und Tochter Von Pfullendorf 1.12*
26.		*Schnurranten Von Monheim -.24*
3.	Feb.:	*Vier Musikanten aus Franken 2.45*
4.		*6 treffliche Musikanten Von Regensburg 4.48*
7.		*drey Sängerinnen Von Bodmann am Bodensee -.36*
12.		*einer Harfenistin mit Ihrem Vater Von donauwerth -.48*
26.		*einer Sängerin und zwey Musikanten Von Wienn 3.-*
3.	März:	*2 Sängerinnen Von Worblingen 2.-*
10.	April:	*durch H. Haide für vacierende Hofmusikanten 1.12*

1787/88, 2. Mai: *Vier Musikanten auf blasenden Instrumenten von Regensburg   2.45*

8.		*Nachts von München 2.45*
11.		*den Tyrollern Lenz und Veitel 2.45*
18.		*einer Harfenistin von Wertingen 1.12*
20.		*Johann Hummel mit 2 Söhn und 2 Töchtern aus Franken durch den Bediensten Lau 5.30*
28.		*Fünf Musikanten Von Wallerstein 4.48*
6.	Juni:	*einer Harfenistin von Werthingen 1.12*
19.		*Vier von München 2.45*
22.		*einer Harfenistin von Neuburg 1.12*
17.	Juli:	*Schnurranten von Kneringen -.12*
26.		*Monsieur Colin Virtuos auf der Violine von Würzburg 11.-*
1.	Aug.:	*dem Harfenisten samt seiner Tochter v. Buchloe 2.45*
6.		*einem vacierenden Jäger samt seinem Weib und Sohn aus der Pfalz durch den Büchsenspanner 1.12*
10.		*Spihlleute von Augsburg durch den Prem -.24*
13.		*Herrn Elmer von Regensburg mit noch 4 Musikanten Seiner Excellenz ersetzt 12.-*
27.		*6 Schnurranten von Mindelheim -.24*
7.	Sept.:	*deto von Neuburg an der Kammel -.24*
23.		*4 von Neuburg an der Donau durch den Kammerdiener 2.45*
8.	Okt.:	*einem Harfenisten welcher allmögliche Instrumente und Vögelgesang hierzu mit dem Mund gemacht hat 2.45*
9.		*dem Thürmer von Mindelheim mit einem Virtuosen auf der Posaun 5.30*
11.		*zwey vortreffl. Waldhornisten Georg Hofmann und Franz Brantenweiner v. Neuchatell 5.30*
5.	Nov.:	*einer Harfenistin durch den Büchsenspanner -.24*
14.		*Spihlleuten durch den Tafeldecker -.36*
18.		*Spihlleuten von Burgau durch eben diesen -.24*
21.		*Bergknappen aus dem Salzerkreis 7 an der zahl, welche von Gnädiger Herrschaft zu Weißenhorn empfohlen worden 2.45*
23.		*Schnurranten -.12*

29.   *Bergknappen, welche von der Herrschaft dietenheim empfohlen worden 2.45*

 9. Dez.:   *3 Musikanten von Augsburg mit Violin, Harfen und Horn   3.-*

16.   *denen Thürmern von Neuburg an der donau wie gewöhnlich   1.-*

19.   *dem Lobw. Von Kneringen sonsten 12 x nun aber auf Gnäd. Befehl -.24*

21.   *denen von Monheim wie gewöhnlich   1.-*

26.   *einem Harfenisten durch den Tafeldecker   -.48*

31.   *denen Spihlleuten von Reichau   1.12*
              Eodem denen von Hier   1.12
              Eodem einem Hof-Musikanten von Würtzburg durch H. Musikdirektor Hayde   1.22

 3. Jan.:   *zwey Singenden Musikanten Seiner Exzellenz übergeben   1.22*

 9.   *den Spihlleuten von Kneringen   -.12*

25.   *Bergknappen welche von Gnädiger Herrschaft von Weißenhorn empfohlen worden   2.24*

29.   *Johann Lehner Harfenisten von Achen   2.45*

30.   *der Harfenistin und Ihrer Mutter von Pfullendorf- NB. Der Tochter weilen selbe sehr krank gewesen Extra auf Gnädigen Befehl   1.12*

18. Feb.:   *einem Harfenisten durch den Tafeldecker abgegeben   -.36*

26.   *Monsieur Toulon und dessen Sohn von Perlin welcher blind, und auf der Flautraverse Concert blässt in Gegenwart Seiner Excellenz Herrn Grafen von Weissenhorn und H. Rentamtsverwaltern Seiner Excellenz meinem Gnäd. Grafen zu Händen gestellt   22.-*

 6. März: *Vier vortrefflichen Musikanten auf blasenden Instrumenten von Regensburg durch Herrn Musikdirektor Hayde   4.48*

17.   *einem Harfenisten Hächtner von Kirchberg   2.45*

28.   *Spihlleuten durch den Tafeldecker   -.36*

21. April: *zwey auf blasenden Püfelhorn aus der Herrschaft Wellenburg   1.12*

VII) Wiederaufgeführte Werke Babenhauser Komponisten

Fugger, Johann Nepomuk: Sinfonia in D (Consortium Classicum, Schloß Wolfegg 1999)

Hammer, Johann Anton: 1. Satz aus der Sinfonia Pastorella (Orchester des Kirchenchores Babenhausen 2003)

Hayde, Georg Gottlieb: Quartett in G (Orchester des Kirchenchores Babenhausen 2003)

Heel, Franz Xaver: – Motette *Alleluja surrexit* (Kirchenchor und Orchester Babenhausen 1973)

    – Sinfonia in Es (Mitglieder des Philharmonischen Orchesters Augsburg, Kloster Roggenburg 1976)

    – Missa in A (Kirchenchor und Orchester Babenhausen 1988)

    – Chorsätze aus der Litanei in A (Kirchenchor und Orchester Babenhausen 1999)

    – Motette *In conspectu Angelorum* (Kirchenchor und Orchester Babenhausen 1999)

    – Motette *Non sic impii* (Kirchenchor und Orchester Babenhausen 1999)

    – Litanei in A (Musica Suevica Chor Augsburg und Mitglieder des Münchner Rundfunkorchesters 2002)

Martin, Franz Joseph: Sinfonia in F (Orchester des Kirchenchores Babenhausen 2003)

Martin, P. Gerard: Tantum ergo in C (Kirchenchor und Orchester Babenhausen 1996)

Stury, Franz Joseph: Requiem in C (Kirchenchor Babenhausen 1986)

Abkürzungsverzeichnis

A	Alt
ABA	Archiv des Bistums Augsburg
AFB	Adel Fugger Babenhausen
Anm.	Anmerkung
AO	Archiv der Abtei Ottobeuren
B	Baß (vokal)
BaM	Babenhauser Musikalien
Cemb	Cembalo
FA	Fuggerarchiv
FBB	Fuggerbibliothek Babenhausen
FMB	Fuggermuseum Babenhausen
Fag	Fagott
fl	Gulden
Fl	Flöte
Fund	Fundament
GAB	Gemeindearchiv Babenhausen
geb.	geborene
Hg.	Herausgeber
hl	Heller
Hob.	Hoboken-Verzeichnis
Hr	Horn
KBM	Kataloge Bayerischer Musiksammlungen
Klar	Klarinette
kr	Kreuzer
KV	Köchel-Verzeichnis
LMA	Schwäbisches Landesmusikarchiv Tübingen
MD	Musikdirektor
MGG	Musik in Geschichte und Gegenwart
nbK	nicht bei Kroyer
OA	Oberamt
Ob	Oboe
o.g.D.	ohne genaues Datum
Org	Orgel
P.	Pater
Pf	Pianoforte
PfAB	Pfarrarchiv Babenhausen
PfM	Pfarrmatrikel
PfMB	Pfarrmatrikel Babenhausen
Pk	Pauke
Pos	Posaune
princ	principale
RISM	Repertoire International des Sources Musicales
S	Sopran
S.	Seite

Sign.	Signatur
Str	Streicher
StAA	Staatsarchiv Augsburg
StBD	Studienbibliothek Dillingen
SuStbA	Staats- und Stadtbibliothek Augsburg
T	Tenor
Tr	Trompete
UBA	Universitätsbibliothek Augsburg
verh.	verheiratete
verw.	verwitwete
vgl.	vergleiche
Vl	Violine
Vla	Viola
Vlc	Violoncello
Vlne	Violone
x	Kreuzer

Quellen

Deutschland

Augsburg:	Archiv des Bistums
	Staatsarchiv
	Staats- und Stadtbibliothek
	Universitätsbibliothek
Babenhausen:	Fürstlich-Fuggersche Schloßbibliothek
	Fuggermuseum
	Gemeindearchiv
	Pfarrarchiv
	Pfarrkirche
Dillingen:	Fuggerarchiv
	Studienbibliothek
Edelstetten b. Krumbach:	Pfarrkirche
Eichstätt:	Diözesanarchiv
Frankfurt/Main:	RISM Zentralredaktion an der Stadt- und Universitätsbibliothek
Füssen:	Klosterarchiv St. Mang
Heiligkreuz b. Kempten:	Pfarrkirche
Karlsruhe:	Staatsbibliothek
Kirchhaslach:	Pfarrkirche
Konstanz:	Stadtarchiv
Maria Steinbach b. Legau:	Wallfahrtskirche
Memmingen:	Stadtarchiv
München:	Bayerische Staatsbibliothek
	Stadtmuseum

Oberdischingen:	Pfarrarchiv
Oberschönenfeld:	Archiv des Klosters
Ottobeuren:	Archiv der Abtei
	Museum der Abtei
	Musikarchiv der Pfarrkirchenstiftung
Pfaffenhofen b. Wertingen:	Pfarrkirche
Regensburg:	Zentralarchiv des Fürsten Thurn und Taxis
Schwäbisch-Hall:	Stadtarchiv
Stuttgart:	Württembergische Landesbibliothek
Tübingen:	Schwäbisches Landesmusikarchiv
Türkheim:	Sieben-Schwaben-Museum
Ursberg:	Archiv des Klosters
Weißenhorn:	Heimatmuseum
Wolfegg:	Kunstsammlungen der Fürsten zu Waldburg-Wolfegg
Würzburg:	Diözesanarchiv
Zeil b. Leutkirch:	Fürstlich Waldburg-Zeil'sches Gesamtarchiv

Privatbesitz

<u>Großbritannien</u>

London:	The British Library

<u>Österreich</u>

Feldkirch:	Diözesanarchiv
Linz:	Oberösterreichisches Landesarchiv
Innsbruck:	Landesregierungsarchiv
Reutte/Tirol:	Heimatmuseum
Salzburg:	Archiv der Universität
St. Pauls/Kärnten:	Musikarchiv des Klosters
Stams/Tirol:	Musikarchiv des Klosters
Vils/Tirol:	Pfarrkirche
Wien:	Universitätsbibliothek

<u>Schweiz</u>

Disentis:	Musikarchiv des Klosters
Engelberg:	Musikarchiv des Klosters

Literatur

Adel im Wandel, Katalog zur Niederösterreichischen Landesausstellung, Rosenburg 1990.

Adrio, Adam: Johannes Eccard, in: MGG Bd. 3, Sp. 1068-1074.

----, Adam Gumpelzhaimer, in: MGG Bd. 5, Sp. 1112-1119.

Augsburger Hofkalender, Augsburg 1766.

Aus dem Leben des ersten Fürsten Anselm Maria Fugger-Babenhausen, in: Schwäbischer Erzähler, Heimatbeilage der Memminger Zeitung, 46. Jahrgang Nr. 34 (1934).

Beck, Gertrud: Ein Musiker mit dem Krummstab: Reichsprälat Nikolaus Betscher von Rot, in: Zeit und Heimat, Beilage der Schwäbischen Zeitung Biberach I/1984.

----, Ignatius Vetter, Abt und Bauherr, in: Ulm und Oberschwaben, Zeitschrift für Geschichte und Kunst, Bd. 47/48, 1991, S. 415-443.

Behr, Joseph: Ortschronik von Aletshausen, Typoskript nach der Handschrift von 1860 (Privatbesitz).

Biba, Otto: Die Wiener Kirchenmusik um 1783, in: Jahrbuch für Österreichische Kulturgeschichte I/2, Eisenstadt 1971.

Blume, Friedrich (Hg.): Die Musik in Geschichte und Gegenwart (MGG), 1. Auflage, Kassel 1949-86.

----, Dasselbe in der 2. Auflage (Hg. Ludwig Finscher), Kassel 1994-.

Braun, W.: Die Hautboisten, in: W. Salmen (Hg.), Der Sozialstatus des Berufsmusikers vom 17. bis 19. Jahrhundert, Kassel 1971.

Braunmühl, Hermann von: Tempi Passati, Familiennotizen und Jugenderinnerungen 1896. Rottenburg im Selbstverlag 1987.

Büchele, Berthold: Musik im Kloster Isny, in: Rudolf Reinhard (Hg.), Reichsabtei St. Georg in Isny, Weißenhorn 1996.

Collegium Musicum Memmingen, Protokollbände (Handschrift im Stadtarchiv Memmingen).

Dobel, Friedrich: Geschichte des Hauses Fugger, Handschrift (FA).

Eikelmann, Renate (Hg.): »lautenschlagen lernen und ieben.« Die Fugger und die Musik, Augsburg 1993.

Eitner, Robert: Biographisches Quellenlexikon, Neudruck Graz 1959.

Festschrift zur Orgelweihe in St. Andreas Babenhausen, Babenhausen 1987.

Feyerabend, P. Maurus: Des ehemaligen Reichsstiftes Ottobeuren Benediktinerordens in Schwaben sämtliche Jahrbücher, Ottobeuren 1813-1816.

Fischer, Hermann/Wohnhaas,Theodor: Historische Orgeln in Schwaben, München 1982.

----, Lexikon süddeutscher Orgelbauer, Wilhelmshaven 1994.

Fitzpatrick, Horace: Franz Anton Rösler (Rosetti), in: MGG Bd. 11, Sp. 619-624.

Frisch, Otto: Der Komponist Pater Franz Schnizer OSB aus Wurzach, Bad Wurzach 1985.

Grotefond, H.: Taschenbuch der Zeitrechnung, Hannover 1971.

Grünbauer, Karl: Schulgeschichte aus dem Bezirk Illertissen, in: Heimatglocken 1925/26.

Grünsteudel, Günther: Wallerstein – das schwäbische Mannheim, Nördlingen 2000.

----, Der Geiger Anton Janitsch (um 1752-1812) – Stationen einer Karriere, in: Rosetti-Forum Heft 4, 2003, S. 15-30.

Günther, Georg: Musikalien des 18. und 19. Jahrhunderts aus Kloster und Pfarrkirche Ochsenhausen, Stuttgart 1995.

----, Musikalien des 18. Jahrhunderts aus den Klöstern Rot an der Rot und Isny, Stuttgart 1996.

Habel, Heinrich: Der Landkreis Illertissen (Bayerische Kunstdenkmale), München 1967.

----, Der Landkreis Krumbach (Bayerische Kunstdenkmale), München 1969.

Hauntinger, P. Johann Nepomuk: Tagebuch einer Reise durch süddeutsche Klöster 1784, Köln 1889.

Heel, Joseph: Chronik der Pfarrei Babenhausen, Handschrift (PfAB).

----, Geschichte der Schule meiner Pfarrei, Handschrift (PfAB).

----, Zur Schulgeschichte von Babenhausen, Auszug aus obiger Schulgeschichte, veröffentlicht (ohne Autorenname) in: Pädagogische Blätter, 13. Jahrgang, München 1905.

Heigl, Evi: Ländlich-jüdische Musikkultur, in: Focht/Heigl (Hg.), Musik in Mittelschwaben einst und jetzt, Oberschönenfeld 2000, S. 28-36.

Heindl, Johann Baptist: Galerie berühmter Pädagogen, verdienter Schulmänner, Jugend- und Volksschriftsteller und Componisten aus der Gegenwart in Biographien und biographischen Skizzen, München 1859.

Henker, Michael u.a (Hg.): Hört, weint und liebt, Passionsspiele im alpenländischen Raum, München 1990.

Herrmann-Schneider, Hildegard: Die Musikhandschriften der Pfarrkirche und der Musikkapelle Vils, Innsbruck 1993.

Höflacher, Ulrich: Johann Nepomuk Holzhey – Ein oberschwäbischer Orgelbauer, Ravensburg 1987.

Hörberg, Norbert: Bildung und Wissenschaft, in: Landkreis Unterallgäu, Memmingen 1987.

Huber, Herbert: Aus der Musikgeschichte Babenhausens im 18. Jahrhundert, Babenhausen 1972, Typoskript.

----, Karfreitagsprozession in Babenhausen anno 1749, in: Pfarrzeitung von Babenhausen 1986/1, S. 21f.

----, Aus alten Pfarrbüchern, in: Ludwig Zedelmaier, 750 Jahre Babenhausen, Babenhausen 1987.

----, Babenhauser Persönlichkeiten, in: Ludwig Zedelmaier: 750 Jahre Babenhausen, Babenhausen 1987.

Jahn, Wolfgang u.a. (Hg.): Geld und Glaube, Leben in evangelischen Reichsstädten, Memmingen 1998.

Jubiläumsschrift: 125 Jahre Theaterverein Babenhausen, Babenhausen 1989.

Karg, Franz: Die Fugger im 16. und 17. Jahrhundert, in: Renate Eikelmann (Hg.), »lautenschlagen lernen und ieben.« Die Fugger und die Musik, Augsburg 1993.

----, Die Universität Dillingen und die Lateinschule Babenhausen, in: Jahrbuch des Historischen Vereins Dillingen, Bd. 101, 1999, S. 347-360.

Kataloge Bayerischer Musiksammlungen (KBM), Bd. 13: Sammlungen Herzog Wilhelms in Bayern, der Grafen zu Toerring-Jettenbach und der Fürsten Fugger von Babenhausen (Gertraut Haberkamp, Barbara Zuber) sowie Bd. 1, 2, 3, 12, 15, 17, 18. München 1971-1993.

Kistler, Cyrill: Die Knöringer, in: Focht/Heigl (Hg.), Musik in Mittelschwaben einst und jetzt, Oberschönenfeld 2000.

Kolb, Aegidius: Ludwig Aurbacher und Ottobeuren, in: Studien und Mitteilungen OSB 73 (1962).

Koutna, Dana: »Mit ainer sollichen kostlichkeit und allerley kurtzweil …« Feste und Feiern der Fugger im 16. Jahrhundert, in: Johannes Burkhardt (Hg.), Anton Fugger, Weißenhorn 1994.

Koutna-Karg, Dana: Feste und Feiern der Fugger im 16. Jahrhundert, in: Renate Eikelmann (Hg), »lautenschlagen lernen und ieben.« Die Fugger und die Musik, Augsburg 1993.

Krautwurst, Franz: Die Fugger und die Musik, in: Renate Eikelmann (Hg.), »lautenschlagen lernen und ieben.« Die Fugger und die Musik, Augsburg 1993.

----, Das Musikinventar (1669) des Grafen Johann Franz Fugger (1613-1668), in: Neues Musikwissenschaftliches Jahrbuch, 4. Jahrgang, Augsburg 1995, S. 9-23.

Krickeberg: Zur sozialen Stellung des deutschen Spielmanns im 17. und 18. Jahrhundert, in: W. Salmen (Hg.), Der Sozialstatus des Berufsmusikers vom 17. bis 19. Jahrhundert, Kassel 1971.

Kroyer, Theodor: Musikalische Handschriften in der Fürstlich Fuggerschen Domänenkanzlei zu Augsburg. Nach dem Stand vom Herbst 1919 (Handschrift in der Musiksammlung der Bayerischen Staatsbibliothek München). Im Druck erschienen als Bd. 13 der Kataloge Bayerischer Musiksammlungen (KBM).

Layer, Adolf: Musik und Musiker in der Fuggerzeit, Augsburg 1959.

----, Josef Anton Laucher, in: Lebensbilder aus dem Bayerischen Schwaben, Bd. 8, München 1961, S. 301-327.

----, Leopold und Wolfgang Amadeus Mozarts schwäbischer Bekannten- und Freundeskreis in Salzburg, in: Neues Augsburger Mozartbuch, Augsburg 1962.

----, Musikgeschichte der Fürstabtei Kempten, Kempten 1975.

----, Herzog Konradin von Schwaben auf der Barockbühne, in: Jahrbuch des Historischen Vereins Dillingen, Bd. 79, 1977, S. 30-32.

----, Musikpflege am Hofe des Augsburger Fürstbischofs Joseph I., in: Jahrbuch des Vereins für Augsburger Bistumsgeschichte, 13. Jahrgang, Augsburg 1979.

Lidel, Lothar: Aus der Geschichte der Pfarrei, in: Ludwig Zedelmaier, 750 Jahre Babenhausen, Babenhausen 1987.

Lindner, Pirmin: Die Patres der Benediktinerabtei Ottobeuren, in: Zeitschrift des Historischen Vereins für Schwaben und Neuburg, Augsburg 1904.

Lipowsky, Felix: Bayerisches Musiklexikon, München 1811, Neudruck Hildesheim 1982.

Lohmüller, Alfred: Das Reichsstift Ursberg, Weißenhorn 1987.

Magel, Hans: Das Tagebuch des »Teutschen Schulmeisters« Antony Müller zu Babenhausen aus dem Jahre 1730, in: Heimatglocken Nr. 38, 1926.

Mančal, Josef: Artikel ›Musik‹ in: Der Landkreis Mindelheim, Memmingen 1987.

Mayr, Otto: Adam Gumpelzhaimer, Augsburg 1908.

Mendel-Reissmann: Musikalisches Conversationslexicon, Berlin 1880-1883.

Miller, Basilius: Ottobeurer Tagesschriften, Tagebücher über die Zeit nach der Säkularisation, Handschrift (AO).

Mittelbach, Otto: Johann Wilhelm Scheffer, in: Illertisser Zeitung vom 31. Oktober 1994.

Müller, Rainer Albert (Bearb.): Die Matrikel der Ludwig-Maximilian-Universität Ingolstadt-Landshut-München, Teil I, Bd. III, München 1979.

Münster, Robert: Nikolaus Lang, in: Österreichische Musikzeitschrift 1972.

----, Die ehemalige Musiksammlung der Fürsten Fugger von Babenhausen, in: KMB Bd. 13, S. XXIX-XXXVI.

----, Das Musikleben in der Max-Joseph-Zeit, in: Wittelsbach und Bayern III/1, München 1980, S. 457-471.

----, Franz Christoph Neubauer, ein böhmischer Komponist in süddeutschen Klöstern, in: Pavol Polak (Hg.), Musik Mitteleuropas in der 2. Hälfte des 18. Jahrhunderts, Bratislava 1993.

Münster, Robert/Schmid, Hans: Musik in Bayern, Tutzing 1972.

Murray, Sterling E.: The Music of Antonio Rosetti A Thematic Catalog, Michigan 1996.

Nebinger, Gerhard: Die Unruhen in Babenhausen zur Zeit des Grafen Johann Franz Fugger, in: Das obere Schwaben 2, 1956.

Pfänder, Willi: Das Musikleben der Abtei Ottobeuren, in: Ottobeuren 764-1964, Augsburg 1964.

Preysing, Maria Gräfin von: Die Fuggertestamente des 16. Jahrhunderts II, Weißenhorn 1992.

Redlich, P. Virgil: Die Matrikel der Universität Salzburg 1639-1810, Salzburg 1933.

Repertoire International des Sources Musicales (RISM), Serie A/I, Kassel 1971-99.

----, Serie B/VI, München 1971.

----, Musikhandschriften nach 1600, Thematischer Katalog auf CD-Rom, München 2001.

Rheinfurth, Hans: Musikverlag Gombart Basel-Augsburg (1789-1836), Tutzing 1999.

Rummel, Peter: »Daß wir Euer Heiligkeit [...]« Papst Pius VI. in der paritätischen Reichsstadt Augsburg 1782, in: Jahrbuch des Vereins für Augsburger Bistumsgeschichte, 21. Jahrgang, Augsburg 1987.

Sawodny, W.: Der Weißenhorner Franz Xaver Schmöger und seine Messe, Typoskript.

Scheck, Helmut: Musik im Ries – Die Wallersteiner Hofmusik, Nördlingen 1984.

Schelhorn, Benedikt: Lebensbeschreibungen einiger des Andenkens würdiger Männer von Memmingen, Memmingen 1811.

Schmid, Ernst Fritz: Mozart und das geistliche Augsburg, in: Augsburger Mozartbuch, Augsburg 1942/43.

----, Ein Schwäbisches Mozart Buch, Lorch 1948.

----, Gregor Aichinger, in: Lebensbilder aus dem Bayerischen Schwaben, Bd. 1, München 1952, S. 246-276.

----, Gregor Aichinger, in: MGG Bd. 1, Sp. 177-183.

----, Artikel ›Fugger‹, in: MGG Bd. 4, Sp. 1118-1126.

----, Christoph Rheineck, in: Lebensbilder aus dem Bayerischen Schwaben, Bd. 7 München 1959, S. 324-350.

----, Die Musik an den schwäbischen Zollernhöfen der Renaissance, Kassel 1962.

Senn, Walter: Pfarrschule und Kirchenchor Hall, in: Haller Buch, Innsbruck 1953.

Siegele, Ulrich: Isfried Kayser, in: MGG Bd. 7, Sp. 766-770.

----, Sixtus Bachmann, in: MGG Bd. 15, Sp. 385f.

Spindler, Dieter: Das Saliterwesen in Babenhausen, in: Heimatmagazin II/1994.

Stammtafel des mediatisierten Hauses Fugger (FA).

Stegmeyr, Anton: Studenten an der ehemaligen Universität Dillingen, Bd. III, Typoskript (StBD).

Stetten, Paul von: Kunst-, Gewerbe- und Handwerks-Geschichte der Reichsstadt Augsburg, Augsburg 1779.

Stiefel, Eberhard: Joseph Lederer, in: MGG Bd. 8, Sp. 451-454.

----, Narcissus Zängel, in: MGG Bd. 14, Sp. 980f.

Striebel, Ernst und Helmut: Geschichte des Marktes Kirchheim, Kirchheim 1990.

Stury, Franz Joseph: Annalen von Kirchhaslach, Typoskript nach der Handschrift (Privatbesitz).

----, Fragment einer Chronik von Babenhausen, Handschrift (GAB).

Ulrich, Hermann: Johann Chrysostomus Drexel, Augsburg 1991.

Weißenberger, P. Paulus: Musikpflege in der Benediktinerabtei Neresheim im 18. Jahrhundert, in: Jahrbuch des Historischen Vereins Dillingen, Bd. 85, 1983, S. 195-204.

Wesseley, Othmar: Joachim Entzenmiller, der Lehrer Gumpelzhaimers, in: Die Musikforschung 7/1954, S. 65f.

Wolf, Christoph/Koopmann, Ton: Die Welt der Bach Kantaten, Stuttgart 1996.

Wucher, Urban: Babenhausen und seine Vergangenheit, Babenhausen 1975.

Zedelmaier, Ludwig: 750 Jahre Babenhausen (mit Beiträgen von Ludwig Zedelmaier, Fritz Fahrenschon, Herbert Huber, Lothar Lidel und Dieter Spindler), Babenhausen 1987.

Zorn, Wolfgang: Fürst Anselm Maria Fugger-Babenhausen, in: Lebensbilder aus dem Bayerischen Schwaben, Bd. 2, München 1953, S. 329-348.

Abbildungsnachweise

Augsburg, Staats- und Stadtbibliothek: 13
Babenhausen, Fürstlich Fuggersche Schloßbibliothek: 47, 55
Babenhausen, Fuggermuseum: Umschlagbild vorne, 7, 15, 17, 22, 25, 42, 51
Babenhausen, Fuggerschloß: 56
Babenhausen, Gemeindearchiv: 53
Babenhausen, Pfarrkirche: Umschlagbild hinten, 16
Dillingen, Fuggerarchiv: 2, 3, 4, 5, 9, 10, 12, 18, 21, 28, 41, 60
Dillingen, Studienbibliothek: 33
Kirchhaslach, Pfarrkirche: 50
London, The British Library: 8
Maria Steinbach, Kath. Pfarramt: 45
Memmingen, Stadtarchiv: 57
München, Musiksammlung der Bayerischen Staatsbibliothek: 54
Ottobeuren, Archiv der Abtei: 19, 29, 40
Ottobeuren, Museum der Abtei: 52
Stuttgart, Württembergische Landesbibliothek: 11
Tübingen: Schwäbisches Landesmusikarchiv: 43, 48
Vils/Tirol, Kath. Pfarramt: 49
Weißenhorn, Heimatmuseum: 44
Schloß Wolfegg, Kunstsammlungen der Fürsten zu Waldburg-Wolfegg: 23, 31
Privat: 1, 6, 14, 20, 24, 26, 27, 30, 32, 34, 35, 36, 37, 38, 39, 46, 58, 59

Personenregister

A

Aaron, Pietro   24
Adlgasser, Cajetan   167
Agazzari, Agostino   37, 39
Agricola   31
Aichinger, Gregor   26-31, 37, 39, Abb. 8
Albrecht, Johannes   15, 19
Albrecht, Johann Georg   86
Albrechtsberger, Johann Georg   178
Aloisi (Herr)   78, 80
Amon, Johannes   167, 169, 199, 201
Anaklet (Pater)   60
Andrè, Johann Anton   167, 199
Andreozzi, Gaetano   168
Anfossi, Pasquale   160, 168
Angeber, Joseph Anton   159, 170, 207
Anselli, Bernhard   179, 218
Anzenhofer, Lambert   80, 203
Apell, David August   199
Arand von Ackerfeld, Franz Anton   170
Arnold, Georg   39
Asola, Matteo   37, 39
Atterer, Michael   127f.
Aurbacher, Ludwig   115
Ayrstockh, Jakob   55, 187

B

Baader (Benefiziat)   143
Baader, Johann Georg   190
Bach, Carl Philipp Emanuel   161, 164
Bach, Johann Christian   93
Bachmann, Franz Anton   53, 85
Bachmann, Franziska (geb. Schmöger)   53
Bachmann, Joseph Sigismund (P. Sixtus)
   53, 85, 160
Bachschmid, Anton   159, 206
Bader, Georg   80, 101
Baer   199
Bahr   160, 193
Bammert, Michael   155
Banhard, Johann Baptist   78, 80f., 135
Banhard, Meinrad   81, 159
Banwart, Jakob   39
Barthel, Stephan   33, 44
Baudrexel, Philipp Jakob   37, 39
Becke, Johann Baptist   158, 193

Beckmann, Johann Friedrich   168
Beecke, Ignaz   129, 160, 196
Beethoven, Ludwig van   169, 179, 199, 201
Benedikt XIII. (Papst)   60
Berler, Joseph Martin   81
Bernardi, Steffano   39
Bertali, Antonio   39
Besemfelder   121
Besson   24
Betscher, Nikolaus   93, 132
Biechteler, Benedikt   57f.
Bieling, Joseph Ignaz   68, 160
Bildstein, Wolfgang Henricus   39, 44
Bildstein, Hieronymus   39
Biselius, Johannes   14, 16
Biselius (Bissel), Sebastian   16
Blochum, Joseph   155
Boccherini, Luigi   168
Boek   195
Boethius   24
Böhm, Anton   203
Bohrer, Kaspar   178f., 218
Bonenberger   61
Borghi, Giovanni Battista   168
Bororolli   160
Brandl, Johann   159, 199f.
Brändtl   41
Brantenweiner, Franz   178, 220
Braun, Placidus   159, 206f.
Braunmühl, Hermann von   74f., 112
Breitkopf (Verlag)   167
Bremgard, Ch. von   150, 190
Bressler, Johannes   128
Brim   105
Brixi, Franz Xaver   160, 192, 205
Bucher, Franz Xaver   204
Bühler, Franz   160, 166, 203
Burger, Bernhard   66, 71, 81, 160, 192ff.
Burk, Anna von   93
Bürkh   55, 188
Buz, Franz Anton   92

C

Caldara, Antonio   159
Cambini, Giovanni Giuseppe   167, 195
Camermayer   41

Cannabich, Johann Christian   167
Cavallo, Fortunato   159, 170
Cazzati, Maurizio   39
Cesare, Giovanni Martino   39
Cherubini, Luigi   159, 168
Christoph   31
Cimarosa, Domenico   168
Clarer Theodor   170f., 198
Clemens Wenzeslaus (Fürstbischof)   88,
    116, 177
Clementi, Muzio   167f., 172, 195, 200
Colin   178, 209, 220
Collignon   178, 209
Conrad, Paul   159

D

Dalayrac, Nicolas   129, 166
Dalberg, Johann Friedrich   198f.
Danner, Lorenz   40, 43f.
Dantzer, Rudolpsus   44
Danzi, Franz   169, 198
Dazzi   158, 179, 192, 210, 212f.
Dazl, Regina   179
Deininger, Friedrich   9
Demharter, J.N.   171
Demharter, Joseph   159, 171, 208
Demmler, Johann Michael   110, 161, 191
Dentice, Luigi   24
Denzel, Maria Anna   66, 78, 80f.
Denzel, Placidus   60, 81
Denzel, Rosalia (geb. Seiz)   60, 81
Devienne, Francois   167, 200f.
Dingler, Gallus   115
Dirmayer   159f.
Dischner, Michael   160
Ditters von Dittersdorf, Karl   159, 167
Donfried, Johannes   30, 39
Dopfer (Pater)   54
Dorfschmid, Georg   37, 39
Dosch, Gertrud   65
Dosch, Johann Georg Anton   64ff., 78, 80f.
    91, 159, Abb. 19
Dosch, Joseph   65
Dosch, Maria Franziska (geb. Weber)   65
Dreher, Meinrad   151, 155, 190
Drexel, Johann Chrysostomus   87, 102, 138,
    159f., 163, 168, 196f., 200, 203, 207
Dreyer   208
Dreyer, Johann Christoph   61

Dreyer, Johannes   41
Drost (Maximilian Friedrich von Droste-
    Hülshoff)   195
Duffner, Johann David   60
Dussek, Johann Ludwig   201

E

Ebentheuer   141
Eberlin, Johann Ernst   83
Ebner, Maria Victoria (verh. Meith)   64, 81,
    84
Eccard, Johannes   26f., 39
Eder   202
Egginger   151, 189
Ehemann, Johann   34
Ehrentreich, Leonhard   78, 81, 91f., 107
Ehrentreich, Maria Anna (verw. Martin)   84,
    91f.
Ehrentreich, Nanette   101
Ehrhard   91
Ehrlaucher   41
Eisenschmid, Franz Xaver   78, 81f., 193
Ellenrieder, Meinrad   155
Ellmer   179
Elmer   220
Emsen   210
Engel, Matthias   55, 155, 186ff.
Engelschalck, Petrus   43
Entzenmiller, Joachim   14, 23f., Abb. 5
Entzenmiller, Jodocus   15, 23, 25f.
Entzenmiller, Magdalena (geb. Braumiller)
    23
Erb, Anselm (Abt)   65
Erthel, Sebastian   39
Esterhazy (Fürst)   178
Eybler, Joseph   160
Eysele   53, 58

F

Faber, Gregor   24
Faber, Heinrich   24
Fabricius, Elias   30f., 39, Abb. 9
Fabricius, Johannes   30
Fachinetti, Alessandro   39
Fackler, Balthasar   156, 191
Fahrenschon, Anton   91
Faigle, Nepomuk   82, 101
Faitello, Vigilio Blasius   58

Falter (Musikverlag)   158, 198
Feldmayer, Georg   167
Fendt, Petrus   78, 82
Fent, Joseph   82
Ferdinand (Erzherzog)   27
Fesca, Ernst   160
Feyerabend, Magnus   77f., 82
Feyerabend, Maurus   82
Fils, Anton   160
Filser, Johann Ulrich   82
Fischer, Johann   15, 25
Fischer, Matthäus   159ff., 163f., 166, 168,
  200, 202f., 206f.
Fogal   178, 218
Frantz, Karl   178, 219
Franz II. (Kaiser)   13, 128
Franziskus (Pater)   47
Frey Johann   187
Frigl, Candidus   160
Frosch, Johann   24
Frügel, Joseph   61
Fugger, Albrecht   29
Fugger, Anna   29
Fugger, Anselm Maria   9, 13, 67, 69, 72, 93,
  101, 119, 124, 128, 146, 170f., 183,
  206ff., Abb. 24, 42
Fugger, Anselm Victorian   9, 13, 45, 67ff.,
  70, 83, 87, 89, 98ff., 102, 118, 120, 126ff.,
  154, 160, 170, 172, 205f., Abb. 20
Fugger, Anton   13f., 16, 19f., 23, 27, 185f.,
  Abb. 2
Fugger, Anton Anselm   13, 67, 73ff., 112f.,
  121f., 125ff., 137f., 164, 173, 175, 183,
  201, Abb. 25, 26, 27, 58
Fugger, Antonia (geb. von Waldburg-Zeil)
  73, 126
Fugger, Euphemia   69, 151, 189, 192
Fugger, Franz Joseph   69, 100, 123
Fugger, Franz Karl   13, 49, 55, 60, 67, Abb.
  16
Fugger, Hans   20, 27
Fugger, Jakob   13, 19-23, 25-29, 185f.
  Abb. 3, 4
Fugger, Jakob (Fürstbischof von Konstanz)
  27, 39
Fugger, Johann   13, 29, 32
Fugger, Johann Franz   10, 13, 17, 32, 35,
  37-40, 42, 46f., 67, Abb. 10
Fugger, Johann Jakob   27, 55
Fugger, Johann Jacob Alexander   13, 67

Fugger, Johann Nepomuk   69, 70ff., 84,
  120, 122f., 147, 167, 194f., 196f., 207,
  222, Abb. 22, 23
Fugger, Josepha (geb. von Reichenstein) 143,
  162
Fugger, Karl Anton Siegmund   69, 163, 207
Fugger, Leopold   75f.
Fugger, Marcus (Marx)   20, 27
Fugger, Maria Anna Theresia (geb. Fugger-
  Glött)   60
Fugger, Maria Antonia (geb. von Zeil-
  Wurzach)   101
Fugger, Maria Eleonore   29
Fugger, Maria Franziska (geb. von Hohen-
  lohe-Bartenstein)   121, 183, Abb. 26
Fugger, Maria Josepha   73, 75f., 128, 138
Fugger, Maria Theresia   61
Fugger, Maria Walburga (geb. von Wald-
  burg-Wolfegg)   68f., 100, 120, 126,
  162f., 205ff.
Fugger, Maria Walburga (1771-1800)   69,
  171
Fugger, Maria Walburga (1796-1833)   73,
  75, 128, 138,
Fugger, Maximilian (1587-1629)   13, 29-32
Fugger, Maximilian (1721-1781)   68
Fugger, Raimund   27
Fugger, Rupert Joseph   13, 49
Fugger, Siegmund Joseph Anton   13, 47
Fugger, Veronika   29
Fugger, Willibald   68f., Abb. 21
Fugger von Glött, Maria Anna   60
Fuhrmann, Georg Leopold   24
Furger, Ludwig   31

G

Gabrieli, Andreas   28
Gabrieli, Giovanni   28f.
Gafori, Franchino   24
Gail, Christoph   21
Gasser, Nepomuk   158, 199
Gast, Michael   117
Gastoldi, Giovanni   24f.
Gaudi, Franziskus   33, 44
Geiger, Johann Georg   64
Geißler, Wilhelm   192
Georg Friedrich, Fürst von Preußen-Ansbach
  27
Gerle, Maximilian   44

Gerstner   134

Giggenbach, Anna (geb. Dreyer)   41

Giggenbach, Martin   41

Giulini, Johann Andreas   159, 161, 192, 205, 207

Glarean, Heinrich   24

Gletle, Johann Melchior   39

Gluck, Christoph Willibald   85, 160, 166, 202

Goehl, Honorat (Abt)   115, 131, 171

Gombart (Musikverlag)   156, 170f., 195-198, 202

Göppel, Johannes   61

Graetz, Joseph   82f., 159f., 194, 203, 207

Grameck, Johann Michael   66

Grandi, Alessandro   39

Graun, Carl Heinrich   160, 163f., 205, 207

Greiter, Matthaeus   24

Gretry, Ernest   160, 202

Grimm   186

Grimmer, Franz   156, 193

Gruber, Franz Xaver   15, 49, 51, 57

Gruber Theresia   61

Gschwind, Johann Georg   82, 150, 188

Gschwind, Therese (geb. Breins)   82

Guglielmi, Alessandro   166, 168

Gumpelzhaimer, Adam   23, 25f., 39, Abb. 6

Gustav Adolf (König)   32

Gyrowetz, Adalbert   167ff., 196ff., 199f.

H

Hächtner   221

Hafner, Amabilis   175

Hafner, Anna Walburga (geb. Schmid)   175

Hahn, Georg Joachim   58

Haiden   100

Haigle, Johann Nepomuk   87

Hainrich (Pater)   47

Halbedl, Franz   165

Haltenhof, Gottfried   149f., 189f.

Hammer   124

Hammer, Barbara (geb. Göz)   142

Hammer, Carl Anton   142

Hammer, Johann Anton   77f., 82, 140ff., 159, 193, 205, 208f., 222, Abb. 48

Hammer, Johann Martin   77f., 82, 140f.

Hammer, Ludwig Xaver   140

Hammer, Maria Anna (geb. Müller)   141f.

Händel, Georg Friedrich   161, 201

Hans von Weinried   77, 82

Hartmann   175

Hasenöhrl, Augustin   49, 83

Haslinger, Tobias   159

Hasse, Johann Adolph   166

Hassler, Hans Leo   37, 39

Haug, Eduard   204

Haug, Jakob   78, 83

Haug, Maria (geb. Eberlin)   83

Häusler, Ernst   179

Hauntinger, Joseph Nepomuk   131

Hayde, Franz Fidel   102f., 169

Hayde, Georg Gottlieb   69, 78, 83, 99-104, 118, 124, 159-162, 164, 169, 178, 189, 193f., 203, 205f., 219ff., Abb. 34

Haydn   200ff.

Haydn, Joseph   74f., 80, 100, 102, 107, 114, 132, 139, 159ff., 164, 167ff., 171, 178, 183, 195, 197-202, 204, 207f.

Haydn, Michael   102, 117, 130, 158ff., 167, 195, 198, 202, 207

Hechele, Johann   123

Heel, Anna (geb. Knittler)   114

Heel, Elisabeth   118, 121, 123

Heel, Franz Xaver (Vater)   10, 16f., 70, 72f., 80, 83, 109, 113-139, 146, 158-161, 163-169, 194-198, 200f., 203f., 206ff., 222, Abb. 36, 37, 39-47, 54

Heel, Franz Xaver (Sohn)   120

Heel, Ignaz Caspar   120, 123f.

Heel, J.H.   125

Heel, Johann Georg   114

Heel, Johann Nepomuk   120, 123

Heel, Johannes   114, 117

Heel, Joseph   114

Heel, Joseph (Pfarrer)   124

Heel, Josepha (geb. Mayer)   121, 123

Heel, Magdalena (geb. Lechler)   114

Heel, Maria Anna (geb. Textor)   120f.

Heel, Maria Josepha   120

Heel, Maria Theresia (geb. Zingerle)   117, 120

Heel, Marianne   120, 123

Hegele   211f.

Heiserer, Anton   121

Heiserer, Karolina   121, 123

Helmer, Anton   189f., Abb. 51

Hemmerlein, Giuseppe   168

Herz von Herzfeld, Franz Joseph   34

Herz, Johann Georg   34

Herz, Johann Martin   34
Herz, Martin   15, 32ff., 40f., 44
Heß (Musikalienhandlung)   156
Heyden, Sebald   24
Hilber, Gregor   165f.
Hiller, Johann Adam   144, 166
Himmel, Friedrich Heinrich   199f.
Hirschberger, Albericius   57f.
Hofbauer, Clemens Maria   163
Hofer, Andreas   39
Hoff, Adam Juz
Hoffmeister, Franz Anton   125, 167f., 195,
    197, 199, 204
Hofmann   220
Hofmann, Georg   178, 220
Hohlsteiner, Johann Evangelist   83
Holzbauer, Ignaz   160f., 166, 168
Holzhey, Franz Joseph   155
Holzhey, Nepomuk   152-155, Abb. 52, 53
Holzmann, Joseph Alois   160, 177f., 196,
    216
Hopf, Erhard   149, 189
Höß, Andreas   107
Höß, Andreas (P. Johann Baptist)   110
Höß, Anton   90
Höß, Eleonore (geb. Geiger)   110
Höß, Eleonore Maria (geb. Böck)   109
Höß, Franz Anton (Vater)   77f., 83, 99, 107-
    110, 120, 132, 161, 163, 191-194, 197,
    203, 207, Abb. 37
Höß, Franz Anton (Sohn)   83, 108, 110-113,
    161, 203, Abb. 38, 39
Höß, Franz Xaver   110
Höß, Isabella (geb. Fleck)   109
Höß, Johann Sebastian   110
Höß, Maria Victoria (geb. Schlichting)   107
Huber, Barnabas   73
Hubert, H.   219
Hübler, Joseph   189
Hueber, Johann Michael   41, 44
Hueber, Johann Thomas   83, 203
Hueber, Johannes   15
Hummel, Johann   178f., 220
Hummel, Johann Nepomuk   160, 179
Huter   213

I

Ilsung von Tratzberg, Georg   23
Imhof   192

Isabella (Prinzessin)   69
Islinger, Johann Marzellus   39

J

Janitsch, Anton   177, 208
Jaumann, Johann Evangelist   160, 196f.,
    202, 206f.
Jehle   46
Jehle, Georg   147
Jommelli, Nicolo   160, 195, 208
Jona   178, 219
Joseph (Erbprinz)   69
Joseph (Fürstbischof von Augsburg)   88
Juz, Adam   41

K

Kaa, Franz Ignaz   160, 206
Kaesermann, Nikolaus   168
Kaspar, Leopold   86
Kayser, Isfried   48, 57f.
Keller, Andreas   41
Keller, Katharina (geb. Schlamm)   41
Kerll, Johann Caspar   39
Kettner, Isfried   160, 207
Khörner, Johann   40
Kick (Musikalienhandlung)   158, 190, 196
Kircher, Matthäus   15, 47
Kirchmayer, Genoveva   91
Kirchschlag   149f., 189f.
Kistler, Cyrill   181
Klainer, Georgius   15
Klingenstein, Bernhard   25
Klopstock, Friedrich Gottlieb   171
Knecht, Justin Heinrich   167, 204
Kneferle, Franz Heinrich   168
Knoll, Johann Baptist   83
Kobrich, Johann Anton   58, 160f., 193
Koch, Andreas   216
Kolb, Lorenz Adam   83, 190
Kolb, Maria Afra (geb. Forster)   83
Königsperger, Marianus   57f., 148
Kopmayr, Simon   41, 43f.
Kospoth, Otto Karl Erdmann von   167, 198
Kößler, Magdalena   141
Kotzebue, August von   166
Kozeluch, Johann Anton   167, 194, 196f.,
    200
Kraf, Michael   39

Kraus, Benedikt   88f., 115
Krommer, Franz   167, 169, 198ff.
Kroyer, Theodor   9, 97, 126, 132, 156, 158,
    Abb. 54
Kuen, Joseph   82
Kugelmann   187
Kummer   148
Kuttner, Andreas   158, 192

L
L'Incentino, Giovanni   168
La Motte, Franz   169
Lamprecht, Anton   190
Lampugnani, Giovanni Battista   168
Lang   187
Lang, Johann Georg   156, 160, 162, 191,
    205f.
Lang, Ludwig Alois   86
Lang, Nikolaus   117
Langlé, Francois   204
Lasser, Joseph   160f., 195, 197
Lasso, Orlando di   25ff., 29, 37, 39
Lau   179, 220
Laube, Anton   160, 162, 206
Laucher, Joseph Anton   116, 158, 161,
    191f.
Lauterach, Castor   46
Lechner, Peter Wolfgang   160, 208
Lederer, Joseph   51, 53, Abb. 17
Lees, Bernhard   55, 187
Lehner, Johann   221
Leiprecht, Johannes   16, 78, 84, 190
Leiprecht, Regina (geb. Eberle)   84
Leistner   123
Lenz   220
Leonhard   78, 84
Lichtenauer   148
Listenius, Nikolaus   24
Loblau, Georg   83
Locher, Andreas   43
Loeffler, Aloys   167, 171
Lohr   193
Lolli, Antonio   178
Lotter (Musikverlag)   58, 156, 160f., 197
Lotter, Michael   15, 47
Lugganno   58
Lusitano, Vincentio   24

M
Madlseder, Nonosus   160
Magg, Georgius Andreas   44
Majo, Francesco de   168
Malzat, Michael   137, 160, 206f.
Mändle, Hilarius (P. Otmar)   86
Mango, Hieronymus   160
Mariano, Dr.   29
Martin   99, 146, 160f., 163, 168, 205f.
Martin (Lakai)   217
Martin, Anna   142
Martin, Franz Joseph (Vater)   9, 15, 64, 66,
    77, 87-99, 107, 124, 146, 158, 160, 164,
    167, 191f., 205f., 222, Abb. 28, 29, 31, 33,
    54
Martin, Franz Joseph (Sohn)   91ff., 101,
    Abb. 30
Martin, Hans   78, 84
Martin, Johann Sebastian (Pater Gerard)   87,
    99, 142-146, 160f., 166, 205f., 222,
    Abb. 49, 54
Martin, Karl Albert   66, 86ff.
Martin, Maria Anna (geb. Sauerwein)   84,
    89, 91f.
Martin, Maria Caecilia   91
Martin, Maria Crescentia   91, 93
Martin, Maria Magdalena (geb. von Böck)
    93, 101
Martin, Michael   142
Marusin   214
Mauch, Anna Maria   60
Mayer, Cäcilia   77f., 84
Mayer, Johann Peter   15, 51, 53f., 57ff., 84,
    88ff., 186f., Abb. 17, 18
Mayer, Leopold   61
Mayer, Maria Anna (geb. Gruber)   51, 53
Mayer, Otmar   86
Mayer, Theresia (geb. Bader)   53
Mayr, Bartholomäus   58
Mayr, Johann Joseph   41
Mayr, Maria Elisabeth (geb. Herz)   41
Mayr, Paulus   193
Meith, Alois   78, 84
Merkhle, Johann   55
Merkle, Johann   188
Messenhauser   31
Metastasio, Pietro Antonio   97
Metzger, Franz   167, 195
Michl, Joseph Willibald   160, 162, 168, 206
Michl, Joseph Ildephons   57f.

Milanuzzi, Carlo   39
Miller Alois   121
Miller, F.J.   169
Miller, Franz Christoph   84
Miller, Franz Joseph   122
Mohr, Almachius   134
Molitor, Alexius   160f., 205ff.
Monza, Carlo   168
Moriz, Franz   15, 47
Morlacchi, Francesco   76
Mortarelli   168
Moser   191
Mösl, Martin   161, 203
Mozart, Leopold   68, 160
Mozart, Wolfgang Amadeus   53, 68, 93,
    110, 117, 132, 138, 151, 160f., 167f., 196-
    200, 202f.
Muggenbach, Martinus   44
Müller   168, 212
Müller, Anton   59, 60ff., 84, 107
Müller, Jakob   59
Müller, Katharina (geb. Heckel)   59
Müller, Maria (geb. Mez)   59
Müller, Maria Anna   60
Müller, Michael   84
Müller, Ulrich   21
Münster, Joseph Joachim Benedict   58
Mysliveček, Joseph   168

N
Nast, Simon   46
Naumann, Johann Gottlieb   168
Nauss, Johann Xaver   191
Negeleuß, Georg   40
Neubauer, Franz Christoph   142, 160f., 167,
    173, 203, 206
Neubauer, Franz Seraph   168
Niedermayer, Franz Xaver   84

O
Oerler, Erhard   15
Orlow, Alexei   176f., 212

P
Paer, Ferdinand   76, 168
Paisiello, Giovanni   129, 168
Palestrina, Giovanni Perluigi da   160

Pausch, Eugen   80, 160f., 203, 207
Pauser, Matthias   160
Pergolesi, Giovanni Battista   179
Pfersich   41
Pfersich, Jakob   191
Pfersich, Maria Magdalena (geb. Dreyer)
    41
Pförrsich, Johann   191
Philomates, Venceslaus   24
Piccini, Nicolo   168
Pichel, Wenzel   169, 197
Pichler   188
Pinzger, Romanus   58
Pisa   24
Pius VI. (Papst)   144f., 205
Pleyel, Ignaz   110, 167, 169, 195f., 198f.,
    200f.
Pold (Pater)   54
Porro, Giovanni Giacomo   39
Praetorius, Hieronymus   39
Preindl, Joseph   160
Prem, Anton   103-107, 120, 125, 129, 137f.,
    194-203, 219f., Abb. 35, 36
Premm, Anna Maria   103
Premm, Georg   103
Primavaus   194
Primus   42
Probst, Martin   54
Prosini   191
Pugnani, Gaetano   177

R
Raff, Anton   93
Ranque, Wenceslau   160
Ranz, Johannes   189
Rathgeber, Valentin   57f., 148
Radziwill (Fürst)   179, 216
Rauch (Rau), Seraphin   72, 84, 200ff.
Reharuni   193
Reicha, Joseph   167, 194
Reiner, Ambrosius   37, 39
Reiner, Joseph   84
Reinle, Joseph   192
Rendes, Martin   190, 199
Rheineck   214
Rheineck, Abraham   85
Rheineck, Christoph   151, 158, 172f., 189,
    193, Abb. 57
Rheinisch, Anton   87

Rhigini, Vincenzo   160, 199, 202
Richter, Franz Xaver   49
Riedele   149, 188f.
Riedhofer, Joseph Maria   135
Riedinger, Matthias   49
Rieger (Musikverlag)   156, 191
Rigatti, Giovanni Antonio   39
Rolla, Alessandro   104, 167, 198, 204, Abb. 35
Rosetti, Antonio   76, 87f., 160f., 168f., 175ff., 196, 201, 203f., 207, 212, Abb. 59, 60
Rösle   78, 85, 193
Rösle, Johann Michael   85
Roth, Amalia   178, 212
Rott (Pfarrer)   124
Rumler, Johann   204
Ruprecht   149, 188
Rust, Giacomo   168

S
Sabbatini   82
Sabbo, Joseph von   148
Sacchini, Antonio   160, 168
Sales, Pietro Pompeo   160f., 163, 166, 205
Salieri, Antonio   160, 199, 202
Sances, Giovanni Felice   39
Sandberger, Adolf   9
Sandel, Matthias   167
Sarti, Giuseppe   168
Sartini   160, 194, 207
Sätterle, Gabriel   39
Sattich, Simon   92, 207
Sätzl, Christoph   39
Sauerwein, Maria Anna   89
Schaller, Wolfgang   156, 160, 192, 205
Schaz, Johann Martin   178, 211
Scheffer, Paul   39
Scheffer, Johann Wilhelm   39
Schenk von Castell, Franz Ludwig   141f.
Schermer   161, 197
Schermer, Anton   165, Abb. 55
Schick, Ernst   196
Schiedermayer, Johann Baptist   160, 204
Schiedmayr   151, 189
Schimpf, Christoph   39
Schlecht, Franz Xaver   160
Schlegel, Jeremias   149, 189
Schlichting, Martin   78, 85

Schmid, Balthasar   175
Schmid, Bernhard   24
Schmid, Jacobus   55f., 152, 155, 187
Schmid, Joseph David   78, 85, 190, 193, 218
Schmidbauer, Johann Adam   156, 191
Schmidt   160, 162, 206
Schmidt, Mathes   46
Schmittbauer, Joseph Aloys   167
Schmöger, Franz Xaver   159
Schnabel, Joseph   160
Schneider, Blasius   85, 108, 151, 199, 202
Schneider, Laurenz   169
Schnizer, Franz   115f., 131
Schönche, Karl   74
Schreibmayer   41
Schreyer, Gregor   58
Schroeter, Johann Samuel   169
Schubert, Franz   122
Schuster, Joseph   168
Schuyer, Franz von   92, 101
Schwab, Felician   39
Schwarz   215
Schwarzenberger   164
Schwarzenberger, Franziskus   15, 35, 40-43
Schwarzenberger, Georg   40, 42ff.
Schwarzenberger, Michael   85, 194
Schwegler, André   40
Schweighofer, Florian   217
Schwindel, Friedrich   160, 167, 169, 193, 207
Seeler, Martin   85
Seiler   91
Seitz, Johannes   51, 61
Senft, Ignaz Joseph   190
Senthaler, Johann   178, 217
Seyfert, Johann Gottfried   156, 161, 167, 191
Seyfried, Johann Michael   86
Signoretti, Aurelio   39
Simmerle, Hans   40f.
Simnacher, Augustin   147, Abb. 50
Sirch, Anton   62
Sophi   160
Spiess, Meinrad   160
Stadlmayer, Johann   37, 39
Städele   100
Stainer, Jakob   54
Starck, Friedrich Gottlieb   160
Starck, Johann Franz   160

Stark, Anna Maria   216
Stattmiller, Amos   15, 33f.
Stein, Johann Andreas   151, 189f.
Steingaden, Konstantin   39
Steirdner, Ulrich   46
Sterkel, Anton   168
Sterkel, Franz Xaver   87, 167f., 195, 198
Sterkle, Anton   149, 190
Stiegelbauer   101
Stiegele, Leonhard   204
Stofflitz (Eremit)   175, 212
Stölzle, Ignaz   120, 155
Strassner   178, 219
Straub, Joseph   78, 85
Sträul (Musikalienhandlung)   199
Strehle   187
Streible, Candidus   64, 66, 85
Stroehle Johann   219
Strohmayer Franz Joseph   86f.
Stromayer, Johann   64
Strohmayer, Johann Nepomuk   64, 86, 159
Struck, Paul   169
Studer, Franz Joseph   85, 96
Stury, Franz Joseph (Vater)   146
Stury, Franz Joseph (Sohn)   81f., 85, 101, 146-149, 222
Stury, Franz Xaver   147
Stury, Joseph Anton   147f.
Stury, Maria Theresia (geb. Schluder-bacher)   146
Sulzer, Johann Anton   204

T
Tartini, Giuseppe   168
Thanner, Georg Balthasar   49
Thoma, Franz Joseph   85
Thoma Joseph   202
Toerring-Seefeld, Anna (geb. Fugger)   25
Toerring-Seefeld, Georg Konrad von   25
Toeschi, Karl Joseph   169
Toulon   178, 221
Tozzi, Antonio   168
Traetta, Tommaso   160, 168
Trieb, Johann Nepomuk   204
Triklir, Jean Balthasar   168
Tritto, Giacomo   168
Tschagg, Michael   219
Tuchendorf (Pater)   54

U
Ullinger, Augustin   160, 193, 206f.
Ursprung, Otto   9

V
Valentini, Giovanni   39
Vanhal, Johann Baptist   80, 167, 172f., 204
Vecchi, Orazio   25, 29
Veit   212
Veitel   220
Violand, August   160, 205f.
Viotti, Giovanni Battista   168
Vogl, Benedict   115
Vogl, Cajetan   160, 203
Vogler, Georg Joseph   160, 200
Vötter, Anton Nikolaus (Abt Ignatius)   47f.
Vötter, Florian   15, 47f., 57f., 132
Vötter, Maria Barbara (geb. Tumelts-hauser)   47
Vötter, Nicolaus   47

W
Wagenseil, Christian Jakob   125, 166
Wagner, Christian   182, 213
Walcher, Jakob   190
Waldburg-Wolfegg, Graf Truchseß von   71
Waldburg-Wolfegg, Joseph Anton Graf Truchseß von   70, 118
Waldhoer, Mathias   110
Weber, Carl Maria von   170, 202
Weber, Joseph   65
Weeber, Joseph   55, 64, 188
Weich, Stephan   39
Weinrauch, Ernestus   160, 206
Weiß, Dominicus   78, 81, 85
Weiß, Raphael   115
Wenger   186f.
Werner, Heinrich   57f.
Wesselin, Sixt   27
Weyhenmayer, Dominicus   15, 47
Winkler, Max Joseph   173, 183, Abb. 58
Winter, Johann   114
Winter, Maria Barbara (geb. Heel)   114
Winter, Peter von   168f., 197f., 207
Witt, Friedrich   167, 199
Witzka, Karl Bonaventura   160
Wöhrle, Anton   190

Wöhrle, Johann Michael   64
Wöhrle, Maria   66, 86
Wolfegg-Waldsee, Maria Josepha von (geb.
    Fugger)   69f., 118, 127
Wranitzky, Paul   167, 169, 194-197, 199
Wreden   160
Würbel, Christian   59

Z
Zabuesnig, Johann Christoph von   138, 163
Zach, Jan   160, 169, 205f.
Zahrer   86
Zang, Johann Heinrich   160

Zängel, Narcissus   26f.
Zarlino, Gioseffo   24
Zeiler   32
Zell, Joseph   149, 190
Zels (Pater)   54
Zettler, Johann Nepomuk   117
Zettler, Josephus   55, 155, 187
Zobel   155
Zobel, Johannes   55, 187f.
Zobel, Joseph   46, 55, 150, 188
Zöschinger. Ludwig   166
Zweifel, Joseph   120
Zwerger, Franz Joseph von   64
Zwerger, Franz Xaver von   64